미디어워치 세계 자유·보수의 소리 총서 ❸

[자료집]

한국 정부와 언론이 말하지 않는
위안부 문제의 진실

일본 아사히신문이 일으킨
한일 외교 참사, 위안부 문제

니시오카 쓰토무^{西岡力} 外 지음
이우연 外 옮김

본 자료집의 저작물은, 원본(일본어) 자체가 자유이용저작물(public domain)이거나 저자가 한국어권에서 자유이용저작물로서의 활용을 허락한 것입니다. 단, 본 자료집 저작물의 한국어 번역문에 대해서는 미디어워치가 저작권을 갖고 있으므로, 본 자료집의 번역문을 그대로 전재할 시에는 반드시 미디어워치의 사전허락을 받아야 합니다.

목차

1. 아사히신문의 '위안부 보도'에 대한 독립검증위원회 보고서 .... p. 04
   / 니시오카 쓰토무, 카츠오카 칸지, 시마다 요이치, 다카하시 시로 外

2. 일본 정부의 고노 담화 검증보고서 .... p. 165
   / 일본 외무성, 타츠키 케이이치, 하타 이쿠히코 外

3. 일본 정부의 유엔 쿠마라스와미 보고서에 대한 반론서 .... p. 190
   / 일본 외무성

4. [일본어판 한국어 번역]유엔 쿠마라스와미 보고서 p.230
   / 라디카 쿠마라스와미

5. [일본 역사인식문제연구회 논문] 한국 위안부 운동의 '내분' .... p. 263
   / 니시오카 쓰토무

6. [반론서] 하버드대 위안부 논문철회 요구 경제학자 성명의 사실관계 오류 p.286
   / 니시오카 쓰토무

지은이 _ 니시오카 쓰토무(레이타쿠대학 객원교수) 外
옮긴이 _ 이우연(낙성대경제연구소 연구위원) 外

* 자료 중에서 5, 6번은 미디어워치 편집부와 박순종 펜앤드마이크 기자가 공동으로 번역하였다.

[자료1] 아사히신문의 '위안부 보도'에 대한 독립검증위원회 보고서

아사히신문의 '위안부 보도'에 대한 독립검증위원회 보고서
朝日新聞「慰安婦報道」に対する 独立検証委員会 報告書★

나카니시 테루마사(中西輝政, 위원장)

니시오카 쓰토무(西岡 力, 부위원장)

아라키 노부코(荒木信子, 위원)

시마다 요이치(島田洋一, 위원)

다카하시 시로(高橋史朗, 위원)

카츠오카 칸지(勝岡寬次, 사무국장)

헤이세이(平成) 27년(2015년) 2월 19일

★ 이 보고서는 아사히신문의 요시다 세이지 증언 오보 및 위안부와 정신대 혼동 오보 등등 일련의 위안부 문제 보도의 문제점들을 오랫동안 끈질기게 추궁해온 일본의 독립적 지식인들이 작성한 것이다. 아사히신문은 위안부 문제 관련 자사의 오보를 인정하며 자체 검증 및 '제3자위원회' 검증 등 두 차례의 검증을 거쳤으나, 변명 위주의 내용으로 미흡하다는 지적을 계속 받아왔다. 이 보고서는 특히 아사히 위안부 보도가 대외적으로 끼친 영향을 중심으로 1) 아사히의 오보, 2) 관련 아사히의 자체 검증, 3) 관련 '제3자위원회'의 검증 모두를 재검증한 내용을 담고 있다. 2021년 초, 인터넷 매체 미디어워치에 한국어로 번역 공개된 것을 여기에 전재한다

목차

제1부 총론 '92년 1월 강제연행 프로파간다'와 아사히의 책임

제2부
  제1장 검증 동기는 자기변호
  제2장 1992년 1월 11일·12일을 정점으로 하는 '강제연행 프로파간다'
  제3장 아사히 오사카 본사의 편향된 역사인식
  제4장 요시다 세이지의 허위증언에 대한 보도
   자료 요시다 세이지 증언에 관한 아사히신문 취소기사(18개)·미취소기사(1개) 일람
  제5장 '여자정신대의 이름으로 연행' 오보
   자료 위안부와 정신대를 혼동한 아사히신문 기사 목록
  제6장 재판 이해관계 기자에 의한 위안부 경력 오보
  제7장 운동과 일체화된 위안부 보도

제3부 아사히신문의 위안부 보도가 대외적으로 초래한 영향
  제1장 '92년 1월 강제연행 프로파간다'가 미국 신문에 미친 영향
  제2장 '92년 1월 강제연행 프로파간다'가 한국 신문에 미친 영향
  제3장 '92년 1월 강제연행 프로파간다'가 유엔에 미친 영향
  제4장 '92년 1월 강제연행 프로파간다'의 북미에서의 실제 피해

맺음말
 부록 청취조사 대상자 명단

집필 분담

제1부, 제2부 제1장·제2장·제4장·제5장·제6장: 니시오카 쓰토무
제2부, 제3장·제4장자료·제5장자료·제7장, 제3부 제3장: 카츠오카 칸지
제3부 제1장: 시마다 요이치
제3부 제2장: 아라키 노부코
제3부 제4장: 다카하시 시로
맺음말: 나카니시 테루마사

제1부

총론 '92년 1월 강제연행 프로파간다'와 아사히의 책임

니시오카 쓰토무(西岡力) (집필 담당)

머리말

아사히(朝日)신문은 2014년 8월 5일과 6일자에서 자사의 위안부 보도를 검증하는 특집(이하, 검증특집)을 게재했다. 너무 늦은 것이지만, 잘못을 인정하고 정정한다면 나쁜 일은 아니다. 그러나 그 검증은 자사의 위안부 보도에 대한 그간의 비판을 반박하며 변명하려는 목적에서 이루어진 것이었다. 게다가 사죄의 말이 없었던 것이나, 후쿠시마 원자력발전소 사고를 둘러싼 오보 문제와도 맞물려, 전에 없이 아사히에 대한 비판이 높아졌다. 그래서 아사히신문 사장이 다시 한번 사죄회견을 열어, '제3자위원회'라는 조직에 검증을 의뢰하게 되었다.

7명의 위원으로 구성된 '제3자위원회'는 같은 해 12월 22일, 보고서를 공표했다. 이 보고서가 아사히의 검증상 문제점을 어느 정도 지적하고 있는 점은 평가할 만하다. 그러나 아사히의 위안부 보도가 이상해진 배경에 대한 분석이 없었으며, 게다가 국제사회에 미친 영향을 분석하는 부분에서는 위원회로서의 견해를 정리하지 못했고, 각 위원의 서로 다른 견해가 병기되었다는 점 등 불충분한 것이라고 하지 않을 수 없다.

그래서 우리는 지난해 12월에 이하의 멤버로 아사히신문 '위안부 보도'에 대한 독립 검증위원회(朝日新聞「慰安婦報道」に対する独立検証委員会, 이하, 독립검증위원회)를 새로 발족시켰다.

- 나카니시 테루마사(中西輝政), 교토대 명예교수(위원장)
- 니시오카 쓰토무(西岡力), 도쿄기독교대학 교수(부위원장)
- 아라키 노부코(荒木信子), 한국연구자
- 시마다 요이치(島田洋一), 후쿠이(福井)현립 대학 교수
- 다카하시 시로(高橋史朗), 메이세이(明星)대학 교수
- 카츠오카 칸지(勝岡寛次), 메이세이(明星)대학 전후 교육사 연구 센터(사무국장)

덧붙여 위원회의 운영에 관해서는 일본정책연구센터(日本政策研究センター, 이토 테츠오(伊藤哲夫) 대표)의 다대한 지원을 받았다.

독립검증위원회는 ① 아사히 및 '제3자위원회' 검증의 문제점, ② 아사히의 '위안부 보도'가 대외적으로 초래한 영향에 대해 검증을 실시해 왔다.

검증의 틀

우선 검증의 틀부터 설명한다. 우리 독립검증위원회 멤버의 대부분은 아사히의 위안부 보도에서 많은 사실 오인이 포함되었고, 그 결과 일본과 선인(先人)들의 명예가 현저히 훼손됐다고 인식하고 1992년부터 아사히를 비판해왔다. 아사히의 위안부 보도에 대한 비판은 같은 전국 일간지인 산케이(産経)신문과 요미우리(読売)신문에 의해서도 1997년경부터 이루어져왔다(예를 들어 산케이 1997년 4월 1일자 사설 '파탄난 아사히의 위안부 보도 '강제연행' 사라졌는가?(破綻した朝日の慰安婦報道「強制連行」は消えたのか)', 요미우리 1997년 4월 13일자 사설 '헌법 시행 50년 아직도 남아 있는 "일본성악설(日本性悪説)"의 굴레(憲法施行５０年 まだ残る"日本性悪説"の呪縛)'.

아사히의 검증특집은, 그러한 비판에 대해서 자신들의 보도가 기본적으로 올바르다고 변명, 정당화하는 것을 목적으로 하여 행해졌다. 그 점은 본 보고서 제2부 제1장에서 상세히 지적한다. 또 '제3자위원회'의 멤버로 그동안 아사히의 위안부 보도를 비판했던 사람이 포함되지 않았었다. 진정한 의미에서 '제3자'라면 아사히의 자기변호와 아사히 비판, 양쪽의 주장을 균형 있게 들어보고 판단을 내려야 할 것이다. 그런데 '제3자위원회'는 아사히를 비판해 온 측의 전문가는 위원에 포함시키지 않았을 뿐만 아니라, 청문조사 대상으로도 역시 포함시키지 않았다. 이래서야 진정한 의미의 '제3자'라고 할 수 있을까 하는 의문이 든다. 이하의 검증은 그간 아사히의 위안부 보도를 비판해왔던 전문가 입장에서 이루어진 것임을 먼저 밝혀둔다.

'92년 1월 강제연행 프로파간다'

우리 독립검증위원회는 아사히 위안부 보도의 가장 큰 문제점이 어디에 있다고 보는지 우리의 인식을 먼저 제시한다. 아사히는 1980년대부터 위안부 문제로 일본을 규탄하는 보도를 시작하고, 1991년부터 1992년 1월까지 요시다 세이지(吉田清治) 증언, 여자정신대 제도, 위안부 증언, "군 개입" 문서 등에 대해서 갖가지 허위 보도를 하고, 결과적으로 "일본군이 여자정신대의 이름으로 조선 여성을 위안부로 만들기 위해서 강제연행했다"는 사실무근의 프로파간다를 안팎으로 확산시켰다.

우리는 이것을 '92년 1월 강제연행 프로파간다'라고 이름 붙였다. 아사히의 가장 큰 문제는 이 프로파간다를 2014년 8월 단계까지 명확하게 취소, 정정하지 않고 방치한 채, 문제의 본질은 광의의 강제성, 여성의 인권이라는 등의 궤변을 늘어놓으며 일본과 선인들의 명예를 계속 훼손해 온 것이다. 이하에서 그 문제점을 구체적으로 개관한다.

92년 1월 12일자 사설로 프로파간다 완성

아사히는 92년 1월 12일자 사설 '역사에 눈을 감지 않을 것이다(歷史から目をそむけまい)'에서 "'정신대'의 이름으로 권유 혹은 강제연행이 되어 중국으로부터 아시아, 태평양의 각지에서 병사 등을 상대하게 되었다는 조선인 위안부(「挺身隊（ていしんたい）」の名で勧誘または強制連行され、中国からアジア、太平洋の各地で兵士などの相手をさせられたといわれる朝鮮人慰安婦)"라고 썼다.

중앙일간지 가운데 사설에서 이러한 허위를 쓴 것은 아사히가 유일했다. 이 사설 하루 전인 1월 11일에 아사히는 1면 머리기사에서 군(軍) 관련 자료가 발견됐다고 크게 보도했다. 여기에서 거론된 자료는 국내에서 민간업체가 위안부 모집할 때, 유괴와 똑같은 일을 하지 못하도록 통제를 강화한다는 내용이며, 조선인 위안부 강제연행을 증명하는 자료가 아니었다. 그러나 아사히는 같은 기사 속 용어해설을 통해 "태평양전쟁이 벌어지고서 주로 조선인 여성을 정신대라는 이름으로 강제연행했다. 그 인원은 8만이라고도 하고 20만이라고도 한다(太平洋戦争に入ると、主として朝鮮人女性を挺身隊の名で強制連行した。その人数は八万とも二十万ともいわれる)"고 쓰고, 이튿날 사설과 함께 '92년 1월 강제연행 프로파간다'를 완성했다.

예를 들어 저명한 시대소설작가인 사와다 후지코(沢田ふじ子) 씨는 니혼게이자이(日本経済)신문에 '인도에 대한 죄(人道に対する罪)'라고 칭하는 감정적인, 짧은 감상문을 기고하여 '92년 1월 강제연행 프로파간다' 그대로의 인식을 드러내고 있다. 사와다 씨는 교토에 거주하므로, 91년에 아사히 오사카 본사의 위안부 캠페인을 읽고 있었을 것이다.

> 조선반도에서 '여자정신대' 등의 이름 아래, 전쟁터로 내몰린 세 사람의 위안부가…보상을 요구하는 소송을 도쿄 지방법원에 제출하였다.
> 전쟁 중 일본이 조선반도에서 강제로 연행한 여성은 10만 명 또는 20만 명이라고도 하며, 열두 살에 연행된 여자아이도 있었다. 그녀들의 육체적, 정신적 고통을, 같은 여성으로서 나는 잘 알고 있다.(니혼게이자이(日本経済)신문, 1991년 12월 21일자 석간).

프로파간다를 뒷받침한 허위보도 요시다 위증

이 프로파간다를 뒷받침하는 허위 보도에 대해서는 본 보고서 제2부, 제3부에서 자세하게 분석하되, 여기에서는 그 개요를 기술한다.

요시다 세이지 증언에 대해서, 아사히는 32년 만에 허위라고 인정해 취소했다. 아사히가 취소한 것은 18편의 기사다(당초에는 16편이었지만, '제3자위원회'의 지적을 받아 2개를 추가했다). 아사히가 최초로 요시다를 거론한 것은 80년 3월 7일자 가와사키 요코하마 동부판(川崎横浜東部

版)이었다. 거기에서는 위안부 사냥에 대해 언급하지 않고 있다. 그 후 1982년 9월 2일자 오사카 본사판에서, 오사카 시내에서 개최된 집회에서 요시다가 "조선인 위안부를 황군 위문 여자정신대라는 이름으로 전쟁터에 내보냈습니다(朝鮮人慰安婦は皇軍慰問女子挺身隊という名で戦場に送り出しました)"라고 말했다고 보도됐다. '92년 1월 강제연행 프로파간다'의 원형이 여기에 있다.

이후 1983년 3개, 84년(오사카 본사판), 86년, 90년(오사카 본사판), 그리고 간헐적으로 요시다 기사가 나왔다. 하지만 그것들의 중심은 노동자 연행이었으며, 82년과 83년에 요시다가 펴낸 저서에 담긴 제주도에서의 위안부 사냥에 대해서는 언급하지 않았다. 워낙 엉뚱한 내용이라서 사실관계에 자신이 없었던 것은 아닐까.

그런데 91년에 요시다의 '위안부 사냥'을 자세히 다루는 기사가 2개 실렸다. 후술하는 오사카 본사 기획 '여자들의 태평양전쟁(女たちの太平洋戦争)'의 기사다. 92년 1월에 논설위원 칼럼이 위안부 사냥을 거론하고, 같은 논설위원이 그 해 3월에 요시다의 증언에 의문을 제기하는 독자의 투서를 꾸짖는 칼럼까지 써서, 아사히로서는 요시다의 위안부 사냥에 대해 완전히 보증수표를 써주었다. 91년 오사카 본사 보도와 92년 1월의 논설위원 칼럼은 '92년 1월 강제연행 프로파간다'를 지탱하는 기둥이 되었다.

'정신대 이름으로 연행' 오보

다음으로 '여자정신대의 이름으로 위안부 연행'이라는 오보를 검토한다. 독립검증위원회 카츠오카 칸지 위원의 조사에 의하면, 아사히는 적어도 33개의 기사로 이 오보를 게재했다(본 보고서 제5장 첨부 자료 참조). 최초는 1982년 9월 2일자, 전게(前揭)의 요시다의 강연회 기사다. 이후 83년 1개, 84년 1개, 88년 1개, 89년 1개, 91년 12개, 92년 13개, 95년 2개, 97년 1개이다. 이 33편 중 약 절반인 16편은 데이터베이스에 기사의 취지가 기재되어 있지 않다. 아사히와 제3자위원회 검증의 안이함의 표현이다.

특히 용어해설 기사가 3개 있었던 일은 간과할 수 없다. 독자는 용어해설을 바탕으로 기사나 사설을 읽는다. 그런 의미에서 오보의 책임은 무겁다.

처음은 1983년 12월 24일자 '메모(メモ)'라는 제목의 해설이다.

> 대한적십자사 등의 조사에서는, 1939년부터 45년 패전까지 일본이 "징용", "모집" 명목으로 강제연행을 한 한국·조선인은 72만 여명. 그중 '여자정신대'의 이름으로 전선에 보낸 위안부는 5~7만 명에 이른다고 한다. 이 중 약 3분의 1이 패전 때까지 사망한 것으로 추정된다. 현재 사할린에는 4만 3천여 명의 한국·조선인들이 잔류하고 있으며, 한국으로의 귀국을 '무국적' 상태로 기다리고 있는 자들이 2천 수 백명에 이른다고 한다.

이 기사는 요시다 세이지(吉田淸治)가 방한해 사죄비를 세웠음을 서울발로 전하는 기사에 붙어 있었다. 다음이 1991년 12월 10일자 '종군위안부(從軍慰安婦, 단어(ことば))'라는 해설이다.

> 제2차대전 직전부터 여자정신대 등의 이름으로 전선에 동원돼 위안소에서 일본 군인을 상대로 매춘을 하게 되었던 여성들의 속칭. 공식적인 조사는 없지만, 10만 명이라고도 하고 20만 명이라고도 한다.
> 일본의 조선반도 식민지배 중 태반이 조선인 여성이었던 것으로 알려져 있다. 일본 정부는 "국가총동원법에 따른 업무와는 관계가 없다. 민간업체가 데리고 다닌 것 같다"고 하면서 관여를 부인하고 있으나 최근 한국 등의 위안부, 군인들이 "위안소는 군 관리 하에 있었다"고 증언, 일본의 책임을 추궁하고 있다.
> 옛 위안부 세 사람이 전 군인·군속 서른두 사람과 함께 이번 달 6일, 일본 정부를 상대로 한 사람당 2천만 엔의 보상을 요구하는 첫 소송을 도쿄 지법에 냈다. 이들은 "나치 전범을 재판한 뉘른베르크 재판과 마찬가지로 국제관습법상의 인도에 대한 죄에 해당한다"고 주장하고 있다.

세 번째가 1992년 1월 11일의 '종군위안부(從軍慰安婦, 용어(用語))'다.

> 1930년대 중국에서 일본군 병사에 의한 강간사건이 많이 발생했기 때문에 반일감정과 성병을 막기 위해 위안소를 설치했다. 전직 군인이나 군의관 등의 증언에 의하면, 개설 당초부터 약 80%가 조선인 여성이었다고 한다. 태평양전쟁이 벌어지고서 주로 조선인 여성을 정신대라는 이름으로 강제연행을 했다. 그 인원은 8만이라고도 하고 20만이라고도 한다.

이 두 번째와 세 번째 용어해설이 '92년 1월 강제연행 프로파간다'를 뒷받침하는 또 다른 기둥이었음을 알 수 있다.

옛 위안부에 대한 경력 오보

마지막으로 위안부에 관한 우에무라 다카시(植村隆) 기자의 기사에 대해서 살펴보자. 91년 8월 11일자 기사에서는, "'여자정신대'의 이름으로 전쟁터에 연행돼 일본 군인을 대상으로 매춘을 강요당한 '조선인 종군위안부' 중 한 명이 서울 시내에 생존한다(「女子挺身隊」の名で戦場に連行され、日本軍人相手に売春行為を強いられた「朝鮮人從軍慰安婦」のうち、一人がソウル市内に生存していることがわかり)"라고 쓰고, 이름을 걸고 나선 이가 마치 요시다 세이지가 주장한 "여자정신대로 연행"된 바로 그 피해자인 것처럼 허위 경력을 덧붙였다. 게다가 그녀(김학순)는 빈곤의 결과로 어머니에

의해 기생집으로 팔려가 기생집 주인이 위안소로 데려갔다고 재판의 소장, 회견 등에서 반복적으로 말했지만, 소장 제출 후인 91년 12월 25일자 기사에서는 정작 그 중요한 사실은 쓰지 않아 그녀가 강제연행의 피해자인 것처럼 이미지를 조성했다.

우에무라 기자는 위안부들이 일으킨 재판의 이해관계자였다. 그는 일본에서 제소한 한국 운동단체 간부의 딸과 결혼했다. 지면을 이용해 자신의 장모가 제기한 재판에 유리하게 보도한 것이 아니냐는 의심을 받고 있다.

아사히 오보의 배경

다음으로, 왜 아사히가 이상에서 본 것과 같이 많은 오보를 집중해서 행했는가. 그 이유에 대해 생각해보자. 아사히는 2014년 8월의 검증특집에서 요시다 세이지 증언 기사를 허위라고 취소하고 위안부와 여자정신대를 혼동한 것을 정정했다. 그러나 다음과 같이 적으면서 연구가 진척되지 않은 것이나 자료가 적었던 것 등을 이유로 들었을 뿐이었다. 또 보강 취재가 불충분했다고는 인정했지만, "비슷한 오류는 당시, 국내의 다른 언론이나 한국 언론의 기사에도 있었다"고 하며 특별히 아사히에 책임이 있다고는 인정하지 않았다.

> 90년대 초에는 연구가 진척되지 않았습니다. 우리는 위안부 증언이나, 많지 않은 자료를 바탕으로 기사를 썼습니다. 그렇게 해서 보도한 기사의 일부에 사실관계상 오류가 있었다는 것을 알게 되었습니다. 위안부 문제의 전체상을 모르는 단계에서 일어난 실수이지만, 보강 취재가 불충분했던 점은 반성합니다. 비슷한 오류는 당시 국내 다른 언론이나 한국 언론 기사에도 있었습니다.(스기우라 노부유키(杉浦信之) 서명기사 '위안부 문제의 본질 직시를(慰安婦問題の本質直視を)' 아사히신문 2014년 8월 5일자)

그러나 앞서 언급했듯이 사설에서 여자정신대라는 이름으로 강제연행을 했다는 허위기사를 쓴 곳은 아사히가 유일하다. 뿐만 아니라 요시다 세이지 증언을 가장 먼저 거론하고, 1991년에 위안부 캠페인 중 두 차례나 크게 다룬 것도 아사히였다. 1991년부터 92년 1월 문제의 사설에 이르기까지, 위안부에 관한 기사를 국내에서 가장 많이 게재한 것도 아사히였다. 아사히 캠페인에 이끌려 일본 내 다른 신문도 위안부 보도를 이어갔다.

데이터베이스에서 "위안부"로 검색하여 나오는 기사 수를 정리하면 1980년대 후반부터 고노담화가 나온 1993년까지 신문의 위안부 보도는 다음 표와 같다. '@nifty비즈니스(@nifty ビジネス)'의 신문·잡지 기사 횡단 검색 데이터베이스를 사용했다.

표 일본 매스컴의 위안부 보도

	1985~89	90	91	1985~91소계	92	93
아사히	31(74%)	23(77%)	150(60%)	204(63%)	725(42%)	424(41%)
요미우리	11	2	23	36	293	200
마이니치	0	5	66	71	567	297
NHK	0	0	13	13	145	108
계	42	30	252	324	1,730	1,029

데이터베이스로 검색할 수 있는 1985년부터 89년까지의 기간을 보면, 전체 42편 중 아사히가 31편으로 전체의 4분 3을 차지하고 있다. 90년도에 아사히는 위안부 보도를 늘려 1년간 23편을 게재했다. 91년도가 되어 대 캠페인을 벌여 그해 150편의 기사를 냈다. 92년도부터 각사가 아사히를 뒤쫓듯이, 한꺼번에 많은 위안부 보도를 시작한 양적인 흐름이 표에서 잘 나타난다.

아사히의 91년 150개의 기사 가운데, 오사카 본사(간사이(関西) 지방판을 포함한다)가 60개가 있었다. 이는 같은 해 아사히 기사의 40%, 전국지 등 전체의 25%를 차지한다. 오사카 본사에는 외신부나 정치부는 없다. 그런데도 위안부 보도를 이렇게 많이 한 것은 의도적인 캠페인이었다고 해도 좋겠다. 또한 60편 중 절반이 넘는 35편은 오사카 본사가 기획한 '여자들의 태평양전쟁'의 기사였다.

오사카 본사의 전 군인들에 대한 편견

아사히신문에서 위안부 운동을 주도한 것은 오사카 본사였다(**편집자주** : 아사히신문은 도쿄, 오사카, 나고야, 세이부에 각각 본사를 두고 있다). 1991년 오사카 본사는 아사히방송과 손잡고 '여자들의 태평양전쟁(女たちの太平洋戦争)'이라는 대형 기획을 했다. 전쟁을 겪은 여성들로부터 수기를 모집해 연일 이를 게재했다. 이 기획에서 오사카 본사판은 91년에 2차례, 요시다 세이지의 위안부 "노예사냥" 증언을 자세히 보도했다('종군위안부 목검을 휘두르며 억지로 동원(従軍慰安婦木剣をふるい無理やり動員)', 5월 22일자. '종군위안부 가해자가 다시 증언, 젖먹이로부터 엄마 떼어났다(従軍慰安婦加害者から再び証言 乳飲み子から母引き裂いた)', 10월 10일자). 이 2개 모두 이노우에 히로마사(井上裕雅) 편집위원의 서명기사다. 또 우에무라 기자가 이름을 걸고 나선 위안부 여성들의 경력을 쓴 문제 기사 2개 중 한 개(12월 25일자)가 이 기획 기사였다.

본 보고서 2부에서 자세히 분석한 것처럼 이 대형 기획은 전 군인들에 대한 상당히 편향된 인식 아래 이뤄졌다. 그 기획의 책임자가, 오사카 본사 기획보도실장 기타바타케 키요야스(北畠清泰) 씨였다. 여기서 기타바타케 씨의 생각을 소개하고, 그 편향된 인식을 확인해 둔다. 그는 기획연재 마지막 회(12월 31일자)에서 군인들이 여성의 성을 유린할 수 있었던 일을 그리워하고 있다며 이렇게 썼다.

> 대전쟁(大戰) 당시의 비정상성을 남몰래 그리워하고 있는 사람이 이 사회의 어딘가에 몸을 숨기고 있지 않은가.
> 일반 사회의 계층 질서는 통하지 않는 군대였기에 남을 거리낌 없이 구타할 수 있었던 자. 평시의 윤리가 무시되는 전시였기에 여성의 성을 유린할 수 있었던 자. 통상적인 권리가 무시되는 비상시일수록 잘 처신해 포식의 특권을 얻은 자.
> 그런 이들이 있고 그들은 전시에 대해 향수를 느끼며 계속 입을 다물고 있는 것은 아닐까.

이런 편협한 인식이 있기 때문에, 본 보고서에서 자세히 비판하는 요시다 세이지 증언과 위안부에 관한 우에무라 다카시 기사 등을 아사히의 이 기획에서 크게 보도한 것이다. 또 아기를 안은 어머니를 연행해 강간했다는 황당한 요시다 증언을 사실로 믿었던 것이다. 기타바타케 씨 등의 입장에서 보면, 많은 전 군인들은 요시다 세이지와 같은 범죄를 저지르고도 그것을 남몰래 그리워하며 침묵하고 있는 악인인 것이다.

기타바타케 논설위원이 맡은 역할

기타바타케 씨는 이 기획이 끝난 직후에 논설위원이 되어 오사카 본사뿐 아니라 아사히 전체의 위안부 보도를 잘못된 방향으로 이끄는 역할을 했다. 앞서 본 92년 1월 12일 문제의 사설은 기타바타케 씨가 썼을 가능성이 있다. 1월 11일 '군(軍) 관여 자료' 기사를 담당했던 데스크는 역시 오사카 본사에서 도쿄로 막 넘어왔다는 증언도 있다.

기타바타케 씨는 1992년 1월 23일에, 요시다 세이지 씨를 칭찬하는 칼럼을 썼다. 이것이 가장 먼저 도쿄 본사판에 게재된 요시다 세이지의 위안부 '노예사냥' 증언 기사이다. 이 칼럼에 대해서는, '있을 수 없는 일이다'라는 내용의 전 군인들의 투서가 다수 도착했다. 기타바타케 씨는 그들 독자의 충고에 대해서, "알고 싶지 않은, 믿고 싶지 않은 사실이 있다. 그런 생각과 싸우지 않으면, 역사를 쓸 수 없다(知りたくない、信じたくないことがある。その思いと格鬪しないことには、歷史は殘せない)"고 꾸짖는 칼럼을 썼다.

프로파간다 비판과 논의 바꿔치기 충돌

이 '92년 1월 강제연행 프로파간다'에 대하여 일본 국내에서는 1992년부터 사실에 기초한 비판이 개시되었다. 아사히는 1993년, 정부 조사에서 강제연행을 나타내는 자료가 발견되지

않았다는 사실을 듣고서도 프로파간다를 고집하면서 "조선반도에서 근로자의 강제연행이 있었는데 위안부에 대해서만큼은 강제가 없었다고 생각하는 것은 부자연스러운 일이다. 패전 시에 소각된 문서가 적지 않았을 것이고, 문서에 '강제징용' 사실을 명기하는 것은 피했다고 생각된다(朝鮮半島からの労働者の強制連行があったのに、慰安婦についてだけは、強制がなかったと考えるのは不自然だろう。敗戦時に焼却された文書は少なくないはずだし、文書に「強制徴用」の事実を明記するのは避けたことも考えられる)"(1993년 3월 20일자 사설)고 강변했다.

1996년경부터 비판은 고조됐고 격렬한 논쟁이 벌어졌다. 그 결과, 아사히는 1997년 3월 31일자 특집기사에서 '협의의 강제(狭義の強制)'와 '광의의 강제(広義の強制)'라는 개념을 갖고 나와 '군에 의한 강제연행'은 문제의 본질이 아니다, "모집이나 이송, 관리 등을 통해서 전체적으로 강제가 있었다(募集や移送、管理などを通じて全体として強制があった)"는 것은 분명하다는 주장으로 돌아섰다. 그래서 아사히는 자신들이 '92년 1월 강제연행 프로파간다'를 내외에 강력히 발신해온 책임에서 도망쳤고, 군에 의한 강제연행의 근거로 한국 정부나 유엔의 보고서에서 인용된 요시다 세이지 증언기사도 취소하지 않았다.

국제사회에 계속 확산된 프로파간다

일본 국내에서는 1997년 이후 군에 의한 강제연행론이 거의 논파됐지만, 아사히가 자사 프로파간다의 잘못을 인정하지 않고 일본 외무성도 사실에 대한 심도있는 반론을 피하자 국제사회에서는 오히려 그 후 '92년 1월 강제연행 프로파간다'가 계속 확산되면서 현재도 일본과 선인들의 명예를 심각하게 훼손하고 있다.

아사히는 2014년 8월에 행한 검증특집에서도, 자사의 보도 일부에 잘못이 있던 것은 인정했지만, 그 이유로 당시 연구의 지연이나 증언자가 거짓말을 하고 있던 것을 들면서, 문제의 본질은 "위안부로서 자유를 빼앗기고 여성으로서의 존엄이 짓밟힌 것(慰安婦として自由を奪われ、女性としての尊厳を踏みにじられたこと)"이기 때문에, 자사의 보도는 기본적으로는 옳았다고 주장했다.

제3자위원회는 다음과 같이, 1997년 시점에서의 아사히가 "'협의의 강제성'을 대대적으로 보도해 온 것에 대해 인정하지 않고, '강제성'에 대해 '협의의 강제성'으로 한정하는 사고방식을 남의 일처럼 비판하였고, 고노 담화에 의거하여 '광의의 강제성'의 존재를 강조하는 논조는 … '논의 바꿔치기'다"라고 혹독하게 지적하였다.

그러나 제3자위원회의 지적을 받고 이뤄진 와타나베 마사타카(渡辺雅隆) 사장의 회견에서 기자들이 아사히 보도에서 '논의 바꿔치기'가 있었음을 인정하느냐고 거듭 질문했지만 "바꿔치기라는 비판은 무겁게 받아들이고 있습니다"라고 반복하였을 뿐, 명확한 대답을 피했다. 제3자위원회도 '논의 바꿔치기'의 책임을 따로 더 추궁하지 않았다.

아사히 검증특집도 '논의 바꿔치기'

오히려 2014년 8월 5일자 검증특집에서 아사히는 1면에 스기우라 노부유키(杉浦信之) 편집담당 임원의 서명기사를 실었다. 제목은 '위안부 문제의 본질 직시를(慰安婦問題の本質直視を)'이었다. 이하와 같이, 다시 본질론을 꺼내, '논의 바꿔치기'를 한 것이다.

> 전시 중 일본군 병사들의 성(性) 상대를 강요당한 여성이 있었다는 사실을 지울 수는 없습니다. 위안부로 자유를 박탈당하고 여성으로서의 존엄을 유린당한 것이 문제의 본질입니다.
> 90년대 보스니아 내전 당시 민병대에 의한 강간사건이 국제 사회의 주목을 받았습니다. 전쟁 당시 여성에 대한 성폭력에 대해 어떻게 생각하느냐 하는 것은 지금은 국제적으로 여성 인권 문제라는 맥락에서 파악되고 있습니다. 위안부 문제는 이런 현대적인 주제에도 이어지는 것입니다.

신문에 대해 독자가 요구하는 것은 본질론이 아니라 사실을 바로 전달하는 것이다. 그런데 아사히는 사실관계 오류를 논의하는 비판자들은 문제의 본질을 모른다고 둘러대는 것이다. 여기서 놓칠 수 없는 것은, 스기우라 노부유키의 기사가 위안부 문제를 "보스니아 내전 당시 민병들의 강간사건"으로 이어지는 것으로 파악하고 있다는 점이다. 하지만 위안부 제도는 민족 청소를 외치고 행해진 보스니아에서의 강간과는 전혀 다르다. 그것을 같은 맥락에서 논하다니 아사히는 과연 어디까지 일본의 명예를 훼손하려는 것인가.

그런데 제3자위원회는 이 스기우라 노부유키의 기사를 평가하는 대목에서는 '논의 바꿔치기'라는 비판을 일절 하지 않고 있다. 오히려 스기우라 노부유키의 기사가 전하고자 한 것은 "아사히신문의 진정성"이었음에도 그 논리 구성이 부족하여 비판을 받는다고 하는 등, 스기우라 노부유키의 기사를 일정하게 평가하기까지 했다. 아사히로서는 너무나도 안이한 검증이 아닐 수 없다.

악화되는 국제 여론과 아사히의 책임

본 보고서에서 자세히 검토하는 바와 같이, 한국 신문이나 미국 신문 등은 아사히의 '92년 1월 강제연행 프로파간다' 이후 위안부 문제를 대대적으로 보도하게 됐다. 그 내용은 바로 아사히가 당시 강조했던 프로파간다에 따른 것이다. 1997년에 아사히가 '광의의 강제성'이라는 개념을 들고 나와 사실상 '92년 1월 강제연행 프로파간다'의 오보를 인정한 뒤에도 한국 신문, 미국 신문은 92년 1월에 완성된, 사실에 반하는 고정 관념에서 벗어나지 못하고, 마침내 미국 각지에 세워진 위안부 동상 등에 대한 설명과 미국의 역사 교과서에도 프로파간다의 내용이 그대로 반영되었고, 그래서 많은 재미일본인이 정신적 고통을 받는 데 이르도록 사태는 악화되고 있다. 이것도 본 보고서 제3

부에서 자세히 논한다. 또한 유엔의 쿠마라스와미 보고서, 미국 의회 결의, 한국의 헌법재판소 위헌 결정 등도 모두 '92년 1월 강제연행 프로파간다'를 그대로 반영하고 있다.

그러나 아사히의 검증특집도, 제3자위원회의 보고도, '92년 1월 강제연행 프로파간다'가 얼마나 악영향을 미쳐 왔는지 직시하지 않고 있다. 제3자위원회가 아사히의 '논의 뒤집기'를 강력히 비판했으니 아사히야말로 국제사회에 프로파간다가 사실이 아니었음을 알릴 의무가 있다고 따져야 할텐데도, 제3자위원회는 전혀 그렇게 하지 않았다. 오히려 제3자위원회 보고는 프로파간다에 대해 사실에 근거한 반론을 하려는 민간의 노력을 사태를 악화시킨 원인이라도 되는 것처럼 주장하며 아사히를 두둔했다. 이 점이야말로 제3자위원회 보고의 큰 결점이다.

미국 주요 3개 신문 분석으로 밝혀진 제3자위원회 보고의 결함

본 보고서 제3부에서 자세히 논했지만 '독립검증위원회'는 아사히의 위안부 보도의 영향을 알아보기 위해 미국의 주요 3개 신문(뉴욕타임스, 워싱턴포스트, 로스앤젤레스타임스, 1980년~2014년)의 위안부 관계 기사 약 520개와 한국의 주요 7개 신문('조선일보', '중앙일보', '동아일보', '한국일보', '서울신문', '경향신문', '한겨레' 1991년 8월 1일 ~ 1992년 1월 31일)의 위안부 관계 기사 541개를 모아 통독했다. '제3자위원회'의 보고는 기사의 수적 분석만 하고, 내용 분석이 이루어지지 않은 중대한 결함이 있지만, 본 '독립검증위원회' 보고서에서는 기사 내용까지 심도 있게 분석했다.

미국 신문 분석 결과, 아사히와 제3자위원회가 인정하지 않는 이하의 중요한 사실이 판명되었다.

① '92년 1월 강제연행 프로파간다'는 틀림없이 미국 신문에 지대한 영향을 주었다. 왜냐하면 미국의 주요 3개 신문이 위안부에 관해 대량의 기사를 쓰게 된 것은 모두 그 직후이기 때문이다. 말하자면 미국 주요 3개 신문은 아사히가 '92년 1월 강제연행 프로파간다'를 내세우기 이전에는 위안부 문제를 거의 무시하고 거론하지 않았다.

② 아사히신문이 요시다 증언을 반복해서 다루고, 또한 그 허위성을 인식한 이후에도 취소하지 않은 영향에 대해 '제3자위원회' 보고에서 하야시 카오리(林香里) 씨는 키워드 검색에서 'Seiji Yoshida'로 검색한 결과로부터 "요시다 세이지 씨는 각국 주요 신문에서는 극히 한정적으로만 언급된다고 할 수 있다"고 말하였지만, '요시다 세이지'라는 이름을 언급하지 않아도 분명히 그 증언에 의거했거나 또는 그를 참조했다고 생각되는 기사는 많이 존재하며, 일찍 요시다 증언을 취소했다면 그 악영향을 막을 수 있었을 것이다. 요시다 증언에 영향을 받은 기사는 최근까지도 찾아볼 수 있다('뉴욕타임스'. 1996년 5월 13일, 15일자 / '워싱턴포스트' 2014년 5월 31일자).

③ 1993년 8월 4일의 고노 담화가 일본이 위안부 강제연행과 성노예화를 공식 인정했다고 하는 형태로 미국 신문에서 보도되었다.

④ 미국 신문은 위안부 강제연행·성노예화라는 오해를 전제로, 아베 신조 등 일본 정치인의 북조선의 일본인 납치 문제에 대한 대처를 위선적이라고 비판했다. 아사히의 위안부 보도는 납북자 문제에도 악영향을 미쳤다.

⑤ 제3자위원회 보고에서 하타노 스미오(波多野澄雄) 씨는 일본의 유지(有志, 지식인들)가 워싱턴포스트에 낸 의견 광고가 (역풍을 불러일으켜) 미 하원 위안부 결의안에 "참여 의원을 급증시킨 최대 요인"이었다고 주장했지만, 그 논거는 매우 약하다. 이번에 조사한 3개 신문에는 의견 광고에 대한 의회의 반발을 보도한 듯한 기사는 찾아볼 수 없다. 하타노 스미오 씨, 하야시 카오리 씨는 아베 신조 씨와 일본 우익의 언행이 위안부 문제에 대한 해외의 일본 비판을 높이고 있다고 비판하고 있지만, 그 근거는 박약하다.

⑥ 위안부를 "아베 정권에서는 전쟁 이전 시기에 일본에 정착했던 공창제가 전쟁터로 옮겨간 경우"로 간주하는 것에 반해, "구미(서구) 보도의 논조는 대부분 위안부 문제를 보편적·인도주의적 '여성의 인권 문제'라는 관점에서 규정하고 있다"고 하야시 카오리 씨는 주장했다. 하지만 위안부 문제를 다룬 미국 세 신문 기사 중에서 이를 "일본에만 있었던 것이 아니라 유럽, 미국, 아시아 등에 광범위하게 존재했던 근대 국가의 문제"로 다루고 있는 내용은 하나도 없다. 위안부 제도를 '일본 특유의 시스템(uniquely Japanese system)'으로서 다루는 기사가 대부분이었다.

주요 한국 신문 분석에서 드러난 아사히의 책임

또, 한국 신문 분석 결과, 역시 이하의 사실이 판명되었다.

① '92년 1월 강제연행 프로파간다'는 한국에도 영향을 미쳤다. 한국에서는 위안부 문제가 일본에서 제기됐다고 포착하고 있다. 한국 신문이 위안부 문제를 집중 거론하는 것은 92년 1월부터다. 1월 11일자 아사히의 '군 관여' 자료 발견 기사와 그로 인해 촉발되어 한국 신문이 같은 해 1월 14일, "12살 초등생까지 위안부로 삼았다"는 오보를 낸 것이 계기가 되었다.

② 92년 1월 당시 한국 신문은 '강제연행'의 근거로 요시다 세이지 증언, 김학순 증언 등을 들었다.

③ 한국에서 위안부 문제의 근거로 여겨지는 사항은 아직도 살아 있다. 2012년 8월 30일 조선일보 사설도 아사히가 보도한 군 관련 자료와 요시다 증언을 강제연행의 근거로 들었다.

④ 아사히가 대대적으로 보도하면서 2014년까지 취소하지 않았던 요시다 세이지 씨 등의 많은 '증언'은 한국인에게 위안부에 대해서 일정한 이미지를 만들었고 위안부 강제연행을 뒷받침하는 주요 근거가 되었다.

⑤ 한국 국정 역사 교과서가 위안부를 두고 "정신대의 이름으로 연행되었다"고 사실에 반하는 기술을 한 것은 '92년 1월 강제연행 프로파간다' 5년 후인 1997년부터였다. 중학 교과서는 2002년에 위안부와 정신대를 동일시하는 오류가 수정됐지만, 고교 검정 교과서에서는 아직도 사실에 반하는 기술이 많다.

⑥ 2011년 한국 정부가 위안부에 대한 보상을 요구하는 외교 협상을 하지 않는 것이 헌법 위반이라는 한국 헌법재판소 결정은 "일제에 의해 강제동원되어 성적 학대를 받고 위안부로서의 생활을 강요당한 '일본군 위안부 피해자'"(결정문)라는 인식에 의한 것이다. '92년 1월 강제연행 프로파간다'가 만들어낸 강제연행, 성노예의 이미지가 위헌 결정의 전제였다.

확산되는 미국에서의 피해

'92년 1월 강제연행 프로파간다'는 미국과 한국의 주요 언론에 절대적인 영향을 미쳤다. 아직도 이 프로파간다를 사실로 생각하는 사람이 다수 있다. 그 결과 미국 각지에 설치된 위안부 기림비의 비문이나 미국의 역사 교과서에도 '92년 1월 강제연행 프로파간다'가 영향을 주고 많은 재미일본인이 정신적 고통을 받으면서 사태가 악화되고, 미국에서 구체적인 피해를 입은 일본인이 개별 원고가 되어 아사히신문의 '종군위안부' 오보 소송을 제기했다.

미국의 위안부 기림비(碑)·상(像)은 주로 한국계 주민에 의해서 그 설립 운동이 2009년경부터 시작되면서 2015년 2월 현재 8개소에 설치되어 있다.

1. 2010년 10월 23일
   뉴저지 주 버겐 카운티 팰리세이즈 파크의 공립 도서관 옆 비

2. 2012년 6월 16일
   뉴욕 주 낫소 카운티 아이젠하워 공원 비
※ 2014년에 2와 같은 장소에 또 두 개의 위안부 기림비가 증축

3. 2012년 12월 1일
   캘리포니아 주 오렌지 카운티 가든글로브 비

4. 2013년 5월 8일
   뉴저지 주 버겐 카운티 해켄색 시 법원 옆 비

5. 2013년 7월 30일
   캘리포니아 주 로스앤젤레스 카운티 글렌데일 시 중앙도서관 옆 공원 상

6. 2014년 5월 30일
   버지니아 주 페어팩스 카운티청 부지 내 비

7. 2014년 8월 4일
   뉴저지 주 유니언 시티 비

8. 2014년 8월 16일
   미시간 주 디트로이트 시티 사우스필드 한인문화회관 앞마당 상

위안부 비문에 공통된 키워드는 '일제의 강제연행(유괴)', '위안부 20만명 이상', '성노예'이지만, 이는 모두 역사적 사실에 반하는 '날조'이며 '92년 1월 강제연행 프로파간다'의 영향이 짙게 반영되어 있다.

아사히는 미국 각 지역의 기림비·상 설치의 동향에 대해서 항의하는 일본계 사람을 소개하는 한편, 전시 중에 강제수용의 쓰라린 기억을 보유한 일부 일본인들(**편집자주** : 태평양전쟁 당시에 미국은 백악관 행정명령 9066호를 통해 자국에 거주하는 10만 여명에 달하는 일본계 미국인을 이유불문하고 모두 강제수용소에 가뒀다.)이 "같은 전쟁 피해자"로서 호의를 갖고 있다고 기림비·상 설치에 공감하는 기사를 게재하고, '92년 1월 강제연행 프로파간다'를 계속 확산시키고 있다.

'92년 1월 강제연행 프로파간다'의 영향은 미국 역사 교과서에도 미치고 있다. 고교용 세계사 교과서 『전통과의 조우(Traditions & Encounters : A Global Perspective on the Past)』(맥그로힐(McGraw-Hill)社)는 위안부에 대해서 다음과 같은 놀라운 기술을 하고 있다.

일본군은 '위안소' 내지 '위안시설'로 불리는 군용 성매매 업소에서 일을 시키기 위해 최대 20만 명에 이르는 14세부터 20세 사이의 여성을 강제로 모집하고, 징집하고, 제압하였다. 일본군은 천황이

부대에 보낸 선물이라며 이들 여성을 제공했다. 조선, 대만 및 만주 등과 같은 일본의 식민지와 필리핀 및 기타 동남아시아 국가들의 일본 점령지 출신이다. 여성 대부분은 조선 및 중국 출신이다.

일단 이 제국의 매춘 서비스에 강제 편입되면 '위안부'들로 하여금 하루에 20명에서 30명의 남자를 상대하게 했다. 전투지역에 배치되면서 이들 여성은 종종 군인들과 같은 위험에 직면해 상당수가 전쟁 희생자가 됐다. 다른 사람들도 도망치려 하거나 성병에 걸린 경우에는 일본 병사에 의해 살해됐다. 전쟁의 종결에 즈음하여 이 활동을 무마하느라 다수의 위안부가 살해되었다.

일본 외무성은 맥그로힐사와 집필자들에게 교과서 기술 시정을 요구했으나 거부당했다. 게다가 미국 역사학자 19명이 공동성명을 발표하고 일본 정부를 비판했다.

재미국 일본인 자녀에 대한 괴롭힘이 6, 7세부터 고교생에 이르기까지 폭넓게 확산되고 있다. 캘리포니아주, 뉴저지주만 해도 10건 이상 보고된 바 있다.

독립검증위원회 보고의 결론

총론의 마지막에, 본 보고서의 결론을 미리 정리해 둔다.

1. 아사히는 위안부 문제를 80년대 이후 보도하기 시작했고 91년에 오사카 본사를 중심으로 대캠페인을 벌였다. 일본의 다른 언론들은 아사히에 이끌려가는 형태로 점차 캠페인에 동참했다.

2. 여기에는 위안부 사냥 허위 증언, 여자정신대 제도에 대한 오보, 위안부 경력 왜곡, 자료 발견 기사에 대한 이미지 조작 등 많은 사실 오인이 포함되어 있었다. 재판 이해관계자에게 관련 기사를 쓰게 한 언론윤리상의 문제도 있었다.

3. 사실 오인이 다량 발생한 이유는, 아사히가 말하는 연구의 부족 때문만은 아니다. 아사히가 2차 대전 이전의 일본군에 대해 매우 편향된 시각을 갖고 있었던 점이 크게 작용했음을 부인하기 어렵다. 이러한 편향된 시각은 오사카 본사가 91년에 행한 연재기획으로 확산되어 92년 1월 이후에는 도쿄 본사도 그에 동조했다.

4. 그 결과 1992년 1월 12일을 전후하여 "일본군이 여자정신대의 이름으로 조선 여성을 위안부로 만들기 위해서 강제연행을 했다"고 하는 '92년 1월 강제연행 프로파간다'가 완성됐다. 한국 신문, 미국 신문은 그 프로파간다에 올라타고 92년 1월부터 위안부 강제연행을 정력적으로 보도했다. 한국 신문은 그 해 1월 14일에 "12살 초등생까지 위안부로 삼았다"라는 오보를 내고 한국

내에서 프로파간다를 정착시켰다.

5. 일본 국내에서는 1992년 이후 아사히 비판이 개시되고, 96년경부터 산케이(産経), 요미우리(読売)도 아사히 비판에 참가하여 대논쟁이 벌어졌다. 그 결과 아사히의 프로파간다가 사실이 아님이 증명되었다. 그런데, 아사히는 97년 3월에 본질은 강제연행이 아니라는 '광의의 강제성론'을 펴면서 자사가 92년 프로파간다를 퍼뜨린 책임을 회피했다.

6. 아사히가 2014년에 이르기까지 사실 오인 기사의 취소와 정정을 하지 않은 것, 그리고 외무성이 사실에 입각하여 반론을 하지 않은 것 등으로 인해 한국, 미국을 비롯한 국제사회에서는 아직도 '92년 1월 강제연행 프로파간다'가 사실인 것처럼 확산되고 있다. 미국에서는 각지에 위안부 기림비·상이 설치되고 역사 교과서에도 프로파간다가 그대로 기술되어 있다. 한국 신문들은 최근까지도 요시다 세이지의 증언을 강제연행의 증거로 꼽은 바 있다.

7. 아사히는 2014년 8월 검증특집에서도 '92년 1월 강제연행 프로파간다'를 국내외에 퍼뜨린 책임을 인정하지 않았다. 또, 제3자위원회도 프로파간다가 지금도 세계로 퍼져, 일본의 명예를 손상시키고 있음에도 불구하고, 아사히의 책임을 회피시켜주는 논의로 시종일관했다. 아사히와 제3자위원회 위원은 위안부 문제가 국제적으로 여성인권 문제로 받아들여지고 있다고 강조하였지만, 미국 주요 신문에서는 그런 시각은 일체 없고, 위안부 제도를 '일본 특유의 시스템(uniquely Japanese system)'으로 다루는 기사가 대부분이었다.

8. 다만 제3자위원회는 아사히에 의한 97년 '광의의 강제성' 논란은 '논의 바꿔치기'라고 핵심을 언급하는 비판을 했다. 이는 아사히를 비판하는 우리 전문가의 의견과 일치하는 비판이다. 그러나 아사히는 그 비판을 무겁게 받아들인다면서도 실제로는 받아들이지 않고 있다.

9. 우리 독립검증위원회는 아사히에 대해 '92년 1월 강제연행 프로파간다'와 97년 '논의의 바꿔치기'가 어떤 방식으로 만들어졌는지, 기자, 데스크, 담당부장, 사장들의 책임을 실명을 들어 명확히 하길 요구한다. 또 아직도 국제사회에 만연해 있는 프로파간다를 없애기 위해 아사히가 응분의 부담을 질 것을 요구한다.

10. 일본 정부에 대해서도 국제사회에 확산되고 있는 '92년 1월 강제연행 프로파간다'에 대해 사실에 입각한 정중한 반론을 조직적이고 계속적으로 실시할 것을 요구한다. 이를 위해 정부 내에 전문 부서를 설치하고 민간 전문가의 의견을 집약하기 위한 전문가 회의를 설치할 것을 요구한다.

제2부

아사히의 위안부 보도를 검증한다

-

제1장

검증 동기는 자기변호

니시오카 쓰토무(西岡力) (집필 담당)

고조되는 아사히 비판에 대한 위기감

우선, 왜 아사히가 위안부 보도에 대한 검증특집을 내보냈는지부터 살펴보자. 이 점에 대해서는 제3자위원회 보고가, 오보를 정정하여 일본의 명예를 지키려는 목적이 아니라, 고조되는 비판에 대한 위기감이 동기였다고 다음과 같이 내부조사 결과를 통해 적고 있다.

> 정부의 고노 담화 재검토가 실제로 이루어지게 되는 경우에는 다시 아사히신문의 과거의 보도 태도도 문제로 제기될 것이라는 위기감이 높아지면서 위안부 문제에 대한 본격적인 검증을 실시하지 않을 수 없다는 생각이 경영 간부를 포함하여 사내에서 강해졌다.
> 또, 다른 언론사도 아사히신문의 위안부 문제에 대한 보도 자세 등에 비판을 집중하고, 독자 중에도 이에 대해서 불신하는 사람이 증가하고, 고객 사무실 보고서에서도 위안부 보도에 대한 부정적 의견이 확산되고, 이것이 판매 부수와 광고에도 영향을 보이기 시작하면서, 판매 및 홍보의 입장에서도 묵과할 수 없다는 의견이 높아지고 있었다.('제3자위원회 보고' 29페이지)

아사히는 2014년 8월 5일자 1면에 '위안부 문제의 본질 직시를(慰安婦問題の本質直視を)'이라는 스기우라 노부유키(杉浦信之) 편집 담당 임원의 서명기사를 싣고 검증에 대한 기본자세를

밝혔다. 거기에서 스기우라 노부유키 씨는 검증을 실시하는 이유에 대해 다음과 같이 썼다.
한국 정부와 언론이 말하지 않는

> 위안부 문제가 정치 문제화되는 가운데 아베 정권은 고노 담화 작성 과정을 검증하고 보고서를 6월에 발표했습니다. <u>일부 논단, 인터넷에는 "위안부 문제는 아사히신문의 날조다"라는 이유 없는 비판이 일고 있습니다. 게다가 위안부 기사를 쓴 전 아사히신문 기자를 실명으로 비방하는 사태가 벌어졌습니다. 독자 여러분으로부터는 "사실인가", "왜 반론하지 않는가" 하는 문의가 전해지게 되었습니다.</u>
> 우리는 위안부 문제의 보도를 돌아보며 오늘과 내일의 지면을 통해 특집을 내보냅니다. 독자에 대한 설명 책임을 다하는 것이 미래를 향한 새로운 논의를 시작하는 첫걸음이 된다고 생각하기 때문입니다. 97년 3월에도 위안부 문제의 특집을 내보냈는데, 그 후의 연구 성과도 근거로 하면서 논점을 정리했습니다.(밑줄은 인용자. 이하 동일).

밑줄을 그은 부분에서 아사히의 진심이 드러난다. 자신들은 이유 없는 비판, 불명예스러운 중상에 노출된 피해자라는 인식이다. 아사히의 위안부 보도에 대한 비판이 지금 와서 아사히 독자 속에까지 침투되어 온 데 대한 위기감도 엿보인다.

아사히를 지명하여 비판했던 요미우리

여기서 아사히는 속임수를 쓰고 있다. 아사히의 위안부 보도를 비판하는 것은 "일부 논단, 인터넷"만이 아니다. 같은 전국 일간지인 산케이신문은 1997년부터 아사히의 위안부 보도 비판을 반복하고 있다. 97년 1월부터 3월까지 산케이는 사설에서 반복하여 아사히의 위안부 보도를 실명으로 비판했다. 요미우리신문도 2013년 5월, 실명으로 아사히의 위안부 보도의 잘못을 비판했다. 동업 타사로부터 지명, 비판받는 영향은 컸을 것이다.

요미우리의 아사히 비판을 소개한다. 회견에서 하시모토 토오루(橋下徹) 오사카 시장이 "군의 규율을 유지하려면 위안부가 당시는 필요했다"라고 말한 것 등을 보도하는 기사와 함께 위안부 문제를 해설하는 기사를 5월 14일, 15일, 2일 연속으로 게재했다. 그 두 기사에서 아사히의 오보를 분명한 표현으로 지적한 것이다. 15일자 기사를 인용하자.

> [Q&A] 종군위안부 문제는 언론보도를 계기로 정치 문제화(從軍慰安婦問題とは 報道きっかけに 政治問題化)
> Q 종군위안부 문제란?

A 1992년 1월 아사히신문이 "일본군이 위안소 설치와 종군위안부의 모집을 감독, 통제하고 있었다"고 보도한 것을 계기로 정치 문제화했다. 특히 "주로 조선 여성을 정신대의 이름으로 강제연행을 했다"고 사실관계를 잘못 보도한 부분이 있어 한국의 반발을 불러일으켰다.(2013년 5월 15일).

또한 요미우리는 1998년 논설위원 칼럼에서 "92년 1월, 일본 신문이 정신대 동원은 일본군 위안부 강제연행이라고 하는 대대적인 역사 위조 보도를 했다(九二年一月、日本の新聞が、挺身隊動員は従軍慰安婦強制連行、とする大々的な歴史偽造報道をした)"고, 비록 아사히를 지목하지는 않았지만, 치열한 비판을 하는 등 아사히의 위안부 보도를 간접적으로 비판했다. 하지만 2013년 5월에 드디어 "아사히신문이... 사실관계를 잘못 보도했다(朝日新聞が…事実関係を誤って報じた)"라고 했다. 이것은 전에 없는 엄격한 동업 타사에 대한 비판이었다.

이상 요미우리의 아사히 비판을 구체적으로 살펴보았는데, 스기우라 노부유키 씨의 기사는 그러한 비판에 제대로 대답하지 않았고, 오히려 (아사히가 과거에 위안부 문제로 잘못된 보도를 내보낸 것은) 연구가 진행되지 않았기 때문이며 같은 잘못을 다른 신문도 저질렀다고 변명하였다.

> 위안부 문제가 조명되기 시작했던 90년대 초에는 연구가 진척되지 않았습니다. 우리는 위안부 증언이나, 많지 않은 자료를 바탕으로 기사를 썼습니다. 그렇게 해서 보도한 기사의 일부에 사실관계상 오류가 있었다는 것을 알게 되었습니다. 위안부 문제의 전체상을 모르는 단계에서 일어난 실수이지만, 보강 취재가 불충분했던 점은 반성합니다. 비슷한 오류는 당시 국내 다른 언론이나 한국 언론 기사에도 있었습니다.

본 보고서 총론에서 검토했듯이 사실 오인이 다량 발생한 이유는 연구의 부족 때문만은 아니다. 아사히가 2차 대전까지의 일본군에 대해 매우 편향된 시각을 갖고 있었던 점이 거기에 크게 작용했음을 부인하기 어렵다. 이러한 편향된 시각은 오사카 본사가 91년에 행한 연재기획으로 확산되고, 92년 1월 이후에는 도쿄 본사도 동조했다. 그 점은 제2부 제3장에서 상세히 논하였다.

아사히의 역비판

그리고 아사히는 이후 태도를 크게 바꾸어서, 자신에 대한 비판을 두고 "(이러한 비판은) '위안부 문제는 날조'라는 주장과 '옛 위안부에게 사과할 이유가 없다'라는 논의", "피해자를 '매춘부' 등으로 깎아내림으로써 자국의 명예를 지키려는 일부의 논조" 등으로 몰아붙이고서는, "보고 싶지 않은 과거를 외면하고 감정적 대립을 부추기는 내향(内向)의 언론"이라고 하면서 다음과 같이 역비판에 나섰다.

일부 부정확한 보도가 위안부 문제에 대한 이해를 혼란시켰다는 지적도 있습니다. 그런데 그를 이유로 하여 이루어지는 "위안부 문제는 날조"라는 주장과 "옛 위안부에게 사과할 이유가 없다"라는 논의에는 결코 동의할 수 없습니다.

피해자를 '매춘부' 등으로 깎아내림으로써 자국의 명예를 지키려는 일부 논조가 일한(日韓) 양국의 내셔널리즘을 자극하고 문제를 악화시키는 원인이 되고 있기 때문입니다. 보고 싶지 않은 과거를 외면하고 감정 대립을 부추기는 내향의 언론이 확산되고 있는 것을 우려합니다.

그리고 결론적으로 "위안부로서 자유를 박탈당하고 여성으로서의 존엄을 유린당한 것이 문제의 본질(慰安婦として自由を奪われ、女性としての尊厳を踏みにじられたことが問題の本質)"이라고 논점 바꿔치기를 한다. 이는 당초 아사히가 여자정신대 제도에 의해 위안부가 노예사냥을 당하듯이 강제연행이 되었다고 주장했지만, 사실에 어긋난다고 비판을 받은 뒤, 1997년경부터는 위안소에서의 비참한 생활을 겪은 경험이 문제라며 '광의의 강제'론을 꺼낸 것과 일맥상통하는 궤변이다. 독자가 신문에 요구하는 것은 본질론 설교가 아니라 사실을 바로 전달하는 것이다. 그런데 아사히는 사실관계의 잘못을 논의하는 비판자가 문제의 본질을 모르고 있다며 입장을 바꾼다.

총론에서도 언급했으나 놓칠 수 없는 것은 스기우라 노부유키의 기사에서 위안부 문제를 "보스니아 내전에서의 민병대에 의한 강간사건(ボスニア紛争での民兵による強姦事)"과 이어지는 것으로 파악하고 있다는 점이다. 그러나 위안부 제도는 병사들의 강간사건을 막기 위해서 당시 합법이었던 공창 제도가 전쟁터로 옮겨간 것이며, 인종 청소를 외치면서 벌어진 보스니아에서의 강간과는 전혀 다르다. 그것을 이렇게 같은 맥락에서 논하다니, 아사히는 어디까지 일본의 명예를 훼손하려는 것인가.

전시 중 일본군 병사들의 성(性) 상대를 강요당한 여성이 있었다는 사실을 지울 수는 없습니다. 위안부로 자유를 박탈당하고 여성으로서의 존엄을 유린당한 것이 문제의 본질입니다.

90년대 보스니아 내전 당시 민병대에 의한 강간사건이 국제 사회의 주목을 받았습니다. 전쟁 당시 여성에 대한 성폭력에 대해 어떻게 생각하느냐 하는 것은 지금 국제적으로 여성 인권 문제라는 맥락에서 파악되고 있습니다. 위안부 문제는 이런 현대적인 주제에도 이어지는 것입니다.

아사히는 검증특집을 게재한 것과 동시에 주간지 등에 의한 아사히 비판에 대해 항의하기 시작했다. 검증특집 1일차가 게재된 8월 5일에는 같은 날 발매된 사진 주간지 「FLASH」 8월 19일·26일호에 대해, 또 검증특집 게재 2일차인 6일에는 역시 같은 날 발매된 「슈칸분슌(週刊文春)」 8월 14일·21일 호에 대해 항의했다. 아사히는 이들 매체가 우에무라 다카시(植村隆) 기자의 위안부 보도를 "근거 없이 조작으로 몰아붙이고 아사히신문사의 명예와 신용을 현저히 훼손하였다"고 주장하였고,

또 편집부에 사과와 정정기사 게재를 요구하는 문서를 발송하여 "아사히신문 보도를 근거 없이 '조작'으로 몰아붙여 명예와 신용을 현저히 훼손했다"고 항의하였다. 이어 이 소식을 지면에 기사로 보도했다. 그 기사 중에서 자사 홍보부의 "5일자 아사히신문의 특집 '위안부 문제를 생각한다:상(慰安婦問題を考える:上)'에서 보도한 바와 같이 위안부 문제를 보도하는 기사에서 아사히신문 기자의 조작은 없습니다"라는 틀에 박힌 같은 코멘트를 이틀 연속 보도했다.

이로써 알게 되는 사실은, "이유 없는 비판"을 받고 있는 자사와 우에무라 기자가 피해자라는 아사히의 뻔뻔한 자세가 전면에 나타난다는 게 바로 아사히의 위안부 보도 검증특집이었다는 것이다.

제2장

1992년 1월 11일·12일을 정점으로 하는 '강제연행 프로파간다'

니시오카 쓰토무(西岡力) (집필 담당)

무책임한 '강제연행', '군(軍) 관여자료' 보도 검증

그렇다면 아사히의 검증 동기에 대한 검토는 여기까지 하도록 하고, 검증 내용에 대해 살펴보자. 아사히의 자사 기사 검증은 헤드라인 '위안부 문제 어떻게 전했는가(慰安婦問題どう伝えたか)' '독자의 의문에 답하겠습니다(読者の疑問に答えます)'의 아래에 △ '강제연행(強制連行)', △ "제주도에서 연행'이라는 증언(『済州島で連行』証言)', △ '군 개입을 나타내는 자료(軍関与示す資料)', △ "정신대'와의 혼동(『挺身隊』との混同)', △ '위안부 최초의 증언(元慰安婦 初の証言)'이라는 5가지 항목으로 제시되었다. 5개의 항목 모두에서 아사히가 작문(作文)을 했다는 의문이 먼저 제시되고, 검증이 이어지며, 마지막으로 '독자 여러분에게(読者のみなさまへ)'라는 제목으로 그 항목의 결론을 내려 끝맺는다. 자사의 보도를 반성하고 검증을 하는 것이 아니라, 어디까지나 독자의 의문에 답한다는 피해자 의식에서의 적반하장이 이러한 형식에서도 나타난다.

여기에 열거된 5개 항목은 모두 1992년 1월 이전에 아사히가 보도한 내용이다. 더 정확히 말한다면 이들 항목의 보도를 통해서 아사히는 1992년 1월에 "여자정신대의 이름으로 다수의 조선 여성을 강제연행하고 위안부로 삼았다"는 '92년 1월 강제연행 프로파간다'를 완성했다.

그런데 여기에서 중요한 강제연행에 관한 아사히의 검증은 아래와 같이 자기변호로 시종일관하고 있다.

"정부는 군대나 경찰 등이 납치하듯이 끌고 가서 강제로 위안부로 삼는, 이른바 '강제연행'을 직접 입증하는 자료는 없다고 설명하고 있습니다. 강제연행은 없었습니까?"

"일본의 식민지인 조선, 대만에서는 일본군의 의향을 받은 업체가 "좋은 일이 있다" 등으로 속여서 많은 여성을 모을 수 있었습니다. 일본군 등이 조직적으로 유괴범처럼 연행한 자료는 못 찾았습니다. 한편, 인도네시아 등 일본군의 점령 하에 있던 지역에서는 군이 현지 여성을 강제로 연행했음을 보여주는 자료들이 확인되고 있습니다. 공통하는 것은 여성들이 본인의 뜻에 반하여 위안부가 되는 강제성이 있었다는 것입니다."

또 '92년 1월 강제연행 프로파간다'를 완성한 92년 1월 11일의 '군 관여 나타내는 자료' 보도에 대해서는, 다음과 같이 검증했다.

"아사히신문이 1992년 1월 11일 조간 1면에 보도한 '위안소 군 개입 나타내는 자료(慰安所 軍関 与示す資料)'라는 기사에 대해서 위안부 문제를 정치 문제화하기 위해서, 미야자와 기이치(宮沢喜一) 총리가 방한하기 직전의 타이밍을 노린 "의도적인 보도"라는 등의 지적이 있습니다."
"기사는 기자가 구체적인 정보를 안 지 5일 후에 게재되었고, 미야자와 총리의 방한 시기를 노린 것은 아닙니다. 정부는 보도 전부터 자료의 존재를 보고받고 있었습니다. 한국 측에서는 91년 12월 이후 위안부 문제가 총리가 방한할 때 현안화가 되지 않도록 사전에 조치를 강구하는 것이 바람직하다는 의견을 갖고 있었고 그것이 알려지면서 정부는 검토를 시작했습니다."

여기에서는 아사히가 1991년부터 92년 1월에 걸쳐 대 캠페인을 벌여 '강제연행 프로파간다'를 내외에 강력하게 발신한 책임을 전혀 인정하지 않고 있다.

91년 1월 11일·12일 보도가 조성한 허위

본 보고서 제3장에서 밝힌 대로 아사히는 1991년, 오사카 본사가 중심이 되어 위안부 문제의 캠페인을 벌였다. 그 가운데 요시다 세이지 증언을 사실로 강조하면서, 국가총동원법에 근거한 공적 제도인 여자정신대가 조선에서는 위안부 동원에 이용되었다고 말하는 사실 오인을 반복하고, 91년 8월에 이름을 내걸고 나선 옛 위안부도 여자정신대로 끌려갔다고 경력을 위조하는 등 여러 사실을 오인했다. 그리고 92년 1월 11일 미야자와 기이치 총리의 방한 직전에 군 관련 자료 발견으로 크게 보도했고, 거기서도 용어해설에서 위안부는 여자정신대로 끌려갔다고 후술하는 것처럼 사실을 오인했다.

원래 크게 보도됐던 자료는 육군성 부관 이름으로 1938년에 파견군에게 나온 통달로서, 조선이 아니라 일본 국내에서 위안부를 모집할 때 업자가 유괴와 똑같은 일을 하거나 "군부의 이해가 있다"고 하면서 군의 위신을 떨어뜨리고 경찰에 조사를 받은 등의 일이 있었고, 따라서 업자를 뽑을 때 헌병이나 경찰과 연락을 긴밀히 하여 군의 위신을 지키도록 요구한 것이다. 즉, 유괴에 가까운 모집을 중지시키려는 관여이므로, 강제연행과는 정반대로 오히려 선의의 관여라고 할 수 있다.

그런데도 기사 속에 용어해설을 붙여 아래와 같은 강제연행 선전물을 썼다.

1930년대 중국에서 일본군 병사에 의한 강간 사건이 많이 발생했기 때문에 반일감정과 성병을 막기 위해 위안소를 설치했다. 전직 군인이나 군의관 등의 증언에 의하면, 개설 당초부터 약 80%가 조선인 여성이었다고 한다. 태평양전쟁이 벌어지고서 주로 조선인 여성을 정신대라는 이름으로 강제연행을 했다. 그 인원은 8만이라고도 하고 20만이라고도 한다.

이 용어해설 위에는 '군 관여가 명백하다 사죄와 보상을(軍関与は明白謝罪と補償を)'이라는 제목 아래 요시미 요시아키(吉見義明) 주오(中央)대학 교수의 이야기가 실려 있다. 거기에서 요시미 요시아키 교수는

위안부가 증언을 하고 있는 현 단계에서 '관여'를 부정하는 것은 부끄러운 것이다. 일한(日韓) 협정으로 보상청구권은 없어졌다고 하지만, 국가 대 국가의 보상과 개인 대 국가의 보상은 다르다. 위안부에 대해서는 사과는 물론 보상을 해야 한다.

고 말하고 이 자료가 위안부 증언을 뒷받침하는 것인 것처럼 주장했다.

다음 12일에는 사설에서 "정신대의 이름으로 권유 혹은 강제연행되...었다고 하는 조선인 위안부(「挺身隊 (ていしんたい)」の名で勧誘または強制連行され、…たといわれる朝鮮人慰安婦)"라고 썼다. 사설에서 위안부에 대해서 '정신대의 이름으로 강제연행이 됐다'는 사실 오인을 전개한 것은 아사히뿐이다. 1월 12일자 사설 '역사에 눈을 감지 않을 것이다(歴史から目をそむけまい)'의 첫 부분을 인용한다.

일중전쟁과 태평양전쟁 중에 일본 군인을 대상으로 매춘행위를 하도록 강요된 조선 여성 등 이른바 '위안부'에 대해서, 군 당국이 모집을 감독하거나 위안소 설치 등에 관여했음을 뒷받침하는 공문서류가 발견됐다.

'정신대'의 이름으로 권유 혹은 강제연행이 되어 중국으로부터 아시아, 태평양의 각지에서 병사 등을 상대하게 되었다고 하는 조선인 위안부에 대해 정부는 그동안 "민간업체가 데리고 다닌 것 같다" 등으로 군과 정부의 관여를 부정하는 자세를 취하여 왔다. 그러나 이런 시설이 일본군의 시책 아래 설치되었다는 것은 말하자면 주지의 사실로 이번 자료도 그런 의미에서는 놀랄 만한 일이 아니다.

부끄러운 경험은 누구든지 기억하고 싶지 않은 것이다. 그러나 전쟁이라는 특이한 상황 아래에서라도, 식민지 지배 하의 조선에서 다수의 사람들을 빌려와 남자에게는 노무와 병역을, 여성에게는 병사의 위안을, 이러한 역할을 강요한 것은 겨우 반세기 전의 우리나라였다. 이 사실의 무게는 우리가 계속 져야 한다. 역사에 눈을 감을 수는 없다.

11일자 기사, 용어해설, 요시미 요시아키 이야기 그리고 12일자 사설을 읽으면, 독자들은 요시다 세이지가 말한 강제연행을 뒷받침하는 자료가 발견됐다는 인상을 갖도록 구성돼 있음을 알 수 있다.

그 결과, 가해자로서 요시다의 증언, 피해자로서의 김학순 증언, 이를 뒷받침할 공문서, 이렇게 3종의 세트가 모두 '여자정신대로 위안부 강제연행'을 증명한다는 허구를 만들어 낸 것이다. 바로 '강제연행 프로파간다'를 내외에 퍼뜨린 것이 1991년부터 1992년 1월 사이의 아사히의 위안부 보도로서, 그 정점이 11일자 기사와 12일자 사설이었다.

일본의 다른 신문을 리드한 아사히

아사히는 다른 신문도 당시에는 같은 오보를 내고 있었다고 변명하지만, 보도 시기의 앞섬과 보도량에서 당시 아사히의 위안부 보도는 타 신문을 압도했다. 아사히는 타 신문에 앞서 1982년에 요시다 세이지 씨를 크게 다루었다. 요시다 씨가 위안부 강제연행에 관한 단행본을 낸 것은 1983년인데, 그 1년 전에 이미 '조선의 여성 나도 연행, 전직 동원부장이 증언(朝鮮の女性 私も連行, 元動員部長が証言)'이라는 큰 제목으로 다룬 것이다. 정확히 요시다 씨의 위안부 사냥 증언은 아사히가 세상에 내보냈다고 말할 수 있다. 그 기사에서 요시다 씨가 오사카에서 열린 집회에서 여자정신대의 이름으로 위안부 사냥을 했다고 말했다고 하여 다음과 같이 적고 있다. 이 시점에서 이미 '여자정신대로 강제연행'이라는 아사히가 벌이는 허위 캠페인의 골자가 마련돼 있었다.

> 요시다 씨는 "체험한 것만 이야기하겠습니다"라며 말을 꺼냈다. "조선인 위안부를 황군 위문 여자정신대라는 이름으로 전쟁터에 내보냈습니다. 당시 우리는 '징용'이라 하지 않고 '몰이'라는 말을 썼습니다."

총론에서도 소개한 바와 같이, 아사히의 기사가 데이터베이스화 되는 것은 1984년 8월 4일부터지만, 그 이전에 요시다 관계기사만 봐도 1982년 1개, 1983년 3개의 위안부 기사를 게재하고 있다. '@nifty비즈니스' 신문·잡지 기사 횡단 검색의 데이터베이스에서 "위안부"로 검색하여 나오는 기사 수를 정리하면 각 신문의 위안부 보도는 표 1과 같다.

표1 위안부 보도의 양적 변천(1985~1993)

	85	86	87	88	89	90	91	92	93
아사히	2	3	3	10	14	23	150	725	424
요미우리	-	-	4	3	4	2	23	293	200
마이니치	-	-	0	0	0	5	66	567	297
산케이	-	-	-	-	-	-	-	-	179
NHK	0	0	0	0	0	0	13	145	108
계	2	2	7	13	18	30	252	1,730	1,208
아사히%	100	100	43	77	78	77	60	42	41

주: "-" 표시는 그해 기사의 데이터베이스가 없는 것을 나타낸다. "아사히%"는 전체 중에서 아사히 기사의 비율. 산케이는 93년부터 기사 데이터베이스가 있기 때문에 93년의 아사히%도 산케이를 제외하고 구한 비율.

표2 1991년의 위안부 보도

	91/1~6월	91/7월	91/8월	91/9월	91/10월	91/11월	91/12월	91계	91/1월
아사히	25/11	20/10	21/7	9/7	8/5	12/4	55/17	150/60	139/12
요미우리	0	0	2/1	1	3/1	2	15/1	23/2	66/1
마이니치	8	3	3	6	5	11/3	30/3	66/6	118/2
NHK	1	0	1	0	0	2	9	13	33
계	34	23	27	16	16	27	109	252	356
아사히%	74	87	78	56	50	44	50	60	39
아사히 오사카%	32	43	26	44	31	15	16	24	3

이를 보면 91년에 아사히가 150개의 기사를 내놓으며 대대적인 캠페인을 벌이고, 92년부터 각 사가 아사히를 뒤쫓듯이 한꺼번에 많은 위안부 보도를 내기 시작한 양적인 흐름이 잘 나타난다.

아사히 오사카 본사가 진원지

아사히의 91년 150개의 기사 가운데, 오사카 본사(간사이 지방판을 포함한다)가 60개였다. 이는 같은 해 아사히 기사의 40%, 중앙일간지 등 전체의 25%를 차지한다. 오사카 본사에는 외신부나 정치부는 없다. 그런데도 위안부 보도를 이렇게 많이 한 것을 보면 의도적인 캠페인이었다고 해도 좋을 것이다. 또한 60개 중 절반이 넘는 35개는 오사카 본사가 기획한 '여자들의 태평양전쟁' 기사였다.

아사히신문 중에서도 위안부 운동을 주도한 것은 오사카 본사였다. 1991년 오사카 본사는 아사히방송과 손잡고 '여자들의 태평양전쟁'이라는 대형의 기획을 했다. 전쟁을 겪은 여성들로부터 수기를 받아 연일 이를 게재했다. 그 기획의 책임자가, 오사카 본사 기획보도실장 기타바타케 키요야스(北畠清泰) 씨였다. 기타바타케 키오야스 씨는 이 기획이 끝난 직후 논설위원이 되어 후술하는대로 요시다 세이지 씨를 극찬하는 칼럼과 요시다 증언에 의문을 제기하는 독자들을 꾸짖는 칼럼을 써서 그 2개 모두 취소의 대상이 된 인물이다.

기타바타케 논설위원의 전직 군인에 대한 편견

그는 일본인이면서도 일본군인들을 증오하고 한국인들과 중국인들을 포함한 이른바 피해자들의 증언을 무조건 믿고 일본 공격을 감행했다. 반일 일본인의 전형이라 할 수 있다. 그는 1991년 12월 31

일 이 기획 마지막 회에 다음과 같이 노골적으로 자신과 아사히 오사카 본사의 매우 편향된 인식을 드러냈다. 총론에서 생략한 부분을 포함해 그의 생각을 알 수 있는 부분을 인용한다.

> 종전으로부터 46년, 평화주의를 내건 현 헌법 실시로부터 44년이 지난 현재, 옛 군인의 어조로 전쟁체험을 공공연히 말하는 사람은 거의 없다.
> 하지만 대전쟁(大戰) 당시의 비정상성을 남몰래 그리워하고 있는 사람이 이 사회의 어딘가에 몸을 숨기고 있지 않은가.
> 일반 사회의 계층 질서는 통하지 않는 군대였기에 남을 거리낌 없이 구타할 수 있었던 자. 평시의 윤리가 무시되는 전시였기에 여성의 성을 유린할 수 있었던 자. 통상적인 권리가 무시되는 비상시일수록 잘 처신해 포식의 특권을 얻은 자.
> 그런 이들이 있고 그들은 전시에 대해 향수를 느끼며 계속 입을 다물고 있는 것은 아닐까. 그런 사람들에 의한 침묵의 깊은 어둠이 이 일본사회에 가라앉아 있는 것 같다.

기타바타케 씨는 이런 이상한 반일 감정의 주인이므로 요시다 세이지 증언과 위안부에 관한 우에무라 다카시의 기사 등 조작 기사를 그 기획에서 크게 보도한 것이다. 또 아기를 안은 어머니를 연행해 강간했다는 황당한 요시다 증언을 사실로 믿었던 것이다. 기타바타케 키요야스 씨 등의 입장에서 보면, 많은 전 군인들은 요시다 세이지와 같은 범죄를 저지르고도 그것을 남몰래 그리워하며 침묵하고 있는 극단적인 악인이다. 기타바타케 키요야스 씨는 요시다 증언을 포함한 이 기획에 대해 다음과 같이 자화자찬하며 전 군인들을 깎아내렸다.

> 어느 나라든 국가권력은 국민이 조국에 대한 자부심이나 충성심을 잃지 않도록 하기 위해 걸핏하면 자국 역사를 장식하려 한다. 하지만, 여성에게 있어서, 그런 기대는 원래 무용한 것이다. 거짓에 입각한 조국애보다는 심각한 반성을 수반하는 진실의 역사야말로 미래의 평화를 보장한다고 압도적인 다수의 여성들은 믿고 있다.
> 4천 통의 수기는 깊은 침묵의 어둠을 밝히는 4천 개의 횃불이다. 정치가, 외교관, 군인들이 쓴 비록, 비사, 전기와는 전혀 다른 입장에서 태평양전쟁의 실상을 밝혔다.(중략)
> 이제부터는 겨우 완성된 역사책을 매일 유용하게 쓰는 것, 횃불이 다 타지 않도록 주의를 게을리 하지 않는 것, 억압, 왜곡, 망각, 착오, 침묵의 어둠을 사실의 불빛으로 계속 비추는 것이 중요하다.

아사히는 기타바타케 키요야스 씨 등이 보도한 요시다 증언 등에 대해 허위라고 인정했다. 기타바타케 키요야스 씨 등은 허위에 입각한 조국 증오를 부추겨 전직 군인들의 명예를 심각하게 훼손했다고 할 수 있다.

아사히가 한국을 자극

아사히가 만들어 낸 '위안부 강제연행'이라는 허구가 한국을 자극하고, 실은 12세의 소녀가 근로 동원이 됐다는 사실을 두고 "12살짜리 소녀를 위안부로 강제연행을 했다"고 하는 식 큰 오보를 한국 언론이 내기에(92년 1월 15일) 이른다. 이때 한국에서 퍼진 사실무근의 강제연행 이미지가 한국과 일본의 운동단체에 의해 의도적으로 이용되면서, 이는 아직도 불식되지 않고 있다. 오히려 일본통치시대를 아는 세대가 사회의 주류에서 사라진 지금, 한국에서는 아사히가 1992년 1월 만들어 낸 '92년 1월 강제연행 프로파간다' 이미지가 완전히 정착돼 버렸다.

자기정당화하는 아사히

아사히는 2014년 8월에 행한 검증특집에서 자사의 보도가 일부 잘못이 있던 것은 인정했지만, 그 이유로 당시에 연구가 지연되고 증언자가 거짓을 말했던 것을 들면서, 문제의 본질은 "위안부로서 자유를 빼앗기고 여성으로서의 존엄이 짓밟힌 것"이기 때문에, 자사의 보도는 기본적으로는 옳았다고 주장했다.

이에 대해 제3자위원회는 보고에서 다음과 같이 1997년 시점에서 아사히는 '논의 바꿔치기'를 실시했던 것이라고 엄중하게 지적했다.

> 일본군 등이 물리적 강제력에 의하여 강제연행을 하였다는 이른바 '협의의 강제성'이 있었다는 것을 전제로 작성된 기사를 정정 또는 취소했어야 하며, 필요한 사죄도 있었어야 했다. 1997년 특집에서 정정·취소를 하지 않고 사죄도 하지 않은 것은 치명적인 잘못이었다.(보고서 25페이지)
> 80년대 이후 92년에 요시다 증언의 신빙성에 대한 의문이 제기될 때까지 앞에 쓴 것과 같은 의미에서의 '협의의 강제성'을 대대적으로 솔선수범해 보도해 온 것이 아사히신문이다. 1997년의 특집 지면이 '협의의 강제성'을 대대적으로 보도해 온 것을 인정하지 않고, '강제성'에 대해 '협의의 강제성'으로 한정하는 사고를 남의 일처럼 비판하고, 고노 담화에 의거하여 '광의의 강제성'의 존재를 강조하는 논조는, 나중에 비판도 있었듯이, '논의 바꿔치기'다. (동상(同上) 25~26페이지)

그러나 제3자위원회 보고를 받고 이뤄진 와타나베 마사타카(渡邊雅隆) 사장의 회견에서는 기자들이 아사히의 '논의 바꿔치기'가 있었다고 인정하느냐고 거듭 질문했지만, "바꿔치기라는 비판은 무겁게 받아들이고 있습니다"라고 반복했을 뿐 명확한 대답은 피했다. 제3자위원회 보고도 '논의의 바꿔치기'의 책임을 추궁하지 않았다.

2014년에도 '논의 바꿔치기'

거기에 그치지 않고 아사히는 2014년 8월 5일 검증특집에서 1면에 스기우라 노부유키 편집담당 임원의 서명기사를 실었다. 제목은 '위안부 문제의 본질 직시를'이었다. 다시 본질론을 꺼낸 '논의 바꿔치기'가 이루어졌던 것이다. 즉, "전시 중 일본군 병사들의 성 상대를 강요당한 여성이 있었던 사실을 지울 수 없습니다. 위안부로 자유를 박탈당하고 여성으로서의 존엄을 유린당한 것이 문제의 본질입니다"라고.

독자가 신문에 대해 요구하는 것은 본질론이 아니라 사실을 바로 전달하는 일이다. 그런데 아사히는, 사실관계의 잘못을 논의하는 비판자가 문제의 본질을 모르고 있다고 입장을 바꾼다.

그리고 제3자위원회는, 이 스기우라 노부유키 기사에 대한 평가에서는 '논의 바꿔치기'라는 비판을 일절 하고 있지 않다. 스기우라 기사가 전하고자 했던 것은 '아사히신문의 진정성'이었지만, 그 논리 구성이 부족하여 비판을 받았다고 하면서 오히려 스기우라 기사를 일정하게 평가했다. 본 보고서 제3부에서 자세히 살펴보는 바와 같이, 제3자위원회 보고는 아사히 보도가 국제사회에 미친 영향을 지극히 한정적으로 보고 있다. 그 결과, 국제사회가 아직도 '92년 1월 강제연행 프로파간다'를 믿고 있는 상황으로, 일본과 선인들의 명예가 계속해서 훼손되고 있음을 경시한 것이다. 게다가 그러한 국제 오해에 대해서 사실을 파고들어 반박하려는 시도에 대해서는 오히려 역효과라고 공격했다. 아사히에 대해서는 너무나 안이한 검증이라고 하지 않을 수 없다.

총론에서도 지적했듯이 문제의 진짜 본질은 아사히와 제3자위원회가 '92년 1월 강제연행 프로파간다'의 악영향과 책임을 인정하지 않고 있다는 데 있다.

제3장

아사히 오사카 본사의 편향된 역사인식

카츠오카 칸지(勝岡寬次) (집필 담당)

아사히신문 오사카 본사와 '속죄사관'의 토양

제 2장에서 본 것처럼 '92년 1월 강제연행 프로파간다'는 아사히 오사카 본사가 주도한 것이었다. 그리고 그 당시 오사카 본사는 매우 편향된 역사 인식을 갖고 위안부 캠페인을 벌였다. 여기에서는, 오사카 본사가 91년, 거의 1년간 게재한 대형 특집 '여자들의 태평양전쟁'의 역사관을 분석하고 '92년 1월 강제연행 프로파간다'가 당시 연구의 지연에서 빚어진 착오 때문이 아니라, 의도적으로 만들어진 것임을 밝히고자 한다.

아사히가 취소한 요시다 증언 기사 18편 중 5편은 오사카 본사의 기사다. 위안부 강제연행이 큰 사회 문제가 된 90년대 초두의 3개의 기사는 모두 오사카 본사의 것이다. 또 제3자위원회 보고서는, "그것은 원래 오사카 사회부가 하고 있던 일", "오사카 사회부의 기사를 도쿄 사회부가 취소한다든가 하는 일은 있을 수 없다"(28 페이지)고 하는 인식이 당시의 아사히신문 사내에 뿌리 깊게 있던 것을 지적하고 있다.

이는 무엇을 의미하는 것일까. 보고서는, 이 점에 대해 깊이 있는 검증을 하지 않고 있지만, 현역 아사히신문 기자 유지(有志, 지식인들)에 의한, 다음과 같은 지적도 있다.

특히 오사카 본사에 배속된 신인은, 그 독자적인 문화에 놀라게 된다. 오사카 본사는 도쿄 본사에 대한 대항의식 때문인지, …오사카는 오사카에서 독자적인 지면을 만드는 것이, 메이지 시대에 아사히가 창간된 토지인 오사카의 프라이드와 연결되어 있었다.(아사히신문 기자 유지(有志), 『아사히신문 일본식 조직의 붕괴(朝日新聞 日本型組織の崩壊)』, 분슌신쇼(文春新書), 2015년, 27페이지)

아사히가 (위안부에 관한 오보) 정정, 수정을 하지 않은 이유의 하나로서, 82년에 요시다 증언이 처음 소개된 것이 오사카 본사판이라는 사실이 적잖이 영향을 미쳤을 가능성이 있다. (중략) 도쿄 본사의 1면 톱 기사가 반드시 오사카의 톱이 된다는 법은 없다. 오히려 오사카는 자기 소재를 우선한다. (중략)

좋게 말하면 사양하는 마음이 있고, 나쁘게 말하면 "오사카의 일은 오사카에서 처리하자"는 분위기인 것이다.(동상(同上) 150~151쪽)

아사히에는 도쿄, 오사카, 나고야 및 세이부(기타큐슈)의 4개 본사가 있고, 편집권은 각 본사에 있다. 그중에서도 오사카 본사는 아사히의 발상지이기도 해서 전통적으로 "자신의 기사거리를 우선으로 한다", "독자적인 문화가 있다"고 말하는 것이다. 그렇다면, "자기 기사거리", "독자적인 문화"란 무엇인가.

독립검증위원회가 청취조사에서 복수의 기자로부터 청취한 바에 따르면, 오사카 본사에는 정치부도 경제부도 없고 사회부가 조직의 주체가 되어 있지만 기사 작성의 메인은 '여름의 고시엔(甲子園)', '원폭 문제', 여기에다가 '재일조선인 문제'라는 세 가지라고 한다. 전국적인 기사거리가 적다 보니 이들은 늘 욕구불만 상태에 있고, 가까스로 전국적인 소재가 되는 재일한국·조선인 문제가 기사의 큰 비중을 차지하고 있다. 재일동포는 전국의 절반 이상이 오사카에 몰려 있고, 오사카 본사 사회부에는 재일동포 문제 기사를 담당하는 부서가 옛날부터 있다고 한다. 당시 오사카 본사 사회부 기자였던 우에무라 다카시 씨는, 자신이 "오사카 사회부에서는 재일한국·조선인 문제를 담당하는 '민족 담당'이었다"고 증언하여(우에무라 다카시(植村隆) '위안부 문제 '날조 기자'라고 불리고서(慰安婦問題『捏造記者』と呼ばれて)', 「분게이슌주(文芸春秋)」 2015년 1월호), 이것이 사실임을 뒷받침하고 있다.

또 독립검증위원회에 의한 청취조사에 의해 이하와 같은 것도 알 수 있었다. 재일코리안들은 일본인들을 교육시켜 주려고 하는 강한 마음이 늘 있어서 기자에게 호통을 치기도 한다. 이러한 '교육'에 의해 오사카 본사 사회부 기자는 '과잉된 속죄의식', '속죄사관'을 항상 갖는 구조가 되어 있다. 과잉 속죄의식을 토대로 아사히신문의 위안부 보도를 주도한 것은 그러한 오사카 사회부 출신의 기자들이다. 기타바타케 키요야스, 우에무라 다카시 기자 등도 모두 그렇다고 한다. 이번 아사히의 오보의 배경에는, 그러한 오사카 본사 특유의 구조에 뿌리내린 문제가 있다. 오사카 본사 사회부 기자에게는 일본과 한국에 대한 역사관·역사인식에 과잉 속죄의식이 있으며, 이는 잘못된 것이라는 인식을 아사히신문 자체가 갖지 않는 한 이 문제는 해결되지 않는다는 것이다.

전 NHK 기자 이케다 노부오(池田信夫) 씨도, "오사카에는 재일(在日)이 많기 때문에, 그들을 동정하는 기사를 쓰는 것이 세일즈의 무기가 되었다", "아사히는 전통적으로 사론(社論)을 통일하는 '민주집중제'로, 사론에 따른 기사를 쓰는 기자가 아니면 출세할 수 없다. 그래서 일본군을 악인으로 삼아 '여성의 인권'을 외치는 기사를 양산하는 것이 출세의 지름길이 되는 것이다. / 아시아에 대한 일본군의 범죄를 영원히 사죄해야 한다는 속죄사관은 가해자였던 아사히신문을 면죄시키는 데도 중요했다" 등과 같이 쓰고 있다.(이케다 노부오(池田信夫), 『아사히신문 세기의 대오보(朝日新聞 世紀の大誤報)』, 아스펙트(アスペクト), 2014년, 128, 130쪽)

한편, 아사히신문 기자 유지에 의한 전게서(前揭書)는, 이번 오보의 원인은 '좌익적 이데올로기'

와는 무관하다며 다음과 같이 논하고 있다.

> 아사히신문사를 내부로부터 관찰해본 결과, '반일' '좌익'이라는 우파 진영의 판에 박힌 비판은, 완전히 빗나갔다고 우리는 느끼고 있다. (중략) 회사 전체적으로 보면 개개의 기자 레벨에서는 개헌이나 증세의 필요성을 인정하는 사람이 이미 다수파이다. 회사를 총괄하는 국장급조차 그 치쿠시 테츠야(筑紫哲也)에게 '신인류'라고 야유를 받는 논폴리세대(정치무관심세대)가 차지하고 있다. 즉, 아사히의 불상사 원인이 좌익 이데올로기 때문이라고 조건반사적으로 비난하는 우파 미디어나 보수 지식인들의 논조는 전혀 사실을 보지 못하고 있다고 할 수 있다.
> 그 본질은 기업구조 자체에 있다고 본다. 경직된 관료주의, 기자들의 비대한 자존심과 자기보신의 경쟁, 엘리트주의, 감점주의 인사평가 시스템, 계파의 암투, 무오류신화, 상의하달의 일상화. (중략)
> 아사히의 전통적인 논조 자체에도 물론 문제는 있을 것이다. 그러나 십년을 하루같이 이번 스캔들도 그것과 연결시키는 것은 이념과 무관한 취재현장에 서 있는 압도적 다수의 현역 기자들에게는 전혀 실감이 나지 않는 논평일 뿐이다. 극단적인 이야기, 아사히신문이 그 속에 잔존하는 좌파·리버럴 기자를 한 명도 빠짐없이 배제한 마당에, 지금과 같은 기업구조가 있는 한, 이러한 문제는 반드시 반복될 것이다(앞에서 서술한 『아사히신문 세기의 대오보』, 7~8쪽)

한쪽은 '과잉된 속죄의식', '속죄사관'이 이번 오보 사건의 배경이라고 하고, 한쪽은 문제의 본질은 아사히의 '기업구조' 자체에 있고 '좌익적 이데올로기'는 관계가 없다고 한다. 과연 어느 쪽이 올바른 것일까. 그것을 규명하기 위해서라도, 오사카 본사가 깊게 관련된 91년의 기획 기사 '여자들의 태평양전쟁'을 검토하도록 한다.

오사카 본사가 '여자들의 태평양전쟁'에서 노린 것

요시다 증언을 취급한 기사 중, 이노우에 히로마사(井上裕雅) 기자가 집필한 91년의 2개의 기사(5월 22일·10월 10일)와 우에무라 다카시 기자가 김학순의 경력을 왜곡한 91년 12월 25일자의 기사는 모두 '여자들의 태평양전쟁'이라는 오사카 본사에 의한 캠페인(기획 기사)의 일환이었다. 그래서 '여자들의 태평양전쟁(女たちの太平洋戦争)'이라고 하는 기획은 무엇을 노렸는가 하는 것을, 여기에서 문제로 삼고 싶다.

이 기획은 태평양전쟁 발발 반세기가 되는 해(1991년)를 기해서, 전쟁 중 15세 전후였던 여성들로부터 전쟁체험 수기를 모집한 것이다. "전쟁에 좋든 싫든 가담하지 않을 수 없었던 사람들, 특히 여자나 아이들의 진실한 목소리"를 듣고 "그 성과는 신문사와 방송국이 각각의 미디어를 통해서 독자, 시청자에게 전한다"는 취지였는데, 후에 단행본으로 출간된 '여자들의 태평양전쟁'의 '후기'에 의하면, '기획의 안목'은 역시 하나였다.

> 응모 대상을 일본뿐 아니라 아시아, 교전국인 미국, 나아가 유럽 각국으로도 넓힌다. 그렇게 하지 않으면 전화(戰禍)를 입은 피해국으로서의 일본의 모습과 함께 타국을 침략한 가해국으로서의 일본의 모습이 밝혀지지 않을 것이다.(『여자들의 태평양전쟁 ①(女たちの太平洋戦争 ①)』, 아사히신문사, 1991년, 219쪽)

이처럼 "피해국으로서의 일본의 모습"과는 별도로 "타국을 침략한 가해국으로서의 일본의 모습"을 밝히기 위해 해외로부터도 투고를 받거나 기자를 파견하여 증언을 모았다는 것이 본 기획의 큰 특색이었다.

또 이 책의 머리말에 따르면 일본의 여자들이 전쟁의 피해자였던 것은 일면의 사실이지만, 그녀들도 군국주의의 군화에 짓밟힌 아시아 여러 나라 여자들의 시점에서 보면 결국 침략국의 소국민(少国民)에 불과했다(동상(同上) 위 1쪽).

즉, '여자들의 태평양전쟁'은 '전쟁의 피해자'로서의 일본의 '여자들'의 기록을 모으는 데에 일차적인 목적이 있었지만, 그녀들도 결국은 "침략국의 소국민에 지나지 않았다"고 평가한 것에서 볼 수 있듯이 "타국을 침략한 가해국으로서의 일본의 모습"을 밝히는 데에 그 진정한 목적, 진정으로 노리는 바가 있었다고 할 수 있을 것이다.

이 "타국을 침략한 가해국으로서의 일본의 모습"을 분명히 하기 위한 방도로 채택된 것이 해외, 특히 중국과 한국으로의 기자 파견이었다. '여자들의 태평양전쟁' 중 중국 기사는 단행본 전체(『여자들의 태평양전쟁 ①~③』)의 82쪽(전체의 1/10)을, 한국 기사는 88쪽을 차지하며, 양자가 전체의 5분의 1 정도의 분량을 차지한다.

특히, 중국에 대해서는, '후기'에 다음과 같이 씌어 있어서 주목된다.

> 특파원들로부터의 정보를 실마리로 하고 오사카 아사히에서 몇 사람이 해외취재에 나섰다. 니시가키도 마사루(西垣戸勝) 편집위원은 91년 4월, 충칭, 난징, 베이징, 다롄, 하얼빈 등 중국 각지를 돌아다녔다. 이전에 '대학살'이 있었다고 여겨지는 난징, '세균 부대'가 실재했다고 여겨지는 도시에서, 늙은 남녀로부터 귀를 닫고 싶은 체험담을 자세하게 들었다. / (중략) 니시가키도 기자는 취재 여행이, "일본인으로서 속죄의 행동과 같았다"라고 한다. 동 기자뿐 아니라 아시아, 구미로 출장을 가서 외국인을 대상으로 취재한 기자도 같은 인상을 받았다.(동상, 220~221쪽)

"속죄의 행동과 같았다"고 되어 있는데, 그것은 "타국을 침략한 가해국으로서의 일본의 모습"이라는 아사히의 보도자세, 즉 앞에서 서술한 '과잉된 속죄의식', '속죄사관'이라고 할 수 있는 것이 아니었던가. 위 책은 '후기'에서는, 중국에서의 청취조사에 대한 독자의 반향을 다음과 같이 집약하고 있다.

> 이 책의 중심적인 테마의 하나가 된 니시가키도 마사루 편집위원의 중국에서의 청취조사에 대한 반향은 크게 나누어 두 개의 의견으로 집약되었다. / "언제까지 과거의 부(負)의 유산을 고집할 것인가. 서로 전화(戰火)를 주고받다 보면 쌍방에게 피해가 날 수밖에 없다. 일방적으로 일본군만을 악으로 모는 것은 너무 자학적이며 국민의 자긍심을 잃게 하는 것이다." / "일본 국민은 피해자였던 동시에 침략한 곳이나 식민지지배한 나라에 대해서는 가해자였다. 사실을 직시하고 그 반성 위에서 앞으로의 역사를 만들어 가지 않는 한 평화는 달성될 수 없다." / 두 의견은 어쩌면 현대 우리의 역사인식을 상징하는 것이라 할 수 있을지도 모른다. "서양 열강의 식민지지배로부터의 아시아의 해방에 일본은 공헌했다"는 입장과 "잘못은 반복해서는 안 된다"는 입장.(『여자들의 태평양전쟁 ②』, 271쪽)

아사히가 후자의 위치에 있었음은 물론이다. 같은 책에 의하면, "이 문제에 대해서만, '함께 이야기하는 페이지(語り合うページ)'(오사카 본사판)에는 200통에 이르는 투고가 있었다"고 하지만, 아사히는 공평하게 양자를 소개했다고 말할 수 있을 것인가. 독자로부터의 반향으로서, 같은 책에 게재된 투고는 27통인데, 전자의 입장에서 쓰여진 것은, 그중에서 5통에 지나지 않기 때문이다. 여기에서는 두 개의 입장의 차이를 나타내는 전형적인 투서를, 1통씩 소개해 두고 싶다.

> 일방적으로, 일본군만을 '악'으로 하는 편집 태도는 이상한 것이 아닌가. / (중략) 당신들은 재미 삼아 일본군의 어두운 부분만 들춰내고 있지만, 삶에의 집착을 끊지 못하면서 명령이기 때문에 중국 대륙에서, 남방에서, 흩어져 간 수백만 무명 전사의 죽음—즉 우리 아버지나 형의 심정을 헤아려 주었던 적이 있는 것인가. / 바로 그 조상들이 있었기에, 오늘의 우리의 번영이 있는 것이 아닌가. 너무나 심각한 자학취미의 보도를 볼 때마다, 내 형의 전사는 무엇이었는지, 눈물이 차오르는 요즘이다.(『여자들의 태평양전쟁 ②』, 이토 고이치(伊藤高一), '너무 심각한 자학취미-쌍방의 시민에게 피해(余りに自虐趣味——双方の市民に被害)', 197~198쪽)

> 과거 일본에 침략당한 국가들의 목소리에 눌려 '피해만 강조해도 되는 것인가'라는 반성이 생기면서 가해의 진상을 언급하기 시작한 것이다. 오히려 너무 늦은 감이 있다. / (중략) 전시 동안 사람들은 '정의의 전쟁', '천황은 신'이라고 믿도록 강요당하여 전쟁의 진실을 밝히려는 자는 붙잡혔고, 때로는 죽임을 당했다. 사람들을 "보지도 듣지도 못하는" 상태로 몰아넣었고, 그 속에서 300만 명의 일본인의 '죽음'과 2000만 명의 동남아시아 사람들의 '죽음'이 초래되었다. / 이 역사의 발굴이 어째서 '자학 취미' 같은 것일까. (동상, 199~200쪽)

요시다 증언이 '여자들의 태평양전쟁'에서 한 역할

1년도 안된 기간에 '여자들의 태평양전쟁'에 게재된 투고와 기사는 250여 편이나 되는데(신문 게재기간 91년 2월15일~12월 31일), '여자들의 태평양전쟁'은 나중에 단행본 『여자들의 태평양전쟁 ①~③』(아사히신문사, 1992년)으로 정리됐고, 그 후 재편집된 2권의 문고본 『여자들의 태평양전쟁 ①, ②』(아사히문고, 1996~1997년)로도 나왔다.

연재의 최종회(12월 31일자)를 담당한 것은, 이 기획의 책임자였던 오사카 본사 기획보도실장 기타바타케 키요야스 씨다. 제2장에서도 인용했지만, 기타바타케 키요야스 씨는 여기서 다음과 같이 썼다.

> 국가권력은 국민이 조국에 대한 자부심이나 충성심을 잃지 않도록 하기 위해 걸핏하면 자국 역사를 장식하려 한다. 하지만, 여성에게 있어서, 그런 기대는 원래 무용한 것이다. 거짓에 입각한 조국애보다는 심각한 반성을 수반하는 진실의 역사야말로 미래의 평화를 보장한다고 압도적인 다수의 여성들은 믿고 있다. (『여자들의 태평양전쟁 ③』, '후기', 문고판 『여자들의 태평양전쟁 ②』)

"심각한 반성을 수반하는 진실의 역사야말로 미래의 평화를 보장한다고 압도적 다수의 여성은 믿고 있"는지 어떤지는 모르지만, 어쨌든 기타바타케 씨는 이렇게 단언하는 데 거리낌이 없다. 여기에서는 "압도적인 다수의 여성"이 믿고 있다는 "심각한 반성을 수반하는 진실의 역사"와 "국가권력"에 의한 "거짓에 입각한 조국애"가 마치 선한 사람과 악한 사람처럼 대치되고 있다. 전자야말로 진실이고, 후자는 거짓으로 정해져 있다고 하는데, 어떻게 그런 것이 선험적으로(a priori), 무조건적으로 옳다고 말할 수 있는지에 대한 설명은 없다.

여기에는 '국가권력=악'이라는 선입견과 믿음이 깔려 있다. 그리고 이와 동일한 것을 '여자들의 태평양전쟁'에서 요시다 세이지 증언을 채택하는 방법에 대해서도 말할 수 있을 것이다. 요시다 증언은 여성들의 태평양전쟁에서 두 차례 거론된다. 첫 회의 소제목은 '가해자 측 증언(加害者側の証言)'(1991년 5월 22일자), 두 번째 제목은 '가해자 측으로부터 재차의 증언(加害者側から再び証言)'(1991년 10월 10일자)이다. 이런 제목에도 나타나 있듯이 아사히는 다른 나라를 침략한 '가해자'로 일본군을 지목하고 요시다를 그 상징처럼 내세우고 있다.

> 내가 오늘 가장 부끄러운 일, 마음이 아픈 문제 중 하나는 종군위안부를 구백 오십 명 강제연행을 한 것입니다. 종군위안부 제도는 일본군이 아시아 각지, 태평양 열도에 침략했을 때, 그 주둔 육군과 해군 군인들을 성적으로 상대하기 위한 여성이었던 것입니다. 점령 직후의 전선에 매춘 조직을 육·해군의 지휘 아래 직접적인 원조 하에 설치했다고 하는 것은 세계사 상에 없는 일이라고 합니다. 물론

있어서는 안 됩니다. / 이것이 태평양전쟁에서 일본 육·해군의 가장 큰 죄라고 저는 믿습니다.(『여자들의 태평양전쟁 ②』, 요시다 세이지(吉田淸治), '목검을 휘둘러 억지로 동원-가해자로서(木劍ふるい無理やり動員──加害者として)', 130쪽)

여기에는 '일본군=악', '일본군=가해자'라는 일방적인 단정이 있다. '여자들의 태평양전쟁'에서 두 번이나 증언자로 등장하는 것은 요시다뿐이다. 그만큼 여자들의 태평양전쟁에서 요시다의 위상은 컸을 것이다. 피해자 증언은 중국과 한국의 취재를 통해 얼마든지 얻을 수 있었지만 가해자의 증언은 요시다 외에는 전무했다. "다른 나라를 침략한 가해국 일본의 모습"을 밝히기 위해서는 일본군이 위안부를 조직적으로 강제연행했다는 요시다의 증언이 필수 불가결하였던 것이다.

'여자들의 태평양전쟁'이 미친 영향

그렇다면 '여자들의 태평양전쟁'이 당시 일본인에게 미친 영향, 특히 요시다 세이지의 증언이 미친 영향은 어떠했을까. '여자들의 태평양전쟁'에는, 그것을 나타내는 투고도 다수 포함되어 있으므로, 그것을 소개해 두고 싶다.

16세의 여고생은, 이렇게 쓰고 있다.

> 읽다가 처음 알았어요. 일본군이, 일본인들이, 무엇을 얼마나 한국이나 조선 사람들에게 저질러 왔는지를. (중략) / 저는 몰랐습니다. 침략당한 사람들이 어떤 일을 당하게 되었는지. 이 시리즈가 가슴을 깊이 찔렀던 것은 조선인 위안부의 일이나, 공장의 여공들의 실태였습니다. (중략) / 신문 등이나, 텔레비전 특집 등에서, 한국 등 그 사람들이 일본을 싫어하고 있다는 사실을 들었습니다. 그 이유를 어렴풋이 알게 된 것 같습니다.(『여자들의 태평양전쟁 ③』, 나가사키 유코(長崎優子) '침략한 사실을 숨김없이 전해(侵略した事実を隠さず伝えて)'(183쪽)

충격은 남녀노소를 가리지 않았다. 40세의 주부도 이렇게 썼다.

> '여자들의 태평양전쟁-종군위안부'에 충격을 받아서, 읽고 잠시 망연자실했다. . . 젊은 여성을 강제연행하고 군인 상대의 위안부로 삼았다니, 이 기사를 보기 전까지는 몰랐다. / 정말 파렴치한 일을 한 것이다. (『여자들의 태평양전쟁 ②』, 히라타 미하루(平田みはる) '쇼크를 받아 망연자실한(ショックを受け、ぼうぜんとした)', 133쪽)

81세의 남성으로부터 온 다음과 같은 투고를 보면, '여자들의 태평양전쟁'은 전쟁을 모르는 젊은 세대뿐만 아니라 전쟁을 잘 알고 있는 일본인에게도 씻기 어려운 속죄의식을 심어주었음을 알 수 있다.

> 연일 '여자들의 태평양전쟁'을 읽고 있습니다만, 새삼스럽게 제 인식의 천박함, 시야의 좁음을 통감하고 있습니다. (중략) / 전쟁 말기, 각지에서 소련병이 약탈을 자행하고, 부녀자에 대해 불합리한 만행을 반복했던 것, 그 파렴치한 폭행에 대해 의분을 느끼고 격분하고 있었습니다. / 하지만 과거 우리나라도 많은 조선인 부녀자를 위안부로 강제연행을 한 역사가 있음을 알게 되었습니다. 본 란에서 가해자로서의 용기있는 증언을 접하고 나서는 엄정한 군기하에 통제되고 있다고 확신했던 옛 군대에 대한 신뢰감이 뿌리부터 뒤집혔습니다. / 구 일본군의 지휘 원조하에 강제연행이 공공연하게 실시되었던 것에 깊은 충격을 받았습니다. 참괴증오(慙愧憎惡)의 마음을 넘어서 할 말이 없습니다. 역사에 씻을 수 없는 오점을 남기고, 속죄할 수 없는 대죄를 저질렀습니다. (중략) / 다시 한번 전쟁의 죄악을 인식하고, 한 사람의 일본인으로서 깊이 반성하고, 희생된 분들에게 진심으로 사과하고 싶은 마음이 가득합니다. (동상(同上), 이모토 세이자부로(平田みはる) '아시아의 사람들에게 사과하고 싶다-새삼 깨달은 일본의 만행(アジアの人々におわびしたい──改めて思い知った日本の蛮行)', 134~135쪽)

이제 충분할 것이다. 여자들의 태평양전쟁, 특히 요시다 세이지의 "가해자로서의 용기 있는 증언"은 많은 일본인들에게 끝없는 충격을 주고 씻을 수 없는 속죄의식을 심어줌과 동시에 그들을 일본군에 대한 증오의 감정으로 몰고 갔다.

91년의 이 캠페인은 동시 병행으로 진행됐던 위안부 재판을 북돋우기 위해 적절한 여론을 형성하는 역할도 하였다. 그런 정지 작업 위에서 '92년 1월 강제연행 프로파간다'가 완성됐다고 해도 좋을 것이다. '여성들의 태평양전쟁'은 이른바 그 선도자 역할을 했다고도 할 수 있다.

아사히의 노림수는 감쪽같이 성공했다. 이 기획을 담당한 야나기 히로오(柳博雄, 오사카 본사 기획보도 부실장)는, 일련의 보도를 되돌아 보며 다음과 같이 말했다.

> 묻혀있던 역사를 파헤칠 수 있었다. 종군위안부 문제도 그 하나다. 사실이 차례차례 발굴되고 운동이 크게 전개되는 것에 접하여 활자 미디어의 크기를 실감했다.('기자들은 격동의 세계를 좇는다·국내편(記者たちは激動の世界を追う·国内編)', 92년 10월 15일자 조간 별쇄)

우에무라 다카시 기자도, 이렇게 코멘트하고 있다.

> 숨겨진 역사를 발굴하고 기록하는 것이 신문의 사명이라고 생각한다. 기록하지 않으면 그 역사는 '없었던 것'이 되어 버린다. (상동)

아사히는 "파묻혀 있던 사실을 찾아낼 수 있었다"라고 장담하고, "'없었던 것'이 되어 버"릴 우려가 있었던 "숨겨진 역사를 발굴하고 기록"할 수 있었다고 자신감을 보였다. '여자들의 태평양전쟁'은, 92년의 JCJ상(일본 저널리스트회의 상)을 수상했다.

그런데 요시다 세이지의 증언에 의한 그 '숨겨진 역사', '묻힌 역사'는 모두 허위보도였다. 아사히의 허위보도는 이후에도 홀로 떠돌아 이제는 전 세계로 퍼져나가고 있다. 도대체 아사히는 그 책임을 어떻게 질 것인가.

97년 특집기사에 관한 책임의 소재

오사카 본사 기획보도실장 기타바타케 키요야스 씨는, '여자들의 태평양전쟁' 최종회에서 다음과 같이 말했다.

> 이제부터는 겨우 완성된 역사책을 매일 유용하게 쓰는 것, 횃불이 다 타지 않도록 주의를 게을리 하지 않는 것, 억압, 왜곡, 망각, 착오, 침묵의 어둠을 사실의 불빛으로 계속 비추는 것이 중요하다. (『여자들의 태평양전쟁 ③』, 429쪽)

그는 그대로 행동했다. 총론에서도 소개했지만, 아사히의 독자가 요시다 증언에 의문을 제기하면, 독자를 꾸짖듯이 말하고, "알고 싶지 않은, 믿고 싶지 않은 사실이 있다. 그런 생각과 싸우지 않으면, 역사를 쓸 수 없다(知りたくない、信じたくないことがある。その思いと格闘しないことには、歴史は残せない)"라고 쓰고('역사를 위해서 – 창·논설위원실로부터(歴史のために（窓・論説委員室から）)', 92년 3월 3일자), 요시다 증언을 계속 옹호했던 것이다.

그러나, 요시다 증언은 그 직후부터 "마각을 드러내기"에 이른다. 하타 이쿠히코(秦郁彦) 씨가 제주도에서 현지조사를 하여 "노예사냥", "위안부 사냥"을 했다는 요시다의 증언을 뒷받침하는 것은 무엇 하나 없음을 입증한 것이다.(산케이(産経)신문 92년 4월 30일자)

아사히는 2014년 8월 5일자 검증기사에서 "1993년 이후 아사히신문은 강제연행이라는 말을 가급적 사용하지 않도록 해왔다"고 밝힌 바 있다. 가급적 사용하지 않는다는 것은 이미 당시부터 요시다 증언의 신빙성에 의문을 품고 있었다는 의미지만, 그럼에도 불구하고 아사히는 요시다 증언을 즉시 검증하여 취소하지는 않았다. 오히려 94년 1월 25일자의 '정치를 움직인 조사 보도(政治動かした調査報道)'라는 검증 기사에서 위안부 문제에 대하여 "아사히신문의 통신망이 정력적으로 임해 그 실상을 발굴했"으며, "일본 저널리스트 회의에서 JCJ상을 받은 아사히신문과 아사히방송 미디어믹스의 기획 '여자들의 태평양전쟁'에 위안부 문제가 등장한 것은 다음 해 91년 5월. 조선에 건너가 강제로 위안부를 송출한 전 동원부장의 증언에 독자로부터 놀랐다는 전화가 수십 통이나

왔다. (중략) 연초에는 미야자와 총리(당시)가 한국을 방문하여 공식 사과하고, 유엔 인권위원회가 거론하기에 이른다"고 말하고, 요시다 증언을 비롯한 자신의 보도가 정치를 움직이고 유엔을 움직인 것을 '자화자찬' 하고 있다.(제4장에서 자세히 논한다)

아사히의 97년 특집기사 '종군위안부 지울 수 없는 진실 / 정부와 군의 관여, 명백하다(從軍慰安婦 消せない真実／政府や軍の関与、明白)'에서도 요시다 증언에 대해서는 "제주도 사람들로부터도 그의 저술을 뒷받침하는 증언은 나오지 않아 진위는 확인할 수 없다"라고 말하는데 그쳤고, 자신의 과거의 보도에 대해서 정정·사죄하는 일은 일절 하지 않았다. 오히려, 이날 사설 '역사를 외면하지 않는다(歴史から目をそらすまい)'에서는 '강제성'의 정의를 임의로 변경하여 "일본군이 직접 압송을 했는가 안했는가라는 좁은 관점에서 문제를 파악하려는 경향"은 "문제의 본질을 잘못 보는 것"이며, "위안부 모집 및 이송 관리 등을 통해서 전체로서 강제로 불러야 할 실태가 있었다는 것은 분명하다"고 말했다.

총론이나 제2장에서도 말한 대로, 제3자위원회는 이 아사히의 변명을 '논의 바꿔치기'라고 강하게 비판했지만, 이 '논의 바꿔치기'에 관련되는 책임의 소재가 명시되어 있지 않다. 제3자위원회 보고서에 의하면, 이 때의 특집 기사는 "편집국장, 담당국 차장 하에 정치부·사회부·외보부의 3부 합동 취재팀을 짜서 진행되었고", 실질적으로는 사회부 주도였다고는 하지만(21~22 페이지), 담당국 차장 아키야마 케이타로(秋山耿太郎) 씨 이외는 이름이 밝혀지지 않았다. 전 아사히신문 외보부(外報部) 차장을 지낸 나가오카 노보루(長岡昇) 씨는, 외보부장 키요타 하루후미(清田治史) 씨의 이름을 들고, 그 책임을 다음과 같이 지적하고 있다.

> 키요타 기자는 '오사카 사회부의 에이스'로서 대접받고, 그 후 도쿄 본사의 외보부(外 報部) 기자, 마닐라 지국장, 외보부 차장, 서울 지국장, 외보부장, 도쿄 본사 편집국 차장으로 순조로운 출세의 계단을 올라갔습니다. 1997년 위안부 보도에 대한 비판이 고조되어 아사히신문이 1회째의 검증에 나섰던 그때 그는 외신부장으로 '잘못을 솔직히 인정하고 사죄하는 길'을 스스로 닫았다고 지금 생각합니다. (중략) 도쿄 본사 편집국 차장 뒤, 그는 종합연구본부장, 사업본부장으로 지반을 굳히고, 마침내는 서부 본사 대표이사에까지 올랐습니다. 위안부를 둘러싼 허위보도, 오보의 제일의 책임자가 이사회에 이름을 올리는 그로테스크함. 역대 아사히신문 사장, 중역들의 책임 또한 무겁다고 말하지 않으면 안 됩니다. (나가오카 노보루(長岡昇), '위안부 보도 제일의 책임자는 누구인가(慰安婦報道、一番の責任者は誰か)' 메일매거진(メールマガジン) '코시라카와 통신(小白川通信) 19', 2014년 9월 6일자)

당시의 정치부장은 와카미야 요시부미(若宮啓文) 씨이며, 와카미야 씨는 키요타 씨와 반대의 입장이었던 것 같지만(와카미야 요시부미(若宮啓文) '못다 진 정치부장의 책임(果たせなかった政治部長の責任)', 「분게이슌주(文芸春秋)」 2014년 10월호), 아사히는 이름이 밝혀진 아키야마 케이타로

씨(담당국 차장)·키요타 하루후미 씨(외보부장)·와카미야 요시부미 씨(정치부장) 이외에도 당시의 사장 이하 편집국장, 사회부장의 이름을 분명히 해서 '논의 바꿔치기'를 실시한 책임의 소재를 분명히 함과 동시에, 책임자를 엄격하게 처분해야 할 것이다. 총론에서도 말한 것처럼, 같은 말을 2014년 8월의 검증 기사에서의 '논의 바꿔치기'에 대해서도 할 수 있을 것이다.

아사히의 역사 인식은 지금도 변하지 않았다

2014년 8월, 아사히는 마침내 요시다 증언에 관한 과거의 보도(16건, 나중에 2건을 추가하여 현재 18건)를 취소하기에 이르렀지만, 군 위안부의 조직적인 '강제연행' 여부를 밝히지 않은 채 광의의 '강제성'으로 바꾼 아사히신문의 입장은 97년 당시부터 지금까지 조금도 달라지지 않았다.

2014년 8월 5일자의 제2회 위안부 검증 기사에서도 편집담당 스기우라 노부유키 씨는 "전시 중 일본군 병사들의 성(性) 상대를 강요당한 여성이 있었다는 사실을 지울 수는 없습니다. 위안부로 자유를 박탈당하고 여성으로서의 존엄을 유린당한 것이 문제의 본질입니다"라고 했고, 그 해 8월 27일자 '위안부 문제 핵심은 변하지 않는다(慰安婦問題 核心は変わらず)'에서는 "한국 정부가 위안부 문제의 강제성의 최대의 근거로 삼아온 것은 위안부의 삶의 증언이며, 그것은 지금도 다르지 않다. 요시다 씨의 증언이 문제의 본질일 수는 없다"고 말했다. 아사히(朝日)신문이 당초 한결같이 강조한 요시다 증언, 즉 일본군의 조직적 강제연행('노예사냥', '위안부사냥')이 있었다는 주장('협의의 강제성')에 대해서는 사과도 하지 않은 채, "문제일 수 없다"고 하면서 어느새 입을 닦아 버리고선, "위안부로 자유를 박탈당하고 여성으로서의 존엄을 유린당한" 것('성노예적 상황', '광의의 강제성')이 "문제의 본질입니다"라고 했고, 제3자위원회가 엄격하게 비판한 '논의 바꿔치기'를 아사히신문은 지금에 이르러서도 답습하고 있는 것이다.

이 문제의 본질은 아사히가 말하는 것처럼 "위안부로서 자유를 박탈당하고 여성으로서의 존엄을 짓밟힌 것"이 아니다. 문제의 본질은 요시다 증언을 종종 인용하여서는, 군에 의한 조직적인 '강제연행'이 없었음에도 불구하고 이를 있었다고 보도하고, 그것을 명확하게 부정·사죄하지도 않고, 30년 이상이나 방치해 국제사회에 '위안부=성노예'라는 중대한 오해를 불러일으켰고, 지금도 계속 그렇게 하고 있다는 것이다.

그뿐만이 아니다. '군대=악', '국가권력=악'이라는 믿음과 선입견에 의해 "타국을 침략한 가해국으로서의 일본의 모습"을 밝힌다는 '여자들의 태평양전쟁' 이래의 의도는 오늘날에도 아사히신문사 안에서 견지되고 있다.

예를 들어 아사히는 올해 1월 3일자 사설에서 다음과 같이 단정했다.

무라야마 담화는 식민지 지배와 침략에 의해 아시아 사람들에게 다대한 손해와 고통을 주었다고 인정해 통절한 반성과 사죄를 표명했다. 이후 아베 내각까지 이어져 온 정부의 역사인식의 결정판이자 인근 국가들과의 관계에 초석이 돼 왔다. 그 가치를 망가뜨리는 것은 허락되지 않는다.

변함없다. 아사히는 요시다 증언은 부정했지만 이번에는 식민지 지배와 침략으로 아시아 사람들에게 다대한 손해와 고통을 안겨주었다는 무라야마 담화에 의거하면서 타국을 침략한 가해국으로서의 일본의 모습을 밝히는 보도에 오늘도 종사하고 있는 것이다. "그 가치를 망가뜨리는 것은 허락되지 않는다"고 절규하면서(!).

아사히신문의 기자 유지는 "개개의 기자 레벨에서는, 개헌이나 증세의 필요성을 인정하는 사람이, 이미 다수파다. 회사를 총괄하는 국장급조차, …논폴리 세대가 차지하고 있다. 즉, 아사히의 불상사의 원인이 좌익 이데올로기 때문이라고 조건반사적으로 비난하는 우파 미디어나 보수계 지식인의 논조는 전혀 사실을 보지 못하고 있다"고 한다(전게 '아사히신문'). 그렇다면 요시다 증언을 취소하고 나름대로 "사죄"한 후에도 "과잉된 속죄의식", "속죄사관"을 통째로 내놓은 이 같은 사설이 "성징(性懲)도 없이" 출현한 것인가.

제3자위원회는 보고에서 아사히신문의 보도가 '편향보도'라는 비판을 불러일으키고 있는 것에 대해서, "아사히신문의 취재체제를 검증한 결과, 특정한 일부의 전문가나 정보원에게 과잉되게 의지하는 경향이 있었다"고 지적하고 있다(89쪽). 또 보고의 '개별의견'에서 오카모토 유키오(岡本行夫) 위원은, "사실을 전하는 것만으로는 보도가 되지 않는다, 아사히신문으로서의 방향성을 설정하여 비로소 표제가 붙는다"라는 말을 청취조사나 그 외에 "여러 사람의 아사히 사원"으로부터 들었고, "그러므로 사건에는 아사히신문의 방향에 따라 '각도'가 설정되어 보도된다. 위안부 문제만이 아니다"라는 중대한 지적을 하고 있다.(92페이지)

아사히신문에 묻고 싶다. 당신들은 "타국을 침략한 가해국으로서의 일본의 모습"을 밝히기 위한 더 이상 없을 절호의 증거로서 요시다 증언에 달려들지 않았는가. 당신들에게는 '일본군=악', '국가권력=악'이라는 없애기 어려운 믿음과 선입견이 있었고, 제3자위원회도 지적했듯이, "여성들 전원이 강제로 연행되었다고 하는 믿음과 선입견"(86쪽)이 있었다. 그 결과로서 92년에 요시다 증언에 대해 근본적 의문이 제기된 후에도 "오랫동안 기사의 수정을 막는 결과를 초래"한 것은 아닐까.

'일본군=악', '국가권력=악'이라는 그 믿음과 선입견이야말로 오카모토 유키오 위원이 지적하는 "아사히신문의 방향성에 따르도록 '각도'가 붙여져 보도된다"는 바로 그 '방향성', '각도'에 들어맞는다. 그리고 그것은 당신들의 사설 외에 오늘날에도 '과잉된 속죄 의식', '속죄사관'으로 나타나고 있다. 바로 "위안부 문제뿐만이 아니다"는 것이다.

제4장

요시다 세이지의 허위증언 보도

니시오카 쓰토무(西岡力) (집필 담당)

'92년 1월 강제연행 프로파간다'를 낳은 오보

'92년 1월 강제연행 프로파간다'를 만들어 낸 오보라는 관점에서 아사히의 위안부 보도는 다시 검증되어야 한다. 그렇다면 2014년 8월 5일 검증특집에 있는 5개 항목의 나열방식 자체에 문제가 있음을 먼저 지적해둬야 한다.

'강제연행(強制連行)' 항목은 그 이외의 4가지 항목의 집대성이라고 할 수 있기 때문에 본래는 마지막으로 검증되어야 하지만 아사히는 가장 앞에 두고 있다. △ "제주도에서 연행' 증언(『済州島で連行』証言)', △ '군 개입을 나타내는 자료(軍関与示す資料)', △ "정신대'와의 혼동(『挺身隊』との混同)', △ '위안부 첫 증언(元慰安婦 初の証言)'의 4개의 배열 방식도 잘못됐다. 시계열로 본다면 군 관련 자료가 네 번째로 와야 한다.

본 보고서에서는 제2장에서 '강제연행에 대해 검증했으므로 나머지 4항목에 대해 순서를 바꿔 (1) "제주도에서 연행' 증언', (2) "정신대'와의 혼동', (3) '위안부 첫 증언', (4) '군 개입을 나타내는 자료' 순으로 검증하기로 한다. 이 4개 항목에 대해서는 제3자위원회도 독자적인 견해를 나타내고 있으므로 그 견해에 대해서도 검증을 아울러 실시한다.

요시다(吉田) 허위증언 보도를 검증하다

먼저 "제주도에서 연행' 증언' 항목을 검토하자. 이것은 요시다 세이지 증언에 관한 기사의 검증이다. 먼저 아사히의 검증특집으로부터 '의문(疑問)'과 '독자 여러분에게(読者のみなさまへ)'를 인용한다.

"일본의 식민지인 조선에서 전쟁 중 위안부로 삼기 위해서 여성을 폭력을 써서 억지로 끌어냈다고 저서와 집회에서 증언한 남성이 있었습니다. 아사히신문은 80년대부터 90년대 초에 기사에서 그 남자를 다루었습니다만, 증언은 허위라는 지적이 있습니다."

"요시다 씨가 제주도에서 위안부를 강제연행을 했다는 증언은 허위라고 판단하고 기사를 취소합니다. 당시에는 거짓 증언을 알아차리지 못했습니다. 제주도를 다시 취재했지만 증언을 뒷받침할 이야기는 나오지 않았습니다. 연구자에 대한 취재에서도 증언의 핵심 부분에 관련된 모순이 몇 개나 밝혀졌습니다."

다음으로 제3자위원회 보고에서 요시다 증언 기사에 관한 평가의 중심부분을 인용한다.

> 1991년 5월 22일 및 같은 해 10월 10일 '여자들의 태평양전쟁'의 일련의 기사는 시기적으로도 뒤에 위치하고 위안부 문제가 사회의 관심사가 되고 있는 상황 하의 보도로, 아사히신문 스스로 '조사보도'(1994년 1월 25일자 기사 참조)로 규정하고 있음에도 불구하고, 요시다 씨에 대한 인터뷰 외에 보강조사가 이뤄지거나 시도했다는 사실을 찾아볼 수 없는 것은 문제다.
> 하타 씨의 조사결과는 제주도 현지조사 등을 포함한 실증적인 것으로 요시다 증언과 정면으로 모순되는 것이었다. 그렇다면 그 조사결과 발표 후에는 요시다 증언을 보도하는 데 있어서 보강조사의 심화나 관련된 비판의 존재를 지면상 밝히는 등, 종전과는 다른 대응이 요구되었다.
> (중략) 그 이후 요시다 증언을 기사로 다루는 것은 신중해야 했고, 지금까지의 요시다 증언에 관한 기사를 어떻게 처리할 것인지도 문제가 되었을 터인데도, 요시다 증언을 인용하는 형식으로 바꾸는 등 미봉책을 취했을 뿐, 안이하게 요시다 씨의 기사를 게재하고, 제주도로 취재를 가는 것과 같은 대응을 취하지 않은 채 요시다 증언의 취급을 줄여 나가는 소극적 대응으로 일관했다. 이는 신문이라는 미디어에 대한 독자의 신뢰를 배신하는 것으로, 저널리즘의 본연의 자세라는 점에서 비난받아야 한다.(보고서 16쪽)

검증 속에서 아사히가 유일하게 기사를 취소한 것은 이 항목뿐이다. 제3자위원회는 이 정도로 취소가 늦어진 것에 대해 강하게 비판했다. 그러나, 이하에서 보는 대로 아사히의 검증특집도 제3자위원회 보고도, 문제점의 추궁이 불충분했다.

80년대부터 요시다(吉田)를 다루다

총론에서도 썼듯이 요시다 세이지 증언에 대해 아사히는 35년 만에 허위로 인정해 취소했다. 아사히가 취소한 것은 18개의 기사다(당초는 16개였지만, 제3자위원회의 지적을 받아 2개를 추가했다). 아사히가 요시다를 가장 먼저 다룬 것은 1980년 3월 7일자 가와사키 요코하마 동부판(川崎横浜東部版)이었다. 거기에서는 위안부 사냥에 대해서 언급하지 않았다. 그 뒤 1982년 9

월 2일 오사카 본사판에서 오사카 시내에서 열린 집회 중 요시다가 "조선인 위안부를 황군 위문 여자정신대라는 이름으로 전쟁터에 내보냈습니다(朝鮮人慰安婦は皇軍慰問女子挺身隊という名で戦場に送り出しました)"라고 말했다고 보도했다. '92년 1월 강제연행 프로파간다'의 원형이 여기에 있다.

그 뒤 1983년에 3건, 84년(오사카 본사판), 86년, 90년(오사카 본사판)에 간헐적으로 요시다 기사가 나왔지만, 그것들의 중심은 노동자 연행이며, 82년 기사와 83년에 요시다가 펴낸 저서에 쓴 제주도에서의 위안부 사냥에 대해서는 언급하지 않았다. 너무 엉뚱한 내용이라 사실관계에 자신이 없었던 것이 아닐까. 그런데 91년에 요시다의 위안부 사냥을 자세히 다루는 기사가 2개 실렸다. 후술하는 오사카 본사 기획 '여자들의 태평양전쟁'의 기사다. 91년 1월 논설위원 칼럼이 위안부 사냥을 거론하고, 같은 논설위원이 그 해 2월에 요시다의 증언에 대해 의문을 제기하는 독자의 투서를 꾸짖는 칼럼을 써서 아사히는 요시다의 위안부 사냥에 완전히 보증수표를 써주었다. 91년 오사카 본사 보도와 92년 1월 논설위원 칼럼은 '92년 1월 강제연행 프로파간다'를 뒷받침하는 핵심이 되었다.

취소 기사 명단 공개를 거부한 아사히

8월 5일 단계에서는, 아사히는 1982년 이래 적어도 16차례 요시다 증언을 기사화했다고 썼다. 그러나 검증특집에서는 16편의 기사가 어떤 내용이었는지, 또 누가 썼는지도 밝히지 않았다. 본래 오보를 내서 기사를 취소하는 것이라면, 취소하는 기사의 리스트와 그 전문(全文)을 나타내야 할 것이다. 놀랍게도 9월 11일 기무라 다다카즈(木村伊量) 사장 등의 사과 기자회견에서도 취소 기사 리스트는 공개되지 않았다. 아사히가 명단을 공개한 것은 사장의 사죄회견으로부터 약 1개월 후인 10월 10일이었다.

공개 방식도 이상했다. 아사히 보도를 비판하는 기자나 전문가의 질문에는 대답하지 않고, 그 전날 열린 제3자위원회에 맞추어 지면으로 리스트를 공개했다. 도대체 아사히는 어느 쪽을 향해 사죄한 것인지 묻지 않을 수 없다. 게다가 "공표 방법의 검토에 시간이 필요했던 것을 사과드립니다"라고 말한 것을 고려하면 그 공표 방법에도 의도적인 왜곡이 있었다.

두 가지 예를 든다. 1992년 3월 3일 석간에 실린 기타바타케 키요야스 논설위원실의 칼럼 '창 논설위원실에서 역사를 위하여'에 대해 아사히는 10월 10일자 지면에서 그 내용을 이렇게 소개했다.

> 요시다 씨의 고백에 많은 편지가 당도했고, 일본군의 잔학행위를 부정하는 의견을 소개했다. 그러면서 알고 싶지 않은, 믿고 싶지 않은 사실이 있다. 하지만, 그런 생각과 싸우지 않으면 역사는 쓸 수 없다고 맺었다.

이 칼럼은 후술처럼 요시다 증언에 의문을 제기하는 편지를 비판했던 것이다. 알고 싶지 않다, 운운은 편지 주인들에게 했던 아사히의 설교였다. 이 소개에서는 칼럼이 요시다 증언에 대한 의문을 나타냈던 것처럼 읽을 수도 있다. 이 소개 자체가 사실을 왜곡해 전달하고 있다.

또 하나, 1994년 1월 25일자 기사에 대해서, 아사히는 10월 10일에 이렇게 썼다.

(요시다 세이지 씨의) 증언에 독자로부터 놀라움을 전하는 전화가 수십 통이나 도착했다고 요시다 씨를 익명으로 소개.

그러나 이 기사의 제목은 '정치를 움직인 조사 보도(「政治動かした調査報道」)'이며, 기사에서는 사실은, "한국에서 나타난 위안부 피해자 세 사람이 개인보상을 요구하며 도쿄지법에 제소하자 그 증언을 자세히 소개했다. 연초에는 미야자와(宮沢) 당시 총리가 한국을 방문해 공식사과하고, 유엔 인권위원회가 거론하기에 이르렀다"고 쓰고 있다. 아사히 보도가 당시의 총리와 유엔에 대해 영향을 미쳤다고 그때는 자랑을 하였는데, 그 사실을 덮고 있다.

또 오보를 취소하려면 기사를 쓴 기자의 이름, 당시 편집 간부와 사장 등의 이름을 공개해 책임자 처벌을 해야 하지만 아사히는 취소 기사 명단만 냈을 뿐 누가 썼는지조차 밝히지 않았다. 왜 오보가 발생했는지, 왜 정정이 32년간 이뤄지지 않는지를 밝힌 뒤 책임자 처분이 이뤄져야 했지만 이뤄지지 않았다.

제3자위원회는 이상과 같은 취소기사 공개과정의 이상함에 대해 비판하지 않았다. 그 점에서도 아사히에 대한 관대함을 알 수 있다.

요시다(吉田)를 세상에 내보낸 키요타(淸田) 기자

제3자위원회 보고서는 요시다 세이지의 위안부 강제연행 증언에 관한 "1982년부터 1997년까지 총 16개의 기사"를 검증 대상으로 하여, 주요 기사에 대해서 집필 기자, 집필 의도, 취재 경위 등을 밝히려고 했지만, 아사히가 요시다 증언을 이렇게까지 자주 거론한 배경과 동기에 대해서는 전혀 검증하지 않았다.

1983년의 3편의 기사(10월 19일자 석간, 11월 10일자, 12월 24일자, 이들 모두 요시다가 한국에 사죄비를 건립한다는 기사)에 대해 제3자위원회는 "당시 오사카 사회부 관내의 통신국장을 하고 있던 키요타 하루후미(淸田治史)에 의해 집필되었"던 것, "이 건에 관한 취재보도는 오사카 사회부 데스크의 의향도 있어서 서울지국이 아닌 키요타 하루후미에 의해 강제연행의 전체상을 의식한 기획으로 진행했다"는 사실(보고서 7페이지) 등을 밝혔다. 그러나, "오사카 사회부 데스크"란 누구인지, 또 그 "

의향"이란 어떠한 것인지, "서울지국이 아니라, 오사카 사회부의 키요타 하루후미에 의해 강제연행의 전체상을 의식한 기획으로서 진행했"던 이유는 무엇인지 하는, 보고서를 읽으면 누구라도 떠올리는 많은 의문에 대해서는 전혀 답하지 않았고 깊이 파고들어간 검증은 이루어지지 않았다.

또 위안부 강제연행에 관한 요시다 증언의 첫 보도인 82년 9월 2일 오사카 본사판 기사에 대해서는 "이 기사를 집필한 기자, 집필 의도, 요시다 씨의 강연 내용에 대한 보충 취재의 여부는 분명하지 않다. 당초 집필자로 지목된 키요타 하루후미는 기사 게재의 시점에서는 한국에 어학유학 중이어서 집필은 불가능한 것으로 판명되고…" 등이라고 말해, 결국 기사를 집필한 기자의 책임에 대해서 불문에 부치고 있다.

그러나 최초 보도 뒤 다음 해인 1983년의 3편의 기사(상기)가 모두 키요타 하루후미의 것이라는 점으로 미루어보면, 요시다 증언을 다룬 초기 중심인물이 키요타 하루후미였다는 사실은 바뀌지 않는다. 그런 의미에서, 후에 키요타 하루후미의 부하가 되는 전 아사히신문 외보부 차장 나가오카 노보루(長岡昇) 씨가, 다음과 같이 지적하고 있는 것은 중대하다.

> 조사하는 사이에, 일련의 보도에서 제일 책임을 져야 할 인간이 책임 회피로 일관하고, 지금도 도망치려고 하는 것을 알았습니다. 그것이 자신 가까이에 있는 사람이라는 것을 알았을 때의 격한 허탈감 — 외신부 시대의 직속 상관으로, 그 후 아사히신문의 이사(서부 본사 대표) 키요타 하루후미 씨였어요. (중략) 그가 이른바 종군위안부 보도의 도화선에 불을 댕긴 뒤, 이후 보도의 레일을 깐 제일의 책임자라고 해야죠…. 강연을 듣고 곧바로 쓴 제1보의 단계는 차치하고, 1년 후에 '사람(ひと)'란을 쓸 때까지는, 보충 취재를 할 시간이 충분히 있었을 것입니다.(나가오카 노보루(長岡昇), '위안부 보도, 제일의 책임자는 누구인가(慰安婦報道、一番の責任者は誰か)', 메일 매거진 '코시라카와 통신19(小石川通信19)' 2014년 9월 6 일자)

제3자위원회 보고서가 "오사카 사회부 데스크의 의향도 있어서"라고 쓴 것처럼, 일련의 기사의 집필에는 키요타 하루후미 본인뿐만이 아니라, 아사히신문 오사카 사회부 전체가 관련되어 있음이 분명했다. 보고서에 따르면, 키요타 하루후미는 83년 10월, 요시다를 몇 시간 동안 인터뷰했지만, 사실의 증명은 하지 못했다고 한다. 그럼에도 불구하고, 키요타 하루후미는 "위안부로의 강제동원과 관련된 요시다 씨의 증언 내용이 생생하며 상세하고, 구체적인 조선인 남자에 대해서는 강제연행 사실이 확인되기 때문에 여성에 대해서도 같은 일이 있었을 것이라고 생각하여 이를 사실이라고 판단하고 기사를 썼"고 하지만(보고서 7쪽), 키요타 하루후미 자신도 포함하여 그러한 증명 없이 모호한 추측만으로 기사화한 아사히신문 오사카 사회부 전체의 책임이 뒤따라야 한다.

아울러 요시다 증언의 최초 보도 기사(82년 9월2일자) 집필자에 대해서는 아사히신문이 당초 키요타 하루후미라고 밝힌 뒤 취소했고, 이후 제3자위원회의 검증에서도 집필자가 특정되지 않았다.

이 점에 관해서도 나가오카 노보루 씨는 다음과 같이 중대한 지적을 하고 있다.

> 위안부 보도의 원점이라고도 말할 수 있는 기사에 대한 이 잘못된 행로. 어찌된 일인지 이해할 수가 없어요. 자세한 기사는 차치하고, 신문기자라면, 제2사회면의 톱이 될 기사를 쓰고 기억하지 못한다든가 하는 것은 생각할 수 없습니다. 게다가, 그 후, 여러모로 화제가 된 기사입니다. 동료들 사이에서 화제가 된 게 틀림없고 말입니다. 원고를 쓰고, 기사가 될 때까지는 데스크의 붓도 들어갑니다. 편집자나 교열기자의 눈에도 보입니다. 나중에 조사해서 "누가 썼는지 알 수 없다"고 하는 것은 생각할 수 없는 일입니다. 그렇다면 결론은 하나입니다. 누군가가, 혹은 복수의 인간이 "어떤 이유와 사정이 있어서 아직도 거짓말을 하고 있다"는 것입니다.(나가오카 노보루, '위안부 보도, 아직 거짓이 있다(慰安婦報道、まだ嘘がある)', 메일매거진 '코시라카와 통신19(小石川通信19)' 2014년 12월 23일)

아사히신문은 위안부 강제연행 첫 오보에 관련된 모든 인물들과 그 책임 소재를 은폐하지 말고 밝혀야 한다.

오보의 책임자를 밝히지 않은 아사히

제3자위원회는 취소 기사를 쓴 기자 중 생존자를 대상으로 인터뷰를 실시하고 있다. 그러나 여자정신대의 이름으로 강제연행이 이루어졌던 것 같은 착각을 많은 일본인에게 심어준 계기가 된 오사카 본사 '여자들의 태평양전쟁'의 요시다 기사(1991년 5월 22일자 기사와 같은 해 10월 10일자 기사)를 쓴 기자에 대해 제3자위원회 보고서는 편집위원이라고만 쓰고 실명을 감췄다. 두 편 모두 서명기사여서 기사 자체를 보면 필자가 이노우에 히로마사(井上裕雅) 편집위원이라는 것은 알 수 있다. 왜, 제3자위원회가 이노우에 씨의 실명을 보고서에 쓰지 않았는지, 몹시 불투명하다.

이노우에 씨는, 제3자위원회의 질문에 대해서 아래와 같이, "기억에 없다"를 반복하는 무책임한 대응을 취했다.

> 이 편집위원은 상기 기사(5월 22일 기사, 인용자 보충, 이하 동일) 집필 전에 요시다 씨를 만났겠지만, 취재에 이르는 경위를 포함해 그에 대한 기억이 없고, 요시다 씨의 저서나 요시다 씨에 관한 아사히신문의 과거 기사를 참조한 기억이나 요시다 씨의 경력조사 등 보강조사를 한 기억도 없다고 하고, 기사에서 인용한 강연록의 토대가 된 집회에 자신은 참가하지 않았다고 생각한다고 말한다.
> (10월 10일자 기사의) 필자는, 기사 중에 3시간 남짓 요시다 씨를 취재했다는 언급이 있지만, 상기 a의 기사(5월 22일 기사)의 취재와 마찬가지로 별로 기억이 없다.

제3자위원회는, 이노우에 씨의 애매한 답변을 익명으로 보고서에 기재했을 뿐, 담당 데스크 등에서 사정을 듣는 작업조차 실시하지 않았다.

원래, 당초 아사히가 취소했던 16건은 '제주도에서 위안부를 강제연행했다고 하는 증언(済州島で慰安婦を強制連行したとする証言)'이라고 특정되고 있다. 그러나 아사히는 1991년 5월 22일자 기사와 1992년 1월 2일자 석간의 기타바타케 키요야스 논설위원 칼럼에서 요시다가 조선 전역에서 연행한 위안부를 950명이라고 전했다. 또 91년 10월 10일자 이노우에 히로마사 편집위원 서명기사와 92년 5월 24일자 기사에서는 그 수가 약 천명으로 되어 있다. 요시다는 제주도에서 200명을 연행했다고 주장했다. 검증특집은 요시다가 했다고 주장한 제주도 이외의 장소에서의 위안부 연행에 대해서는 검증하지 않았다. 취소한 것은 200명에 대해서만인지, 천 명 전부에 대한 것인지 기본적인 사실관계조차 8월 검증에서 명시하지 않았다. 허술하기 짝이 없는 취소라고 할 수밖에 없다.

제3자위원회는 남성 노동자의 강제연행에 관한 요시다 증언의 기사에 대해서도 "적절한 처치를 해야 한다"고 지적했다. 이에 따라 아사히는 16개 이외에 2개의 기사, △80년 3월 7일자 가와사키·요코하마 동부판 '연재 한국·조선인Ⅱ(27) 명령을 충실히 실행, 저항하면 목검(「連載 韓国・朝鮮人Ⅱ(27) 命令忠実に実行 抵抗すれば木剣')과 △84년 1월 17일자 석간 사회면(오사카 본사판) '연재 아픈 상처 조선인 강제연행의 현재(1) 징용에 신랑 빼앗겨(連載 うずく傷跡 朝鮮人強制連行の現在 (1) 徴用に新郎奪われて)'를 취소했다. 당연한 조치라고 할 수 있지만 왜 처음부터 근로자 동원까지 취소하지 않는지 아사히의 검증에서 안이함이 드러난다.

18개 가운데 '목소리(声)'란의 편지나 '논단(論壇)', '나의 지면 비평(私の紙面批評)'에 기고된 3개는 공개되지 않았다. 외부의 필자에 의한 것이라는 이유다. 그렇다면, 적어도 이 3개에 대해서는, 게재를 결정한 출입 기자, 데스크의 이름이라도 공개해야 한다고 생각하지만, 그것이 이루어지지 않았다. 나머지 15개 중 서명기사는 키요타 하루후미 기자 겸 서울 특파원이 2개, 이노우에 히로마사 편집위원이 2개, 기타바타케 키요야스 논설위원이 2개 등 6개다.

독자를 질책한 기타바타케 칼럼

1992년 1월 23일 석간 기타바타케 키요야스 논설위원 칼럼은 요시다의 증언을 인용하여 "국가권력이 경찰을 이용하여 식민지의 여성을 절대로 도망칠 수 없는 상태로 유괴하여 전쟁터로 끌고 간 후 1년, 2년을 감금하고 집단강간하고, 그리고 일본군이 퇴각할 때에는 전쟁터에 방치했습니다. 내가 강제연행한 조선인 중 남자의 절반, 여자는 다 죽었다고 생각합니다(国家権力が警察を使い、植民地の女性を絶対に逃げられない状態で誘拐し、戦場に運び、1年2年と監禁し、集団強姦し、そして日本軍が退却する時には戦場に放置した。私が強制連行した朝鮮人のうち、男性の半分、女性の全部が死んだと思います)"라고 썼다.

여성 전부가 죽었다는 극단적인 발언을 듣고 논설위원까지 지낸 베테랑 기자인 기타바타케 키요야스 씨는 사실관계에 의문을 갖지 않았던 것일까. 만약 그렇다면 기자로서 훈련이 돼 있지 않았다고 밖에 볼 수 없다. 앞에서 서술한 것처럼 이 키타바타케 칼럼에 대해서 독자들로부터 많은 반론과 의문이 제기되었다. 키타바타케씨는 그것을 소재로 동년 3월 3일 저녁에 '역사를 위하여(歷史のために)'라는 제목의 아래와 같은 칼럼을 썼다.

> 위안부를 강제연행한 요시다 세이지 씨의 고백이 이 란(1월 23일)에 소개됐다. 그 후, 많은 편지를 받았다.(중략)
> 일본군의 잔학 행위는 없었다든가, 공표하지 말라는 사람의 논거에는, 공통되는 형태가 있다는 것이다.
> (1) 그런 것은 본 적도 들은 적도 없다. 군율, 군인의 심정에 따르더라도 그럴 수는 없다. 설령 사실이라고 해도 그것은 예외이고 일반화하는 것은 부당하다. 그중에는 자기 현시욕과 과장벽 때문에 왜곡된 이야기들도 있을 것이다.
> (2) 자학적으로 자신의 역사를 말하지 말라.(중략)
> (3) 일본군의 잔혹행위를 알게 되면 유족들은 우리 아버지, 형제도 가담했느냐며 괴로워할 것이다.
> (중략)
> 이상과 같이 주장하고 싶은 사람들의 심정은 잘 안다. 누구에게나 이치만으로는 움직이고 싶지 않은 정이라는 것이 있다. 그러나 그것만으로 되는가. 자문하지 않을 수 없다.
> (중략)
> 알고 싶지 않은, 믿고 싶지 않은 사실이 있다. 그런 생각과 싸우지 않으면, 역사를 쓸 수 없다.

이 기사는 요시다 증언이 허위이기 때문에 취소한다는 조치로 끝내도 좋은 것인가. 기타바타케 키요야스 씨는 이미 고인이지만 아사히로서는 칼럼에 의문을 제기하는 투고를 낸 분들에게 사죄해야 하는 것이 아닐까. "알고 싶지 않은, 믿고 싶지 않은 사실이 있다. 그런 생각과 싸우지 않으면, 역사를 쓸 수 없다"라는 칼럼의 결론은 확실히 아사히를 위해서 쓰인 것이라고 읽는다.

그런데 제3자위원회 보고는 이 칼럼에 대해 "(1월 23일) 기사의 반향을 근거로 한 기사이지, 직접 요시다 증언을 채택하는 것은 아니다"(13 페이지)라고 기술하고 있을 뿐이며, 그 문제점을 지적하지 않고 있다.

요시다 기사를 자화자찬

또 하나, 아사히의 후안무치함을 알 수 있는 기사를 소개한다. 놀랍게도 아사히는 요시다 증언을 사용한 위안부보도를 자화자찬하는 기사를 썼다. 1994년 1월 25일 창간 115주년 기념특집으로 쓰인 '정치를 움직인 조사보도(政治動かした調査報道)' 기사다. 거기에서 자사의 조사 보도가 정치를 움직인 '성과(成果)'로서 △ '[토건정치] 유착 추궁, 11년 후에 결실([土建政治] 癒着追及、１１年後に結実)'(이바라키현 지사의 토건 정치를 고발), △ '[부정출장] 선거로 몰아넣은 9개월 '아마가사키 재생' 시민과 함께([不正出張] 出直し選挙へ追い込んだ９カ月「尼崎再生」市民と共に)'(아마가사키시 의회의 부정 출장을 고발), △ '[헌금] 법의 악용, 수지 보고서로부터 파헤친다([回し献金] 法の悪用、収支報告書から暴く)'(자민당 아이치현 의회 4명을 고발)라고 함께, △ '[전후 보상] 잊혀진 사람들에게 빛([戰後補償] 忘れられた人達に光)'을 나란히 자찬했다. 그런데 그 안에 요시다 증언이 포함되어 있었던 것이다. 아사히의 자찬 기사의 해당 부분을 인용한다.

> [전후 보상] 잊혀진 사람들에게 빛
>
> 전후 오랫동안 전화(戰禍)의 책임을 져야할 측으로부터 잊혀진 사람들이 있었다. 구 일본군에 의해 성의 도구가 된 종군위안부 강제연행 피해자, 해외 잔류 일본인……
>
> 최근 급부상한 이러한 전후보상 문제에 대해 아사히신문 통신망은 적극적으로 대처하여 그 실상을 발굴해 왔다.
>
> ○ 위안부 강제연행. (중략)
>
> 일본 저널리스트 회의에서 JCJ상을 받은 아사히신문과 아사히방송 미디어믹스 기획 '여자들의 태평양전쟁'에 위안부 문제가 등장한 것은 91년 5월. 조선으로 건너가 강제로 위안부를 송출한 전 동원부장의 증언에 독자로부터 놀랐다는 전화가 수십 통이나 왔다.
>
> 독자끼리의 지면토론이 끝없이 이어지며, 기자는 조선인 위안부와 접촉할 수 있기를 기대하며 한국에 갔다. 그 해 12월 한국에서 나타난 위안부 피해자 세 사람이 개인보상을 요구하며 도쿄지법에 제소하자 그 증언을 자세히 소개했다. 연초에는 미야자와 수상이 한국을 방문해 공식사죄하고, 유엔 인권위원회가 거론하기에 이른다.

기사 제목을 '정치를 움직인 오보'로 잡았어야 했다. 아사히는 JCJ상을 반환할 것인가. 아사히는 이 기사를 취소한 바 있다. 그렇다면 당연히 JCJ상도 반환해야 한다고 생각되지만, 일단 일본 저널리스트회의와 아사히의 견해를 듣고 싶다.

아사히가 자찬하는 것처럼 요시다 증언을 앞장세운 위안부 보도의 결과, 미야자와 총리가 한국에서 공식사과한 데 이어 유엔 인권위원회가 위안부 문제를 거론했다. 이 점에 대해서는 본 보고서의 제3부에서 상론(詳論)했다.

요시다 증언 보도의 악영향을 무시

아사히는 그동안 여러 차례 진행한 검증특집에서 요시다 증언을 32년간 취소하지 않은 자사 보도로 인해 허위증언이 국제사회에서 사실로 확산되고 일본의 명예와 국익을 현저히 훼손한 실태에 대해서는 일절 다루지 않았다.

특히 2014년 8월 6일자 지면에서 한 페이지를 다 써서 '일한 관계 왜 잘못되었는가?(日韓関係なぜこじれたか)'라는 검증 기사를 게재했지만 여기에는 쿠마라스와미 보고서도, 미국 의회결의도, 최근 속속 들어서고 있는 미국 내의 위안부 기념 동상 등에 대해서도 전혀 언급되지 않았다. 그것들을 언급하면, 아사히가 요시다의 허위증언을 세상에 내보낸 영향에 대해 쓰지 않을 수 없어지므로 도망쳤다고도 생각할 수 있다.

본래라면 요시다 증언을 어디보다도 빨리, 어디보다도 많이 보도한 아사히야말로, 이번 기사 취소를 영문(英文)으로 밝히고, 솔선해 오보를 바로잡는 국제홍보에 임해야 한다. 아사히의 오보로 훼손된 일본의 국익을 금전적으로 따지면 얼마가 될지 알 수 없다. 그것을 회복하기 위해서는 고액의 비용이 들 것이다. 그 일부 혹은 대부분을 아사히가 부담해야 함은 물론이다.

그러나 제3자위원회는 아사히 보도가 국제사회에 미친 영향에 대해 위원회로서의 견해를 정리하지 않고, 몇몇 위원이 각기 다른 견해를 표명했다. 그 결과 아사히에 대한 책임 추궁은 모호해졌다. 아사히는 제3자위원회 보고를 받고, 아래와 같은 견해를 냈지만, 거기에는 반성이나 사죄의 말은 없었다. 아사히 보도의 영향에 대해서는 본 보고서의 제3부에서 다시 상세히 논한다.

> 제3자위원회는 아사히신문의 요시다 증언 기사와 위안부 보도가 국제 사회에 미친 영향도 조사했습니다. 이 보고서는 오카모토 유키오(岡本行夫) 위원과 기타오카 신이치(北岡伸一) 위원이 아사히신문 등의 보도가 한국 내의 비판 논조에 동조했다고 지적했습니다. 하타노 스미오(波多野澄雄) 위원과 하야시 카오리(林香里) 위원의 검토 결과는 모두 요시다 증언 기사가 한국에 영향을 주지 않은 사실을 발견했다고 했습니다. 하야시 카오리 위원은 또 아사히신문의 위안부 보도에 관한 기사가 구미, 한국에 영향을 미쳤는지는 알 수 없다고 말하고 있습니다.
>
> 이 문제에 대해 다각적인 보도를 계속해갈 것입니다. 해외에도 발신하여 보도기관으로서의 역할을 다해가고 싶습니다.('제3자위원회의 보고서에 대한 아사히신문사의 견해와 대처(第三者委員□の報告書に□する朝日新聞社の見解と取り組み)', 2014년 12월 26일자)

요시다 세이지 증언에 관한 아사히신문 취소 기사(18개)·미취소 기사(1개) 일람

(카츠오카 칸지(勝岡寬次) 작성)

번호	연월일	기사제목/내용의 일부발췌	취소일	공표일	비고
1	1980. 3. 7	'연재 한국·조선인 II(27) 명령을 충실히 실행, 저항하면 목검(連載 韓国·朝鮮人II(27) 命令忠実に実行 抵抗すれば木剣)' "2회 가량 조선반도에 가서 '조선인 사냥'에 종사했다(2回ほど朝鮮半島に出かけ、"朝鮮人狩り"に携わった)."	2014. 12. 23	2014. 12. 23	아사히의 요시다 증언에 관한 최초 보도. 단, 징용시의 강제연행 이야기로 위안부 강제연행은 다루지 않았다.
2	1982. 9. 2	'조선 여성 나도 연행, 구 동원 지휘자 증언(朝鮮の女性 私も連行 元動員指揮者が証言)' "조선인 위안부를 황군 위문 여자정신대라는 이름으로 전쟁터에 내보냈습니다. 당시 우리는 '징용'이라 하지 않고 '몰이'이라는 말을 썼습니다(朝鮮人慰安婦は皇軍慰問女子挺身隊という名で戦線に送り出しました。当時、われわれは「徴用」といわず「狩り出し」という言葉を使っていました)."	2014. 8. 5	2014. 10. 10	아사히의 위안부 강제연행에 관한 요시다 증언 최초 보도
3	1982. 10. 1.	'조선인 이렇게 연행 '사할린재판'에서 체험을 증언(朝鮮人こうして連行「樺太裁判」で体験を証言)' "미리 조선인 촌락을 포위하고 일거에 습격, 때리면서 남자들을 연행했다(あらかじめ朝鮮人の集落を包囲し、一挙に襲い、殴りながら男たちを連行した)."	미취소	미취소	요시다가 사할린 재판의 법정에서 증언한 '조선인 사냥'의 증언 기사. 위안부에 대한 증언은 아니지만, No. 1,4,5,7 등을 취소하면서 본 기사를 미취소한 것은 이해할 수 없다.

4	1983. 10. 19 석간	'한국의 언덕에 사죄비, 도쿄의 요시다 '징용의 혼' 건립(韓国の丘に謝罪の碑 東京の吉田さん「徴用の鬼」いま建立)' "나는 징용·강제연행을 실행한 일본인의 한 사람으로서 사후에도 당신의 영혼 앞에 무릎 꿇고 계속 사죄합니다. 보국회 징용대장 요시다 세이지(私は徴用・強制連行を実行した日本人の一人として死後もあなたの霊の前に拝跪謝罪を続けます 元労務報国会徴用隊長 吉田清治)"	2014. 5. 5	2014. 10. 10	비문은 징용에 대한 사죄문이고, 위안부 강제 연행은 언급하지 않았다.
5	1983. 11. 10	'조선인을 강제연행하고 사죄비를 한국에 세우는 요시다 세이지 씨(ひと 朝鮮人を強制連行した謝罪碑を韓国に建てる吉田清治さん)' "국가에 의한 사람 사냥이라고 밖에 말할 수 없는 징용이 불과 30여년 만에 역사의 뒤안길에 묻히려 하고 있다(国家による人狩り、としかいいようのない徴用が、わずか三十数年で、歴史のヤミに葬られようとしている)."	동상	동상	집필은 키요타 하루후미(清田治史) 기자. 요시다의 얼굴사진이 들어가 있는데, 위안부에 대한 언급은 없다.
6	1983. 12. 24	'단 한 명의 사죄, 강제연행 요시다 씨 한국에서 '비' 제막식(たった一人の謝罪 強制連行の吉田さん 韓国で「碑」除幕式)' "요시다 씨는 …자신이 지휘한 것만 여자정신대원 950명을 포함해 6천 명을 징용했다(吉田さんは、…自分が指揮しただけで女子てい身隊員九百五十人を含め六千人を徴用した)" "메모. . . '여자정신대'라는 이름으로 전선에 내보낸 위안부는 5~7만 명에 이른다고 한다(メモ …「女子てい身隊」名目で前線に送られた慰安婦は五～七万人にのぼるといわれる)"			집필은 키요타 하루후미 기자. 요시다가 사죄비 앞에서 무릎을 꿇는 사진을 넣음.

7	1984. 1. 17. 오사카 본사판	'연재 아픈 상처, 조선인 강제연행 현재 ① 징용에 신랑 빼앗겨(連載 うずく傷跡 朝鮮人強制連行の現在① 徴用に新郎奪われて)'	2014. 12. 23	2014. 12. 23	한국에 세운 사과비 제막식 모습 소개. 위안부에 대한 언급은 없다
8	1986. 7. 9	'아시아의 전쟁 희생자를 추모 8월 15일, 타이와 오사카에서 집회(アジアの戦争犠牲者を追悼 8月15日、タイと大阪で集会' "군 위안부를 포함한 조선인 강제연행의 지휘를 맡은 요시다 세이지 씨(72)-치바현 아비코시-가 체험을 이야기한다(従軍慰安婦を含む朝鮮人の強制連行の指揮に当たった吉田清治さん（七二）＝千葉県我孫子市＝が体験を話す)."	2014. 8. 5	2014. 10. 10	집회 안내기사의 일부
9	1990. 6. 19. 오사카 본사판	'조선인 강제연행 명부, 지사의 명령으로 소각 전 동원부장 증언(朝鮮人強制連行の名簿、知事の命令で焼却　元動員部長が証言)' "같은 방식으로 많은 조선여성을 위안부로 데리고 간 일도 있습니다(同じやり方で多くの朝鮮人女性を従軍慰安婦として連れ去ったこともあります)."	동상	동상	요시다가 전후, 야마구치현 지사의 명으로 강제연행 관계서류를 증거인멸을 위해 소각했다고 하는 증언.
10	1991. 5. 22. 오사카 본사판	'종군위안부 가해자 측 증언 편지 여자들의 태평양전쟁(従軍慰安婦　加害者側の証言 手紙女たちの太平洋戦争)' "내가 오늘 가장 부끄러운 일, 마음이 아픈 문제 중 하나는 종군위안부를 구백오십 명 강제연행을 한 것입니다.(私が今日、最も恥ずべきこと、心を痛めている問題の一つは、従軍慰安婦を九五〇人強制連行した事です)" "이것이 태평양전쟁에서 일본 육·해군의 가장 큰 죄라고 저는 믿습니다.(これが太平洋戦争における日本陸・海軍の最も大きい罪だと私は信じております)."	동상	2014. 12. 23	집필은 이노우에 히로마사(井上裕雅) 편집위원. 아사히는 '저작물 인용이 많다' '편자(編者)인 단체명이 기재되어 있다'는 이유로 본 기사의 공표를 보류했지만 (14. 10. 10), 그 후 추가 공표했다 (14. 12. 23). 본 기사는 전쟁 희생자를 기억하는 모임편 '아시아의 목소리 침략 전쟁의 고발 (アジアの声 侵略戦争への告発)'에서 인용한 것이다.

11	1991. 10. 10. 오사카본사판	'종군위안부 가해자 측에서 다시 증언 ' 여자들의 태평양전쟁'(從軍慰安婦 加害者側から再び証言女たちの太平洋戦争) "제가 연행에 관여한 사람은 천 명 정도인데 대부분 유부녀 아니었을까요? … 젊은 엄마의 손을 비틀어 올리고 차거나 때려서 호송차에 실었습니다(私が連行に関与したのは千人ぐらいですが、多くが人妻だったのではないでしょうか。…若い母親の手をねじ上げ、けったり殴ったりして護送車に載せるのです)."	동상	2014. 10. 10	집필은 이노우에 히로마사 편집위원. 요시다의 인터뷰 기사.
12	1992. 1. 23	'논단 종군위안부에 대한 책임과 죄(論壇 從軍慰安婦への責任と罪)' "종래는 조선인 종군위안부는 미혼 여성이 대부분이라고 알려졌으나 실제로는 기혼자, 애 딸린 여성이 의외로 많았다. 이는 당시 야마구치 현 노무보국회 시모노세키 지부의 동원부장으로 천 명에 가까운 조선인 종군위안부를 연행한 요시다 세이지 씨(78)가 증언하고 있다 (従来は朝鮮人従軍慰安婦は未婚女性がほとんどだといわれていたが、実際は既婚者、子持ちの女性が意外に多かった…。このことは、当時、山口県労務報国会下関支部の動員部長で、千人近くの朝鮮人従軍慰安婦を連行した吉田清治さん (七八) が証言している)."	동상	미공표	집필자는 야마타니 테츠오(篠田正浩, 영화 감독). 아사히는 "요시다 씨에 관한 기사가 아사히신문이나 텔레비전의 보도를 인용한 것 등을 고려 하여", 본 기사의 공표를 보류하고 있다. (14. 10. 10)
13	1992. 1. 23 석간	'창(窓) 논설위원실에서 종군위안부(窓 論説委員室から 従軍慰安婦)' "국가권력이 경찰을 이용하여 식민지의 여성을 절대로 도망칠 수 없는 상태에서 유혹, 유괴하여 전쟁터로 운송하고 1년 2년 감금하였고 집단강간, 그리고 일본군이 퇴각할 때는 전쟁터에 방치했습니다. 내가 강제연행한 조선인 중 남성의 반, 여자 전부가 죽었다고 생각합니다(国家権力が警察を使い、植民地の女性を絶対に逃げられない状態で誘拐し、戦場に運び、一年二年と監禁し、集団強姦し、そして日本軍が退却する時には戦場に放置した。私が強制連行した朝鮮人のうち、男性の半分、女性の全部が死んだと思います)."	동상	2014. 10. 10	집필은 기타바타케 키요야스 (北畠清泰) 논설위원

14	1992. 2. 1	'냉정한 검증 없는 위험성, 나의 지면 비평(冷静な検証のない危険性 私の紙面批評)' "23일 석간의 '창'에 게재된 요시다 세이지(吉田清治) 씨(78)의 증언에 의하면, 씨가 일찍이 노무보국회의 동원부장으로 조선총독부 관리, 경관들과 함께 마을을 포위하여 여인을 내몰고 목검으로 후려쳐 트럭에 실어 날랐다(二十三日夕刊の「窓」に掲載された吉田清治氏（七八）の証言によれば、氏がかつて労務報国会の動員部長として朝鮮総督府の役人や警官と 共に村を包囲して女性を追い立て、木剣で殴りつけてはトラックに運び去った)."	동상	미공표	집필자는 시노다 마사히로(篠田正浩, 영화감독). 아사히는 "요시다 씨에 관한 기사가 아사히신문이나 텔레비전 보도의 인용인 점 등을 고려하여", 본기사의 공표를 보류하고 있다. (14. 10. 10)
15	1992. 3. 3 석간	'창 논설위원실에서 역사를 위해(窓 論説委員室から 歴史のために)' "그 후, 많은 편지를 받았다. (중략) 알고 싶지 않은, 믿고 싶지 않은 사실이 있다. 하지만, 그런 생각과 싸우지 않으면 역사는 쓸 수 없다(その後、たくさんの投書をいただいた。(中略) 知りたくない、信じたくないことがある。だが、その思いと格闘しないことには、歴史は残せない)/"	동상	2014. 10. 10.	1월 23일 기사의 후속 보도. 요시다 증언을 부정하는 투서에 대해, 요시다 증언을 전면적으로 옹호.
16	1992. 5. 24	'"위안부 문제를 지금 직접 사죄하고 싶어" 연행의 증언자, 7월 방한(「慰安婦問題 今こそ 自ら謝りたい」「連行の証言者、7月訪韓」)' ""내가 위안부를 조선반도에서 강제연행했다"고 증언하고 있는 치바현 거주의 요시다 세이지 씨(78)가 7월 한국에 '사죄의 여행'을 나선다(「私が慰安婦を朝鮮半島から強制連行した」と証言している千葉県在住の吉田清治さん（七八）が七月、韓国に「謝罪の旅」に出る)."	동상	동상	요시다가 한국에 "사죄의 여행"을 떠나는 것, 남녀 6,000명을 강제연행한 체험을 "국회든 어디든 가서 이야기하겠다"라는 말 등을 소개

17	1992. 8. 13	'옛 위안부에게 사죄 서울에서 요시다 씨(元慰安婦に謝罪　ソウルで吉田さん)' "태평양전쟁 당시 야마구치 현 노무보국회 동원부장으로, 조선인 위안부나 군인, 군속을 강제연행했다고 증언했다 요시다 세이지씨(78)(太平洋戦争当時、山口県労務報国会動員部長として、朝鮮人慰安婦や軍人、軍属を強制連行したと証言している吉田清治さん（七八））"	동상	동상	집필은 오다가와 코 (小田川興) 서울지국장. 요시다가 서울에서 위안부 김학순에게 "고개를 숙이고 사과"라고 보도.
18	1994. 1. 25	'정치 움직인 조사 보도, 위안부·강제연행 (政治動かした調査報道　慰安婦・強制連行)' "'여자들의 태평양전쟁'에 위안부 문제가 등장한 것은 다음 해 91년 5월. 조선에 건너가 강제로 위안부를 송출한 전 동원 부장의 증언에 독자로부터 놀랐다는 전화가 수십 통이나 왔다(「女たちの太平洋戦争」に、慰安婦問題が登場したのは、翌九一年五月。朝鮮に渡って強制的に慰安婦を送り出した元動員部長の証言に、読者から驚きの電話が何十本も届いた)."	동상	동상	'여자들의 태평양전쟁'에서 요시다 증언을 거론하며 일본 저널리스트회의 상을 수상했다고 자화자찬하는 내용
19	1997. 2. 7	'목소리. 당사자의 목소리에 왜 귀를 닫아요(声 当事者の声になぜ耳閉ざす)' "한국 등의 위안부가 된 사람의 이야기는 전혀 엉터리라는 것일까. TV에서 전직 군인이 "나는 적어도 천 명은 징용했습니다. 여자 징용이 얼마나 싫은 일이었겠느냐"하고 말하는 것을 들은 적이 있는데, 이것도 징용으로 위안부로 삼은 것 아니겠는가(韓国などの慰安婦にされた人の話は、まったくでたらめだというのだろうか。テレビで元軍人が「私は少なくとも千人は徴用しました。女の徴用がどんなにいやな仕事だったか」と話すのを聞いたことがあるが、これも徴用であって慰安婦にしたのではないというのだろうか)."	동상	미공표	투고자는 주부. 교과서에서 "위안부" 기술을 삭제해야 한다는 주장을 반박한 편지. 아사히는 "요시다 씨에 관한 기사가 아사히 신문과 텔레비전의 보도를 인용하는 것 등을 고려하여" 본 기사의 공표를 보류하고 있다. (14. 10. 10)

아사히신문에 의한 기사취소의 경위
   2014년 8월 5일 취소 기사: 16개(No. 2, 4~6, 8~19)
   2014년 12월 23일 취소 기사: 2개(No. 1, 7)
   2015년 2월 18일 현재 취소 기사는 18개(No. 1~2, 4~19)

아사히신문에 의한 취소기사 공표의 경위
   2014년 10월 10일 공표 기사: 12개(No. 2, 4~6, 8~9, 11, 13, 15~18)
     취소기사 중 4개 미공표(No. 10, 12, 14, 19)
   2014년 12월 23일 제3자위원회 지적에 따라 미공표 기사 1개(No. 10) 추가 공표.
     같은 날 취소기사 2개(No. 1, 7)를 공표
   2015년 2월 18일 현재 취소 기사 중 공표 기사는 15개(No. 12, 14, 19의 3개는 여전히 미공표)

아사히신문에 의한 기사취소의 유무·공표의 유무 내역(2014년 2월 18일 현재)
   ① 취소·공표 기사: 15개(No. 1~2, 4~11, 13, 15~18)
   ② 취소·미공표기사: 3개(No. 12, 14, 19)
   ③ 미취소·미공표 기사: 1개(No. 3)

아사히신문 데이터베이스상의 취소 유무
   2014년 10월 16일 현재
     '취소' 기사: 16개 중 12개(No. 4~6, 9~11, 13, 15~19)
     '일부취소' 기사: 16개 중 1개(No. 8)
     취소기사로 지정하면서 미취소 기사: 16개 중 1개(No. 2)
     '저작권 등의 관계'로 열람 불가능한 기사: 16개 중 2개(No. 12, 14)
   2015년 2월 18일 현재
     지역판으로 인해 DB상의 취소를 확인할 수 없는 기사 : 18개 중 1개(No. 1)
     취소 기사: 18개 중 13개(No. 2, 4~6, 9~11, 13, 15~19)
     '일부 취소' 기사: 18개 중 1개(No. 8)
     취소기사로 지정하면서 취소하지 않은 기사: 18개 중 1개(No. 7)
     '저작권 등의 관계'로 열람 불가능한 기사: 18개 중 2개(No. 12, 14)

* 당연히 취소해야 하는데, 아직도 취소하지 않고 있는 요시다 세이지 증언 기사가 있다.
* 취소기사로 지정하면서 DB상에서 취소하지 않은 기사가 존재하는 것은 독자를 배신하는 행위이며 문제다.

제5장

'여자정신대의 이름으로 연행' 오보

니시오카 쓰토무(西岡力) (집필 담당)

오보는 33개, 절반은 정정 없다

다음으로 정신대와의 혼동 항목을 검토하자. 아사히의 검증특집에서 '의문(疑問)'과 '독자 여러분에게(読者のみなさまへ)'를 전문 인용한다.

"조선반도 출신 위안부에 대해 아사히신문이 1990년대 초에 쓴 기사의 일부에 '여자정신대'의 이름으로 전쟁터에 동원됐다는 표현이 있습니다. 지금은 위안부와 여자정신대가 별개라는 것은 분명하지만, 왜 잘못된 겁니까?"

"여자정신대는 전시 치하에서 여성을 군수공장 등에 동원한 '여자 근로정신대'를 가리키고 위안부와는 전혀 다릅니다. 당시는 위안부 문제에 관한 연구가 진행되지 않았고, 기자가 참고한 자료 등에도 위안부와 정신대의 혼동이 보였기 때문에 오용했습니다."

제3자위원회 보고도 연구 지연을 아사히가 오보를 낸 이유로 인정하고 있다.

독립검증위원회의 조사에 따르면 아사히는 적어도 33편의 기사를 오보로 냈다. 처음은 1982년 9월 2일, 전술한 요시다 강연회 기사다. 그 후 83년 1개, 84년 1개, 88년 1개, 89년 1개, 91년 12개, 92년 13개, 95년 2개, 97년 1개이다(본장 말미의 '위안부와 정신대를 혼동한 아사히신문 기사 일람' 참조).

이 33편 중 약 절반인 16편은 데이터베이스에 그 취지의 기재가 없다. 아사히와 제3자위원회의 검증의 안이함의 표현이다.

3개의 용어해설에서 오보

특히 용어해설 기사가 3개 있었던 것은 놓칠 수 없다. 독자는 용어해설을 바탕으로 기사나 사설을 읽는다. 그런 의미에서 오보의 책임이 무겁다.

용어해설의 첫 번째, 1983년 12월 24일자 '메모(メモ)'라는 제목의 해설이다.

> 대한적십자사 등의 조사에서는, 1939년부터 45년 패전까지 일본이 "징용", "모집" 명목으로 강제연행을 한 한국·조선인은 72만 여명. 그중 '여자정신대'의 이름으로 전선에 보낸 위안부는 5~7만 명에 이른다고 한다. 이 중 약 3분의 1이 패전 때까지 사망한 것으로 추정된다. 현재 사할린에는 4만 3천여 명의 한국·조선인들이 잔류하고 있으며, 한국으로의 귀국을 '무국적' 상태로 기다리고 있는 자들이 2천 수 백명에 이른다고 한다.

이 기사는 요시다 세이지가 방한해 사죄비를 세웠음을 서울발로 전한 기사에 붙어 있었다.

다음이 1991년 12월 10일의 '위안부(단어)(從軍慰安婦（ことば）)'라는 제목의 해설이다.

> 제 2차대전 직전부터 여자정신대 등의 이름으로 전선에 동원돼 위안소에서 일본 군인을 상대로 매춘을 하게 되었던 여성들의 속칭. 공식적인 조사는 없지만, 10만 명이라고도 하고 20만 명이라고도 한다.
>
> 일본의 조선반도 식민지배 중 태반이 조선인 여성이었던 것으로 알려져 있다. 일본 정부는 "국가총동원법에 따른 업무와는 관계가 없다. 민간업체가 데리고 다닌 것 같다"고 하면서 관여를 부인하고 있으나 최근 한국 등의 위안부, 군인들이 "위안소는 군 관리 하에 있었다"고 증언, 일본의 책임을 추궁하고 있다.
>
> 옛 위안부 세 사람이 전 군인·군속 서른두 사람과 함께 이번 달 6일, 일본 정부를 상대로 한 사람당 2천만 엔의 보상을 요구하는 첫 소송을 도쿄 지법에 냈다. 이들은 "나치 전범을 재판한 뉘른베르크 재판과 마찬가지로 국제관습법상의 인도에 대한 죄에 해당한다"고 주장하고 있다.

세 번째가 1992년 1월 11일자의 '종군위안부(용어)(從軍慰安婦<用語>)'이다.

> 1930년대 중국에서 일본군 병사에 의한 강간사건이 많이 발생했기 때문에 반일감정과 성병을 막기 위해 위안소를 설치했다. 전직 군인이나 군의관 등의 증언에 의하면, 개설 당초부터 약 80%가 조선인 여성이었다고 한다. 태평양전쟁이 벌어지고서 주로 조선인 여성을 정신대라는 이름으로 강제연행을 했다. 그 인원은 8만이라고도 하고 20만이라고도 한다.

이 두 번째와 세 번째의 용어해설이 '92년 1월 강제연행 프로파간다'를 뒷받침하는 또 하나의 기둥이 되었음을 알 수 있다. 제1부에서 말했듯이 특히 3번째 용어해설은 '군관여 자료 발견(軍

関与資料発見)' 기사 속에 들어갔고, 다음날 사설에서도 같은 주장이 이루어져 마치 강제연행을 뒷받침하는 공문서가 발견된 것과 같은 이미지가 만들어졌다.

연구가 늦어진 것이 이유는 아니다

아사히는 사실 오인 기사를 쓴 이유를 "연구가 진척되지 않았다"고 말하고 있지만, 이것은 이상하다. 일본의 조선사 연구학계에서는 1960년대, 70년대까지는 그런 잘못된 학설이 존재하지 않았기 때문이다. 학계에 그런 학설이 등장하는 것은 요시다 세이지가 저서에서 여자정신대의 이름으로 위안부 사냥을 했다고 쓴 뒤인 것이다. 즉, 아사히가 세상에 내놓은 요시다 세이지 증언이 잘못된 학설을 낳은 부모였다.

일본의 조선통치에 비판적인 연구자들이 다수 참여하고 있는 조선사연구회(朝鮮史研究会)는 1966년 『조선사입문(朝鮮史入門)』(타이헤이슈판샤(太平出版社)), 1974년 『조선의 역사(朝鮮の歴史)』(산세이도(三省堂)), 1981년 『신조선사입문(新朝鮮史入門)』(류우케이쇼샤(竜渓書舎))을 주요 회원들의 분담 집필로 내놓았다. 그 3권 중 입문서 2권에는 위안부 관련 기술이 없다. 통사인 『조선의 역사』에만 위안부에 관해서 "일본 제국주의는 조선 여성을 일본 군인을 위한 위안부로서 다수의 전쟁터로 연행해 가기까지 했다(日本帝国主義は、朝鮮の女性を日本兵士のための慰安婦として、多数戦場に連行しさえもした)"는 단 한 줄의 기술이 있는데, 여자정신대로 동원했다는 설은 나오지 않는다.

그런데 1985년 연구회 주요 인사들이 분담 집필한 『조선사(朝鮮史)』(야마카와슈판(山川出版))에서 '여자정신대로 연행'설이 처음 등장한다. 이 책은 다케다 유키오(武田幸男) 도쿄대 교수가 전체 편자(編者)로 이름을 올린, 당시 학계의 최고 수준의 집필자들이 모여 편찬한 책이었다. 해당 부분은 미야타 세쓰코(宮田節子) 와세다대학 강사가 집필했다.

> 44년 8월에는 '여자정신대 근로령'이 공포되고 수십만 명의 12살에서 40세까지의 조선 여성이 근로동원되고, 그 안에서 미혼 여성 몇 만 명이 일본군 위안부가 되었다. 그녀들은 전쟁터에서 "조선삐(朝鮮ピー)"로 불리었고, 일본인 위안부는 장교용, 그녀들은 병사용으로 차별받았고, 말로 다할 수 없는 치욕을 받고, 패전과 함께 전쟁터에 버려졌다.

또 86년에는 역시 이 연구회 멤버들이 역사 부분을 분담 집필한 『조선을 아는 사전(朝鮮を知る事典)』(헤이본샤(平凡社))에서도 역시 미야타 세쓰코 씨가 "43년부터는 '여자정신대'의 이름하에 약 20만 조선 여성이 노무동원됐고 그 중 젊고 미혼인 5만~7만 명이 위안부가 되었다"라고 썼다.

센다 가코(千田夏光)의 엉터리 인용

아사히는 검증에서 미야다 씨를 취재하고 그녀의 '조선을 아는 사전'의 기술은 센다 가코(千田夏光)가 쓴 책 『종군위안부(從軍慰安婦)』의 인용이라고 썼다. 그러나 센다 가코 씨의 주장의 근거는 다음에 인용하는 것과 같이 날짜도 특정되지 않은 한국의 신문기사였다.

> 냉정한 숫자로써 오늘 보여줄 수 있는 것은 전 서울신문 편집국 부국장이며 현재 문교부 대변인으로 있는 정달선 씨가 보여준 서울신문에서 오려낸 기사 한 개뿐이다. 거기에는 1943년부터 45년까지 정신대라는 이름 아래 젊은 조선 여성 약 20만 명이 동원되고, 그 속에서 "5만 명 내지 7만 명"이 위안부가 되었다고 하는 것이다.(센다 가코, 『종군위안부』, 산이치신쇼(三一新書), 101~102 페이지)

재일연구자 김영달(金英達) 씨가 서울신문의 해당 기사를 찾아보니 센다 가코 씨가 중대한 실수를 한 것으로 드러났다. 김영달 씨의 조사에 따르면 1970년 8월 14일자 서울신문에 기록된 "1943년부터 45년까지 정신대로 동원된 한국과 일본 두 나라의 여성은 대략 20만 명. 그중 한국 여성은 5-7만 명으로 추정된다"는 군수 산업의 근로동원이었던 정신대 동원에 관한 기술로서 위안부와는 전혀 관계가 없고, 20만이라는 숫자는 일본인과 조선인을 합한 근로동원 숫자였다.

요시다 증언이 원흉

왜 이런 모호한 근거로 새로운 학설이 등장했을까. 그 수수께끼를 푸는 열쇠는 요시다 세이지 증언에 있다. 여기서 아사히는 중대한 사실을 은폐하고 있다. 요시다 세이지는 1983년에 출판한 책에서 군으로부터 제주도에서 "조선인 여자정신대"을 동원하라는 명령을 받고 제주도에서 위안부 사냥을 했다고 쓴 것이다. 그 부분, 조금 길어지지만 중요한 포인트이므로 요시다의 저서에서 인용해 두겠다.

> 1943년 5월 15일, 야마구치 현 경찰부 노정(勞政)과에 서부군 사령부 중위가 와서 야마구치 현 노무보국회 회장(현 지사 겸임)에게 노무동원명령서를 교부했다. 노정과장은 노무보국회의 사무국장을 겸임했고 노무보국회 시모노세키 지부 동원부장인 나를 배석시켰다. 군 명령을 수령할 때 배석시키는 것은 그 동원명령의 실행을 명받는 것이었다.
> 중위의 설명에 따르면, 이번 동원명령은 서부군 관구의 각 현 노무보국회에 조선반도 남부의 각 도를 할당하였고 총 동원총수는 2천 명이었다. 야마구치 현 노무보국회에 대한 동원 명령은 다음과 같은 내용이었다.
> 一, 황군 위문 조선인 여자정신대 200명

一, 연령 18세 이상 30세 미만(기혼자도 가능, 단 임신부 제외)

一, 신체 강건한 자(의사의 신체검사, 특히 성병 검진을 할 것)

一, 기간 1년(지원에 따라 갱신할 수 있음)

一, 급여 매월 금 30엔 정

　　준비금으로서 선급금 20엔 정.

一, 근무지는 중지(中支) 방면

一, 동원지구 조선 전남 제주도

一, 파견일시 1943년 5월 30일 정오

一, 집합장소 서부군 제74부대

　여자 근로보국대가 여자정신대라고 개칭되고, 여학교 학생과 지역의 처녀회(여자 청년단)의 군수공장 근로봉사는 여자정신대라고 불리고 있었지만, 황군 위문의 여자정신대란 '위안부'였다.(중략)

　조선인 위안부 2백명 동원의 서부사령관 명령서는 야마구치현 지사인 야마구치현 노무 보국회 회장 이름의 징용 업무 명령서가 되어 노정과장으로부터 나에게 전달됐다.(요시다 세이지, 『나의 전쟁범죄(私の戦争犯罪)』, 산이치쇼보(三一書房), 100~102페이지)

아사히가 만들어낸 잘못된 학설

또 4장에서 본대로 요시다가 '나의 전쟁범죄'를 출간하기 1년 전인 1982년 9월 2일에 아사히는 그의 강연 내용을 크게 기사화했다. 거기서 아사히는 요시다가 "조선인 위안부를 황군 위문 여자정신대라는 이름으로 전쟁터에 내보냈습니다"라고 말했다고 보도했다. 일본 언론이 처음으로 보도한 "여자정신대의 이름으로 위안부를 연행했다"는 내용의 엉터리 기사였다.

아사히가 세상에 내보낸 요시다 증언은 당시 학계에 큰 영향을 미쳤다. 가해자 본인의 증언이니 1차 자료적 가치가 있다고 착각한 것이다. 80년대 들어 여자정신대로 위안부를 연행했다는 설이 학계에 등장하는 것은 요시다 증언의 영향을 빼놓고는 생각할 수 없다. 그런데 아사히와 제3자위원회는 요시다가 '여자정신대'로서 위안부 사냥을 했다고 주장했던 것과 그것을 아사히가 되풀이해서 보도해온 것은 일절 밝히지 않았다.

아사히는 인용한 대로 83년 12월 24일자 용어해설 '메모'에서도 "'여자정신대'의 이름(「女子挺身隊」名目)"으로 조선인 위안부가 전선에 보내졌다고 썼다. 그리고 '92년 1월 강제연행 프로파간다'에서 큰 역할을 하는 91년 10월 10일자 기사에서도 다음과 같이 썼다.

　나는 1943년, 1944년, 종군위안부를 연행했는데, '황군 위문 조선인 여자정신대원 동원에 관한

건(皇軍慰問朝鮮人女子挺身隊員動員に関する件)'이라는 군 명령이 떨어졌던 것입니다. "연령은 20세 이상 30세 정도, 기혼자도 가능, 임산부는 제외, 성병검사 실시, 근무는 2년간"으로 되어 있었습니다.

아사히의 매치펌프

아사히는 검증 가운데, 91년과 92년의 기사에서 위안부와 여자정신대를 혼동한 원인은 "연구의 부족에 있었다"고 썼지만, 학계에서 혼동이 시작된 것은 요시다 증언이 세상에 나온 뒤의 일이다. 애당초 일본통치시대를 아는 세대가 한국과 일본에 건재하던 시기에는 그런 사실 오인이 통용되지 않았다.

전후세대가 연구자의 주류가 된 80년대 들어 요시다의 허위증언을 아사히가 지면에 다루면서 그를 세상에 내보냈다. 요시다가 허위증언의 책을 내기 1년 전인 1982년 아사히는 요시다를 치켜세우는 첫 기사를 썼다. 자신들이 세상에 내놓은 허위증언 때문에 학계에 잘못된 학설이 등장했는데도 당시에는 연구가 부족했다고 말하는 아사히의 궤변은 통하지 않는다. 아사히는 직접 불을 붙여놓고 스스로 불을 끄는 속칭 '매치펌프(マッチポンプ, **편집자주** : Match Pomp 는 일본식 외래어로 자기가 성냥(Match)으로 불을 붙인 후, 스스로 펌프(Pomp)를 돌려 불을 끄는 행위로서 위선적 행위를 일컫는 말이다)'의 전형이라고 할 수 있다. 요시다 증언을 취소하지 않은 이상, 아사히는 제주도에서 200명의 여성이 여자정신대의 이름으로 연행됐다고 2014년 8월까지 주장했다고 말할 수 있는 것이다.

그런데 제3자위원회는 요시다의 증언과 위안부와 여자정신대의 혼동을 따로 검증할 뿐, 요시다가 그런 잘못된 학설을 일본 사회에 확산한 원흉이었다는 사실은 언급하지 않았다. 대단히 불충분한 검증이라고 하지 않을 수 없다.

윤정옥 씨 첫 보도도 아사히

또 하나, 아사히와 제3자위원회가 언급하지 않은 중요한 사실을 지적하고 싶다. '정신대 이름으로 연행'이라는 오해가 일본 국내에서 급속히 확대된 원인 중 하나는 윤정옥(尹貞玉) 씨의 정력적인 압력 때문이었다. 윤 씨는 일본통치시대 때 교육을 받았으며 일본어를 완벽하게 구사했다. 그녀는 센다 가코와 요시다 세이지 등에 의거하여 위안부 연구를 시작했다. 그 성과를 1990년 한겨레신문에 연재했다. 그 제목이 '정신대(원한의 족적) 취재기'였다.

그녀는 위안부와 정신대를 동일시하는 언행을 한국과 일본에서 잇달아 했다. 1990년 11월 정신대문제대책협의회가 결성되면서 윤 씨는 그 대표로 취임했다. 많은 일본 기자는 그녀를 통해 위안부 문제의 기초를 취재했다. 당연히 기자들은 요시다 세이지 증언도 알고 있었을 것이다. 그래서 조선인 위안부가 '정신대' 이름으로 끌려갔다는 오해가 일본 언론에 급속히 확산된 것이다.

그런 그녀를 가장 먼저, 또 가장 많이 지면에 올린 것이 아사히였다.

표 윤정옥 기사

	88	89	90	91	88~91	92	93	합계
아사히	1	0	2	19(70%)	22(73%)	16(62%)	2	40(66%)
요미우리	0	0	0	2	2	2	0	4
마이니치	0	0	0	6	6	7	3	16
NHK	0	0	0	0	0	1	0	1
계	1	0	2	27	30	26	5	61

아사히가 가장 먼저 윤 씨를 다룬 것은 1988년 8월 18일자 '사람(ひと)' 란이었다. 쓴 것은 마쓰이 야요리(松井やより) 편집위원이다. 이 기사에서 윤 씨는 자신이 정신대로 동원되려 했던 경험을 다음과 같이 밝혔다. 이 체험담을 그녀는 거듭 말하여 위안부와 정신대의 혼동을 적극 유도했던 것이다.

> 서울에서 영문학을 가르치는 교수가 전문 분야가 아닌 전쟁 중의 조선인 종군위안부 조사에 몰두했다. "1943년 이화여대 1학년 때 학생 전원이 지하실에서 푸른 종이에 지문을 찍었다. 여자정신대에라도 끌려갈까봐 걱정한 부모님은 다음 날 나를 퇴학시켰다. 전후에 복학·졸업했지만 같은 세대의 위안부들의 운명을 계속 생각했다. '나만 도망친 것 같다는 기분으로...'"

이 기사는 다음과 같은 윤 씨의 말로 끝난다.

> 서울과 제주도에 넘쳐나는 일본 남성 관광객 무리에 마음이 얼어붙는다. '기생관광'을 우리는 '신정신대'라고 부른다.

일본인 관광객을 상대하는 기생을 '신정신대(新挺身隊)'라고 부른다는 것은 위안부가 옛 '정신대'라는 의미가 된다. 원래 마쓰이 야오리 기자는 이 '사람'란의 기사를 쓰기 4년 전에 태국에 사는 위안부를 방문한 글을 썼고, 거기서 이미 위안부와 정신대를 동일시했다. 그러니까 마쓰이 야오리 씨에게는 처음부터 사실에 반하는 윤 씨의 설명을 검증하려는 자세가 없었던 것이다

속죄파 일본인을 세뇌한 윤 씨

또 하나 윤 씨와 관련된 아사히 기사에서 빼놓을 수 없는 것이 조선인 제자를 정신대로 근로동원에 내보낸 일본의 전 교사 이케다 마사에(池田正枝) 씨의 투고다. 91년 9월 16일자 오사카 본사판 '여자들의 태평양전쟁'의 연재 속에 게재되었다. 제3부에서 자세히 보는 것과 같이, 이케다 씨의 증언은 한국 언론의 "12살의 소녀를 위안부로 삼았다"라는 오보를 낳는 계기가 됐다. 그런데 이케다 씨 본인이 윤

씨를 만나 정신대에 응모한 자 중 위안부로 보내진 사람이 있었다는 것을 듣고서 그것을 의심 없이 믿고 아사히에 기고한 것이다. 그 부분을 인용한다.

> 이 운동에 모든 것을 걸고 계신 윤 선생(윤정옥, 전 이화여대 교수) 댁에 갔을 때 "정신대에 응모한 사람 중 조금 나이 든 사람은 종군위안부에 보내진 거야" 라는 말을 듣고 놀랐습니다. 몰랐습니다. 종군위안부들의 고통을. 그리하여 제자들의 지난 46년간의 고뇌를. 작은 힘이지만, 종군위안부들의 일을 밝히기로 결심했습니다.

아사히는 이케다 씨의 오해를 따지지 않고 그대로 게재하고, 위안부가 정신대로 끌려갔다고 하는 허위를 확산한 것이다.

위안부와 정신대를 혼동한 아사히신문 기사 목록

(카츠오카 칸지(勝岡寬次) 작성)

번호	연월일	기사제목/내용 일부 발췌	DB상의 없음, 거절	비고
1	1982. 9. 2. 오사카 본사판	'조선 여성 나도 연행, 구 동원 지휘자 증언(朝鮮の女性 私も連行 元動員指揮者が証言)' "조선인 위안부를 황군 위문 여자정신대라는 이름으로 전쟁터에 내보냈습니다. 당시 우리는 '징용'이라 하지 않고 '몰이'라는 말을 썼습니다(朝鮮人慰安婦は皇軍慰問女子挺身隊という名で戦線に送り出しました。当時、われわれは「徴用」といわず「狩り出し」という言葉を使っていました)."	없음	아사히의 위안부 강제 연행에 관한 요시다 증언 첫 보도
2	1983. 12. 24	'단 한 명의 사죄, 강제연행 요시다 씨 한국에서 '비' 제막식(たった一人の謝罪 強制連行の吉田さん 韓国で「碑」除幕式)' "요시다 씨는 …자신이 지휘한 것만 여자정신대원 950명을 포함해 6천 명을 징용했다(吉田さんは、…自分が指揮しただけで女子てい身隊員九百五十人を含め六千人を徴用した)." "메모... '여자정신대'라는 이름으로 전선에 내보낸 위안부는 5~7만 명에 이른다고 한다(メモ …「女子てい身隊」名目で前線に送られた慰安婦は五~七万人にのぼるといわれる)."	없음	집필은 키요타 하루후미(清田治史) 기자. 요시다가 사죄비 앞에서 무릎을 꿇는 사진 들어감.
3	1984. 11. 2 석간	'"나는 종군위안부" 한국 부인의 살아 온 길 '해외 희로애락'(「私は元従軍慰安婦」韓国婦人の生きた道 (海外喜怒哀楽))' "그 밤부터 정신대원으로서의 지옥의 날들이 시작됐다(この夜から、挺身隊員としての地獄の日々が始まった)." "정신대원이 각지에서 와서 이백 명쯤 되었다(挺身隊員が各地から来て、二百人ぐらいになった)."	DB위의 제목 부분에 "위안부와 정신대의 혼동이 있었습니다", 기사 말미에 "오용 했습니다" 라고 되어 있다.	집필은 마쓰이 야요리(松井やより) 편집위원. DB의 기사 말미 글은 2014년 8월 5일자 기사를 인용한 것이다.

4	1988. 8. 18	'윤정옥 씨 조선인 종군위안부의 기록을 조사하다' 사람(尹貞玉さん 朝鮮人從軍慰安婦の記錄をしらべる (ひと))' "서울에서 영문학을 가르치는 교수가 전문 분야가 아닌 전쟁 중인 조선인 종군위안부 조사에 몰두했다. 1943년 이화여대 1학년 때 학생 전원이 지하실에서 푸른 종이에 지문을 찍었다. 여자정신대에라도 끌려갈까봐 걱정한 부모님은 다음날 나를 퇴학시켰다(ソウルで英文学を教える教授が、畑違いの、戦争中の朝鮮人従軍慰安婦調査に打ち込んでいる。「1943年、李下女子大 1 年のとき、学生全員が地下室で青い紙に指紋を押させられた。『女子挺身隊（ていしんたい）』にでも引っぱられるのでは、と心配した両親は翌日、私を退学させました)." "기생관광을 우리는 '신정신대'라고 부릅니다(「キーセン観光を私たちは『新挺身隊』と呼んでいます)."	없음	집필은 마쓰이 야요리 편집위원.
5	1989. 2. 23	'침략을 둘러싼 다케시타 총리 발언, 외국의 비판 확산('侵略」めぐる竹下首相発言,外国の批判広がる)' "조선 여성을 위안부로 동원한 정신대((朝鮮人女性を慰安婦として動員した) 挺身隊)"	동상	집필은 하사바 키요시(波佐場清) 특파원
6	1991. 3. 17	'윤정옥 씨를 둘러싼 모임(정보 클립)(尹貞玉さんを囲む会 (情報クリップ))' "정신대(종군위안부) 문제에 부딪치다(挺身隊 (従軍慰安婦) 問題へのとりくみ)"	없음	
7	1991. 7. 18	'조선인 종군위안부에 빛을, 일한 양국에서 여성단체, 보상 등 요구 없이(朝鮮人従軍慰安婦に光を 日韓で女性団体,補償など要求)' "일중전쟁부터 태평양전쟁 와중, 조선의 여성 '여자정신대'라는 이름으로 일본군 위안부로서 각지의 전쟁터에 보내졌다(日中戦争から太平洋戦争のさなか、朝鮮の女性たちが「女子挺身（ていしん）隊」の名で日本軍の従軍慰安婦として各地の戦場に送られた)."	없음	

8	1991. 7. 31	'조선인 종군위안부 문제, 남북 공동으로 보상 요구 합의(朝鮮人從軍慰安婦問題, 南北共同で補償要求 進步で合意)' "'여자정신대'의 이름으로 전쟁터에 투입된 조선인 종군위안부의 실태(「女子挺身隊（ていしんたい）の名で戦場に送られた朝鮮人従軍慰安婦の実態」)"	DB위의 제목 부분에 "위안부와 정신대의 혼동이 있었습니다", 기사 말미에 "오용했습니다"라고 되어있음.	집필은 오다가와 코(小田川興) 서울지국장.
9	1991. 8. 11 오사카 본사판	'생각하면 지금도 눈물이 흐른다, 전 조선인 종군위안부를 한국의 단체에서 청취(思い出すと今も涙 元朝鮮人従軍慰安婦を韓国の団体聞き取り)' "'여자정신대'의 이름으로 전쟁터에 연행돼 일본 군인을 대상으로 매춘을 강요당한 '조선인 종군위안부'(「女子挺身隊（ていしんたい）の名で戦場に連行され、日本軍人相手に売春行為を強いられた「朝鮮人従軍慰安婦」)"	동상	집필은 우에무라 다카시(植村隆) 오사카 본사 사회부 기자.
10	1991. 8. 15	'묻다 일본의 가해 잊혀진 '과거' 종전 8. 15(問う, 日本の加害 忘れられた「過去」終戦 8.15)' "옛 종군위안부(여자정신대) 여성(元従軍慰安婦（女子挺身隊）の女性)"	동상	
11	1991. 8. 17 석간 오사카 본사판	'위안부 문제를 생각하는 재일 교포 여성들이 모여(慰安婦問題考える 在日の女性らが集い)' "여자정신대의 이름으로 전쟁터에 동원된 위안부 할머니들은 피해자임에도 불구하고 몸을 부끄러워하여 전후에도 계속 침묵을 지키고 있었다(女子挺身隊の名で戦場に駆り出された元従軍慰安婦たちは被害者にもかかわらず、身を恥じて戦後もずっと沈黙を守りつづけていた)."	동상	
12	1991. 9. 3 오사카 본사판	'여자공원 '에기' 편지 여자들의 태평양전쟁 한국(女子工員「エギ」(手紙 女たちの太平洋戦争・韓国)' "종군위안부가 '여자정신근로회' 등의 이름으로 모집된 바람에 오해를 두려워하고 말하려 하지 않는다(従軍慰安婦が「女子挺身勤労会」などの名前で集められたために、誤解を恐れ、語ろうとしない)."	없음	집필은 카와나 노리미(川名紀美) 편집위원.

13	1991. 10. 10 오사카 본사판	'종군위안부 가해자 측에서 다시 증언(여자들의 태평양전쟁)(従軍慰安婦 加害者側から再び証言（女たちの太平洋戦争）)' "나는 1943년, 1944년, 종군위안부를 연행했는데, '황군 위문 조선인 여자정신대원 동원에 관한 건'이라는 군 명령이 떨어졌던 것입니다(私は1943年（昭和18年）、1944年（同19年）従軍慰安婦を連行しましたが、「皇軍慰問朝鮮人女子挺身隊（ていしんたい）動員に関する件」という軍命令がくるわけです)."	DB위의 제목 부분에 "정신대와 위안부의 혼동"이라는 말은 없지만, 기사 말미에 "오용했습니다"라고 되어 있다.	집필은 이노우에 히로마사(井上裕雅) 편집위원.
14	1991. 9. 16	'제자를 여자정신대에(편지 여자들의 태평양전쟁·한국(教え子を女子挺身隊に（手紙 女たちの太平洋戦争・韓国）)' "이 운동에 모든 것을 걸고 계신 윤 선생(윤정옥, 전 이화여대 교수) 댁에 갔을 때 '정신대에 응모한 사람 중 조금 나이 든 사람은 종군위안부에 보내진 거야'라는 말을 듣고 놀랐습니다 (この運動にすべてをかけていらっしゃる尹先生（尹貞玉・梨花女子大前教授）のお宅に伺った時、「挺身隊に応募した人のうち、少し年長の人は従軍慰安婦に送られたのよ」とお聞きして、びっくりしました)."	없음	'여자들의 태평양전쟁'에 실린 이케다 마사에(池田正枝)의 수기. 그는 전쟁 중 제자를 정신대로 보냈다.
15	1991. 12. 5	'한국 여성으로부터 체험 듣는다, 나라(奈良)에서 종군위안부 생각하는 모임(韓国女性から体験聞く 奈良で従軍慰安婦考える集い)' "한국 정신대 문제 대책 협의회의 김혜원 씨가 한국 내에서 '여자정신대', 이른바 종군위안부 문제의 현황을 보고합니다(韓国挺身（ていしん）隊問題対策協議会の金恵媛（キム・ヘウオン）さんが、韓国内での「女子挺身隊」、いわゆる従軍慰安婦問題についての現状を報告する)."	없음	
16	1991. 12. 10	'종군위안부(단어)(従軍慰安婦（ことば）)' "제2차대전 직전부터 여자정신대 등의 이름으로 전선에 동원돼 위안소에서 일본 군인을 상대로 매춘을 하게 되었던 여성들의 속칭. 공식적인 조사는 없지만, 10만 명이라고도 하고 20만 명이라고도 한다(第2次大戦の直前から「女子挺身隊（ていしんたい）」などの名で前線に動員され、慰安所で日本軍人相手に売春させられた女性たちの俗称。公式の調査はないが、10万人とも20万人ともいわれている)."	DB위의 제목 부분에 "위안부와 정신대의 혼동이 있었습니다", 기사 말미에 "오용했습니다"라고 되어 있다.	

17	1991. 12. 30	'조선인 위안부 사건 배우고 싶다, 자료집 입수 희망 속속(朝鮮人慰安婦のこと学びたい 資料集に入手希望次々と)' "전시하, '정신대' 등의 이름으로 수십만 명의 조선인 여성들이 강제연행되어 그중 8만 여명이 '자유 군위안부'로 일했다 사실이 드러나고 있다(戦時下、「挺身隊（ていしんたい）などの名目で数十万人の朝鮮人女性が強制連行され、うち8万余人が「自由軍慰安婦」として働かされた事実が明らかにされつつある)."	동상	
18	1992. 1. 4	'지금 요구받는 전후보상 아시아로부터 제소 잇따르다(いま問われる戦後補償　アジアから提訴相次ぐ)' "태평양전쟁이 시작되자 주로 조선인 여성을 '정신대'의 이름으로 권유 또는 강제연행하여, 주로 군인들의 성의 상대로 삼았다. 추정인원은 8만명에서 20만명(太平洋戦争に入ると、主として朝鮮人女性を「挺身隊（ていしんたい）の名目で勧誘または強制連行し、兵士たちの性の相手をさせた。その推定人数は8万人から20万人)"	동상	
19	1992. 1. 11	'종군위안부(용어)(従軍慰安婦＜用語＞)' "태평양전쟁이 벌어지고서 주로 조선인 여성을 정신대라는 이름으로 강제연행을 했다. 그 인원은 8만이라고도 하고 20만이라고도 한다(太平洋戦争に入ると、主として朝鮮人女性を挺身隊（ていしんたい）の名で強制連行した。その人数は8万人とも20万ともいわれる)."	동상	
20	1992. 1. 12	'역사에 눈을 감지 않을 것이다(사설)(歴史から目をそむけまい（社説）)' "'정신대'의 이름으로 권유 혹은 강제연행이 되어 중국으로부터 아시아, 태평양의 각지에서 병사 등을 상대하게 되었다고 하는 조선인 위안부(「挺身隊（ていしんたい）」の名で勧誘または強制連行され、中国からアジア、太平洋の各地で兵士などの相手をさせられたといわれる朝鮮人慰安婦)"	동상	

21	1992. 1. 15	'전쟁 중 근로봉사대에 11세 소녀도 동원 각 신문, 비난 보도(「戦中の勤労奉仕隊に 11 歳の少女も動員」韓国各紙, 非難の報道)' "한국에서는 16일부터의 미야자와 수상 방한을 앞두고, '정신대'의 이름으로 희생된 종군위안부들에 대한 보상을 요구하는 목소리가 강해지고 있다(韓国では 16 日からの宮沢首相訪韓を控えて、「挺身隊」の名目で犠牲になった元従軍慰安婦らへの補償を求め声が強まっている)."	동상	집필은 오다가와 코(小田川興) 서울지국장
22	1992. 1. 17	'일한 수뇌 공동회견 요지(질의응답)(日韓首脳共同会見＜要旨＞【質疑応答】)' "태평양전쟁 중의 정신대(위안부) 문제에 대해서, 수상은 16일 연설에서 사과했지만(太平洋戦争中の挺身隊（ていしんたい）（従軍慰安婦）の問題について、首相は 16 日の演説でおわびしたが)" "미야자와 수상 정신대에 대해서는 관계자의 이야기를 듣는 것만으로도 가슴이 먹먹해진다(宮沢首相 挺身隊については関係者の話を聞くだけで胸の詰まる思いがする)."	없음	집필은 츠치야 히로시(土屋弘) 기자
23	1992. 1. 19	'학생 동원을 한국이 조사 2,000개 학교의 정신대 종군위안부 문제(児童の動員を韓国が調査 2000 校の挺身隊 従軍慰安婦問題)' "연합통신에 따르면 한국 교육부는 18일 태평양전쟁 중 위안부 등 정신대에 강제 동원된 실태를 파악하려고... 전국 2,000개 국민 학교를 대상으로 처음으로 당시 학적부 등을 바탕으로 동원 실태 조사를 시작했다(連合通信によると、韓国教育省は 18 日、太平洋戦争中の従軍慰安婦など挺身（ていしん）隊に強制動員された実態をつかむため、…全国 2000校の国民学校（小学校）を対象に初めて、当時の学籍簿などをもとに動員に関する実態調査を始めた)."	DB위의 제목 부분에 "위안부와 정신대의 혼동이 있었습니다", 기사 말미에 "오용했습니다"라고 되어 있다.	집필은 오다가와 코 서울지국장.
24	1992. 1. 22	'일본의 교과서는 역사 왜곡이라고 비판, 한국 교육부 장관, 시정을 강력히 요구하다(日本の教科書は歴史「歪曲」と批判 韓国教育相、是正を強く求める)' "윤 교육장관은 정신대에 대해 일본의 교과서는 정신대가 군수공장에만 동원된 것처럼 왜곡되어 있다고 지적했다(尹教育相は、挺身隊について、日本の教科書は挺身隊が軍需工場だけに動員されたように歪曲されていると指摘した)."	없음	집필은 오다가와 코 서울지국장.

25	1992. 1. 27 서부 본사판	'체험담을 직접, 후쿠오카의 단체가 종군위안부를 초청(体験談をじかに 福岡の団体が元従軍慰安婦を招待へ)' "제2차대전중 여자정신대의 이름으로 전쟁터에 끌려가 일본군 상대로 매춘을 강요당한 한국 여성이…당시의 체험을 증언한다(第2次大戦中に「女子挺身隊(ていしんたい)」の名で戦場へ送られ、日本兵相手に売春を強いられた韓国人女性が…当時の体験を証言する)."	DB위의 제목 부분에 "위안부와 정신대의 혼동이 있었습니다", 기사 말미에 "오용했습니다"라고 되어 있다.	
26	1992. 2. 1	'"위안부'로 스크럼? 남측 기자단 북측회견에 처음 출석, 일조교섭(「慰安婦」でスクラム？ 韓国の記者団が北側会見に初出席 日朝交渉)' "일문일답에서는 KBS 기자가 가장 먼저 질문, '정신대 문제에서 남북이 함께 일본 정부에 대응해 나갈 생각은 없느냐'고 물었다(一問一答ではKBSの記者が真っ先に質問。「挺身隊(ていしんたい＝従軍慰安婦)問題で、南北がいっしょに日本政府に対応していく考えはないか」と尋ねた)."	동상	
27	1992. 2. 10 석간	'할머니들은 미야자와 총리를 기다렸다, 한국 경주 나자렛원(おばあさんたちは、宮沢首相を待った 韓国・慶州ナザレ園(こころ))' "정신대(위안부)문제(挺身隊(慰安婦)問題)"	동상	집필은 고이즈카 카즈야(小飯塚一也) 기자.
28	1992. 7	'100명 이상 신고, 한국정부의 종군위안부 청취조사(100人以上が申告 韓国政府の従軍慰安婦聞き取り調査)' "이 조사는 2월 25일부터 4개월간 지방자치단체를 통해서 '1938년 이후 일본군의 위안부로 이용하기 위해서 유괴 납치되거나 공장 여공, 여자 애국 봉사단, 여자정신대 등의 명목으로 소집된 피해자'를 대상으로 본인, 친척의 신고를 접수한 것(同調査は2月25日から4ヶ月間にわたり、地方自治体を通じて「1938年以降、日本軍の慰安婦として利用するために誘拐・拉致されたり、工場女工、女子愛国奉仕団、女子挺身隊(ていしんたい)などの名目で召集された被害者」を対象に本人、華族、親類からの申告を受け付けたもの)"	없음	

29	1992. 7. 31 석간	'일본의 책임 있는 대책 촉구하다, 위안부 문제로 한국의 조사 발표〈해설〉(日本の責任ある対策促す 慰安婦問題で韓国の調査発表＜解説＞)' "보고서는…'반문명적인 행위를 호도하기 위해서 '정신대'라는 명칭을 사용했을 가능성이 있다'라고 말했다(報告書は…「反文明的な行為を糊塗するために『挺身隊（ていしんたい）』という名称を使った可能性がある」と述べた)."	없음	집필은 오다가와 코 서울지국장.
30	1992. 9. 13	'조선인 여성이 본 '위안부 문제' 윤정옥 외 지음 (신간 초록)(朝鮮人女性がみた「慰安婦問題」尹貞玉ほか著（新刊抄録）)' "저자들은 홋카이도, 오키나와, 태국, 파푸아뉴기니까지 건너가 정신대로 전쟁터에 강제로 보내진 여성들의 발자취를 쫓는다(著者たちは、北海道、沖縄、タイ、パプアニューギニアまで足を延ばし、「挺身隊」として戦地に無理やり送り込まれた女性らの足跡を追う)."	없음	
31	1995. 5. 31	'종군위안부 시사하는 기술, 검정 뒤 사라져 소학 6학년 사회 교과서(従軍慰安婦示唆する記述、検定後に消える 小学6年生の社会科教科書)' "한 출판사의 신청본은 제2차대전 중 조선반도 상황에 대해서 '젊은 여성도 정신대 등 이름으로 전쟁터에 내보냈습니다'라고 종군위안부의 존재를 시사했다(ある出版社の申請本は、第二次大戦中の朝鮮半島の状況について「若い女性も、挺身隊などという名目で、戦地に送り出しました」と従軍慰安婦の存在を示唆していた)."	없음	
32	1995. 12. 7	'종군위안부 '지금' 한국 여성이 촬영한 기록 영화 '나눔의 집'(元従軍慰安婦の「今」、韓国女性が撮影 記録映画「ナヌムの家」)' "'정신대'의 이름으로 '위안부'로 끌려간 사람들의 노후가 그려진다(「挺身（ていしん）隊」の名で「慰安婦」に駆り出された人々の老後が描かれる)."	없음	

| 33 | 1997. 2. 28 카가와판 | '도시의 젊은이에게 보여주고 의견을 듣고 싶다, 극단 마구래나 오사카에서 공연 카가와(都会の若者に見せ意見を聞きたい 劇団まぐだれーな大阪で公演 香川)'<br>"그 위안소에서는 나이 어린 조선인이 여자정신대로, 속아 위안소로 끌려온다(その慰安所では、年端もいかない朝鮮人が、女子挺身隊に、とだまされて慰安所に連れてこられる)." | 없음 | |

(DB=데이터베이스 상의 언급은 2014년 11월 7일 조사. 투고 기사 및 고유명사는 제외했다.)

* 위안부와 정신대를 혼동한 아사히의 기사는 적어도 33건에 이르지만 약 반수인 16편은 DB 상에 그러한 취지의 기재가 없다.

제6장

재판 이해관계 기자에 의한 위안부 경력 오보

니시오카 쓰토무(西岡力) (집필 담당)

"위안부 증언 보도에 사실왜곡 없었다"

다음으로 '위안부 첫 증언'을 검토한다. 아사히의 검증특집으로부터, '의문(疑問)'과 '독자 여러분에게(読者のみなさまへ)'를 전문 인용한다.

> "전 아사히신문 기자인 우에무라 다카시(植村隆) 씨는 위안부 증언을 한국 언론보다 빨리 전했습니다. 이에 대해 위안부 재판을 지원하는 한국인 장모와 관계를 이용하여 기사를 만들고 불편한 사실을 의도적으로 감춘 것 아니냐는 지적이 있습니다."
>
> "우에무라 씨의 기사에는 의도적인 사실의 왜곡 등은 없습니다. 91년 8월 기사의 취재 계기는 당시 서울지국장으로부터 제보를 받은 것이었습니다. 장모와의 인척관계를 이용해서 특별한 정보를 얻은 일은 없었습니다."

다음으로 제3자위원회의 평가를 인용한다.

> 우에무라의 취재가 장모와의 인척 관계에 의지한 것이라고는 인정할 수 없고, 동 기자가 인척 관계에 있는 사람을 이롭게 할 목적으로 사실을 왜곡한 기사가 작성되었다고도 말할 수 없다.
>
> 그러나 1991년 8월 11일자 기사 전문(前文)에서 '여자정신대'의 이름으로 '연행(連行)'이라는 실제와 다른 표현을 쓰고 있기 때문에 강제적인 사안이라는 잘못된 이미지를 독자에게 줄 수 있다는 점을 지적할 수 있고, 같은 해 12월 기사에서는 김 씨가 위안부가 된 경위에 대해서도 정확한 사실을 제시하고 독자의 판단에 맡겨야 했다.(보고서 42페이지)

문제가 되고 있는 기사는 최초로 나타난 위안부 김학순 씨에 대해서 우에무라 기자가 쓴 91년 8월 11일자 기사(이하 '8월 기사')와 91년 12월 25일자 기사(동 '12월 기사')이다. 2개 모두 오사카 본사판 기사다. 8월 기사는 도쿄판에서는 다음날인 12일, 일부가 삭제돼 게재됐다. 12월 기사는 오사카 본사의 '여자들의 태평양전쟁' 연재에 실렸다.

네 가지 논점

논점은 다음의 네 가지이다. ① 우에무라 씨는 위안부들과 함께 재판을 일으킨 유족회의 간부의 딸과 결혼했고 아사히는 이해관계자에게 재판에 관련한 기사를 쓰게 했다. ② 우에무라 씨는 8월 기사를 쓸 때 장모로부터 제보를 받았다. ③ 김학순 씨가 말한 바 없는 "여자정신대의 이름으로 전쟁터에 연행됐다"라는 허위를 썼다. ④ 김학순 씨가 한국 신문과의 회견이나 소장에서 밝힌 빈곤 때문에 어머니에 의해 기생집에 넘겨져 기생집 주인이 그녀를 중국에 있는 위안소로 끌고 갔다는 중대한 사실을 적지 않았다.

유족회는 재판 당사자

순서에 따라 검토한다. ① 재판의 이해관계자에게 기사를 쓰게 한 사실에 대해서는, 상기와 같이, 아사히의 검증특집은 일절 언급하지 않았다. 제3자위원회 보고도, 그것을 문제 삼지 않았다. 특히 아사히의 검증특집에서는 "위안부 재판을 지원하는 한국인 장모"라고 쓰고 마치 장모가 재판 지원하는 사람일 뿐이며, 당사자가 아닌듯한 인상조작을 했다. 그러나 장모인 양순임 씨는 그가 기사를 쓸 때 태평양전쟁희생자유족회 상무이사였고, 나중에 회장이 된 이 모임 간부다. 옛 위안부 등이 참여한 전후 보상을 요구하는 재판은 유족회가 그 활동의 일환으로 일으킨 것이다.

아사히도 1990년 12월 1일 '사람'란에서 양 씨 당사자를 거명하면서 '양순임 씨, 배상소송을 제기한 한국태평양전쟁희생자유족회(梁順任さん 賠償訴訟を起こした韓国太平洋戦争犠牲者遺族会)'라는 제목을 달았다. 그러는 중에 양 씨를 "1973년 부산에서 결성된 '유족회'에 이사로 참여하고, 현재는 상임이사로 모임 실무책임자(一九七三年に釜山で結成された「遺族会」に、理事として加わり、現在は常任理事で会の実務責任者)", "원고단 편성을 위한 청취조사와 재판준비로 잠자는 시간은 평균 4시간. …유족회에서 소송 방침을 결정한 후 2년간 계속 접해온 사람들의 원한이 가슴속에 쌓여있다(原告団編成のための聞き取り調査や裁判の準備で、睡眠時間は平均四時間。…遺族会で訴訟の方針を決めてからの二年間、接し続けた人々の恨みが、心の中に積もっている)"고 소개하고 있다.

담당데스크의 중대증언

또 그의 선배인 마에카와 케이지(前川惠司) 전 아사히신문 서울특파원은 「사피오(SAPPIO)」 2015년 2월호에서 아사히가 장모가 일으킨 재판에 관련된 기사를 그에게 쓰게 한 것을 강하게 비판하고 있다. 거기서 마에카와 씨는, 12월 기사의 담당 데스크는 우에무라 기자의 장모가 유족회 간부인 것을 몰랐으며 알고 있었다면 "그 원고(原稿)는 사용하지 않았을 것"이라고 말했음을 밝히고 있다. 관계 부분을 인용한다.

> 아사히신문 강령은, 첫머리에 '불편부당(不偏不党)'을 내걸고 있는데, 예를 들어 경찰관이 자신의 장모와 관련된 사건을 조사하거나 하면 어떻게 보여질까. "장모에게 유리한 수사를 한 것이 아닌가" 하는 의심이 든다. 그런 기자 활동이나 지면화를 하지 말라는 것이 강령의 취지일 것이다.
>
> 우에무라 씨는 위안부 소송 제소 후인 같은 해 12월 25일에 '돌아오지 않는 청춘 한(恨)의 반평생 일본 정부를 제소한 옛 위안부 김학순 씨(かえらぬ青春 恨の半生 日本政府を提訴した元慰安婦・金学順さん)'라는 기사를 오사카 본사 발행의 아사히신문에 싣고 있다. 이 기사를 지면화한 오사카 본사의 담당 데스크에게 경위를 물었다.
>
> "우에무라 씨로부터의 선전 기사였다. 그는 장모가 유족회 간부라는 사실을 말하지 않았고 나도 몰랐다"고 하면서, 알았다면, 하고 묻자 즉각 "그 원고는 사용하지 않았을 것"는 답이 돌아왔다.
>
> 수기에서는 당시 서울지국장이 그의 취재에 협조했다고 한다. 원래대로라면 아사히신문 강령에서 일탈했다는 비판을 받을 수도 있는 취재·집필을 자제하라고 충고했어야 마땅하지 않은가. 또 이 종군위안부 소송이 이어지면서 그를 서울특파원으로 두고 있는 아사히신문에 대한 비판도 있다. 이 문제의 핵심 중 하나는 거기에 있다.
>
> 다른 신문도 자신과 같은 보도를 했다고 수기에서 그는 주장하지만, 문제의 소재가 다른 신문과 결정적으로 다른 것은 그러한 점에 있다.(마에카와 케이지(前川惠司) '아사히신문 전 기자 우에무라 씨의 반론 기사에 의문 있음(朝日新聞元記者・植村氏の反論記事に疑問あり)', 「사피오(SAPPIO)」, 2015년 2월호.

은폐된 내부조사

우에무라 씨는 1992년에 외부로부터 비판을 받고, 상사의 지시에 의해 사내용 보고서를 쓰고, "그 결과, '내용에 문제는 없다'는 결론이 났다"는 사실을 밝힌 바 있다(「분게이슌주(文芸春秋)」 2015년 1월호). 하지만, 제3자위원회는 그 내부조사에 대해서는 전혀 검증하고 있지 않다. 마에카와 케이지 씨가 밝혔듯이, 유족회의 친척임을 숨기고 기사를 쓴 사실이 그때의 내부조사에서도 이미 문제가 된 의혹이 있다. 우에무라 씨는 오사카 사회부에서 1992년 도쿄 본사의 외신부로 전근을 간 뒤 1993년 8월 이란의 테헤란 지국장이 됐다. 한국 유학을 보낸 기자를 한국이 아닌 이란의 테헤란으로 보낸 인사조치와 내부조사 결과가 무관했는지 의문이 남는다.

장모로부터의 정보제공은 없었는가

다음으로 ②의 장모로부터의 정보 제공에 대해 검토한다. 8월 기사에 대해서 아사히와 제3자위원회 검증에서는, 장모의 정보 제공이 아닌 당시 서울 지국장 오다가와 코(小田川興) 씨의 연락으로 위안부가 이름을 내걸고 나타난 것을 알았다고 되어 있다. 그 점에 대해서, 왜 오다가와 코 씨가 본래의 조직 계통인 도쿄 본사 외보부에 지원을 요구하지 않았는지 등, 의문은 남는다. 다만 그가 오사카 본사 출신이기 때문에 '여자들의 태평양전쟁' 기획을 진행 중이라, 오사카 사회부라면 위안부 기사가 크게 다뤄질 것이라고 생각했을 가능성은 있다. 사실, 8월 기사는 도쿄 본사에서는 하루가 뒤늦고 취급도 작았다. 도쿄 본사가 위안부 문제를 대대적으로 보도하는 것은 92년 1월, 오사카 본사 사회부에서 위안부 기사를 담당하던 데스크가 도쿄 본사 사회부로 옮긴 뒤의 일이다.

덧붙여, 12월 기사는 11월에 담당 변호사 등이 소송 준비를 위해 서울에서 김학순 씨와 협의를 할 때에 동석해 취재한 것이다. 비공개의 재판 준비 협의에 동석할 수 있던 것 자체가 장모로부터의 편의 제공이라고도 생각된다.

또 우에무라 씨는 91년 8월 19일 석간(도쿄판)에서 '옛 조선인 위안부가 보상 요구하는 소송, 일본 정부에(元朝鮮人慰安婦が補償求め提訴へ 日本政府に)'라는 특종 기사를 썼다. 이 기사에서는 장모가 간부인 유족회가 그 해 12월에 그 회원인 위안부가 전 군인·전 군속들과 함께 일본 정부를 상대로 재판을 준비하고 있다는 것을 보도했다. 자신의 가족이 재판을 할 준비를 하고 있다는 것을 보도했다. 기사에서는 "지금까지 종군위안부 체험자가 재판을 일으킨 예는 없으며 '쇼와사(昭和史)의 어두운 면(暗部)'이 처음으로 법정에 나오게 된다(これまで従軍慰安婦体験者が裁判を起こした例はなく、「昭和史の暗部」がはじめて法廷に持ち出されることになる)" 등으로 재판의 의의를 해설하고 있다. 이 기사에서는 장모로부터의 정보 제공이 없었는지, 아사히도, 제3자위원회도 검증하고 있지 않다.

김학순 씨 경력 허위보도

③ 김 씨가 말한 바 없는, "여자정신대의 이름으로 전쟁터에 연행됐다(女子挺身隊の名で戦場に連行された)"라는 허위를 썼다. ④ 반면, 김 씨가 한국 신문과의 회견이나 소장에서 밝힌 빈곤 때문에 어머니가 기생집에 넘겨 그 주인에 의해 중국에 있는 위안소로 끌려갔다는 중대한 사실은

적지 않았다. 이 두 가지는 김학순 씨가 어떠한 경과로 위안부가 됐는지에 관한 문제다.

8월 기사는 아사히가 쓰고 있는 대로 위안부 증언을 한국 언론보다 빨리 보도했다. '특종'이었다.

일중전쟁과 제2차대전 때 '여자정신대'의 이름으로 전쟁터에 연행돼 일본 군인을 대상으로 매춘을 강요당한 '조선인 종군위안부' 중 한 사람이 서울 시내에 생존하는 것이 알려져 '한국정신대문제대책협의회'(윤정옥 공동대표, 16개 단체 약 30 만명)가 청취를 시작했다. 동 협의회는 10일, 여성의 이야기를 녹음한 테이프를 아사히신문 기자에게 공개했다. 테이프 속에서 여성은 생각하면 지금도 소름이 끼친다고 말했다. 체험을 그저 숨기고만 있던 그녀들의 무거운 입이, 전후 반세기 가깝게 지나 겨우 열리기 시작했다.

밑줄 부분에 주목하기 바란다. 우에무라 기자는 여기서, "'여자정신대'의 이름으로 전쟁터에 연행돼 일본 군인을 대상으로 매춘을 강요당한 '조선인 종군위안부' 중 한 사람이 서울 시내에 생존해 있다"고 썼다.

'여자정신대 이름으로 연행' 보도 막중한 책임

③에 관한, 아사히의 검증 기사를 보자.

또 8월 11일의 기사에서 "'여자정신대'의 이름으로 전쟁터에 연행돼 일본 군인을 대상으로 매춘을 강요당한 '조선인 종군위안부'" 등으로 적은 것을 두고서 기생으로 인신매매된 사실을 의도적으로 기사에서 언급하지 않고 정신대로 국가에 의해서 강제연행된 것처럼 썼다고 하는 비판이 있다. 위안부와 정신대의 혼동에 대해서는, 전항에서도 언급했듯 한국에서도 당시 위안부와 정신대의 혼동을 보이고 있었으며, 우에무라 씨도 잘못 오용했다.

여기에서는 앞서 인용한 우에무라 기사의 밑줄 부분 가운데 말미에 있는 "…중 한 사람이 서울 시내에 생존해 있다"가 잘려 있다. 그 결과, 우에무라 기자가 그저 단순히 '위안부'라는 개념을 전했을 때 "'여자정신대'의 이름으로 전쟁터에 연행돼"라고 잘못 썼을 뿐이라고 여겨지게 하면서, 이에 "한국에서도 당시 위안부와 정신대의 혼동을 보이며, 우에무라 씨도 오용했다"고 설명하는 것이 그럴듯하게 들리게 된다.

그러나 우에무라 기자는 일반론으로서 위안부라는 개념을 소개한 것이 아니다. 처음으로 실명을 밝히고 나선 위안부 여성의 경력에 대해서, "'여자정신대'의 이름으로 전쟁터에 연행돼 일본 군인을 대상으로 매춘을 강요당했다"고 쓴 것이다. 이 여인은 김학순(金学順) 씨다. 그녀는 우에무라 기자가 입수한 증언 테이프에 대해서도, 그 후의 기자회견이나 강연, 일본 정부를 상대로 한 재판의 소장에서도, '여자정신대'의 이름으로 전쟁터에 연행됐다고 말한 바 없었다. 우에무라 씨는 김학순 본인이 말한 바도 없는 경력을 지어내어 기사에 썼다고 할 수 있다.

이 점에 대해 제3자위원회는 "사실은 본인이 여자정신대의 이름으로 연행된 것이 아닌데도, '여자정신대'와 '연행'이라는 단어가 갖는 일반적인 이미지로부터 강제로 연행되었다는 인상을 주는 것으로, 안이하고 부주의한 기재이며 독자의 오해를 살 수밖에 없다"고 비판했다. 하지만 있지도 않은 경력을 추가한 데 대한 비판으로는 좀 약한 게 아닌가.

여자정신대는 국가총동원법에 의거한 공적 제도이다. 게다가 우에무라 씨가 기사를 쓴 1991년 당시 일본 학계에서도 "조선인 위안부가 여자정신대로 연행됐다"는 학설이 영향력을 갖고 있었다. 4장에서 살펴본 바와 같이, 요시다 세이지가 제주도에서 군의 명령에 따라 조선 여성을 여자정신대로 동원했다고 증언했기 때문이다.

그러므로 혹시 여자정신대의 이름으로 전쟁터에 연행된 위안부 중 한 사람이 생존해있음이 확인된다면, 요시다 증언을 뒷받침할 증인이 나온 것이다. 그런 의미에서 일본과 한국의 대중 매체 속에서 가장 먼저 조선인 위안부 생존을 보도한 우에무라 씨 기사는 매우 주목되는 것이었다. 그래서 본인이 말하지 않은 경력을 덧붙여 요시다 증언이 입증된 것 같은 인상을 만들었다. 가해자 이외에 피해자도 생겨났고, 그것이 '92년 1월 강제연행 선전'의 큰 구성요소가 되었다. 책임이 무겁다.

'빈곤 때문에 인신매매' 은폐

④에 대해서는 예를 들어 한겨레신문 91년 8월 15일자 기사에서는 김 씨의 경력에 대해

> 생활이 힘들어진 어머니에 의해 14살 때 평양 기생 권번으로 팔려갔다. 3년간의 권번생활을 마친 김씨가 첫 취직인 줄 알고 권번의 양아버지를 따라간 곳이 북중국의 철벽진의 일본군 3백여명이 있는 소부대 앞이었다.

라고 쓰고 있다.

검증에서 아사히는 우에무라 기자가 8월 기사를 쓸 때 입수한 테이프에는 기생 권번에 팔렸다는 부분이 포함되지 않았기 때문에 의도적으로 그 경력을 숨긴 것은 아니라고 주장했다. 그러나 12월 기사에 대해서는 사정이 다르다.

김학순 씨는 12월 6일 일본정부를 제소하면서 이렇게 자신의 경력을 적고 있다.

집안이 가난하다 보니 김학순도 보통학교를 그만두고 아이 돌보기와 도우미 등을 했다. 김태원이라는 사람의 양녀가 되어 14세부터 기생학교에 다녔는데 1939년, 17세 봄, "그곳에 가면 돈을 벌 수 있다"는 말에 설득되어 김학순의 친구이자 한 살 많은 여자('에미코'라고함)와 함께 양아버지를 따라 중국으로 갔다.

아사히는 검증에서,

김 씨는 같은 해 12월 6일 일본 정부를 상대로 제소하면서 기생학교에 다녔다고 소장에서 밝혔다. 우에무라 씨는 제소 이후인 91년 12월 25일 조간 5면(오사카 본사판)의 기사에서 김 씨가 위안부가 된 경위와 이후의 어려움 등을 상세히 전했지만 '기생' 대목은 언급하지 않았다.
우에무라 씨는 "'기생'이라고 해서 위안부가 되어도 어쩔 수 없다고는 생각하지 않았다"라고 설명. "원래 김 씨는 속아서 위안부가 되었다고 말했다"고 하고, 8월 기사에서도 그것을 썼다.

고 기록했다.

김 씨는 누구한테 속은 것인가

여기에서 우에무라 기자가 "원래 김 씨는 속아서 위안부가 되었다고 말했다"고 하고 있음에 주목하기 바란다. 그는 누구에게 속았는가 하는 중대한 사실에 대해 언급하지 않고 있다. 하지만 문제의 12월 기사에서는 김학순 씨의 말을 인용해 누구에게 속았는지에 대해 쓰고 있다.
우에무라 기자의 12월 기사의 관계 부분을 인용한다.

변호사들이 위안부에 대한 청취조사하는 데 동행하여 김 씨에게서 자세한 이야기를 들었다. 한의 반생을 이야기하는 그 증언 테이프를 재생한다. (사회부·우에무라 다카시)
○ 17세 봄
"저는 만주(현 중국 동북부) 지린성 시골에서 태어났습니다. 아버지가 독립군의 일을 돕는 민간인이었기 때문에 만주에 있었던 것입니다. 제가 생후 100일 정도 되었을 때 아버지가 돌아가셨고, 그 후 어머니와 저는 평양으로 갔습니다. 가난해서 학교는 보통학교(소학교) 4학년 때 그만두었습니다. 그 뒤엔 아이를 보며 살았죠.
<u>'거기 가면 돈을 벌 수 있다.' 이런 이야기를 지구(地区)에서 일을 하고 있는 사람에게 들었습니다. 일의 내용은 말하지 않았습니다.</u> 가까운 친구와 두 사람, 꼬임에 빠졌습니다. 열일곱 살(한국 나이)의 봄(1939년)이었습니다."

앞서 살펴본 대로 김학순 씨는 소장에서는 "'그곳에 가면 돈을 벌 수 있다'는 말에 설득되어 김학순의 친구이자 한 살 많은 여자('애미코'라고함)와 함께 양아버지를 따라 중국으로 갔다"고 밝혔으며, 속인 사람은 기생집 주인인 양아버지라고 밝히고 있다. 우에무라 씨의 12월 기사는 소장 제출 후에 쓰여졌다. 설령 취재에서 김 씨가 그 사실을 말하지 않았더라도 소장이 나온 이상 다른 내용을 쓴다는 것은 뉴스를 전하는 신문기사로서 있을 수 없는 일이다.

애당초 김학순 씨는 기생이 되도록 어머니에게 의해 팔린 것이다. 어머니에게 돈을 주고 기생이 되기 위한 수련을 시킨 양아버지가 있는데 김 씨가 어떻게 다른 사람의 직업소개에 응하겠는가. 아사히는 '의문(疑問)'에서 "불편한 사실을 의도적으로 숨긴 것은 아닌가 하는 지적이 있습니다"라고 썼는데, 그 지적대로이지 않은가.

제3자위원회는 이 점에 대해서, "이 기사가 위안부가 된 경위를 다루면서 기생학교를 쓰지 않음에 따라 사안의 전체상을 확실히 전달하지 못하였을 가능성은 있다"고 우에무라 씨를 비판했다.

아사히와 제3자위원회의 후한 평가

우에무라 씨는 김학순 씨가 말하지 않은 "여자정신대 이름으로 전쟁터로 끌려갔다"는 이력을 덧붙이고, 가난 때문에 어머니에 의해 기생집에 팔렸고 기생집 주인에 의해 중국에 있는 위안소로 끌려갔다고 하는 이력을 쓰지 않았다. 그래서 마치 김 씨가 요시다 세이지가 주장했던 여자정신대 이름으로 강제연행이 된 피해자인 듯 한 착각을 불러일으키는 데 큰 역할을 했다. 그 착각은 아사히의 '92년 1월 강제연행 프로파간다'의 큰 구성요소가 된 것은 전술한 바와 같다.

그것을 아사히는 "의도적인 사실의 왜곡 등은 없습니다"라고 평가하고, 제3자위원회도 "인척관계에 있는 사람을 이롭게 할 목적으로 사실을 왜곡한 기사가 작성되었다고도 할 수 없다"고 했지만, 너무 후한 평가라고 밖에 말할 수 없다.

제7장

운동과 일체화된 위안부 보도

카츠오카 칸지(勝岡寬次) (집필 담당)

쿠마라스와미 보고서 관련 보도

아사히신문의 위안부 보도에는 제3장에서 지적한 역사인식의 문제 이외에 또 하나 중요한 문제가 있다. 그것은 운동단체와의 일체화라는 문제다.

이에 대해서는 제3자위원회의 하타노 스미오(波多野澄雄) 위원도 아사히신문이 위안부 문제를 '국가보상'의 문제라며 '캠페인'을 전개하는 가운데 일본과 한국의 운동단체와 '일체'가 되어 갔다고 지적하고 있는데, 그것은 하타노 스미오 위원이 아울러 지적하는 것처럼 쿠마라스와미 보고서와 여성국제전범법정에 관련된 '돌출보도'에서 특히 현저하다. 그 일방적 보도 자세는 다시 한번 문제로 삼아야 마땅하다.

이렇게 말하는 것도, 이 일련의 보도는 다른 신문과 비교해서 현격히 많은 보도의 수는 물론이거니와, 그 보도에 있어서의 '대상과의 거리를 두는 방법'이, 정확히 '지원 단체의 홍보인가?' 하고 독자로 하여금 생각하게 하는 것이었기 때문이다.

쿠마라스와미 보고서는 위안부를 '성노예'로 정의하면서 위안부 문제를 '국가에 의한, 여성에게 가해진 조직적 폭력'로 파악하는 것이다. 본래라면 그러한 인식 자체가 보도에 있어서 엄격하게 검증되어야 마땅한 문제였을 것이다. 그럼에도 불구하고 아사히는 '성노예'라는 용어를 음미하지 않고 무비판적으로 받아들였다.

원래 '성노예'라는 용어는 1992년 2월 위안부 문제를 유엔인권위원회에 들여온 도츠카 에츠로(戶塚悅朗) 변호사가 사용하기 시작한 것이라고 하는데(도츠카 에츠로, '일본군 위안부 문제에 대한 국제사회와 일본의 대응을 돌아보며(日本軍性奴隷問題への国際社会と日本の対応を振り返る)', 「전쟁과 성(戰爭と性)」 제25호, 2006년), 아사히신문 편집위원이었던 마쓰이 야요리(松井やより) 씨의 경우, 도츠카 에츠로가 이 용어를 유엔에 가지고 들어간 시점을 전후해서 다음과 같이 '성노예'라는 말을 아사히신문 지상에서 자주 사용하고 있다(밑줄 인용자).

내가 종군위안부 문제를 처음 인식한 것은 1970년대 초반이었다. 기생관광을 반대하는 한국 여성들이 "일본 남성들은 과거 동포 여성을 정신대로 끌고 가 성노예로 만들었던 것을 잊고 성매춘에 몰려든다. 그걸 일본 여자들이 묵인하느냐"고 규탄하였기 때문이다.(92년 7월 29일 석간)

제2차 대전 중 일본군 위안부가 되었다고 주장한 필리핀 여성 43명 중 18명이 4월 2일 일본 정부를 상대로 보상을 요구하는 소송을 도쿄지방재판소에 제기했다. 종군위안부 재판으로는 한국 여성 9명이 도쿄 지법에 제소한 것 다음이었다. (중략) "폭력적으로 징발된 필리핀 위안부는 점령지에서의 성의 노예화의 전형"이라고 이번 집단소송의 다카기 겐이치(高木健一) 변호사는 지적한다.(93년 3월 29일자 석간)

"장교들은 세탁 등 주변 심부름을 시키는 군무원 여성을 두었는데 이 여성들도 마지막에는 죽였다"고도 한다. 이런 사례들을 '위안부'라고 부르는지, 강간의 연장인지, 성노예가 아닌지 토모키요(友淸) 씨는 지적한다.(동년 3월 30일자 석간)

빈의 세계인권회의에서 위안부 문제를 놓고 일본 정부에 대한 비난이 강해지고 있다. (중략) 이 문서 가운데 "성노예 등을 포함한 현재의 여성의 인권 침해는 특히 효과적인 대응이 필요"하다고 하는데, "현재의"라는 말은 제네바의 준비회의 최종 단계에서 일본 정부 대표가 과거의 위안부 문제를 배제하기 때문에 고집하여 삽입했다고 한국정신대문제대책협의회가 NGO포럼에서 밝혔기 때문이다.(동년 6월 14일자 석간)

이처럼 마쓰이 야오리 씨가 아사히신문 편집위원 명의로 성노예라는 용어를 무비판적으로 보도한 것은 그런 잘못된 인식을 아사히가 인정하고 더 나아가 보급 확산을 시도했다는 비판을 받아도 항변의 여지가 없는 보도자세였다고 할 수 있다.

당연히 아사히신문에 그 책임이 있다고 해야겠지만, 당시의 아사히신문에는 그런 문제의식이 전혀 없었던 것 같다. 그 결과 쿠마라스와미 보고서 채택 전후에는 타 신문과 비교하면 확연히 과잉, 그것도 '국가보상'만이 위안부 문제의 유일한 해결의 길인 것처럼 전하는 보도가 여러 차례 반복됐다. 그러면서 그에 동참해 일본 정부를 비판하는 운동단체의 움직임이 이 또한 거듭 전해지고 소개됐다. 그 집요함의 하나하나를 여기서 구체적으로 소개할 수는 없지만 정확히 운동단체와 '일체'라고 할 만한 보도였다.

다음은, 그러한 보도 모습을 상징적으로 나타내는 대표적인 기사이다.

전쟁피해자 개인에 대한 국가보상을 피해온 일본정부에 대해, 유엔의 인권전문관이 명확하게 'NO'의 사인을 냈다. (중략) 정부의 대응이 재차 추궁당하고 있다.(96년 2월 6일자 석간)

앞으로도 여성에 대한 폭력 근절을 위한 연구를 진행하겠다. 인권위에서 10일 쿠마라스와미 씨가 보고를 마치자 회장은 큰 박수로 뒤덮였다. 제네바에 갔었던 변호사와 연구자들로 구성된 민간단체 '일본의 전쟁책임 자료센터(日本の戰爭責任資料センター)'의 우에스기 사토시(上杉聰) 사무국장은 "다른 보고들에 비해 엄청난 열기였다. 일본 정부의 출석자가 고개를 숙이고 있던 것이 인상적이었다"라고 말한다. 유엔 인권위의 '여성에 대한 폭력 특별보고관', 쿠마라스와미 씨가 금년 1월에 정리한 보고서는, "보상문제는 양자간 조약 등으로 해결되었다"라고 반복해 온 일본 정부의 주장을 무너뜨리는 내용이었다.(동년 4월 18일 석간)

전과(戰果) 보고라는 말을 방불케 하는 글쓰기라고 해도 좋을 듯하다. 한편, 아래와 같이, 단지 거칠게 정부의 반론 노력을 잘라버린 기사도 있다.

일본 정부는 이번 보고서 내용에 대해서 사실 오류가 있다거나, 또 위반했다고 주장되는 국제법 이해 방식에 승복할 수 없다고 하는 등 전면적인 반론을 시도하려 했다. 확실히 보고 내용에는 잘못된 기술도 있다. 그러나, 이러한 각도의 반론만으로는 설득력이 없다. (중략) / …제네바에 모인 비정부기구(NGO)로부터 민간기금에 의한 해결을 지지하는 목소리는 없고, 있었던 것은 보고를 환영하는 발언뿐이었다.(동년 4월 24일 사설)

덧붙여 말하면, 4월 19일에 유엔인권위에서 이 보고서를 포함한 결의문이 채택되었을 때, 보고서의 취급은 '지지'도 '환영'도 아니고, '유의'(take note)에 머무르는 것이었다. 그럼에도 불구하고, 아사히는 이 사실을 아무렇지도 않게 다루며 오히려 "일본의 국가보상을 요구하는 위안부와 지원 단체들은 권고가 삭제되지 않고 유엔인권위의 총의로서 기록된 것을 큰 성과로 받아들여지고 있다"(동년 4월 20일자)고 보도한 것이다. 이것은 분명히 독자를 오도하는 것이라고 해도 좋다.

여성국제전범법정에 관한 보도

하지만 이러한 보도는 2000년 12월 도쿄에서 개최된 여성국제전범법정에 대해 행해진 그야말로 일대 캠페인이라 할 만한 보도에 비하면 오히려 희미한 인상마저 준다. 이렇게 말하는 것은 바로 이것이 운동단체와 일체가 된 보도의 전형이라 할 수 있기 때문이다.

이 여성국제전범법정은 과거 위안부 제도를 '일본군 성노예 제도'라고 파악하는 동시에 위안부를 '전시 성폭력'의 희생자로, 쇼와 천황과 일본군 관계자, 그리고 일본 정부를 책임자로서 소추하는 것이었다. 한편, 피고인의 대부분은 이미 고인(故人)임은 물론 거기에는 변호인은 없고 반대신문도 없으며, 나아가

법정의 취지에 찬동하는 자만 방청이 허용되고 취재가 허용되는 비정상적인 '재판쇼'였다.

그럼에도 불구하고 아사히신문은 그 이상함에 아무런 의문도, 이론(異論)도 없이 2년 전 법정준비가 시작될 때부터 반복하여 보도하였다. 말하자면 그 취지에 전면적으로 '찬동'했다는 것이지만, 그 사전 보도의 수는, 2000년 12월 8일의 개정 전까지 대충 세어봐도 약 40개에 이른다. 그리고 개정이 되고 12일 폐정에 이르기까지 정확히 운동단체의 홍보와 똑같이 연일 보도가 이어졌던 것이다.

그러나 문제는 오히려 그 내용일 것이다. 당연한 일이지만, 거기서는 이상에서 시사한 것과 같은 법정의 근본적인 본연의 자세, 재판을 구성하는 법논리, 또 증언자의 증언 내용의 신빙성……등등에 대해, 그것을 검증하거나 의문을 나타내거나 하는 기사는 전무하여, 오로지 '주최자측 홍보'라고 착각할 정도의 보도가 계속 되었던 것이다.

> 회장은 입석을 포함하여 약 2천 명의 청중으로 메워졌다. 오후에는 한국, 조선민주주의인민공화국(북조선)의 위안부가 단상에서 증언했다. / 중국에 거주하며 북조선 국적을 가진 하상숙 씨(72)는 쉰 목소리로 울먹였다. "일본인이 중국까지 데려갔다. 고국에서 죽고 싶었다. 일본 정부가 보상해주기 바란다." 1944년 17세에 '상하이 공장에서 일하지 않겠느냐'는 일본인들에게 속아 중국 한커우의 위안소로 끌려갔다고 한다. 하루에 2, 30명의 병사를 상대하고 패전 후에는 중국에 버리고 갔다고 말했다. / 일본군에 저항했기 때문에 칼로 가슴과 등을 찔렸다는 북조선 거주 위안부도 증언. 흉터가 회장의 스크린에 비치자 옆에 있던 하 씨, 손수건으로 몇 번이나 눈물을 훔쳤다.(12월 9일자)

또한 판결 시에는 "쇼와 천황 유죄"라는 누구나 놀랄 만한 내용이 포함되어 있었음에도 불구하고 아래와 같이 그것을 당연시하는 듯이 보도했다.

> 일본군 위안부 제도를 국제법의 관점에서 재판하기 위해 도쿄에서 열렸던 민간 법정 '여성국제전범법정'은 12일 닷새 만의 일정을 마쳤다. 판사역의 G·맥도날드 유고 전범 재판소 소장 등이 '판결요지'를 읽고 위안부 제도를 '전시 성노예제'로 인정했다. 게다가 당시 존재했던…국제법, 노예화를 금지하는 국제 관습법 등에 위반된다고 지적. 전쟁 중 강간이나 위안부 제도는 '인도에 대한 죄'이며, "궁극의 의사 결정 권한자인 쇼와 천황은 아는 입장에 있고, 그만두게 하는 수단을 취했어야 옳다"고 하면서 "유죄"라고 말했다. 일본 정부에 대해서는 "피해자에 대한 법적 책임을 인정하고 사죄, 배상해야 한다"고 권고했다.(12월 13일)

그리고 다음 날인 14일에 '총괄'이라고도 할 수 있는 기사가 나오는데 거기에서는 "전후 반세기를 경과하여 실현된 민간 법정은 국제 인권법의 새로운 조류를 거듭 밝혔다"고 그 의의를

노골적으로 평가하는 한편, 다음과 같은 놀라운 위안부 제도에 대한 인식도 소개된다. 아사히의 기자(혼다 마사카즈(本田雅和), 오가사와라 미도리(小笠原みどり))도, 이 주장에 공명했기 때문에, 게재했을 것이다.

> 오오코시 아이코(大越愛子) 킨키(近畿) 대학 교수와 후지메 유키(藤目ゆき) 오사카 외국어대학 조교수 등 많은 여성 학자도 협력했다. / 위안부 제도를 성차별(섹시즘)과 식민지주의(콜로니얼리즘)의 복합체라 하고, 천황제 자체가 성차별을 포함하는 가부장제와 식민주의를 지지한 민족차별(인종주의)의 측면을 갖고, 여성과 소수자에 대한 차별의 원천이 되어 왔다는 생각이다. 최근 중시되는 젠더(사회적·문화적 성별)의 관점에서 전후 전범재판을 당시의 국제법을 이용하여 다시 시작하려는 시도다. (12월 14일자)

그리고 18일 '불처벌의 역사 속에서 여성전범법정(不処罰の歴史のなかで 女性戦犯法廷)'이라는 제목의 사설이 나온다.

> 긴 역사 속에서 인간은 전쟁을 거듭해 왔고 여자들은 전리품으로 취급돼 왔다. 전쟁에서 강간은 으레 따르기 마련이라는 생각에 대해 많은 사람들은 의문을 품지 않았다. / (중략) 인권이나 인도에 대한 국제사회의 의식은 여성들의 목소리를 받아안고 조금씩 퍼져나가고, 깊어져 갔다. / '여성법정'의 시도는 그 흐름을 더욱 확실하게 하기 위해 도쿄에서 세계로 발신한 문제제기로 받아들이고 싶다.(12월 18일)

말은 다르지만 주장하는 바는 앞의 기사와 똑같다. '사(社)'로서는 그러한 총괄에 이론이 없었을 것이다. 그리고 끝맺음에는 "2년간의 준비를 통해 국경이나 입장을 초월한 여성들의 네트워크가 형성되었다. 그것이 무엇보다도 좋은 수확일 것이다"라고 되어 있다.

물론 언론사가 어떤 보도의 스탠스를 취하고 어떤 내용의 보도를 할지는 원칙적으로 자유다. 그러나, 그 보도는 사실에 정확하게 입각한, 책임 있는 것이어야 한다. 그런 의미에서 요시다 세이지 증언을 허위로 인정해 취소한 것은 당연하다. 그러나 그렇다면 이런 운동체의 주장과 일체화된 인식이나 주장에는 문제가 없는 것일까. 적어도 아사히에는 그 주장의 논거를 설득적으로 제시할 책임이 있을 것이다.

적어도, 제3자위원회는 '거기에는 문제가 있다'라고 지적했다. 그렇다면 아사히는 사(社)로서 이를 어떻게 받아들일 것인가. — 과연 위안부를 '성노예'라고 생각하는지, 또 위안부 제도는 '국가적 범죄'인지, 혹은 그 원천이 '천황제' 그 자체에 있는지, 그리고 이 '여성들의 목소리'를 아직도 무비판적으로 긍정하고 지지하는지 — 그것을 밝혀야 할 책임과 의무는 아직 남아 있다고 우리는 생각한다.

제3부

아사히신문의 위안부 보도가 대외적으로 초래한 영향

제1장

'92년 1월 강제연행 프로파간다'가 미국 신문에 미친 영향

시마다 요이치(島田洋一) (집필 담당)

머리말

본 장은 위안부 문제가 미국의 신문에서 어떻게 보도되어왔는지, 그 가운데 아사히신문 보도가 어떤 역할을 했는지를 검증하려는 시도이다.

조사 대상은 뉴욕타임스, 워싱턴포스트, 로스앤젤레스타임스 등 3개. 다른 유력 신문도 있지만 시간적 제약 때문에 3개로 한정했다.

온라인 데이터베이스 서비스인 Lexis Nexis 를 이용해 "comfort women"(위안부)을 키워드로 해당 기사를 검색해 내용을 체크했다. 대상 기간은 1980년 이후 2014년 12월 31일까지, 분량은 3종 신문을 합쳐서 편수로 약 520개, A4 약 1500매 상당이다.

아사히신문의 위안부 보도가 준 대외적 영향에 대해서 아사히 '제3자위원회' 보고서는 하야시 카오리(林香里) 씨가 가장 장문의 보고서를 제출하고 하타노 스미오(波多野澄雄), 기타오카 신이치(北岡伸一), 오카모토 유키오(岡本行夫) 씨가 개별적으로 자신의 시각을 보태고 있다.

'제3자위원회'의 보고서를 받고 2014년 12월 26일에 회견을 연 아사히신문의 와타나베 마사타카(渡辺雅隆) 사장은, "국제사회에의 영향은, 일정 정도 영향이 있었다는 지적으로부터, 지극히 한정적이라고 하는 지적까지 폭넓었다. 이 문제는 그만큼 역시 매우 어려운 문제가 여러 가지 있다고 생각한다"고 말했다.

이 발언 중, "지극히 한정적"이라고 하는 것은 (아사히신문의 위안부 보도가 대외적으로) "별로 영향이 없었다", "한정적"이라는 결론을 낸 하야시 카오리 씨의 의견을 가리키고 있을 것이다.

하야시 카오리 씨는 주로 정량적 방법을 사용해 조사를 실시했다고 말했다. '정량적 방법'이란, "어느 특정의 인물이나 말이 기사에서 반복 인용되거나 등장하거나 하는 현상을, 수치로 기술해 나가는" 분석 수법으로 정의된다.

그의 조사 대상은 영국, 미국, 독일, 프랑스, 한국 5개국, 15개 신문이며, 그중에서 미국 신문에서는 뉴욕타임스, 워싱턴포스트, USA투데이, 월스트리트저널 등 4개 신문이 채택되었다. 타당한 선택이다.

우선 '국가별 정보원(情報源)' 조사를 바탕으로 그는 "모든 신문에 일본으로부터의 정보원이 압도적으로 많은 것을 알 수 있다", "위안부 문제에서는 한국보다 일본의 정보원 쪽에 관심이 쏠리고 있는 것이 분명", "나라를 단위로 본다면 위안부 보도의 주요 무대는 종합적으로 봐서 일본이고 일본의 존재가 강하다고 할 수 있다"고 말했다.

나아가 일본 언론 중 전체적으로 아사히신문은 일본의 전후 역사인식이나 보상문제에 관해 가장 많이 인용되는 매체라는 분석결과를 내놓기도 했다.

즉 해외 언론의 위안부에 관한 보도에서는 <u>일본으로부터의 발신의 "존재"가 상대적으로 크고 또 그 안에서 아사히신문의 "존재"가 상대적으로 크다</u>는 것이 '정량적 방법'이 알려주는 바라고 할 수 있다.

그러나 하야시 카오리의 보고서 결론은 아사히 보도가 대외적으로 별 영향이 없었다고 돼 있다. 왜 그렇게 되었던 것일까.

이유는 그의 방법상의 혼란과 이데올로기 우선의 자세에 기인한다고 생각되지만(자세한 것은 후술), 이하, 제3자위원회보고서의 문제점도 포함해 미국 신문에 대한 영향에 관한 검증을 진행해 나가고 싶다. 글 중의 밑줄은, 모두 필자(시마다 요이치)에 의한 것이다.

'92년 1월 강제연행 프로파간다'가 미국 신문에 미친 영향

1992년 1월 11일 아사히신문은 요시미 요시아키(吉見義明) 주오(中央)대학 교수가 방위청 도서관에서 위안소에 대한 군 관여를 보여주는 자료를 발견했다고 크게 보도했다. 그중 강제연행을 보여주는 자료는 없었지만, 아사히는 제목과 용어설명 메모, 사설 등을 동원해 마치 강제연행을 뒷받침하는 자료가 발견된 것처럼 인상을 조작했다. 즉 오해를 노린 지면 조성, 본 보고서에서 말하는 '92년 1월 강제연행 프로파간다'이다. 아사히 제3자위원회조차도 "총리 방한 시기를 의식하고 위안부 문제가 정치적 문제가 되도록 기도하고 기사로 한 것은 분명"하다고 그 프로파간다적 성격을 지적하고 있다.

'92년 1월 강제연행 프로파간다'는 틀림없이 미국에 지대한 영향을 주었다. 왜냐하면 주요 3개 신문이 위안부에 관한 상당한 기사를 쓰는 것은 모두 그 직후이기 때문이다. 다시 말하면 미국 주요 3개 신문은 아사히가 '92년 1월 강제연행 프로파간다'를 내세우기 이전에는 위안부 문제를 거의 무시하고 거론하지 않았다.

뉴욕타임스가 처음으로 위안부 문제를 크게 거론한 것은 그 이틀 뒤인 1992년 1월 13일이다. 제목은 '일본 육군이 조선인을 강제로 유곽에서 일하도록 종용한 것을 인정(Japan Admits Army Forced Koreans to Work in Brothels)'으로, 이후 위안부 문제로 자주 기사를 쓴 데이비드 생거(David Sanger) 기자의 서명이 들어있다.

기사는 우선 일본 최대의 신문 중 하나인 아사히신문이 방위청 도서관에서 완곡하게 '위안소'라고 불리는 시설을 운영하는 데 군이 큰 역할을 했다는 것을 보여주는 육군 문서가 발견됐다고 보도하면서 "대부분의 여성은 조선에서 강제연행이 되고(forcibly taken)", "강제 매춘(forced prostitution)에 대한 당국의 관여를 일본이 인정하지 않는 문제는 일본 한국과의 관계, 그리고 정도는 작지만 중국과의 관계에 있어서 지속적인 논란거리가 되어 왔다"("많은 여성들이 살해당하거나 가차 없이 매를 맞았다(Many of the women were killed or brutally beaten)")고 기술한다.

즉 요시미 요시아키 씨의 발견은 매우 폭력적인 강제 매춘에 대한 일본군의 관여를 뒷받침하는 것으로 전해졌다. '92년 1월 강제연행 프로파간다'가 구체적으로 인용되는 점에서도 기사에 대한 아사히의 부채질의 영향을 인정할 수 있을 것이다.

덧붙여 데이비드 생거 기자는 이 기사에서, "Yoshiaki Yoshida"라고 오기하고 있다. 아사히의, 요시다 세이지, 요시미 요시아키 두 사람의 이용에 있어서의 공통성에 비추어 보면, 이 합성 표기는 시사(示唆)가 풍부한 '프로이트적 실언(Freudian slip)'이라고 말할 수 있을지도 모른다.

뉴욕타임스는 이어 같은 해 1월 27일자 일본발 기사(데이비드 생거 기자)에서도 "10만, 20만 명의 여성이 결국 유인되거나 연행됐다. 대부분이 조선으로부터의 어린아이나 10대였다"라고 한데다가 "외무성의 그 누구도, 요시미 요시아키에 대한 준비가 되어 있지 않았다(No one in the Foreign Ministry was ready for Yoshiaki Yoshimi)", "요시미 요시아키가 미야자와 수상 방한 직전에 아사히신문의 기자에게 전한" 자료에 의해서 "거의 하룻밤 사이에 정부의 논의는 붕괴되었다(Almost overnight, the Goversument's arguements collapsed)"라고 아사히에 대해 언급하면서 극적으로 묘사하고 있다. 여기에서 두 신문의 체질적 유사성을 느끼게 함과 동시에, 아사히의 '부채질'에 뉴욕타임스가 희희낙락하는 모습이 역력하다.

워싱턴포스트도 위안부에 대한 최초의 정리된 기사는 역시 아사히의 '92년 1월 강제연행 프로파간다'의 영향을 받은 1월 16일자의 '전쟁 중 잔혹 행위가 서울 방문에 그림자를 드리워(War Atrocities Overshadow Visit to Seoul)'라고 제목을 붙인 것이다.

"한국 국민의 일본에 대한 적의는 최근 몇주, 제2차대전 중 일본의 잔학 행위 중 가장 추악한 것의 하나—'위안부'의 노예화—(one of Japan's ugliest World War II atrocities: the enslavement of the comfort women)에 관한 새로운 사실의 발견에 의해서 높아진" 운운으로 시작되는 기사는 "지난 주말, 도쿄에서 일본의 역사가가 위안부 계획은 일본의 군부에 의해서 고안되어 운영되었다는 사실을 입증하는 것으로 보이는 자료를 공개했다"고 기술, 아사히의 보도로 촉발된 경위를 밝히고 있다.

기사는 또 "미야자와는 일본에 의한 여성 성노예화(enslavement of the women)에 대해 한국 국민에게 공식 사죄하였다"고 썼다. 당시의 미야자와 정권이 아사히의 시나리오대로 움직여 대외적으로 오해를 확대시켰음을 알 수 있다.

워싱턴포스트는 그 이틀 후인 1월 18일에도 "'위안부'—야만 행위('Comfort Women': A Barbaric Act)'란 제목의 기사에서 "이는 무관심한 혹은 부주의한 사령부 아래에서 전시 중에 자행된 잔학 행위와 같은 종류가 결코 아니다(This WASN'T a case of atrocities being committed on the watch of an unsuspecting or negligent military command during a time of war)"라고 하면서 조선 여성의 "노예화", "강제 성매매"는 군에 의한 계획적 행위였다고 단정하고 있다.

즉, 국가와 시대를 불문하고 일어날 수 있는 병사 개인 차원의 성범죄와도 전혀 성질이 다른, 제2차 세계대전 때 일본에 특수한 조직적 전쟁범죄로 받아들여지고 있는 것이다.

이 기사는 이어 위안부를 둘러싼 사태가 벌어지기 시작한 이유로, "희생자 몇 명의 집단 소송", "미야자와 총리 대망의 방한(long-sought visit to Korea)"이 가까웠다는 점 등과 함께, "지난 주말 한 일본의 역사가에 의해서 유죄를 입증하는 군의 기록(incriminating military records)이 발견됨"을 꼽았다.

로스앤젤레스타임스도 위안부에 대한 최초의 정리된 기사는 아사히의 '92년 1월 강제연행 프로파간다' 며칠 뒤인 1992년 1월 15일자의 '일본 지도자의 방문에 서울에서 수백 명이 항의'라는 제목을 붙인 AP(Associated Press)의 배포 기사이다.

항의의 참가자는 대부분 "일본 병사에게 죽임을 당하거나 창부로서 봉사를 강요받았던(forced to serve as prostitutes) 조선인의 친척들"로 "수만 명의 '위안부' 징발을 수행한 군의 역할에 대해서 일본은 월요일에 첫 공식사과를 한국에 했다"고 기록하고 있다.

이어 약 3개월 후, 같은 해 4월 25일자 "옛 '위안부'들이 전쟁의 공포 위에서 침묵을 깨다 (Ex-"Comfort Girls" End Silence on War Horrors)'라는 제목의 기사에서 "이 문제는 대부분 묻혀 있었다. 유죄를 입증하는 군 기록(incriminating military records)이 올해 초 밝혀지기 전까지는"이라는 한국 활동가의 발언을 인용하면서, "새해 휴가 직후 일본 정부 당국은 불확정적인 수의 조선인 여성이 고향에서 납치되어(abducted) 일본군 병사에 대한 봉사를 강요받았음을 인정했다"고 말하고 있다.

앞서 언급한 워싱턴포스트 기사와 똑같이 유죄를 입증하는 군 기록이라는 표현이 동원됐다. 아사히 시나리오의 충실한 반영이라 하겠다.

또 여기에서도 아사히의 '92년 1월 강제연행 프로파간다'와 사죄 외교를 펼친 미야자와 관저와 외무성의 자세가 상승효과로 왜곡을 확대시키고 있는 것처럼 보인다.

로스앤젤레스타임스도 같은 해 7월 8일자 '일보 전진'이란 제목의 기사에서 "강제로 성노예가 되었다(forced to be sex slaves)고 하는 많은 한국 여성의 최근 주장을 뒷받침하는 서류를 정부와 군의 파일에서 발견한 한 역사가의 폭로(revelations)"가 하나의 전환점이 됐다고 기술하여 반년이 지난 아사히의 '92년 1월 강제연행 프로파간다'가 그 효과를 정착시켰음을 보여준다.

또한 미국 수도 워싱턴에서 반일 캠페인의 선두에 서온 '워싱턴 위안부 문제 연합(Washington Coalition for Comfort Women Issues, 한국계 미국인이 중심이지만, 중국계의 반일 단체 '세계 항일전쟁 사실유호(史実維護) 연합회(Global Alliance for Preserving the History of WWII in Asia)'와의 관계도 돈독하다) 홈페이지를 보면 중요 사항 연표 1992년 1월의 항에 '아사히신문'이라는 글자가 보이고 '92년 1월 강제연행 프로파간다'가 특필되어 있다(이탤릭 볼드 강조는 시마다 요이치. 이하 동일).

> Jan 1992 The *'Asahi Shimbun'* publishes the Japanese archive documents obtained by Professor Yoshimi, a well-known Japanese historian and researcher, establishing the direct role of the Japanese military in maintaining a huge network of military brothels known as 'Comfort Houses'

즉, 미국 내 반일운동에서 아사히신문의 기여도를 해당 반일단체가 인정한 형태다.

또한 요시다 증언에 관하여 연합의 연표는 1991년 11월 항에 홋카이도(北海)신문의 기사를 들어 언급하고 있다. '요시다 세이지'를 거명한 후, 위안부는 "일본군에 의해서 물리력 내지 기만에 의해" 전시 고용됐다고 하고 있다.

> Nov 1991 *Yoshida Seiji*, Japanese ex-labor mobilization director, of Yamaguchi Prefecture confirms in the newspaper 'Hokkaido Shimbun' that he took part in the wartime employment, *by force and deceit* of Comfort Woment by the Japanese military.

워싱턴의 반일단체에 요시다의 증언을 알렸다는 점에서 아사히신문은 꼭 주범의 필두는 아니었을지도 모른다.

그러나 1992년 1월에 일어난 위안부 문제 '빅뱅'(하타 이쿠히코 씨의 용어)에 관해서는 분명히 아사히가 '단독 정범'이며 앞서 본 대로, 미국에 요시다 증언이 거론되기에 이른 것도 그 이후의 일이었다.

하타노 스미오 씨는 아사히의 '92년 1월 강제연행 프로파간다'의 영향으로서 다음의 점도 지적하고 있다.

> 영자 신문에서는 1월 13일자 재팬타임스가 일찍이 "일본군 수십만의 위안부를 매춘부로 강제연행"이라고 전했다. 이 신문은 위안부를 "성노예"라고 계속 보도한다.

이 점에 대해서는 아직도 위안부를 "성노예"로 세계에 발신하고 있는 교도통신(共同配信) 영문판의 책임도 크다. 재팬타임스의 위안부 관련 기사도 상당 부분 교도통신의 배포에 따르고 있다.

요시다 세이지 증언과 그 대외적 영향

아사히신문이 요시다 증언을 반복해서 다루고, 또한 그 허위성을 인식한 이후에도 취소하지 않은 문제의 영향에 대해서 하야시 카오리 씨는 제3자위원회 보고서에서 다음과 같은 정량분석을 제시했다.

> 키워드 검색으로 "Seiji Yoshida"를 검색했는데, 전체 7회 출현하고, 기사 수로 하면 6개의 기사가 나온다. 그러나 6개 중 3개는 아사히신문의 요시다 증언 기사 취소에 관한 것이어서 그동안 위안부 문제의 이미지 형성에 관한 기사는 3건 뿐이라는 것이다.

결론적으로 "요시다 세이지 씨는 각국 주요 신문에는 지극히 한정적으로 밖에 언급되지 않았다고 인정할 수 있을 것이다"라고 하야시 카오리 씨는 말한다.

그러나 쉽게 예상할 수 있는 대로, "요시다 세이지"라고 하는 이름을 언급하지 않아도, 분명히 그 증언에 의거하거나 참조했다고 생각되는 기사는 많이 존재한다.

예를 들면 워싱턴포스트 1992년 7월 10일자, ''위안부' 관련 새로운 충돌—강제한 증거는 없다는 일본의 주장을 다수가 비판'(폴 블루스타인(Paul Blustein) 기자)이라는 기사를 보자. 이는 가토 고이치 관방장관의 두 번째 사죄담화(1992년 7월 6일)가 나온 지 며칠 만에 쓴 것이다.

가토 관방장관은 이때 위안소에 대한 편의 제공과 단속 차원에서 정부가 관여했다고 인정하고 사과와 반성의 뜻을 표명했지만 강제연행을 표시하는 문서는 없다고 밝혔다.

이 기사는 "역사가들은 20만 명에 이르는 위안부가 동원되어 그 대부분이 병사하거나 살해됐다고 믿고 있다"고 우선 실체 불명의 "역사가" 일반의 설을 꺼낸 뒤(이는 오늘날에도 미국 신문에서 빈번히 나타나는 패턴) 다음의 증언을 대고 있다.

> 어느 전 일본제국 육군 병사는 조선 마을들에서의 새벽 습격에 참가하여 울부짖는 어린아이들로부터 젊은 여자를 떼어내 트럭에 실었다고 말하고 있다.(One former Imperial Japanese soldier has stated that he participated in dawn raids on Korean villages, dragging young women away from their screaming children and loading them into trucks.)

요시다라는 고유명사는 없지만 분명 요시다 증언에 의거한 것일 것이다. 가토 관방장관이 강제연행을 인정하지 않자 요시다 증언을 들어 다시 한번 일본 정부에 인정하라고 압박한 것이라고 할 수 있다.

기사는 이어 아사히신문 사설을 인용한다.

> 일본에서 2번째로 큰 일간지인 아사히신문은 이번 주 '엉거주춤'이라고 동 신문이 부르는 방식을 정부가 취한 것을 공격한 세력의 하나이다. "(정부는) 관여는 인정해도, 강제는 인정하고 싶지 않은가?"라고 아사히는 쓰고 있다.

이 아사히 사설은 제3자위원회에서도 비판적으로 언급되고 있다. 다음은 동 위원회 보고서에서 인용해 둔다.

> 가토 담화에 관한 아사히신문 사설(1992년 7월 8일 '과거 극복에 나설 때(過去の克服に取り組む時)')은 "정부가 왜 '관여' 등 애매한 단어를 쓰는 걸까. 발표된 문건을 보면 당시 정부나 군이 사실상 관리·운영에 임했다고 하지 않을 수 없다. 솔직하게 인정하는 일이 깨끗한 태도인 것 아닌가", 위안부를 모으는 방법에 관한 정부의 조사는 "강제연행을 나타내는 문서는 없었다"고 하지만 과연 그럴까. '<u>관여는 인정해도, '강제'는 인정하고 싶지 않다고 하는 정부의 엉거주춤한 자세가 있는 것은 아닌지</u> 묻는다. …… 이렇게 아사히신문은 위안부 문제의 초점이 <u>징모 단계에서의 강제·강요에 의한 연행('협의의 강제')</u>인 것 같은 보도를 거듭한다.

위 워싱턴포스트의 기사에서 기자는 분명히 아사히의 사설에 의거하여 논의를 진행시키고 있다. 아사히가 부정했다면 사용하지 못했을 요시다 증언도 강제연행을 뒷받침하는 자료로 쓰이고 있다.

아사히의 누차의 '선동'에 첩첩이 영향을 받아 미국 신문이 강제연행을 사실로 인정하는 기사를 쓰고, 또 사실로 인정하도록 일본 정부를 압박했다고 총괄해도 아무 부자연스러움도 없을 것이다.

조사대상 미국 신문 기사 중 요시다 증언에 대해 가장 자세한 내용은 위 아사히 사설로부터 한 달 후 뉴욕타임스에 실린 1992년 8월 8일자 '일본의 전 군인이 전시 매춘 문제 고발'(Japanese Veteran Presses Wartime-Brothel Issue)' 기사이다(데이비드 생거 기자).

이 기사는 요시다 세이지가 "일본 정부로서는 악몽"이라고 할 만한 "TV 카메라 앞에서 열심히 고백하는 자칭 전쟁범죄자(a self-proclaimed former war criminal)"라고 하는 소개로 시작해, "울부짖는 유아를 여성의 팔에서 떼어냈고 여자들을 트럭에 밀어 넣었다", "금세기 아시아 최악의 인권 유린이었을 것"이라고 말한 요시다의 말을 인용하고 있다.

그리고 "한국 여성들의 증언을 제외하면, 요시다 씨의 이러한 회상은 일본이 단순히 유곽을 운영했을 뿐 아니라, 몇 만 명이라는 위안부를 계속 공급하기 위해 유괴 부대(kidnapping squad)까지 조직했음을 보여주는 가장 강력한 증언이다(the most potent bit of testimony yet)"라고 해설하고 있다.

기사는 이어서 요시다 세이지를 비판하는 사람들은 모두가 그런 여성에 대한 '일소작전'(sweep)을 기억하는 제주도민은 없다는 한국 신문의 조사 결과를 언급하고 있다면서, 하타 이쿠히코 씨의 반론 소개로 넘어갔다. 단, 위안부의 존재를 창피해 하는 사회에서 과연 주민들의 증언을 얼마나 믿을 수 있을까 하는, 청취 조사에 의문을 제기하는 유보가 덧붙여졌다.

기사는 16세 때 7명의 일본군 병사에게 잡혀 트럭에 실려갔다는 노청자 씨라는 여성의 증언도 다룬 뒤, "그 이야기는 믿을 수 없다. 그녀가 말하는 지역에는 당시 일본군 병사는 거의 없었다", "'나는 요시다의 희생자였다'고 말할 수 있는 사람은 아무도 없다"라는 그의 코멘트로 끝을 맺고 있다.

또한 이 기사는 "요시다 씨의 증언과 같은 것이 바로 이 문제를 신문 1면에서 계속 취급하게 한다 (Stories like Mr. Yoshida's keep the issue on the front pages.)"고 기록하여 미국 기자가 위안부 문제에 관심을 기울임에 있어서 요시다 증언의 의미가 컸음을 시사하고 있다. 피해자의 증언과 함께 가해자의 증언(자백)이 있으면, 제3자의 심증은 단번에 유죄로 기울어진다. 요시다 증언의 무게는 거의 자명한 것이라 할 수 있다.

이 뉴욕타임스 기사에 대해서 하야시 카오리 씨는 다음과 같이 말하고 있다.

> 요시다 씨는 이른바 위안부 '강제연행' 증언자로서 제시되고 있지만, 기사의 후단에서는 현대사 연구자 하타 이쿠히코 씨의 반론을 게재하여 요시다 증언의 신뢰도에 의문을 제기했다. <u>아사히신문이 거의 같은 시기에 요시다 증언을 신빙성 있는 것으로 보고 사용하고 있었던 것과는 대조적이다.</u>(보고서 76페이지)

게다가 그는 각주에서 다음과 같이 덧붙인다.

이 시점에서 아사히신문은 아직 요시다 세이지 씨의 발언을 그대로 게재하고 있었다.(독자 투고나 익명으로의 요시다 씨의 언급을 제외하면, 결국 92년 8월 13일까지 요시다 세이지 씨라고 하는 인물을, 이미 증언에 대해 의심이 있다고 <u>명시하지 않고</u> 계속 보도했다."(동상)

이것은 적확한 지적이라고 말할 수 있을 것이다. 미국 신문에서는 아사히에 의해 선동되어 기사를 각색하는 경향이 있지만 내용적으로는 아사히의 기사에 비하면 아직까지도 균형이 잡힌 경우도 많다.

또한 하야시 카오리 씨의 조사대상 밖인 로스앤젤레스타임스도 1993년 8월 5일자 '일본, 제2차대전 중의 성노예의 강제를 인정하다(Japan Admits That WWII Sex Slaves Were Coerced)'라는 제목의 기사에서, "모집계의 한 명인 <u>요시다 세이지</u>에 의하면, 인신 거래자들은 처음에는 유인을 위해 가짜 구인광고를 사용했지만 1943년 이후는 더 이상 여성들이 속지 않게 되었기 때문에 노예사냥을 하기 시작했다.(Although the flesh traders initially used false job advertisements as lures, starting in 1943 they began slave hunts when women could no longer be tricked, according to one of the recruiters, Seiji Yoshida.)"고 하면서 요시다라는 고유명사를 거명하여 그 증언을 인용하고 있다.

이날 나온 고노 담화에 따른 기사이지만 강제연행에 관해 이 담화가 낳은 오해를 요시다 증언이 더욱 증폭하고 있는 것으로 보인다.

아사히가 이 시점에서 요시다 관련 기사를 취소했다면, 적어도 증폭의 정도는 작아졌을 것이다.

힉스의 책에 대해서

하야시 카오리 씨는, "George Hicks"를 키워드로 한 정량분석도 실시하고 있다. 호주 언론인인 조지 힉스는 『The Comfort Women. Japan's Brutal Regime of Enforced Prostitution in the Second World War』(1995년 출판)의 저자로, "90년대 중반 당시는 아직 영어로 자료가 적었던 시기에 출판된 만큼 그 영향력은 강하다고 알려졌다. 이 책은 요시다 증언을 비교적 많이 인용하고 있다는 점에서, 일본 국내에서 문제시되고 있다"고 하야시 카오리 씨가 기술하고 있는 바와 같다. 이 책은 위안소를 군 성노예 체계로 규정한 쿠마라스와미 보고서에서도 중요 문헌으로 인용되고 있다.

하야시 카오리 씨는 "모두 4편의 기사가 Hicks를 인용했다. Hicks의 이 책은 위안부에 관한 영문 문헌이 거의 없었던 90년대에 서양 기자들이 참조했을 가능성이 높다. 여기에서 위안부 '강제연행'의 이미지가 구미(서양) 기자들 사이에 정착했을 가능성도 있을 것이다. 그러나, 인용되고 있던 기사의 수는 한정적이었다"라고 한다.

확실히 힉스의 이름을 언급한 기사는 많지 않다. 이 중 가장 상세한 내용은 뉴욕타임스 1995년

9월 10일자 서평이다(마이클 샤피로(Michael Shapiro) 컬럼비아대학 교수 집필).

이 서평은 대략, "책 내용을 소개함과 함께, Hicks의 책이 영어로는 최초의 위안부에 대한 해설서임을 평가하고, 동시에 그 필치가 일본과 한국에서 이미 나온 자료를 토대로 하고 있기 때문에 '다소 무미건조(arid)'하다고 하면서, 특히 생존해 있는 한국의 피해자들로부터 스스로 조사하고 그 증언을 취했다면 더욱 강력해질 수 있었다고 끝을 맺고 있다"(하야시 카오리 씨)고 하는 내용이다.

또, 서평은 "초기의 위안부는 봉급이나 새로운 식민지에서의 모험에 끌린 일본인 창부였으나, 그 수가 불충분하자 일본이 통치하던 나라에서 <u>군에 의한 조직적인 납치</u>, 강요, 사기적 모집이 시작됐다. 80%가 조선인이었다"고 쓰고 있는 등 사실 인식에 있어서도 힉스의 책에 의거하고 있다.

덧붙여 말하면, 하야시 카오리 씨가 "다소 무미건조(arid)'"라고 번역한 부분은 서평 원문에는 '다소'에 해당하는 단어가 없고 단순히 arid라고 했을 뿐인 표현이다. 만일 서평자가 요시다 증언의 허위성을 인식하고 있었다면(즉 아사히가 조기에 요시다 증언을 취소하는 등 행동을 취했다면), 한층 더 혹평에 가까운 내용이 되었을 것이다. 힉스 책의 영향력도 그만큼 줄어들었을 것이다.

고노 담화의 영향

1993년 8월 4일 고노 담화는 충분히 예상할 수 있겠지만, 일본이 위안부 강제연행과 성노예화를 공식 인정했다는 형태로 미국에서 보도됐다.

예를 들어 워싱턴포스트 1993년 8월 4일자는 '일본, 성노예들에게 사죄(Japan Apologizes to Sex Slaves)'라는 제목의 기사에서 "일본 정부는 오늘 제국 육군이 사로잡은 많은 아시아 여성에게 일본군 병사의 성노예로서 봉사하도록 강요했음을 인정하였다(the government of Japan today conceded that the Imperial Army forced large numbers of captive Asian women to serve as sex slaves)"라고 기술하고 있다.

뉴욕타임스 1993년 8월 5일자 '일본, 군이 강제로 여성을 전쟁 창관(娼館)에 넣었음을 인정하다'라는 제목의 기사도 "오늘 정부는 사실상 노예로 제국군 병사들에게 성 제공을 강요당했다는 여성들의 비통한 고발이 진실이었다고 인정했다"고 적고 있다. 고노 담화로 오해가 훨씬 크게 세계에 확산된 모습이 역력하다.

1993년 8월 8일자 뉴욕타임스의 '일본의 불편한 과거(Japan's Uncomfortable Past)'라는 제목의 기사는 "도조(東条)의 일본은 독일의 동맹국이고, 추축국의 전쟁머신의 앞길을 가로막는 모든 것과 관련 히틀러의 인종차별적 경멸을 공유했다(shared Hitlers racist contempt)"며, 조선의 젊은 여성이 성노예로 끌려간 조직적 강간(systematic rape)을 그 일례로 들고 있다. 고노 담화를 계기로 일부 미국 언론 보도에서는 일본군 위안소와 나치의 홀로코스트를 명확하게 동일시하는 데까지 왜곡이 진행된 셈이다.

그런데 아사히 제3자위원회는 고노 담화에 대해서, 부정적이기는커녕 일관되게 긍정적으로 보고 있다. 반대로 위원회가 곱지 않은 시선을 보내는 것은 고노 담화를 비판하고 재검토를 요구하는 사람들이다.

'광의의 강제', '협의의 강제'에 대해

하야시 카오리 씨는 정량분석을 바탕으로 위안부 문제에 대한 해외 기사는 일본 정치인 중 "아베 신조 수상의 인용이 압도적으로 많다. 아베 수상에 대한 구미 언론의 주목도가 발군이라고 할 수 있다"고 한다.

이어 "정보원(情報源)"으로서 뿐만이 아니라 "주제로도 아베 수상은 주목도가 높다"고 하고, "아베 수상에 가깝다고 꼽히는 사람들이 고노 담화 수정을 시사하거나 위안부 문제의 '협의의 강제성'을 쟁점으로 만들고 있기 때문에, 그때마다 아베 수상도 거론됐고 해외 언론 보도가 더욱 주목하게 된다는 구도가 되고 있다"라고 지적한다. 그리고, 다음과 같이 계속한다.

> 최근의 구미의 신문 기사를 종합하면, 아베 수상를 비롯하여 일본의 공인(公人)이 역사 자료에서의 조선반도에서 '협의의 강제성'의 부재를 주장하는 만큼, 해외에서는 그 자세가 위안부 문제를 경시(downplay)하고 속임수(whitewash)를 쓰고, 죄를 발뺌하려고 하기 때문이 아닌가 하고 받아들이고, 그것이 원인이 되어 기사의 양이 늘어나는 사이클에 들어갔다. 특히 구미에 있어서, '강제연행'에 구애되는 것이야말로 일본 정부가 전쟁 책임에 대해 자각이 없음을 상징하는 언설이라는 도식이 형성되는 것 같다.(하야시 카오리(林香里), '데이터로 보는 '위안부 문제'의 국제 보도 상황(データから見る『慰安婦問題』の国際報道状況)', 22페이지)

확실히, '광의의 강제성', '협의의 강제성'이라고 하는 말은 이해하기 어렵다(이것은 원래 아사히신문의 용어이지만). 강제라는 용어를 사용하는 한 오해를 증폭시키고 눈속임이나 일시적 변동이라는 비판을 초래할 수밖에 없다.

위안소는 군이 용인하고 편의를 봐준 창관(娼館)이고, 여성의 강제연행이나 성노예화 같은 사실이 없다고 단적으로 주장해야 할 것이다.

네덜란드 여성과 관련된 스마랑섬 사건 등은 예외적인 일탈행위이며, 이는 미군에서도 이라크 아부그라이브 수용소에서의 간수병 행패와 같은 현상이다. 모두 혐오스러운 사건이지만, 군의 조직적 행위가 아니며, 상부에서 알게 되면서 중지시켰다. 특히 미국인들에게 스마랑은 곧 아부그라이브와 같은 것이라고 말하면 공통점을 설정하기 쉬울 것이다.

또한 아사히 '제3자위원회' 보고서에서, 키타오카 신이치 씨가 다음과 같이 말하고 있다.

올해(2014년) 8월 5일 보도에서 아사히신문은 강제연행 증거는 없었지만, <u>위안부에 대한 강제는 있고 그녀들이 비참한 일을 당한 것이 본질이라고 말했다. 이것에는 동감이다.</u>

그러나 아베 1차 내각 당시 아베 수상이 강제연행은 없었다는 입장을 보였을 때 이를 강하게 비판한 것은 아사히신문이 아니었는가. 지금 입장과 아베 수상이 수상으로서 공적으로 발언한 입장, 그리고 고노 담화 계승이라는 입장과 무엇이 다른 것일까. 아사히신문에는 이러한 종류의 발뺌, 바꿔치기가 적지 않다.(94쪽)

의도하는 바는 알겠지만, "강제연행 증거는 없었지만, 위안부에 대한 강제는 있음"이란 표현은 역시 오해를 부를 것이다. '광의의 강제'와 마찬가지로 사실관계 및 일본의 입장을 밝히는 데 있어서 역시 적절한 표현이라고 말하기 어렵다.

기타오카 신이치 씨는, 오카모토 유키오 씨와의 연명으로 다음과 같이 기술하고 있다.

이번에 인터뷰한 해외 지식인도 일본군이 직접 집단적, 폭력적, 계획적으로 많은 여성을 납치하고 폭행하고 강제로 종군위안부로 삼았다는 이미지가 상당히 정착되어 있다.

(중략) 한국의 위안부 문제에 대한 과격한 언설을 아사히신문이나 기타 일본 언론이 이른바 엔도스(배서)해 왔다. 그 가운데 지도적 위치에 있었던 것이 아사히신문이다. 그것은 한국의 과격한 위안부 문제 비판에 탄력을 주었고, 더욱 과격화시켰다.

제3국에서 보면 한국 언론이 일본을 비판하고, 일본 유력 언론이 그에 동조한다면 일본이 잘못됐다고 생각하는 것도 무리가 아니다. 아사히신문이 위안부 문제의 과장된 이미지 형성에 힘을 가졌다고 보는 것은 그러한 의미에서이다.(52쪽)

이는 적확한 지적이라 하겠다. 또한, '이번에 인터뷰한 해외 전문가'라는 문제에 대해서는 나중에 상술하겠다.

납치 문제에 대한 악영향

워싱턴포스트는 2007년 3월 24일자 '아베 신조의 횡설수설(Shinzo Abe's Double Talk)'이라는 제목의 사설에서 위안부 문제와 납북자 문제를 같은 차원에 두고 논하고 있다.

"아베는 평양의 불성실한 대응을 비난할 권리가 있다. 하지만 기묘하고 불쾌한 것은 그와 병행하여 제2차대전 중의 몇 만명의 여성 납치 강간, 성노예화(abduction, rape and sexual enslavement)에 대한 책임 인식의 취소를 그가 도모하고 있는 것이다", "실제(위안부 문제에 관한 역사 기록은) 북조선이 일본인을 유괴한 증거와 같은 정도로 설득력이 있다(no less convincing)", "

만약 그가 납치된 일본인의 운명을 아는 데 국제적 지지를 얻고 싶다면 일본 자신의 범죄에 대해서도 솔직하게 책임을 지고, 그리고 그가 비방한 피해자에게 사죄하지 않으면 안 된다"와 같은 내용이다. 잘못된 사실인식을 바탕으로 한 고압적인 문장이다. 같은 기술은, 미국 신문에서, 그 밖에도 곳곳에서 발견된다.

워싱턴포스트 2007년 4월 27일자 기사는 "아베는 3월 여성을 강제로 아시아 전역의 사창가에서 일하도록 한 행위에 대한 일본군의 직접 관여를 부정하는 발언으로 국제사회의 많은 우려를 불러일으켰다", "그것은 또한 북조선에 의한 일본인 납치를 둘러싼 오랜 논쟁으로 스스로를 희생자로 묘사하는 일본의 노력을 어렵게 만들었다"고 적고 있다.

뉴욕타임스도 2007년 3월 27일자 '전시 성노예 문제에서 국가 역할을 부정한 일본 지도자, 결국 사죄'라는 제목의 기사에서 "(위안부 문제에서 아베 수상이) 국가에 의한 강제를 부정한 것은 위선이라는 비난을 불러일으켰다. 왜냐하면 아베는 북조선에 의해 납치되었다고 알려진 17명의 일본인 문제에서 주도적 역할을 함으로써 인기를 얻게 된 사정이 있기 때문이다"라고 기술한다.

위안부 강제연행·성노예화라는 오해의 확산이 납북자 문제에도 악영향을 끼쳤다는 것은 이들 미국의 보도에서도 분명할 것이다. 아사히의 책임은 이 점에서도 크다.

아베 씨는 납북자 문제는 물론 위안부 문제에서도 아무런 사실을 왜곡하는 발언을 하지 않았다. 따라서 이는 아베의 실언 문제가 아니다. 배후에 있는 구조적 요인이 검증돼야 한다.

그것은 다음에 살펴볼 2007년 7월의 미 하원 '위안부 일본비난' 결의의 성립에 대해서도 말할 수 있는 것이다.

미 하원 '위안부 일본비난' 결의에 대해서

하타노 스미오 씨는 제3자위원회 보고서의 '흔들리는 고노 담화(揺らぐ河野談話)'라는 절에서 미 하원의 위안부 결의안에 대해서 다음과 같이 말한다.

2007년 1월, 마이클 혼다 의원 등이 미 하원 외교위원회에 이른바 '위안부 결의안'을 제출하고, 2월의 공청회를 거쳐서 6월 하순, 찬성 39표, 반대 2표로 채택되어 2007년 7월 30일 미국 하원에서 만장일치로 통과됐다. 일본군이 아시아의 여성을 위안부로 삼아 "강제적으로 성노예"로 만들었다고 강력히 비난하고 일본 정부에 공식사과와 역사 교육의 철저 등을 요구하는 것이었다. 위안부 제도를 "20세기 최대의 인신매매 사건 중 하나"로 규정하고 있다. 당초 공동제안 의원이 그다지 늘지 않았던 것은 일부 공화당 의원의 반론이나 가토 료조(加藤良三) 주미대사의 항의서한이 주효했기 때문으로 여겨진다.

그러나 4월 이후 찬동 의원을 급증시킨 최대의 요인은 본 위원회에 의한 인터뷰에 응한 복수의

미국인 유식자(有識者)가 지적하듯이 '일본의 앞날과 역사 교육을 생각하는 의원 모임(日本の前途と歴史教育を考える議員の会)'('의원 모임')을 중심으로 한 44명의 국회의원과 유식자가 워싱턴포스트지(2007년 6월 14 일자)에 게재한 의견 광고 'THE FACTS(진실)'였다. 4월 26일 같은 워싱턴포스트에 한국계 시민의 입김으로 실린 의견광고 'THE TRUTH ABOUT "COMFORT WOMEN"'에 대항하는 것이었다.

의견 광고 '진실'은, 일본군에 의해서 강제로 종군위안부가 되었음을 나타내는 문서는 발견되지 않았다, 위안부는 섹스슬레이브가 아니다, 라고 호소하는 것이었다. 미 하원 외교위원회 랜토스 위원장이 "위안부 제도 속에서 살아남은 사람들을 비방하는 것"이라고 비판했듯이 이 의견 광고는 미국 사회에서 역효과였다.(67~68페이지)

이는 여러모로 흥미로운 글이다.

우선 하타노 스미오 씨는 일본의 유지가 워싱턴포스트에 낸 의견 광고가 위안부 결의안에 대해 "참여 의원을 급증시킨 최대 요인"이라고 하지만 제시된 유일한 논거는 "본 위원회에 의한 인터뷰에 응한 복수의 미국인 유식자의 지적"이다. 그러나, 이 '전문가 인터뷰'의 자료적 가치는 후술하는 것처럼 극히 낮다.

덧붙여 "최대 요인"이라고까지 말하는 이상, 하타노 스미오 씨는 적어도, 구체적으로 어떤 지적이 어느 '유식자(有識者, 전문가)'로부터 나왔는지를, 주(注)나 부록(付録)의 형태로라도 나타냈어야 했다. 그렇지 않으면 검증할 방법이 없는 것이다. 이번에 필자가 조사한 3개 신문에는 의견광고에 대한 의회의 반발을 보도하는 기사는 보이지 않는다.

"가토 료조 주미대사의 항의서한이 주효"에 대해서도 누가 그렇게 평가했는지, 근거가 무엇인지 분명치 않아 이 또한 검증할 길이 없다.

가토 대사 서한은 일본 역대 총리들이 거듭 사죄와 반성의 뜻을 표하는 등 '도피성 반론'으로 일관하고 있고, "잔학성과 거대함에서 유례를 찾기 힘든 일본 정부에 의한 강제적 군대 매춘인 '위안부' 시스템은 20세기 최대의 인신매매로 윤간과 강제 낙태, 모욕, 성폭행을 포함, 사지 절단 및 사망, 자살에 이른 것이고" 운운하는 결의안에서 보이는 중대한 사실 오인에 대해 전혀 반박하지 않고 있다. 대사 서한이 오히려 일본은 사실관계에 이견이 없다는 오해를 정착시켜 결의에 대한 저항을 약화시켰을 가능성마저 있다.

"이 의견광고는 미국 사회 속에선 역효과였다"고 하타노 스미오 씨가 재단하지만, 미국 사회는 일본 사회 등과 달리 직설적인 정의감으로 움직인다는 의미인가. 아니면 반대로 인권문제에서 미국은 유독 위선적이라는 뜻인가. 어쨌든 너무 단순한 견해일 것이다.

참고자료로서 비슷한 시기에 미국 하원에 제출된 '터키의 아르메니아인 학살 비난' 결의안의 경위를 살펴보자.

2007년 10월 10일 워싱턴포스트는 '무의미하기 보다는 나쁜-90년 전 터키에서의 학살에 관한 의회결의가 미국 오늘날의 안전보장을 위태롭게 한다(Worse Than Irrelevant-A Congressional resolution about massacres in Turkey 90 years ago endangers present-day U. S. security)'는 제목의 사설에서 다음과 같은 내용으로 비판했다.

즉, 100만 명이 넘는 학살사건은 분명 심각한 인도주의적 주제이지만, 결의추진파인 민주당 하원의원들은 선거구 내 아르메니아계 유권자의 환심을 사려는 '왜소하고 편협한 이해(petty and parochial interests)'에 끌려다니고 있으며 분노한 터키가 미군기에 대한 편의공여를 거부하는 안보상의 중대 위험을 감안할 때 "이 결의안 통과는 위험하고 심지어 무책임할 것이다(its passage would be dangerous and grossly irresponsible)".

키신저, 베이커, 슐츠, 올브라이트 등 전 국무장관 8명이 초당적으로 반대 공동성명을 내는 등의 움직임도 있어서 결국 결의안은 하원을 통과하지 못했다.

만일 얼마 전, 터키의 유지(有志)가 'THE FACTS(진실)'라고 제목을 붙인 의견광고를 냈다면, "미국 사회 안에서는 역효과"가 되어 결의가 단번에 통과에 이른 것일까. 애당초 있을 수 없는 이야기다.

터키는 시종 민관 모두 강한 반발의 목소리를 높였다. 그것이 미국 유력 언론으로 하여금 역사상의 인도적 문제보다 당장의 안보 문제를 중시하라는 취지의 사설을 쓰게 하고 결의추진파 의원들을 고립시키는 주요 요인이 됐다.

반면 일본은 종합적인 외교전략에서 졌으므로 종합적인 검증이 이루어져야 한다. 외무성의 경우, 가토 료조 대사 서한은 '성공' 운운하며 면죄할 대상이 아니며, 가장 먼저 검증의 도마에 올려야 한다.

톰 랜토스 하원 외교위원장은 당시 지역구의 중국계 반일단체들로부터 결의 촉진을 위한 압력을 받고 있었던 것으로 알려졌다. 마이크 혼다 의원도 선거구 안팎의 중국 로비와 오래전부터 더 밀접한 관계가 있었다. 이와 관련해 저널리스트 후루모리 요시히사(古森義久) 씨의 상세한 리포트가 있다(후루모리 요시히사, 『중·한 '반일 로비'의 실상(中・韓「反日ロビー」の実像)』, PHP, 2013년). 결의 배후에 관계 의원의 선거구 사정이 있었다는 점에서 대터키 결의도 대일 결의도 다름이 없다. 일본의 종합적인 외교력이 강했다면 거꾸로 혼다 의원 등이 미국 메이저 신문으로부터 왜소하고 편협하다거나 심지어 무책임하다는 비판을 받는 전개도 있을 수 있었을 것이다.

한편의 의견 광고가 실제로 한방 뒤집기를 낳은 것이라면 일본 외교는 그만큼 취약했다는 얘기다. 의회 유력 소식통과의 신뢰관계, 긴밀한 커뮤니케이션 루트가 구축되어 있으면 있을 수 없는 전개이다. 어쨌든 가장 반성해야 할 것은 외무성일 것이다.

앞으로도 일본의 좌파 세력은 '위안부=성노예' 운운하며 계속 선전하고, 그에 대해서 보수파는 팩트를 들어 반박하도록 점점 정부를 압박할 것이다. 외교 당국은 그것을 근거로 해서 국제 정보

전략을 세워야 한다. "유지가 의견 광고만 하지 않았다면"과 같은 식은, 무위무능의 호도로서도 너무나 재주가 없는 일이다.

덧붙여 제3자위원회 위원으로 외무성 OB인 오카모토 유키오(岡本行夫) 씨는 미 하원 결의 당시, 산케이신문에의 기고에서 다음과 같이 말했다.(2007년 7월 23 일자 「세이론(正論)」)

> 위안부 문제에 대해서 미국 하원에 계류 중인 대일 사과요구 결의안. 4월 말 아베 수상이 방미했을 때의 사죄 자세에 의해 사태는 진정되고 결의안 통과는 어려운 상황이 되었다. 그러나 일본인 유지가 사실관계를 반박하는 전면광고를 워싱턴포스트에 낸 <u>순간 결의안 채택의 기운이 타올라</u> 39 대 2라는 큰 표차로 외교위원회를 통과해 하원 본회의 통과도 확실한 상황이 됐다.
>
> 옳은 의견의 광고였을 텐데 왜 그랬을까. 그것은, 이 결의안에 관해서는, 이미 <u>사실관계가 쟁점이 아니게 되었기 때문이다</u>. 과거의 현상을 어떤 주관을 가지고 일본인이 제시하려고 하는가에 초점이 맞추어져 있기 때문이다. 일본인으로부터의 반론은 당연하지만, 역사를 어떠한 주관을 가지고 이야기하면 타인에 의해 받아들여지는가, 이것이 문제의 핵심이라는 것에 유의해야 한다.

특히 마지막 몇 줄은 무슨 말을 하고 싶은지 잘 모르겠지만, 아마도 일본인들은 과거사에 대해서 사실로 반론을 하지 말고 오로지 사죄와 반성의 자세로 가야 한다는 뜻일 것이다.

"이미 사실관계가 쟁점이 아니게 되었다"는 단지 외무성적인 패배주의의 표명일 뿐이다. 현실에서는 일본 측 주장이 상식에 부합한다고 생각하는 미국인들이 외무성이나 정치인 다수의 무위에도 불구하고 느리기는 하지만 서서히 늘고 있다.

오카모토 유키오 씨는 1991년 1월까지 외무성 북미국 북미 제1과장, 퇴임 후에도 총리보좌관, 내각관방 참여, 총리외교고문 등을 역임하고 있다. 아직 사실관계가 쟁점이었던 시기에 일본 외교의 일익을 담당했던 그는 도대체 무엇을 하고 있었는가.

기타오카 신이치 씨도 2004년 4월부터 2006년 8월까지 유엔 차석대사를 맡아 국제 홍보활동의 최일선에 있었다. 하타노 스미오 씨도 외교자료관에서의 오랜 근무 등 외무성과 무관하지 않다.

위안부 문제는 아사히가 먼저 부추기고, 보수파가 괜한 반론으로 악화시켰, 입을 다물고 외교부에 맡겨야 했다, 이런 것이 제3자위원회 다수파의 결론 같다. 그러나 이는 조심스럽게 말하더라도 현저하게 검증이 안 된 것으로, 설득력이 없다.

향후, 아사히에 관한 검증을 거쳐, 외무성 역할의 검증이 필요하게 되지만, 3명에게는, 의견 광고 'THE FACTS'를 희생양으로 만들려는 퇴영적 자세가 아닌, 진지한 자성에 입각한 적극적 관여를 요구하고 싶다.

아베 수상과 '보수파'의 고노 담화 비판에 대해

하타노 스미오 씨는 제1차 내각에서 아베 수상의 발언도 간과할 수 없는 결의 촉진 요인이었다며 미 하원 결의에 관한 아베 수상의 책임도 언급한다.

> 아베 씨는 (2007년) 3월 1일 "당초 정의됐던 '강제성'의 정의가 바뀌었음을 생각해야 한다"고 기자들에게 말했고, 3월 5일 참의원 예산위원회에서는 "관헌이 집에 침입해 사람을 납치하듯이 데려간다는 그런 강제성은 없었다"고 말했다. (중략)
> 아베 수상의 일련의 발언은 워싱턴포스트(WP)와 뉴욕타임스를 통해 비판받았다. 워싱턴포스트(3월)는 수만 명의 여성을 납치, 강간하고 성노예로 만든 데 대한 책임을 경시하고 있다고 못 박았다.
> 아베 수상의 발언은 '광의의 강제성'을 거부한 것은 아니었지만 이를 거론한 아사히신문의 사설(2007년 3월 6일 "'위안부' 발언 쓸데없는 오해를 불러일으키지 말라(『慰安婦』発言 いらぬ誤解を招くまい)")는 "이른바 종군위안부의 모집, 이송, 관리 등을 통해서 전체적으로 강제성을 인정해야 할 실태가 있었음은 분명할 것이다. 고노 담화도 그런 인식에 서 있다. 세세한 정의나 구분에 더 매달리는 것은 일본을 대표하는 입장의 총리로서 떳떳한 태도가 아니다"라고 말했다.

워싱턴포스트가 아베에게 못을 박았다고 쓰는 것은 하타노 스미오 씨가 미국 신문의 잘못된 비난에 동조하기 때문일까, 아니면 단순한 붓놀림일까. 어쨌든 간에 식견을 의심받게 될 것이다.

확실히 미국 신문에는, 아베 수상의 발언이 하원결의를 촉진했다는 기술이 적지 않게 보인다. 예를 들어 뉴욕타임스 2007년 5월 12일자 기사(노리미츠 오오니시(ノリミツ・オオニシ) 기자)는 아베 수상이 "일본군이 여성을 성노예로 강제한 것을 부정하고 다른 아시아 지역과 미국에서 분노를 불러일으킬 때까지는 이 결의는 거의 주의를 끌지 않았다"고 기술하고 있다.

또 같은 신문 2007년 3월 8일자의 '부정이 전직 일본군 성노예의 상처를 다시 열다(Denial Reopens Wounds of Japan's Ex-Sex Slaves)'라는 제목의 기사는 마이크 혼다 의원의 "일본의 역사가들이 발굴한 증거와 위안부 증언"에 따르면 아베 수상의 주장이 옳다고는 도저히 생각되지 않는다는 반론을 이끌고 있다.

더욱이 이 기사는 "일본의 역사가들은 군인의 일기와 증언, 미국 기타 국가 공식 기록을 이용하여 일본의 식민지와 점령지에서의 젊은 여성의 강제, 납치, 유인, 때로는 유괴 등에 일본군이 직간접 관여한 사실을 뒷받침해 왔다"고 적고 있다.

여기에는 요시다 증언과 아사히의 '92년 1월 강제연행 프로파간다'의 영향이 역력하다. 그런 점에서 아사히의 2007년 3월 6일자 사설은 아사히 자신이 부추긴 화재에 대해 진압을 시도하는 아베 수상을 떳떳한 태도라고 할 수 없다고 타이르는 모습에선 냉소할만한 하찮음이 느껴진다.

이때 아사히가 요시다 증언을 '시원히' 취소했다면 하원결의 과정 역시 달랐을지도 모른다. 국익 훼손이라는 점에서 따져야 할 것은 아베 발언이 아니라 아사히의 작위와 부작위이다.

또한 상기 뉴욕타임스의 기술에 반하여 미국 정부의 조사에 따르면, '미국의 공식 기록' 중 위안부 강제연행이나 학대를 나타내는 자료는 존재하지 않는다(나중에 다루는 마이클 욘(Michael Yon)의 보고). 반대로 위안부 생활 실태가 '성노예'와는 거리가 먼 것임을 나타내는 문서는 존재한다(미군에 의한 버마에서의 미군에 의한 위안부 청문조서—1944년(Japanese Prisoner of War Interrogation Report No. 49: Korean Comfort Women)).

아베 수상의 발언이 하원결의를 촉진했다는 취지는 이후의 기사에서도 찾아볼 수 있다. 예를 들면, 결의로부터 1년 남짓 후의 워싱턴포스트 2008년 11월 12일(블레인 하든(Blaine Harden) 기자)는, "그의 성명이 미하원으로 하여금 성노예의 취급에 대해서 일본에 사죄를 요구하는 결의를 통과시키기에 이르렀다(His statement pushed the U. S. House of representatives to pass a resolution calling on Japan to apologize for its treatment of sex slaves.)"고 쓰고 있다.

더구나 하타노 스미오 씨는 아베 수상의 발언뿐 아니라 정권이 작성한 정부 답변서도 미 하원결의의 촉진 요인이 됐다고 비판한다.

> 아베 내각은 3월 16일, 고노 담화 때까지 정부가 발견한 자료 중에는 군이나 관헌에 의한 이른바 강제연행을 직접 나타내는 기술도 발견되지 않았다는 답변서를 각의(閣議) 결정했다. 그는 일본 정부에 사죄를 요구하는 하원 결의안에 대해 사실관계, 특히 일본 정부의 대처에 대한 올바른 이해가 이뤄지지 않고 있다고 확인했다. 이러한 아베 내각의 자세는 위안부 '강제연행'을 부정하는 것, 사과의 뜻이 없는 것으로 간주되고, 하원 결의안에 대한 찬동 의원을 단번에 증가시켰다.(68~69페이지)

외국의 현 단계의 오해에 상응하여 정부답변서를 작성해야 한다는 여기서 보이는 발상은 전형적인 패배주의다.

덧붙이면, 하야시 카오리 씨의 보고에도 하타노 스미오 씨와 공통된 인식이 역력하다.

> 2014년 현재 아베 수상은 고노 담화를 계승한다는 것을 확인하고 있지만, 그 옆에서 측근으로 꼽히는 사람들 및 정부에서 공직에 있는 사람들이 고노 담화 수정을 시사하거나 위안부 문제의 '협의의 강제성'의 부재와 함께 위안부 문제 자체를 부정하는 듯한 발언을 하고, 서방 언론은 그때마다 그것을 보도하면서 보도량을 한 단계 끌어올린다는 구도를 알 수 있다.(78페이지)

보도량을 늘리는 것 자체가 나쁜 일은 아니다. 오히려 올바른 정보 발신의 기회 증대로도 연결될 수 있다.

예를 들면 워싱턴포스트 2002년 8월 15일자는 '위안부 강제연행은 날조된 사실(史実)이다'라고 하는 이날의 요미우리 신문의 사설을 소개하면서, 이러한 의견이 "더 주류가 되고 있다(becoming more mainstream)"고 쓰고 있다.

2007년 단계에서 "아베 수상의 견해는 일본의 주류"라고 쓰는 상태에 있었다면 위안부 결의안에 대한 미국 의원들의 대응도 또 다른 것이 됐을지도 모른다.

비교적 최근의 기사에서는, 예를 들면, 워싱턴포스트 2012년 12월 11일자에, "일본 최대 부수의 요미우리신문이 사설에서 일본이 성노예를 강제로 끌고 간 증거는 없다고 썼다"라고 하는 기술이 있다. '성노예'라는 규정은 문제지만, 어쨌든 사실을 발신하면 해외에도 전해지는 일례일 것이다.

마찬가지로 워싱턴포스트 2014년 3월 7일자 '성노예 사과의 재검증 움직임, 일본, 지역을 화나게 한다'라는 제목의 기사도 위안부에 대해서, "집에서 강제로 끌려가(coerced from their home)……일본군과의 성교를 갖도록 강요받았다(forced to have sex with Japanese soldiers). 대부분의 여성이 14세에서 18세 사이였다"고 하는 오인은 있지만, 동시에 고노 담화에 대해서 "이 사과는 일본군이 관여한 증거가 없음에도 불구하고 이루어진 한심한 정치적 양보라며 일본의 유력한 방면에서 점점 모멸감이 커지고 있다. 이 감정은, 이전에는 극우적 소수의 것이었지만, <u>지금은 일본의 주류가 되어가고 있다</u>"고 쓰고 있다.

이러한 인식이 해외에서 퍼진다면, 적어도 '지일파'를 자인하는 사람들에 있어서는, '주류'를 적으로 돌리는 논의를 쉽게 할 수는 없을 것이다.

'요시다 세이지의 망령'에 대해서

아베 수상 및 보수파에 대한 하타노 스미오 씨의 비판적 자세는 계속 '요시다 세이지 씨의 망령' 이라는 항목에서 "이 집단"은 "잘못된 인식을 공유"하고 있었다고, 한층 강하게 나타난다.

> <u>요시다 씨는 한때 일본 매스미디어에 자주 등장했는데</u> 물론 가토 담화나 고노 담화를 뒷받침하는 증거로 채용된 것은 아니다. (중략) 문제는 국내외 정치에 강한 영향력을 가진 집단이 <u>잘못된 인식을 공유하고 있었다는</u> 점이다. 거기에서는 위안부 강제연행을 고백한 요시다 증언은 고노 담화의 유력한 근거로 인식되고 담화가 "강제연행"을 인정한 것이라는 고정 관념이 형성된 것이다. (중략) "강제연행"의 유력한 근거였던 요시다 증언이 부정된 것을 가지고 이 집단은 "강제연행"을 일본의 공적 입장으로 인식하는 고노 담화의 재검토(철회)를 언급하게 된다. <u>강제성을 둘러싸고 일한(日韓) 양측 주장의 미묘한 균형을 표현하고 국제적 평가도 자리 잡아 가던 고노 담화는 그 신임을 잃을 위험에 처하게 된다. 그것은 '강제연행'의 실행자로서 요시다 세이지(吉田清治) 증언의 '망령'이 할 수 있는 업이었다.</u>(71페이지)

"요시다 씨는 한때 일본의 매스미디어에 자주 등장했다"고 하타노 스미오 씨는 말하지만, 요시다 증언의 영향은 길게 꼬리를 드리웠다고 보는 것이 자연스럽다.

실제로, 제3자위원회의 보고서에서도 하야시 카오리 씨가, "한국의 기사를 보면, 수는 적다고는 해도, 극히 최근(2012년)에도 요시다 증언에 근거해 일본군에 의한 '강제연행'이 이야기되고 있다"라고 적고 있다.

미국 신문에서도 요시다 증언의 그림자는 오랜 세월에 걸쳐 곳곳에서 찾아볼 수 있다.

아시아여성기금을 다룬 뉴욕타임스의 두 기사(1996년 5월 13일, 15일자)에서도 일본군 위안부를 "대부분 마을에서 유괴된 10대 소녀들(mostly teen-age girls kidnapped from villages)"라고 기술하고 있다. 이것이 요시다 증언과 무관하다고는 말할 수 없을 것이다.

최근의 사례로는 워싱턴포스트 2014년 5월 31일자의 '제2차대전시에 위안부에 대한 경의가 페어팩스를 미묘한 상황에 놓이게 하다'라는 기사는 위안부는 "집에서 납치되어 '위안소'에 보내졌다(abducted from their home and sent to"comfort stations")"고 하였다. 여기에서도 요시다의 망령을 볼 수 있을 것이다. 아니 망령이라기보다 끊임없이 살아나는 좀비, '요시다 세이지의 좀비'가 더 정확한 표현일 것이다.

'제3자위원회' 보고에서의 방법상의 혼란

이하, 제3자위원회 보고에서 볼 수 있는 방법상의 혼란에 초점을 맞추어 검증해 나가겠다. "요시다 세이지" 및 "힉스"를 키워드로 한 정량분석(전술) 후, 하야시 카오리 씨는 다음과 같은 정리하고 있다.

> 구미(서양)의 위안부 보도의 일련의 기사를 확인해보면 굳이 "요시다 세이지"라는 이름이 붙지 않거나 Hicks의 저작을 인용하지 않았더라도 일본군 위안부의 '강제연행' 이미지는 반복적으로 등장한다. 이러한 이미지는 인도네시아에서의 이른바 '스마랑 위안소 사건' 등 조선반도 이외에서 발생한 피해자 증언의 영향도 있을 것이다. ……세계 각지에 사는 위안부가 인용되었던 것을 감안하면 일본군의 강제성의 이미지는 이 20년 사이에 집중적으로 만들어졌다고 할 수 있다. 따라서 오늘날 구미 미디어 속에 있는 '위안부'라는 이미지가 아사히신문 보도에 따른 것인지, 다른 정보원에 의한 것인지 미디어 효과론 상의 실증적인 추적은 이제는 거의 불가능할 것이다.(하야시 카오리, 전술 보고, 33페이지)

하야시 카오리 씨는 한국 신문에 관해서도 다음과 같은 정량분석 결과를 기술했다.

한국의 기사를 보면, 수는 적다고는 해도, 최근(2012년)에도 요시다 증언에 근거해 일본군에 의한 '강제연행'이 이야기되고 있다. 한국에서 가장 많이 참조되는 아사히신문이 97년 시점에서 보다 명확하게 요시다 증언을 취소했다면 오늘날 한국의 논의 흐름에 과연 어떤 영향을 미쳤을까? <u>지금으로서는 알 수 없다.</u>(동상 48쪽)

확실히 위안부에 관한 "일본군의 강제성의 이미지는 이 20년 사이에 집중적으로 만들어졌다"는 것은 옳은 말이다.

그러므로 아사히신문이 미친 영향의 정도에 대해서 "미디어 효과론 상의 실증적인 추적은 지금으로서는 거의 불가능하다", "현재로서는 알 수 없다"는 중간총괄은, 비록 부족하더라도 양적분석의 한계를 의식한 나름대로 성실한 결론이라고도 할 수 있다.

'해외 지식인의 의견'에서의 자료 비판 결여

그런데 하야시 카오리 씨의 논의는 여기서 묘한 방향으로 흘러간다.

또한 세계가 품고 있는 일본의 이미지에 대한 영향이라고 하는 물음은, 위안부 문제와는 상관없이 장기간 겹겹이 중층적이고 섬세한 면이 있으므로, 이러한 대략적인 데이터에서는 보이지 않는 국면이 있을 가능성이 작지 않다. 그래서, 추가적으로, 제3자위원회의 지시로 <u>아사히신문의 취재망으로 인터뷰를 한 해외 유식자의 의견도 별도로,</u> ······열거해 두었다.

영어권에 한해서이긴 하지만, 종합하자면 <u>요시다 세이지 씨의 가공의 강제연행 이야기는 일본의 이미지에 악영향을 주지는 않았다는 의견이 대부분이었다.</u>

한편, 위안부 문제는 일본의 이미지에 일정한 악영향을 미치고 있다는 의견도 대부분의 지성이 말하고 있었다.

그러나 그때, 일본에서 이야기되고 있는 것과 같은 과거의 '위안부 강제연행' 이미지, 혹은 위안부 제도가 있었던 것 자체가 상처가 된다는 것이 아니라, <u>일본의 보수 정치가나 우파 운동가들이 이 '강제성'의 내용에 집착하고 고노 담화에 의문을 나타내거나 무효화하려고 하는 행동을 취하는 것이 일본의 이미지 저하로 이어지고 있다는 인식에서 그들은 거의 일치하고 있었다.</u>(하야시 카오리, 전술 보고, 25페이지)

양적분석의 한계를 전문가의 의견에 의해 보완한다는 방침은 이해할 수 있다고 하더라도, 문제는 필요한 자료 비판이 전혀 이루어지지 않았다는 점이다. 제3자위원회가 인터뷰한 영어권의 '해외 전문가'는 이하와 같다.

- 캐시 마사오카(Kathy Masaoka), 민권과 보상을 요구하는 닛케이(NCRR) 공동대표
- 제럴드 커티스(Gerald Curtis) , 미국 컬럼비아대 교수
- 조지프 나이(Joseph Nye), 미국 하버드대 교수
- 신기욱(Gi-Wook Shin), 미 스탠퍼드대 아시아태평양연구소 소장
- 대니얼 스나이더(Daniel Sneider), 미 스탠퍼드대 아시아태평양연구소 부소장
- 테사 모리스 스즈키(Tessa Morris Suzuki) , 호주국립대 교수
- 데니스 핼핀(Dennis Halpin), 미 존스홉킨스대 객원연구원
- 배리 피셔(Barry Fisher), 변호사(미국)
- 필리스 김(Phyllis Kim), '캘리포니아주 한미포럼(KAFC)' 홍보 담당
- 마이크 모치츠키(Mike Mochizuki), 미국 조지워싱턴대 교수
- 마이클 그린(Michael Green), 미 전략국제문제연구소(CSIS) 부소장
- 민디 코틀러(Mindy Kotler), 미국 아시아 정책 포인트 대표
- 윤미향(Mee-hyang Yoon), 한국정신대문제대책협의회 대표
- 래리 닉시(Larry Niksch), 미 전략국제문제연구소(CSIS) 시니어 어소시에이트

(110페이지)

내가 아는 한, 이들 대부분이 위안부 문제에서 아사히신문 또는 한국 측에 가까운 입장을 취하는 사람들이다. 반일운동단체의 간부들도 포함돼 있다. 더구나 이들을 대상으로 하여 아사히신문 취재망(즉 아사히 기자일 것이다)에서 인터뷰하게 했다니, 우선 이 시점에서 이중의 편견이 걸려 있다.

개별적으로는, 예를 들면 민디 코틀러 씨를 "지일파 지식인으로 알려져 있다"(하야시 카오리 씨)고 하는 것에 위화감을 느끼는 사람이 적지 않을 것이다. 이른바 보수파뿐 아니라 주미 일본대사관 등의 인식에서도 그는 통상 반일운동가로 분류된다.

한국어에 능통한 데니스 핼핀(전 하원 외교위원장 정책스태프) 씨도 북조선 문제에서는 균형 잡힌 논리를 펴지만, 역사 문제에서는 코리아 측의 편에 치우친 언행으로 친구들(나도 그중 한 명)을 당황하게 만들 때가 많다.

래리 닉시 박사(전 의회 조사국 조사원)도 온통 영문 자료에 의거하고 있어 위안부 논의의 상세를 아는 것은 아니다.

물론 이런 사람들의 의견을 참고해서 나쁠 것은 없다. 그러나 동시에, 예를 들면, 제임스 아워(James Auer, 전 미 국방부 일본 부장) 씨나, 미 정부의 중요 보고서를 발굴한 마이클 욘(Michael Yon, 저널리스트) 씨라는, 일본 측의 주장에 이해를 나타내 온 사람들도 청취 대상에 포함해 균형을

잡았어야 했다. 마이클 욘 씨가 특종한 미국 정부 보고서(2007년 4월)는 일본군 위안소와 조직적 전쟁범죄를 연계시키는 자료는 발견하지 못했다고 결론지었다('나치 전쟁범죄와 일본제국 정부 기록에 대한 각 부처 작업반 미국 의회 앞 최종보고(The Nazi War Crimes and Japanes Imperial Government Records Interagency Working Group)'-IWG 리포트).

게다가 제3자위원회 보고에서의 문제는 인터뷰 전 기록이 공개되지 않고 하야시 씨가 독자적으로 취사선택한 다음과 같은 단편만이 "발췌 열거"되고 있다는 점이다. 각각 누구의 발언인지도 분명치 않다. 반복하지만, 여기서의 '유식자'에는 한국계 반일 단체의 간부도 포함되어 있다. 기록을 위해 발췌 전문을 인용해 놓자.

- 일본은 우선 자기 방위를 그만두어야 한다. 고노 담화를 계승하고 한국에 아직 있는 위안부들에게 보상을 해야 한다. 세계가 "일본은 아무것도 나쁜 일을 하지 않았다, 사과할 필요는 없다"라고 말하는 것이 아니다. 설사 부당한 비판을 세계로부터 받고 있다고 해도, 정치가라면 국익을 생각하고 일본의 이미지를 좋게 하고 싶으면 이 문제에 대해 더 이상 발언해서는 안 된다.

- 일본의 고노 담화 수정, 아사히신문 공격이 오히려 일본의 이미지를 실추시키는 것이다. 미국 전문가 그룹은 일본의 보수 세력과 정부에 크게 실망하고 비판적이다.

- 고노 담화를 바꾸려고 하는 것은 매우 어리석은 일이었다. 다시금 이 문제를 거론하려 함으로써 일본 정부가 큰 잘못을 저질렀다고 생각한다. (일본의 위안부 문제 대처에서) 가장 좋은 방법은 이 문제를 최우선 사항에서 제외하고 주목도를 낮추는 것이다.

- 일본의 인상을 손상시킨 문제의 원인은, 나는 외부의 관찰자가 봤을 때 '이 문제에 대해서 일본정부가 정직하고 성실하다고 생각되는 형태로 관여하고 싶어 하지 않아 한다'는 것이라고 생각한다. 나는 그것이 현재의 일본의 인상을 손상시키고 있는 진짜 문제라고 생각한다.

- 고노 담화를 철회하거나 수정하려던 2006년과 2007년의 움직임이 미국에서 일본의 이미지를 나쁜 방향으로 바꾸어 놓았다.

- (요시다 증언을 보도한 기사로 인해) 일본의 이미지가 달라졌다고는 생각하지 않는다. 오히려 위안부 문제에 대한 지금의 논쟁이 일본의 이미지에 영향을 주고 있다. 아베 정권이 강제연행 여부나 성노예라는 표현, 군의 직접 관여 여부에 매달리는 것은 참으로 어리석은(stupid) 일이다. 고노 담화를 수정하지 않겠다고 하면서 이를 각의(閣議) 결정을 통해 부정하려는듯 일을 하는 것도 어리석은 것이다.

아베 씨의 생각을 외교관에게 실행시키려는 움직임은 일본의 명예를 회복하기는커녕 일본의 평판을 악화시키고 있다.(하야시 카오리, 전게 보고, 34-35쪽)

이들 발언자 불명의 '발췌'에 근거하여, 하야시 카오리 씨는 다음과 같이 총괄한다.

> 인터뷰한 사람들은 주로 영어권에서 활동하는 지일파 지식인으로 알려져 있으며 모두 일미한(日米韓) 국제관계에 영향력을 가진 전문가들이다. 그녀/그들에 따르면, 미국의 경우 요시다 세이지 씨에 의한 강제연행 이야기는 일본의 이미지에 거의 영향이 없었다는 의견인 반면 위안부 문제는 일정한 악영향을 주고 있다는 의견이 많이 보인다.
> 즉, 그녀/그들이 "위안부 문제가 일본의 이미지를 손상시킨다"고 할 때 요시다 세이지 씨로 대표되는 '강제연행'의 이미지가 떠오르지 않고, 일본의 보수 정치나 지식인들이 이 '강제성'의 내용에 매달리거나, 고노 담화에 대해서 의문을 던지는 것 같은 행동을 하는 것이 일본의 이미지 저하로 이어진다고 말했다.(상동, 34페이지)

즉, 위안부 '강제연행'라는 오해를 넓힌 아사히신문 등이 아닌, "일본의 보수정치가나 지식인들"이야말로 "일본의 이미지 실추"의 주범이라는 것이다.

이 주장의 시비를 검토하기 전에 한 가지 보충을 해 둔다. 해외 전문가 중 래리 닉시의 이름은 하야시 카오리 씨가 따로 인용하는 한국 신문기사에도 나온다.(동아일보 2006년 10월 25일자)

> [위안부 결의안은 역사 날조에 근거한다] 요미우리 미 하원 멸시 파문
> ▽ 미국 의원들 실망=미국 국회 의원들을 위해 위안부 보고서를 작성한 래리 닉시 의회 조사국(CRS) 선임연구원은 23일 요미우리 사설 내용을 이해할 수 없다고 응답했다.
> 그는 전화 인터뷰를 통해서, "일본 헌병 출신 요시다 세이지 씨가 군 위안부 동원에 참여했다고 쓴 고백록('나의 전쟁 범죄', 1983년)이 출판됐으며 요시미 요시아키 박사가 1992년 일본 방위청 도서관에서 발굴한 자료에서도 '점령 지역에 군 위안부 시설을 설치'로 명령을 내린 것이 확인되고 있지 않은가"라고 반론했다.

이 기사에 따르면 래리 닉시 씨는 2006년 시점에서도 여전히 요시다 증언을 중시하고 있었다. 위에 '발췌'된 여러 의견과 분명하게 어긋나지만, 하야시 카오리 씨는 자신의 리포트 속에 있어서의 이 모순을 어떻게 설명할 것인가. 또, 제3자위원회는, "아사히의 취재망"에 대해 래리 닉시 씨의 현재 및 당시의 인식을 묻도록 지시한 것인가.

래리 닉시 씨는 '92년 1월 강제연행 프로파간다'에도 영향을 받은 것 같다. 아사히 취재망은

래리 닉시가 요시미 요시아키 발굴 자료의 의미를 정확히 이해하고 있는지는 물어본 것인가.

이상을 정리하면, 아사히 제3자위원회의 '해외 전문가' 인터뷰는 대상 선정부터 질문의 작성, 결과 정리, 공개의 방법까지의 전 과정에 있어서 매우 엉성하고 경향적이었다고 말하지 않을 수 없다.

또 하타노 스미오 씨는 "강제연행을 했는지 아닌지 하는 좁은 시점에서 문제를 파악하려는 경향"을 비난하는 아사히의 태도를 다음과 같이 정확하게 비판하고 있다.

> 당초의 요시다 증언에 의거한 '협의의 강제성'에 기운 보도로부터 요시다 증언의 위험성이 밝혀져 고노 담화를 지렛대로 삼아 <u>논점을 바꿔치기했다</u>고 지적받아도 어쩔 수 없다.(보고서 63쪽)

이 2단계의 불공정한 자세는, 아사히 제3자위원회가 선택한 '해외 유식자'의 대부분에 대해서도 똑같이 말할 수 있을 것이다.

위안부 강제연행론을 들고 일본을 비난하면서 강제연행을 한 증거가 없다고 반박하면 그것은 중요 논점이 아니며 작은 일에 구애되면 반성의 질을 의심받는다는 등으로 바꿔치기하는 패턴이다.

불공정한 논의의 정식화 및 확산이라는 점에서도 아사히의 책임이 컸던 것이 아닐까.

구미와의 '시점의 차이'라는 픽션

위안부를 "전쟁 이전의 일본에 정착했던 공창제의 전쟁터판"으로 보는 것이 아베 정권이며, 반면 "구미(서양)의 보도의 논조의 대부분은 위안부 문제를 보편 인도주의적 '여성 인권 문제'의 관점에서 규정하고 있다"고 하야시 카오리 씨는 주장한다.

그에 따르면 구미의 주류파는 "매춘이나 인신매매로 생계를 꾸려갈 수밖에 없는 여성과 아이들을 주변화하고 고착화하며 재생산하는 사회의 역학관계와 권력을 문제 삼는다. 즉, 그녀들의 권리를 수탈하고 인신거래를 정당화하는, 전투지나 식민지가 의존하는 기저구조를 문제 삼고, '성노예'는 이 사회구조를 조명하는 말이다"라고 하는 것 같다.(여담이지만, 이런 언어 감각으로 어떻게 하야시 카오리 씨가 '미디어론'을 다룰 수 있는지 의아하다.)

이어 그는 "'위안부'라는 말의 설명에 '성노예'라는 말을 갖다 댈지 어떨지는 일본 정부의 견해와 해외의 논조 사이에 갭이 가장 단적으로 나타나는 장면이라고 규정할 수 있을 것이다"라고 말한다.

그리고, "일본 정부와 일본의 보수파가 거듭 주장했음직한, '강제연행' 여부를 둘러싸고 위안부들의 개별 구체적인 사실 레벨의 판단에 초점을 맞추고 국가의 책임을 쟁점화하지 않는 입장을 외신의 미디어로부터 이해받는 데는 구미에서의 위안부 문제에 대한 관점, 이해의 근도(筋道)에 근본적으로 차이가 있기 때문에 향후도 어려움이 예상된다"고 하는 예측을 써두었다.

즉, 여성 인권에 관해 의식이 뒤떨어진 아베 정권이나 "아베 수상과 가깝다고 생각되는 사람들"

이 강제연행 여부에 구애받기 때문에, 의식이 진보한 '구미'로부터 반발과 경멸을 산다고 하는 취지일 것이다.(이것도 여담이지만, '구미'에서는 매춘을 합법화하고 있는 나라도 있다. 이 사실을 하야시 카오리 씨는 어떻게 합리화할 것인가.)

그런데 구미가 문제 삼는 것은 매춘이나 인신매매를 낳는 기저구조인데 비해 그 '관점', '근도'를 이해하지 못하는 일본 보수파가 '강제연행'을 쟁점으로 삼기 때문에 계속적으로 비난받는다고 하는 하야시 카오리 씨의 설은 옳은 것일까.

이와 관련해 그는 외무성 원로로 '전 제네바 국제기구 대표부 공사를 지낸 미네 게이키(美根慶樹) 씨'의 발언을 특별히 끌어들이고 있다. 코멘트 없이 길게 인용하는 걸 보면 하야시 카오리 씨도 같은 의견일 것이다.

> 아마 그런 운동(여성의 권리보호: 하야시 카오리 주)을 적극적으로 추진하려는 사람들은 그것이 섹스슬레이브였다고 할 것이고, 더 중요한 것은 그녀들은 더 물어보면 미군이 한 것도, 그것도 섹스슬레이브였다고. 한국군이 베트남에서 한 일, 그건 너무 심한 섹스슬레이브였다고 할 것 같아요. 다만, 그것은 '섹스·슬레이브'라고 하는 말이 적당하지 않다고 하는 것에, 이 투쟁의 포인트를, 초점을 맞춰 간다고 하는 것은 위험하다, 좋지 않다고 생각합니다.(하야시 카오리, 상게 보고, 30쪽)

그럼 왜 특히 일본군 위안부만 '성노예'로 지탄받는가. 미국과 한국의 언론과 정치인들이 왜 자국 정부에 요구하지 않는 공식사과와 국가 보상을 일본에만 요구하는가. 그러한 의문에는 대답하지 않은 채 하야시 카오리 씨는 성노예와 일본의 관계에 대해 다음과 같이 말한다.

> '성노예'라는 말은 90년대 이후 페미니즘 운동에 의해 의제 설정된 세계적인 성폭력 및 인신매매 반대 운동의 확장 속에서 서서히 침투하고, 일본의 위안부 문제가 이 문맥에 이끌려 갔다고 생각하는 것이 자연스럽지 않은가 하고 추측된다.(상동, 31쪽)

여기서도 문제는 국제적인 "페미니즘 운동"의 "문맥"이라는 것에 왜 "일본의 위안부 문제"만이 "이끌려 갔다"는 것인가, 반면에 미군과 한국군은 "(이끌려 가지) 않은 것"인가 하는 것이다.

답은 명백하여, 구 일본군에만 강제연행과 비정상적인 학대(성노예화)라고 하는 픽션이 부착되어 왔기 때문일 것이다.

또한 공평을 기하면 하야시 카오리 씨 자신은 한국에서의 '미군 위안부'도 문제를 삼고 있다.

> 미군 위안부에 대해서도 그 근저에는 일본군 위안부와 동류의 문제가 발견된다. 한국 정부는 미군기지 주변에 외화 획득을 위해 미군을 위한 위안소를 추진했다. 즉, '미군 위안부' 제도는 한국

정부의 협조 없이는 성립하지 않았다. 게다가 이른바 기생 관광으로 불리는 것으로 외화 획득을 위해서 한국 정부는 국책 섹스 투어를 추진했다.

위안부 문제는 일본의 조선반도 식민지배의 문제인 동시에 전후 한국의 근대화와 급속한 경제 성장의 왜곡으로도 부상한다.

이렇게 위안부 문제는 일본 제국주의 통치와 군대에 의한 폭력과 함께 그에 가담한 조선 측의 권력, 그곳에 몰려가 이득을 취하던 민간업자, 그리고 여성들의 참혹한 상황을 묵인하는 일본, 한국을 비롯한 동아시아 지역의 가부장제 및 남존여비 문화 등이 맞물린 데서 비롯되었다. 위안부 문제를 요시다 세이지 씨에 초점을 좁히면 문제의 전체상을 조명함에 있어서 초점이 제대로 맞지 않고 오히려 문제 해명을 지연시킨다.(상동, 49페이지)

이념 냄새가 강하고 생경한 글이지만 일본만 부당하게 폄하하지 않은 점은 평가할 만하다. 다만 그렇다면 강제연행을 둘러싼 오해를 불식시키지 않는 일도 그의 논법에 입각한다면 "문제의 전체상을 충분히 조명하지 않아서 오히려 문제 규명을 지연"시키고 있는 일이 아닐까.

더욱이 하야시 카오리 씨의 '여성 인권' 개념에는 남편과 아버지, 아들이 납치 강간범의 누명을 썼기 때문에 상처를 받게 되는 그 아내와 딸, 어머니에 해당하는 여성의 인권은 포함되지 않는 것일까. 그의 "여성에게 있어 잔혹한 상황"에 대한 이해가 너무 좁은 것 같다.

하야시 카오리 씨는 '결어'에서 이렇게 말하고 있다.

구미의 보도에서는 위안부들의 개인적 경험을 인도주의적, 보편적 관점에서 다시 파악하려는 시도가 발견된다. 즉, 거기에는 위안부를 비롯한 전시 성폭력 피해를 당한 여성들의 경험을 근대의 국가권력의 폭주의 구조적 부산물이라고 포착하는 관점이 존재했다.

이러한 기사에는 제국주의나 군사독재정권이 여성, 피식민자, 피지배자들의 권리를 주변화하면서 차별구조를 내재시켜 국가발전을 이끌었다는 비판적 세계관이 존재한다. <u>차별의 구조는 일본에만 있었던 것이 아니라, 유럽, 미국, 아시아 등 널리 근대국가의 문제였다.</u> 그리고 오늘날에도 성 착취를 목적으로 하는 여성이나 아동의 인신거래 문제가 일본뿐만 아니라 세계 각지에 존재한다. 구미의 각 신문에는 이러한 시선에서 위안부 문제를 거론하려고 하는 것이 있었다.(상동, 50페이지)

우선, "위안부를 비롯한 전시 성폭력 피해"라는 표현은 오해를 증폭시키는 것이다. 기타 단어에 대한 의문은 제쳐놓지만 이상은 구미의 위안부 보도 실태와는 전혀 무관한 하야시 카오리 씨 개인적 이념의 의견 진술에 불과하다.

하야시 카오리 씨의 논술과 달리 위안부 문제를 다룬 미국 세 신문의 기사 중, "일본에만 있었던 것이 아니라 유럽 미국 아시아 등 광범위한 근대국가의 문제"로 포착한 내용 등은 하나도 없다.

반대되는 내용의 기사라면 수없이 많다. 예를 들면 뉴욕타임스 1995년 10월 27일자 '점령 미군을 두려워하여 일본 여성들을 유곽에 가도록 권장(Fearing GI Occupiers, Japan Urges Women Into Brothels)'이라는 제목의 기사는 점령 미군이 일본에서 이용한 "매춘부(prostitutes)"와 일본군의 "위안부"에 대해서, "물론 양자는 거대한 차이(enormous difference)가 있다. '위안부'는 대개 집에서 끌려 나와 전선의 유곽으로 강제로 들어간 조선의 10대들이었다(mostly Korean teen-agers who were dragged away from their home and forced into front-line brothels)"라고 적고 있다.

반면 "(미군을 상대로 한) 일본 여성들은 경제적 곤경에서라고는 해도 대부분은 <u>자발적으로 일하고 있으며 통상적인 유곽보다 몇 배의 보수를 받았다</u>"고 쓰고 있다. 분명히 일본군과 미군의 경우를 다르게 보고 있어, "보편적 관점에서 파악하려는 시도"를 발견할 수 없다. 덧붙여 이 기사의 "집에서 끌려 나와" 등등의 기술에서, 요시다 증언의 그림자를 볼 수도 있을 것이다.

극히 최근의 예에서도 워싱턴포스트 2014년 2월 12일자 '일본의 부정주의(Japan's denialism)'이라는 제목의 사설은 위안부는 "수천명이라고 하는 여성(대부분 조선인)을 노예화하고 군 기지로 수송하고, 성 행위를 강요한 <u>일본 특유의 시스템</u>(uniquely Japanese system)"이라고 하고 있다.

뉴욕타임스 2009년 1월 8일자의 전후 한국에서 미군 위안부 문제를 다룬 기사는 한국인 창부의 "우리 정부는 미군의 일대 포주(Big Pimp)였다"라고 한 발언을 전하면서 "그녀들은 일본에 대해 보상을 요구하면서 한국 자신의 역사는 직시하려고 하지 않는 역대 한국 정부의 위선을 고발하고 있다"라고 하고 있지만, "<u>여성들은 미국과 한국 당국에 의해 매춘을 강제당했다고 주장하지 않는다</u>"고 하면서 일본군 위안부의 경우와는 확실히 다른 방식으로 쓰고 있다.

앞서 언급한 뉴욕타임스 1995년 9월 10일자 힉스 책의 서평 기사도 "여성을 강제 성매매시킨 군은 일본이 처음이 아니다. 그러나 일본인은 잔학한 효율성에 대해 모델이 되는 시스템을 만들어냈다(they created a system that was a model of brutal efficiency)"고 분명히 일본 특수론의 입장에 선 기술을 포함하고 있다.

이것도 앞에서 인용되었지만 워싱턴포스트 1992년 1월 18일자, ''위안부'—야만 행위'라는 제목의 기사에서도, "이는 무관심한 혹은 부주의한 군 지휘부 아래에서 전시 중에 자행된 잔학 행위와 같은 종류가 결코 아니다"라고 하면서 특수한 일본군만의 조직범죄로 여기고 있었다.

이상과 같이, "차별의 구조는 일본에만 있었던 것이 아니라 유럽 미국 아시아 등 광범위한 근대 국가의 문제였다", "국제 사회에서는 위안부 문제를 인도주의적 '여성 인권 문제'의 관점에서 규정하고 있다"라는 하야시 카오리 씨의 주장에는 아무런 자료적 근거도 없다. 반대로, 특수한 일본군만의 시스템으로 파악해 비판하는 기사가 압도적 다수라는 것이 자료적 현실이다.

그의 이데올로기에 가까운 내용은 유일하게 로스앤젤레스타임스 1995년 12월 11일자 '인권의 시각-매춘은 지불된 강간'이라는 제목의 재니스 레이먼드(Janice Raymond) 매사추세츠대 교수(

여성학 의학윤리)의 기고문뿐이었다.

재니스 레이먼드 씨는, 동년 9월, 오키나와에서 미군이 일으킨 12세의 소녀 집단 폭행 사건에 관해, 리처드 매키(Richard Macke) 미 태평양군 사령관이 "렌터카 요금으로 여성을 살 수 있었을 텐데. 이들은 어리석다(stupid)"고 발언한 것을 보고, "매키의 발언은 병사들의 휴식과 레크리에이션을 위해 매춘을 관대하게 보고 장려해 온 군의 전통에 기인한다"고 비판한다.

그러나 재니스 레이먼드 씨도 미군이 장려하는 것은 '매춘'이지만, 일본군의 경우에 대해서는 '징용(conscription)'된 '성노예제(sexual slavery)'로서 '강간'으로 규정한다.

다만 "문제는 강간과 성매매의 거리다. 전시에 있어서나 평시에 있어서도 그 거리는 크지 않다", "돈 거래가 있었기 때문에" "사고 파는 강간"이 합의에 근거한 섹스로 바뀐다는 생각을 용서할 수 없다"라는 식의 주장이 계속되는데, 일본군 위안부는 명확한 강간이라는 인식은 일관되다.

심지어 미국 신문에서는 1990년대 보스니아의 인종청소 과정에서 벌어진 조직적 강간과 일본군 위안소를 동일시하는 글마저 심심찮게 찾아볼 수 있다.

예를 들어 로스앤젤레스타임스 1995년 12월 14일자 기사는 "수천 명의 여성이 전쟁 전술 및 보상으로의 강간에 바쳐졌다", "보스니아라는 공포와 비극"과 동일한 차원의 것으로 일본의 위안소를 "조직화된 강간 시스템(organized system of rape)"이라고 규정하고, 여성들은 "매우 빈번히 즉결로 납치되었다(most often summarily abducted)"고 기술했다.

구미는 하야시 씨가 말하는 어떤 고상한 "비판적 세계관"에 근거한 "시선"으로서 사실에 근거한 속에서 일본보다 더 깊은 의미를 읽고 있는 것이 아니라, 단지 사실을 오인하고 있는 데 지나지 않는다.

하야시 카오리 씨는 "일본의 위안부 문제는 과거의 사실 자체—즉 전시에 여성들이 강제 성매매를 하게 되었다는 사실—를 평가하고 있다기보다는 전후 일본이 어떻게 위안부 문제를 대면하고, 그 책임을 지고 있느냐 하는 현재의 자세를 문제로 삼고 있다고 할 수 있다"라고도 했다.

"강제적으로 성매매를 당했다는 사실"이 "사실 그 자체"라는 인식부터가 우선 이상하지만, 이 허구에 입각해 "그 책임을 지고 있는가"로 일본의 "현재 자세"를 문제 삼는다면 하야시 카오리 씨의 입지는 더욱 아사히와 같아질 것이다.

'접근법의 차이'라고 하는 픽션

앞서 본 대로, 그는 "아사히신문에 의한 요시다 증언의 보도 및 위안부 보도는 국제 사회에 대해서 별다른 영향이 없었다", "한정적이었다"고 결론 내리고 있다.

이 하야시 카오리 씨의 의견은 정량분석에서 도출된 것은 아니다(그의 정량분석의 결론은 "지금은 알 수 없다"이다), "해외 전문가의 의견"의 무비판이고 자의적인 이용 및 자료적 현실에서 유리된 이데올로기 우선의 자세에 근거한 것이었다.

하야시 카오리 씨는 리포트의 앞에서 정량분석 의의를 강조하고, "특히 위안부 보도처럼 나라나 국제관계를 분단하는 격렬한 논쟁의 주제에서는 논자의 입장이나 상황에 좌우되는 주관적 체험, 실감, 의견에 기초한 논의를 하면 그것에 찬동, 공감하는가 어떤가로 논란에 대한 평가가 바뀌고, 향후의 저널리즘의 기본 방향에 대해서 하등의 공통 인식과 제언을 만들어 내는 것은 거의 불가능하다. 또 조사자는 그런 종류의 보도검증을 함으로써 위안부 문제를 더 혼란시키는 것도 강하게 우려했다"라고 말했다.

그런데 하야시 카오리씨 자신이 확실히 이 "염려"를 현실화 해 준 것 같다.

2014년 12월 22일의 제3자위원회 기자회견장에서 위원 간 다음과 같은 대화가 오갔다.

기타오카 위원, "일본의 어떤 문제를 비판하는 나라가 있고, 게다가 일본 국내 미디어가 비판적인 기사를 쓰면 제3국은 옳을 것이라고 생각할 것입니다."

하야시 위원, "제 의견은 <u>미디어론으로서</u> 읽어 주셨으면 합니다. 의견의 차이, 방법론의 차이라고 하는 것도 있습니다."

오카모토 위원, "국제적인 영향에 대해서는 확정적으로 단정할 수 없습니다. 하야시 선생님도 말씀하신 것처럼 접근이 다른 것이군요. (하야시 씨가) 지극히 방대한 작업을 치밀하게 한 결과가 나오는 겁니다. 나와 기타오카 선생님은 감각적인 면이 있어서 구미에 갈 때마다 항상 위안부 문제에 대한 질문에 노출됩니다."

오카모토 유키오 씨의 일견 솜씨 좋은 정리에는 반하여 하야시 카오리 씨의 의견은 정량적 "접근(어프로치)"을 "치밀하게 한 결과" 도출된 것이 아니다.

'미디어론'이라고 할 수 있는 것은 전반의 데이터 분석뿐이고, 후반에는 그 이데올로기 과잉은 제쳐두더라도 자료적 현실과 관련을 전혀 갖지 않는다는 점에서, 그야말로 미디어론으로서 실격이다.

또한 미국 의회에 위안부 결의안이 상정되던 시기에 보도된 워싱턴포스트 1997년 3월 18일자 기사(AP통신)는 아베 수상의 "강제연행은 없었다"는 발언을 거론하는 중에 "최대 야당의 대표인 하토야마 유키오"의 "일본은 진실을 마주 대하는 용기를 갖지 않으면 안 된다", "아베는 본질을 드러내며 일본을 위험한 방향으로 이끌고 있다"고 하는 발언을 인용하고 있다.

일본의 명예가 걸린 문제를 놓고 분별없는 정쟁으로 달려온 정치인들의 책임도 앞으로 검증해 나가야 할 것이다.

제2장

'92년 1월 강제연행 프로파간다'가 한국 신문에 미친 영향

아라키 노부코(荒木信子) (집필 담당)

머리말

이 장은 1991년 8월 1일부터 1992년 1월 31일 사이에, 아사히신문의 위안부 보도가 한국에 어떤 영향을 미쳤는지를 고찰한 것이다.

대상 매체는 조선일보, 중앙일보, 동아일보, 한국일보, 서울신문, 경향신문, 한겨레 등 7개 신문이다. 조선일보와 중앙일보는 각 사 사이트에서 검색했고, 다른 5개 신문은 한국언론진흥재단 사이트에서 뉴스기사 통합검색을 이용했다. 모두 한국어로 된 기사 원문을 분석했다.

"위안부 OR 정신대"를 키워드로 검색하고 541건을 개관했다. 월별 건수는 8월 43건, 9월 12건, 10월 24건, 11월 42건, 12월 73건, 1월 347건이다. 인용한 기사 등의 일역(日訳)은 부기(附記)가 없는 한 본인(아라키 노부코)이 번역한 것이며, 밑줄은 인용자가 넣은 것이다.

일본발 위안부 문제

한국에서는 위안부를 비롯한 일련의 문제 제기는 "일본발"이라고 여겨지고 있었다. 예를 들어 1992년 1월 16일자 중앙일보 사설은 "정신대뿐만 아니라 일제의 징용희생자에 관한 자료조차도 일본인의 노력에 의해 조사되어 발굴되었다는 사실이 우리를 더욱 부끄럽게 한다"('과거의 악몽에서 벗어나려면')고 썼다.

발단이 일본인일 뿐만 아니라 그 보도의 이면에 무엇이 있는지 의심하는 논조도 있다. 즉 대일적자 문제와 기술이전 문제를 호도하기 위한 사죄로 양심 있는 일본인을 내세워 위안부 문제에 시선을 모았다는 것이다(92년 1월 19일자 조선일보 '대일 거래방식을 바꿀 때-김대중 칼럼') 그중에서도 상황을 가장 단적으로 보여주는 것은 다음 1월 20일자 동아일보 사설이다.

건국 반세기 가까이 우리 정부는 정신대 문제를 거론한 일조차 없었다. 원폭피해자와 징병징용자 문제의 꼬리에 매달려 정신대의 존재가 제기된 것은 한국정신대문제대책협의회, 태평양전쟁희생자유족회 등 민간단체에 의해서였다. 이제까지의 정부의 기본입장은 65년 한일회담기본조약에 얽매여 정신대를 위시한 징병징용자에 대한 배상을 거론치않는 것이었다. 우리 정부는 일본에서 먼저 제기되고, 국내 여론이 비등하자 피동적으로 이 문제에 대해 착안한 격이 되고 말았다.('과거를 청산해야 미래가 있다, 한일 정상회담이 남긴 숙제')

이 가운데 "건국한 지 반세기 가까이 우리 정부는 정신대 문제를 거론한 일조차 없었다"고 기록한 점에 주목한다. 수교교섭 때도 문제가 되지 않았던 것이다.

글 속에서 "민간단체"라고 했는데 일본 측에서도 전쟁책임이나 배상을 요구하는 민간단체, 사회당, 여성단체 등이 자주 등장하고 있다. 또한 일본과 남북한 여성단체의 공동활동도 보도되었다.

위안부는 1980년대까지 크게 문제 되지 않고 90년대 들어서부터 민간단체에 의해서 제기되었다.

위안부 문제의 근거

그러면 한국 언론은 강제연행, 군 개입의 근거를 무엇에 두고 있는가. 일본 정부의 "위안부 동원에 관여하지 않았고 자료도 없다는 견해, 입장"을 부정하는 재료로서 요시다 증언을 들고 있다. 예를 들면,

태평양전쟁 중 일본군의 종군위안부(여자정신대) 동원을 담당한 노무보국회가 사실상 당시 일 정부 산하기구였음을 밝혀주는 자료가 발견됐다. (중략) 종군군위안부를 동원한 노무보국회가 당시 일 정부의 산하기구임을 뒷받침하는 주장을 담고 있는 자료는 한인 여성들의 강제연행에 관여했던 일본인 요시다 세이지 씨(78)가 지난 77년에 쓴 '조선인 위안부와 일본인'(신인물왕래사 간)라는 저서 ... (91년 12월 8일자 조선일보 "정신대 일본정부 관여' 자료 발견, 동원담당 노무보국회, 당시 각료들이 고문역, 연행 관여, 일인 요시다 세이지 씨 저서서 밝혀져')

라고 하여, 여기서도 요시다 씨의 이름이 거론되는 것이다.

덧붙여 이 기사는 표제어에 '발견'이라고 되어 있지만, 77년에 쓰여 이미 알려진 요시다 씨의 저서를 말하는 것이며, '발견'은 아니다. 한국 신문에는 이런 방식이 곳곳에서 보인다.

91년 12월 7일자 서울신문에는 '정신대 연행은 군에서 명령한 것, 징집책임자 요시다'라는 제목으로 요시다 증언 자체를 실었다. 그 밖에도 요시다 증언을 근거로 하는 기사와 논설은 일일이 열거할 수도 없지만 같은 날짜에 가까운 것만 해도 '치욕스럽고 비열한 망언'(8일자 서울신문 사설),

'또 정신대를 부인하는가'(8일자 조선일보 사설)를 들 수 있다.

요시다 증언은 한국 신문에서 반복하여 '강제연행'의 근거로 언급되며 '권위'를 갖고 있음을 엿볼 수 있다. 이 요시다 증언을 구체화하는 산 증인의 등장으로 김학순의 커밍아웃(1991년 8월)을 꼽을 수 있다.

한국에서의 '92년 1월 강제연행 프로파간다'

92년 1월, 일본에서 위안부 문제는 하타 이쿠히코(秦郁彦) 씨의 표현을 빌리면 "빅뱅"을 일으켰다. 한국에서의 빅뱅은 1월 11일자 아사히신문 '군 개입' 뉴스와 한국 신문에 의한 14일자 "12살 초등생까지 위안부로 삼았다"라는 뉴스에 의해 야기되었다. '92년 1월 강제연행 프로파간다'다.

둘 다 아사히신문의 보도와 관련이 있음은 이하에 기술한다.

1월 11일자 아사히신문 조간에 '위안소에의 군 관여 나타내는 자료, 방위청 도서관에 구일본군의 통달 일지'(「慰安所への軍関与示す資料、防衛庁図書館に旧日本軍の通達・日誌」)'라는 보도가 있었다. 이 기사는 한국의 각지에 보도되었다.

또 일본에서는 별로 화제가 되지 않은 것 같지만 이날 아사히 석간은 '군의 종군위안소 관여, 홋카이도에서도 자료, 육군성이 '창부 유치''(「軍の従軍慰安所関与、北海道でも資料、陸軍省が『娼婦の誘致』」)'라는 기사를 게재했으며, 이것 역시 한국에서 보도되어 "증거" 중 하나가 됐다.

한국에서는 방위청에서 발견된 도서관 자료가 군 관여의 결정적 증거로 포착돼 일본에 대한 비난의 목소리가 한층 커졌다. 1월 12일자 한국일보 칼럼 '기자의 눈'은 '日(일본)의 잡아떼기'란 제목으로 이렇게 썼다.

11일 아침 일본신문의 1면 톱으로 보도된 종군위안부(여자정신대) 관련기사를 보고 한때 의아한 생각이 들었다. 일본군 당국이 1938년 중국 주둔 일본군부대에 위안소를 설치케 하고 위안부 모집과 관리에 직접 관여했음을 입증하는 공문서의 발견이 1면 톱의 비중이 있을까 싶었기 때문이다.

그러나 기사를 읽으면서 이내 고개를 끄떡일 수 밖에 없었다. <u>일본정부가 경찰과 헌병과 면서기를 동원해 '사냥하듯' 한국의 처녀들을 잡아간 사실</u>①은 우리만 알고 있을 뿐 일본인들은 모르는 일이라는데 생각이 미친 것이다.

더구나 이 기사는 지금까지 녹음기를 틀어 놓은 것처럼 "민간업자들이 한 일이지 정부는 아무 관련이 없다"는 말만 되풀이해온 일본정부를 향해 "이래도 모른척 하겠느냐"고 다그치는 투였다. (중략)

이번 공문서 발견 사실에 대해 일본정부 소식통은 "군이 직접 위안부를 징용했다는 직접적인 자료는 아니다"라고 말하고 있다. 육군성이 휘하부대에 보낸 문서에 "위안부 모집은 파견군이 통제하고, 모집인물 선정을 주도 면밀히 하라"고 지시한 것이 직접적인 자료가 아니라면 무엇이 더 필요할까.

정신대 사냥에 동원됐던 인물의 참회수기②도 발표됐고, 전(투)력의 낭비를 막기 위해 군위안소를 설치한다는 기밀문서들도 세상에 알려진지 오래이다. 또 지난해 손해배상청구 소송을 낸 당사자가 일본 전국을 돌며 생생히 증언③도 했다.

글 가운데 ①, ②는 요시다 세이지, ③은 김학순이라 생각된다. 방위청에서 발견된 문건의 무게를 얘기하면서 이것을 빼놓을 수 없게 되는 근거가 여기서도 나온다.

아사히신문 1월 11일자의 '위안소에의 군 관여 나타내는 자료, 방위청 도서관에 구일본군의 통달 일지('慰安所への軍関与示す資料、防衛庁図書館に旧日本軍の通達・日誌')'의 기사에 대해서, 제3자위원회 보고서에서는 다음과 같이 썼다.

> 이 기사에 대해서는 게재의 타이밍에 대한 비판뿐 아니라 과거 아사히신문의 요시다 증언의 기사와 전쟁터에 위안부가 "연행"됐다는 내용의 기사 등과 더불어 한국과 일본 내에서 위안부 강제연행에 군이 관여한 것 아니냐는 이미지를 여론에 주입했다는 취지의 비판도 있다. 그러나 기사에는 잘못된 사실이 기재돼 있지 않고 기사 자체에 강제연행 사실이 포함돼 있는 것은 아니다.
> 아사히신문이 본 기사에 의해 위안부 강제연행에 군이 관여했다는 보도를 한 것처럼 평가하는 것은 적절치 않다.(18~19페이지)

앞의 12일자 한국일보 칼럼을 읽어보면 군 관련 기사는 한국에서 군관(軍官)이 연루됐다는 이미지를 더욱 강화해 유력한 근거로 삼았음을 이해할 수 있다.

'12살 정신대'

중앙일보는 1월 14일 '정신대 국교생까지 끌고갔다 당시 일(본)인 여선생'이라는 제목으로 다음과 같이 전했다.

> 일제가 국민학생인 12세 소녀까지 정신대로 동원한 사실을 입증하는 당시의 학적부가 14일 발견돼 충격을 주고 있다.
> 이같은 사실은 당시 방산국교 6학년 담임이었던 일본인 이케다(지전정지·68·여·일본 생구시거주)씨가 지난해 7월 이들의 소재를 찾던중 방산국교졸업생들의 학적부를 위탁 보관해오던 서울 일원동 영복국교를 방문,자신이 직접 작성했던 6명의 학적부를 찾아냄으로써 확인됐다.
> 영복국교(교장 안중복)에 보관돼 있는 이 학적부에는 당시 국민학생들이 정신대로 출발한 날짜·장소·동원경위·설득과정 등이 생활기록란에 상세히 기술돼 있다. (중략)

학적부에 따르면 6학년 4반(여학생반)학생 70여명중 5명이 44년 7월2일,이듬해 2월25일에 추가로 1명이 각각 일본 도미야마(부산) 불이월정신대원으로 출발한 것으로 돼 있으며 당시 이들의 나이는 1명이 13세이고 나머지 5명은 모두 12세였다.

다른 신문들도 12살 정신대를 크게 보도한다. 예를 들어 '일, 국교생도 정신대 징발, 당시의 일본인 교사, 가책감 추적'(15일자 조선), '총독부 지시에 따라 보낸 당시의 일본인 교사 이케다 씨 인터뷰'(15일자 동아), '정신대, 전국에서 조직적 징발'(16일자 서울신문)이 있다. 이 소식이 알려진 뒤 각급 학교에서 학적부를 조사하는 등 한바탕 소동이 벌어졌다.

동아일보는 15일 사설에서 이렇게 썼다.

> 그동안 우리는 일본군의 종군위안부로 끌려가 처절하게 유린당한 '정신대원'들의 아픔과 슬픔을 막연하게만 헤아려왔다. 그러나 12세짜리 국교생(초등학생)까지 동원, 전쟁터의 성적 노리개로 짓밟았다는 보도에 다시 끓어오르는 분노를 분노를 억누르기 어렵다. (중략)
>
> 당시 이 학교에 근무하며 이들을 정신대로 보낸 일본인 담임교사 이케다(68, 여) 씨는 이들을 근로정신대'로 보냈다고 말하고 있다. 이케다의 말대로 일제는 이 철부지들과 그 부모들에게 '황국신민' 으로 근로정신대에 가 보국해야 한다고 설득했을 것이다.
>
> 그러나 그것은 새빨간 거짓부리였다. 근로정신대라는 이름으로 동원한 후 이들을 종군위안수로 빼돌린 사실이 여러 사람의 증언으로 입증되고 있기 때문이다. 이케다가 죄책감으로 한국쪽 하늘을 쳐다보지도 못한 채 독신으로 살아왔다고 말하는 것을 보아도 이케다는 근로정신대의 정체가 무엇이었는지를 잘 알고 있었을 것이다. (중략)
>
> 이렇게 아무것도 모른채 부모의 품을 떠나 정신대로 끌려간 소녀들이 부지기수였다. <u>울부짖는 여자들을 후려갈기고 젖먹이를 팔에서 잡아떼며 애엄마를 끌고간 경우도 있었다. 마치 노예사냥과 같았다.</u>
>
> 이렇게 동원된 종군위안부가 8만~20만명으로 추산된다.(1월 15일자 동아일보 사설 '12세짜리 정신대원', 니시오카 쓰토무 일본어 번역)

여기에서 밑줄 친 부분은 1991년 10월 10일자 아사히신문에 실린 요시다 세이지 씨의 증언 "위안부, 가해자 측에서 다시 증언, 젖먹이로부터 엄마를 떼어놓았다('여자들의 태평양전쟁')"와 이미지가 겹친다.

그런데 아사히신문은 위안부와 정신대의 오용에 대해서 "당시는 위안부 문제에 관한 연구가 진척되지 않았고, 기자가 참고한 자료 등에도 위안부와 정신대의 혼동이 있었기 때문에 오용했습니다"(2014년 8월 5날짜 아사히신문)라고 설명했지만 의문이 남는다.

'초등학생이 위안부로'라는 오해가 한국에서 꿈틀거리던 그 때, 92년 1월 16일자 산케이신문에서는 구로다 가쓰히로(黑田勝弘) 서울 특파원의 "'정신대'로 번진 파문, 위안부와 같다고 규정하고 한국 신문 보도(『挺身隊』で広がる波紋、慰安婦と同じ位置づけ、韓国紙報道)'가 게재됐다.

특히 한국의 유력 언론은 이 초등생 '정신대'를 위안부와 동일하게 규정하고 캠페인처럼 연일 크게 전하고 민족감정을 자극하고 있다. (중략) 일련의 언론보도로 한국 사람 대부분은 "전쟁 중 일본은 한국에서 초등생까지 종군위안부로 끌고 갔다"고 받아들이고 있다.

또, 22일자 마이니치신문 석간에는, 시모카와 마사하루(下川正晴) 서울 특파원이 다음과 같이 쓰고 있다.

"이 기사의 글쓰기에서는 독자에게 근로정신대와 종군위안부를 혼동시킬 우려가 있다고 생각하는데". 14일 지국에서 한국 신문 석간을 읽고 있었는데 알고 지내던 한국인으로부터 이런 전화가 걸려왔다. (중략)
조선일보 독자 페이지에 장문의 편지가 실렸다. 여자정신대가 곧 종군위안부는 아니었다며 "사죄와 보상을 얻으려면 정확한 자료를 가지고 대처해야 한다"는 주장이다. 식민지시대의 경험을 가진 사람일 것이다.('[아시아 NOW] 정신대와 위안부(「アジア NOW」挺身隊と慰安婦)'

그때부터 다른 점을 지적하는 사람이 있었던 것이다.
한국에서는 정신대가 곧 위안부라는 오해를 재촉하는 기사가 또 있다. '내 어머니가 그럴 리가'(1월 17일자 한겨레신문 칼럼 동네방네)라는 기사는 이케다 선생이 찾던 제자의 딸의 시각에서 쓰여진 것이다. 실제로 딸을 취재해 썼는지, 가상의 대화를 칼럼으로 썼는지, 자신의 어머니가 정신대였다는 말에 대하드라마 '여명의 눈동자'의 여주인공 여옥이 떠올랐다고 한다.
'여명의 눈동자'는 1991년 10월부터 이듬해에 걸쳐 MBC에서 방영된 대하드라마로 1943년부터 1953년까지 조선반도의 격동기를 배경으로 남녀 3명을 주인공으로 그렸다. 여주인공 여옥은 위안부였다. '여명의 눈동자'는 "평균 시청률 44. 3%"의 인기 드라마로, "드라마를 통해 위안부의 존재가 공공연히 되어 대중적 관심의 표적이 됐다"고 한다(구로다 가쓰히로(黑田勝弘), 『한국 반일 감정의 정체(韓国反日感情の正体)』, 52페이지)
이야기를 기사로 돌리면, "(어머니는) 일본인 여선생 이케다와 만난 것이 분노를 부른 것 같아 후회의 빛이 역력했다. 옛 선생님은 보고 싶었다, 걱정했다, 미안해요라며 짧은 사과를 했다고 한다. 그러나 어머니의 깊은 한은 그 사과 한 마디로 씻겨 내려가지 않았다"고 적혀 있다.
이 제자는 공장에서 일하고 있었을 뿐인데, 마치 위안부가 된 것처럼 오해를 불러일으키는 글쓰기를 하고 있다.

사실과 괴리되어 '12살 정신대원'은 확산되어 간다. 조선일보의 명물 칼럼 '이규태코너'는 "심지어 12살 초등학교 아이까지 데리고 가 성적 위안부로 삼고 수십만 명을 희생물로 바쳐"라고 쓰고 있다(17일자 '일본인의 인신 사채(私債)').

다음으로 12살의 정신대와 아사히의 관계에 대한 것이다.

교사 출신인 여성이 한국에 와 학적부를 확인한 것은 앞서 말한 1월 14일자 중앙일보 기사에 따르면 1991년 7월로 나타났다.

전 교사가 한국에서 제자를 찾아낼 수 있었던 이유는 "90년 9월 21일 오사카에서 전쟁반대 집회가 열려 나의 설득으로 근로정신대로 간 제자를 걱정한다고 말씀드렸더니 취재하러 온 도야마TV가 찾아주었기" 때문이다(92년 1월 15일자 중앙일보 '배불리 먹을 수 있는 유혹, 일본인 교사 이케다 씨 인터뷰').

한 전직 교사가 서울에 간 것과 같은 해 9월 16일 아사히신문 오사카판에는 '제자를 여자정신대로(편지 여자들의 태평양전쟁)(教え子を女子挺身隊に… (手紙 女たちの太平洋戦争))'라는 제목으로 그녀의 편지가 실려 있다. 이 중에는 서울에 갔을 때의 에피소드로 다음과 같은 구절이 있다.

> 이 운동에 모든 것을 걸고 계신 윤 선생(윤정옥, 전 이화여대 교수) 댁에 갔을 때 "정신대에 응모한 사람 중 조금 나이 든 사람은 종군위안부에 보내진 거야"라는 말을 듣고 놀랐습니다. 몰랐습니다. 종군위안부들의 고통을. 그리하여 제자들의 지난 46년간의 고뇌를.

윤정옥 씨는 위안부 문제를 내세워온 정대협의 중심인물이다. "정신대에 응모한 사람 중 조금 나이 든 사람은 종군위안부로 보내는 거야"라고 명쾌하게 말하지만, 여기에서는 그 근거를 짐작할 수 없다.

92년 1월 16일자 아사히신문 오사카 판은 '비판 강해지는 한국 여론 '초등학생까지 위안부로...'(批判強める韓国世論『小学生まで慰安婦に…』)'라는 표제로 "한국 언론의 대일 비판이 더욱 심해졌다", "국민의 대일감정이 급속히 악화되고 있다"라고 썼다. "한국 언론에서는 정신대가 곧 종군위안부라고 파악하는 일이 두드러지면서 한국 국민의 대부분은 "'일본이 초등학생까지 위안부로 삼았다'고 받아들이고 있다"고 쓰고 있지만, 전년에 아사히신문이 이 사건을 게재하고 정신대가 곧 위안부로 쓰고, 오해를 확산시킨 일은 언급하지 않았다.

'프로파간다'의 효과

'12살 정신대'의 보도 타이밍은 일본에는 최악이었다. 미야자와 총리의 방한은 이제 이틀 후인

16일로 다가오고 있었다. 미야자와 총리의 서울 체류 중 한국일보에 요시다 세이지 씨의 증언이 실렸다.

> 위안부 모집은 노예사냥식으로 강요로 체포, 위안소는 일본 정부가 관리……사람이 살 수 없는 곳에 가두고 하루 수십 명씩 군인을 상대로 한 집단 강간...,
> 노무보국회는 공단 및 공사 같은 국가 기관……전국 회장은 귀족원 의원 요시다 시게루 전 총리...
> 위안부는 처음부터 극비 사항이었기 때문에 직접적인 문서는 없었다고 생각된다.(92년 1월 17일자 한국일보 ("'징용의 귀신' 요시다 세이지 본지 증언 내용')

라고 쐐기를 박듯 일본의 만행과 악랄함을 말했던 것이다.

미야자와 방한 모습을 한국 신문들은 "미야자와 총리가 서울에 오기 며칠 전부터 뜨겁게 달아오르기 시작한 정신대 논쟁이 언론을 뒤덮고 있다"(17일자 한겨레 사설), "미야자와 총리가 오자 눈 내리는 거리에는 삼엄한 경비가 펼쳐졌고 신문들은 모두 '국민학교 여자아동 정신대' 기사로 난리다"(18일자 경향신문 칼럼)라고 표현했다.

미야자와 총리 방한 중 2번째 정상 회담 75분 중 22분간이 위안부 문제로 소요되고, 그 사이에 총리는 여덟 차례 사과했다고 청와대가 무례하게도 기자회견에서 발표했다.

대일 무역적자 시정과 기술이전을 요구했던 한국은 이들 문제에서 뚜렷한 성과가 없었다. 일본에서 보면 대일 무역적자는 한국의 경제구조에서 비롯된 것이었고, 기술이전은 민간차원의 이야기였다. 위안부 문제에 관해서는 예상이 빗나갔다고 할 수 있고, 사과해도 사태를 수습할 수 없었던 것은 손해라고 말할 수밖에 없다. 1월 18일자 중앙일보 사설은 '한일 정상, 무엇 때문에 만났는가'라고 썼을 정도다.

원래 이 시기에는 냉전 종식, 전년의 남북 유엔 동시 가입, 북핵 문제, 일조(日朝) 교섭의 진전 등 대국적으로 중요한 문제들이 있었다.

92년 1월의 이 일련의 사건들은 일한(日韓)관계사에 남을 것이다. 가장 큰 상처는 사실오인에 근거한 위안부 문제로 양국 국민의 감정의 골이 깊어진 것이다. 위안부 문제가 성(性) 문제와 관련이 있었기 때문에 서로의 모멸감, 증오는 한층 강해진다.

나아가 전후 일한관계의 출발점인 1965년 조약을 뒤흔드는 사태가 나타난 점, 한국에 새로운 반일 카드를 주어 버린 점은 장래의 화근을 남겼다. 이 한 건으로 일한관계는 상당히 훼손된 것이다.

확실히, '92년 1월 강제연행 프로파간다'가 "성공"했다고 말할 수 있다.

국제적 확산의 조짐

더욱 심각한 것은 '92년 1월 강제연행 프로파간다'의 영향이 일한 간에 그치지 않고 국제적인 확산 양상을 보이기 시작했다는 점이다. 미야자와 방한 이후 한국 신문들은 서구 언론의 인용을 늘렸다.

동아일보는 1월 20일 '미국 언론, 정신대 만행 관심, WP 사설, 일 정부개입 인정, 책임져야'에서 다음과 같이 인용했다.

> 워싱턴포스트지는 18일 '위안부, 야만 행위'라는 제목의 사설을 통해서 "이것은 전쟁때 흔히 일어나는 단순한 잔학 행위가 아니라 일본제국군대 스스로가 고무, 지원한 전쟁의 추악한 얼굴"이라고 지적하고 "잔인한 죄과를 숨김없이 인정해야할 책임이 일본 정부에 있었음에도 불구하고 미야자와 일본 수상이 한국 국회에서 연설한 지난주까지 일본은 일본군의 여성 유린이 상인들의 개인적 죄악이었다는 입장을 고수해왔다"고 비난했다.

29일자 동아일보 '미 언론, 정신대 만행, 맹공격, 있을 수 없는 인권유린'은 16, 18일자 워싱턴포스트, 27일자 뉴욕타임스를 인용한 뒤 이렇게 썼다.

> 정신대 문제에 대한 미국 언론의 반응에 관심이 가는 것은 무엇보다도 일본 정부의 태도를 촉구해나가는데는 국제적인 여론이 중요하기 때문이다. 정신대 문제에 제삼국 정부가 관여하는 것은 우스운 일이지만 그 문제를 두고 국제적인 공감대가 조성된다면 그것은 일본에 대한 압력이 될 수 있다. 한일 양국 간에 벌어지고 있는 단순한 갈등이라는 측면이 아니라 이처럼 복합적인 요소들이 가미된 시각에서 사태추이를 추적하고 있다.

위안부 문제의 미국으로의 파급을 예언한 듯하다. 상기의 미국 신문 세 기사에 대해서는, 제1장에서도 언급되었다.

또한 1월 22일자 중앙일보에서는 '정신대 배상 문제, 유엔 상정 추진, 대책협 기자회견'이라고 언급하며 유엔으로 확산될 가능성을 보였다.

독일의 신문을 인용해 1월 21일 경향신문은 '일 '정신대', 46년간 발뺌, 배상회피는 뻔뻔한 자세'에서 다음과 같이 언급했다.

> 프랑크푸르트 알게마이네는 정신대 문제에 지난 46년간 엉터리 주장을 거듭, 발뺌하던 일본이 마침내 사실을 인정한 것은 최초로 정의가 승리한 역사적인 일이라고 지적했으며 그럼에도 불구하고 여전히 손해배상을 회피하는 것은 과거의 뼈아픈 역사에 대한 통찰이 없는 뻔뻔한 자세라고 비판했다.

1월 22일자 동아일보 1면 칼럼 '횡설수설'은 영국의 더 타임스를 인용해 이렇게 썼다.

> 정신대 만행은 이제 세계적 비난의 표적이 되고 있다……차마 옮기기가 주저될 정도의 끔찍스런 만행실태를 낱낱이 보도, 일제의 잔혹성을 인류의 양심에 고발하고 있다. 한 일본 군인은 정신대원이 지쳐서 성관계를 거부하자 폭력으로 정신대원의 하반신에 깨진 병을 집어 넣었다고 이 신문은 보도했다.

이렇게 '92년 1월 강제연행 프로파간다'의 영향이 구미로 확산된 것이다.

일과성이 아닌 영향

1991~1992년 당시 한국에서 위안부 문제의 근거가 된 사항은 아직도 살아 있다.
2012년 8월 30일자 조선일보 사설은 '노다 총리, UN서 '위안부 없었다'고 연설해보라'며 이렇게 썼다.

> 1992년 요시미 요시아키 일본 주오대 교수는 일본군이 위안부를 모집할 때 유괴와 비슷한 방법을 사용했다는 내용이 담긴 1938년 일본 육군성 작성 '군 위안소 종업부 등 모집에 관한 건'이라는 문서를 공개했다. 이를 뒷받침할 일본인의 증언도 속속 이어졌다. 1942년부터 3년 동안 야마구치현 노무보국회 동원부장으로 일했던 요시다 세이지는 "육군성은 '성전을 위해 대의멸친하는 시책'이라고 이름 붙인 극비 통첩을 발부해 조선 여자들을 위안부로 동원했다"며 "1943년 5월 17일 시모노세키를 출발해 제주도에 도착해 '처녀 사냥'에 나섰다"고 증언했다. 그는 "위안부에 관한 일은 모두 군사기밀로 분류됐다"고 했다. (니시오카 쓰토무 일본어 번역)

'92년 1월 강제연행 프로파간다'는 계속 영향을 미치고 있음을 알 수 있다. 특히 요시다 증언이 허위라고 판단된 후에도 '근거'로서 거론되는 것은 중대하다.

이 지점에서 한국의 역사 교과서에 대해서 언급하고자 한다. 이영훈(李栄薫)의 연구에 따르면 교과서가 처음 정신대를 언급한 것은 1952년이다. 이 시점에서 정신대와 위안대의 혼동은 없었으며, 1960년대 초반까지도 둘의 구분이 존재했다. 이영훈의 표현을 빌리면 "(당시까지) 정신대와 위안부를 동일시하는 한국인의 집합적 기억은 성립하지 않았다"는 것이다.

1968년에는 정신대와 위안부가 겹치는 것 같은 기술이 나타나지만 오래가지 않았고 그 후 1978년까지 정신대와 위안부에 대한 기술은 보이지 않는다. 1979년 교과서가 국정으로 될 때 "(일제는) 학도지원병제와 징병제를 실시해 우리 학도와 청년을 전선으로 데려갔고 심지어 젊은 여성들까지 산업시설과 전선으로 압송해 갔다"고 표현하게 되었다. 그 다음번 국정교과서는 1983~96년으로 "

우리나라 여성들까지 침략전쟁의 희생으로 삼았다"는 표현으로 되어 있다.

획기적인 것은 1997년이다. 이 해 "일제는 (중략) 강제징병제와 학도지원병제를 실시했다. 여기에 많은 한국의 청장년들이 각 지역 전선에서 희생됐다. 이때 여성도 정신대라는 이름으로 연행되어 일본군 위안부로 비인간적인 생활을 시켰다"고 표현되어 있다(이영훈, '국사 교과서에 그려진 일제의 수탈상과 그 신화성', 『한일 역사인식 논쟁의 메타히스토리』에 수록).

물론 이러한 한국 교과서 기술의 변화가 아사히신문의 영향이라고 가볍게 말할 수 없지만 적어도 한국 교과서에 '위안부 강제연행'과 '정신대가 곧 위안부'라는 기술이 뚜렷하게 나타나는 것은 '92년 1월 강제연행 프로파간다' 이후라는 점은 지적해도 좋을 것이다.

참고로 현재 사용 중인 것으로 보이는 교과서 『중학교 역사(하)』(두산동아, 초판 2012년, 2쇄 2013년)는 칼럼 '역사자료실'에서 "성노예... 생활을 강요당한 일본군 '위안부'"이라는 제목을 달고 위안부 여성에 대해서 싣고 있다(79페이지). 그 삽화에는 여성이 그린 '끌려간 날'이라는 제목이 붙었다. 한복에 조선식 머리를 한 가냘픈 소녀가 팔을 붙잡혀 꽃밭에서 끌려가는 모습을 그리고 있다. 끌고 가는 사람은 팔밖에 보이지 않는다. 같은 일러스트는 『고등학교 한국사』(삼화출판사, 초판 2011년, 2014년 제4판, 276쪽)에서도 찾아볼 수 있다. 강제연행, 성노예의 이미지는 계속 확산되고 있다.

2011년 8월 30일 한국 헌법재판소는 한국 정부가 일본 정부에 위안부 보상을 요구하는 외교협상을 하지 않는 것을 헌법 위반이라고 결정을 내렸다. 이에 근거하여 한국 외교통상부는 일본 정부에 대해 일본이 위안부에게 보상을 하는 문제에 대한 외교 교섭을 계속 요구하여 현재에 이르렀다. 일본 측은 그 요구를 거부하고 있다. 반면 이명박 대통령은 노다 총리에게 격렬히 해결을 요구하다가 다케시마(竹島) 상륙 강행이라는 압력 행사까지 했다. 박근혜 대통령은 일본이 위안부 문제의 해결책을 제시해야 한다며 일한수뇌회담을 거부하고 외국 정상에 대해서 일본 비판을 하고 있다. 일한관계 악화의 원인을 제공한 헌법재판소 결정에서는 첫머리의 사건 개요에서 "청구인들은 일제에 의하여 강제로 동원되어 성적 학대를 받으며 위안부로서의 생활을 강요당한 '일본군위안부 피해자'들이다"라고 썼다. 이 인식을 전제로 하여 의견 결정이 내려졌다. 아사히의 '92년 1월 프로파간다'가 만들어낸 강제연행, 성노예의 이미지가 의견 결정의 전제였다고 할 수 있다.

이상과 같은 사실을 생각하면, 제3자위원회 보고서에서 오카모토 유키오(岡本行夫) 씨, 기타오카 신이치(北岡伸一) 씨가 "일본군이 직접 집단적 폭력적 계획적으로 많은 여성을 납치하고 폭행하고 강제로 종군위안부로 삼았다는... 이미지의 정착에 요시다 증언이 큰 역할을 했다고 할 수 없을 것이고, 아사히신문이 이런 이미지의 형성에 큰 영향을 미친 증거도 결정적이지 않다"(52쪽)라고 쓴 부분은 한국의 현실과 동떨어진 것이라고 생각된다.

또 이 두 사람이 "(그러나) 한국의 위안부 문제에 대한 과격한 언설을 아사히와 기타 일본 미디어가 이른바 엔도스(배서(裏書))해 왔다"(52쪽)고 말하는 점은 확실히 그러한 부분도 있다. 그러나 좀 더 정확히 말하자면 아사히신문이 시동을 건, 혹은 조심스럽게 말해도 그것을 유발한 한국의 과격한 언설을 아사히 등이 재차 뒷받침한 것이다.

1991년부터 92년까지의 소동의 영향은 일회성이 아니었다. 적어도 2012년까지 한국의 신문 기사와 사설에 요시다 증언이 반복하여 위안부 강제연행의 근거로 등장했으며 한국 신문은 여전히 그 기사와 사설을 취소하고 있지 않기 때문이다.

결론

"일제는 만행을 저질렀다"는 것이 우리의 암묵적인 이해다. 일본시대를 알고 그것이 사실이 아니라는 것을 알면서도 표면적으로 그것을 부정하는 사람은 소수파다. 한쪽에서는 그 시대를 모르는 한국인들은 만행이 있었다고 믿고 있다. 당연히 시대가 지날수록 일본시대를 모르는 사람은 늘어난다. 일본을 논할 때는 사실관계보다 이미지나 감정이 우선하는 경향이 있다.

한국에서는 전통적으로 일본은 야만적이고 성적인 도덕이 낮은 나라라는 인식을 갖고 있다. 또 역사적으로 여성이 대륙의 이민족에게 공물처럼 끌려갔던 경험이 강제연행의 스토리와 잘 맞아떨어질지도 모른다.

그런 사회에서 '위안부 사냥'의 이야기가 던져졌을 경우에 사실로 받아들여지면서 난리가 날것은 상상하기 어렵지 않다. 요시다 세이지 등의 '증언'은 한국인에게 위안부에 대해서 일정한 이미지를 만들었고, 위안부 강제연행을 뒷받침하는 핵심 증언이 되어 간 것은 이미 본 대로이다.

한편 일본 측에는 일본은 어디까지나 나빴을 뿐이고 선량한 조선반도 사람들에게 몹쓸 짓을 했다고 생각하는 사람들이 있어서 양심적 일본인으로서 한국에서는 환영받고 있다. 양심적 일본인의 역사관과 한국 측 역사관은 친화성이 있다. 피해자와 가해자 각각의 역할은 플러스와 마이너스처럼 딱 맞기 때문에 위안부 문제는 한국에 쉽게 침투하고 근본이 부정된 뒤에도 재생산을 계속하는 것이다. '양심적 일본인' 입장에서 발신하는 매체로서 아사히신문의 존재는 컸던 것이 아닐까.

90년대 초 일본 자신이 경제적인 성공을 거둔 뒤 정부, 국민 함께 자만하고 방심하여 스스로를 지키는 의식이 없었던 것, 나라 전체가 지나치게 속죄의식을 갖고 있었던 것이 '위안부 문제=92년 1월 강제연행 프로파간다'에 대한 서투른 대응을 초래했다.

이러한 사정을 포함하여 생각한다고 해도, 제3자 보고서에 있는 "위안부 문제에 대한 아사히신문 보도의 영향의 존재 여부는 <u>위안부 문제의 일부분에 불과하다</u>"(82페이지)고 생각하기 힘들다.

지금까지 누누이 얘기했듯이 아사히신문 보도가 한국에 영향을 미친 것이 분명하므로 오히려 위안부 문제의 '출발점'이라는 게 적합하다.

제3장

92년 1월 강제연행 프로파간다'가 유엔에 미친 영향

카츠오카 칸지(勝岡寬次) (집필 담당)

제3자위원회 보고서에 결정적으로 결여되어 있는 것

아사히신문사 제3자위원회는 "조사 대상 사항"의 하나로, "아사히신문이 실시한 위안부 보도가 일한관계를 비롯한 국제관계에 미친 영향"을 설정했음에도 불구하고(보고서 1쪽), 유엔에 끼친 영향에 대해서는 거의 무시하고 언급하지 않고 있다.

총론에서도 말한 대로 원래 제3자위원회 보고서에서는 "국제사회에 미친 영향"에 대해서는 개개의 위원들(오카모토 유키오(岡本行夫) 위원, 기타오카 신이치(北岡伸一) 위원, 하타노 스미오(波多野澄雄) 위원, 하야시 카오리(林香里) 위원)이 각각의 견해를 개별적으로 말하는데 그쳐 위원회로서의 통일된 견해는 아무 것도 나타나지 않았다. 아사히의 위안부 보도가 "국제 사회에 미친 영향"에 대해서 검증하는 것은 아사히신문사가 이번 제3자위원회에 위탁한 가장 큰 위임 사항의 하나가 아니었던가. 제3자위원회 보고서가 개별 위원에 의한 제각각의 견해를 병기했을 뿐더러 적당히 얼버무린 것(영향 정도에 대한 위원들의 견해는 전혀 다르다)은 무책임하기 짝이 없는 태도라고 해야 한다.

아사히신문의 위안부 보도가 준 국제 사회에의 영향의 유무를 생각할 경우 하나의 커다란 기둥이 되는 것이 유엔의 '쿠마라스와미 보고서'(1996년)임은 다수의 견해에서 일치하는 바이다. 예를 들어 스가 요시히데 관방장관은 2014년 9월 5일 기자회견에서 "'쿠마라스와미' 보고서 일부가 아사히(朝日)신문이 취소한 기사의 내용으로부터 영향을 받은 것은 틀림없다"고 했다.

그럼에도 불구하고 위안부 보도가 유엔에 미친 영향의 유무에 대해서, 제3자위원회가 무시 내지 등한시하고 있는 것은 또한 보고서의 중대한 흠이라고 할 수밖에 없다.

쿠마라스와미 보고서에 대해 언급하고 있는 것은 하타노 스미오 위원과 하야시 카오리 위원이지만, 하타노 스미오 씨는 이 보고서에 대한 아사히의 논조를 분석하여 아사히의 보도는

쿠마라스와미 보고서를 "전면적으로 지지했다", "국가 보상만이 유일한 길인 것처럼 논하고 있다"는 등을 서술하고 있다(보고서 66페이지). 그러나 아사히의 과거 위안부 보도가 이 보고서에 영향을 미쳤는지 여부의 검토는 전혀 하지 않았다. 쿠마라스와미 보고서는 오늘날 전 세계로 확산된 '성노예' 이라는 용어 및 일본군이 마치 '노예사냥'을 하듯이 위안부를 조직적으로 '강제연행' 했다는 인식을 국제 사회가 널리 인지하게 된 단서가 된 것으로, 후의 미국 하원 결의(2007년)와 2010년 이후 미국 각지에 건립되고 있는 위안부 비문에도 직접적 영향을 주고 있다. 하야시 카오리 씨는 '성노예'라는 말이 확산된 원인으로 "쿠마라스와미 보고서와 관계되고, 게다가 거기에 아사히의 요시다 증언 기사가 영향을 주었다"는 '논법'은 그가 행한 구미(서양) 신문에 대한 정량분석에 의해서는 "인정되지 않았다"고 말하고, 두 개의 영향관계에 부정적이다.(보고서 별지 자료 2, 하야시 카오리(林香里), '데이터로 보는 '위안부' 문제의 국제 보도 상황(データから見る『慰安婦』問題の国際報道状況)', 31페이지). 하야시 카오리 씨의 말대로 "'성노예'라는 단어는 90년대 이후 페미니즘 운동에 의해 의제로 설정된 세계적인 성폭력이나 인신매매 반대운동의 확산 속에서 서서히 침투했다"는 측면은 있지만, 아사히의 요시다 증언 기사는 쿠마라스와미 보고서에도 큰 영향을 주고 있다고 우리는 본다.

따라서 본 독립검증위원회에서는 사태의 중요성에 비추어, 아사히신문의 위안부 보도와 쿠마라스와미 보고서의 관계를 중심으로 독자적 검증을 시도하고자 한다.

위안부 '강제연행'에 관한 아사히의 첫 보도와 '나의 전쟁 범죄'의 관계

위안부 '강제연행', '종군위안부 사냥'에 관한 요시다 세이지 증언을 처음 세상에 소개한 것은 아사히신문 오사카 본사판의 82년 9월 2일자 기사였다.

'조선의 여성 나도 연행/전 동원 지도자가 증언/폭행 가해 억지로/37년만에 위기감에서 침묵 깼다(「朝鮮の女性 私も連行／元動員指導者が証言／暴行加え無理やり／37 年ぶり 危機感で沈黙破る)'라는 충격적인 제목을 붙인 이 기사는 오사카에서 전날(9월 1일)의 요시다의 강연 내용을 소개한 것이지만 위안부 '몰이'의 모양을 다음과 같이 말한다.

> 과거 조선인 강제연행을 지휘한 동원 부장이 비참한 '종군위안부 사냥'의 실태를 증언했다. (중략) / 이 날, 오사카·나니와 해방 회관에서의 집회에서 연단에 선 요시다 씨는 "체험한 것만 말씀드리겠습니다"라고 말을 꺼냈다. / "조선인 위안부를 황군 위문 여자정신대라는 이름으로 전선에 내보냈습니다. 당시 우리는 징용이라 하지 않고 '몰이'라는 말을 썼습니다." 그리고 1943년 초여름 제주도에서 200명의 젊은 조선여성을 '몰이'할 때의 상황이 재현되었다. / 조선남성의 저항에 대비하기 위해 완전무장의 일본인 10명이 동행했다. 마을을 찾아내자 먼저 군사가 포위한다. 이어서 요시다 씨의 부하 9명이 일제히 돌입한다. 젊은 여자의 손을 비틀어 골목으로 끌어낸다. 이렇게 해서 여성들은

잇달아 덮개가 있는 트럭에 처박혔다. 연행 도중 병사들이 덮개 안으로 뛰어들어 집단 폭행했다. 연일, 닥치는 대로 몰이가 계속되었다.

이 기사에 대해서, 전 아사히신문 외보부(外報部) 차장이었던 나가오카 노보루(長岡昇) 씨는, 다음과 같이 말했다.

> 아사히신문은 요시다 세이지의 증언 기사를 시작으로 대대적인 위안부 보도를 벌이며 다른 신문들이 추종하기도 하고, 큰 흐름을 만들어 냈습니다. 이는 미야자와 기이치(宮沢喜一) 총리의 한국 대통령에 대한 공식사과(1992년)와 고노 요헤이(河野洋平) 관방장관의 '사죄와 반성의 담화' 발표(1993년)로 이어져 유엔의 인권문제를 다루는 위원회에서 거론되기에 이르렀습니다. 그 첫걸음이 "거짓증언이었다"라고 하니 기사를 취소하면 그만입니다.(나가오카 노보루(長岡昇), '위안부 보도, 32년 후의 기사 취소(慰安婦報道, 32年後の記事取り消し)', 메일 매거진 '코시라카와 통신 18(小白川通信 18)', 2014년 8월 31일자)

> 아사히신문의 허위 보도가 보증문서를 만들어 준 모양이 되어, 요시다 세이지는 그 뒤 강연 여행과 저서의 판매에 노력했습니다.(나가오카 노보루, '위안부 보도 제일의 책임자는 누군가(慰安婦報道, 一番の責任者は誰か)', 전술 '코시라카와 통신 19(小白川通信19)', 2014년 9월 6일자)

아사히의 "보증문서"로 요시다가 판매에 노력했다는 여기서 말하고 있는 '저서'란 『나의 전쟁범죄 조선인 강제연행(私の戦争犯罪 朝鮮人強制連行)』(산이치쇼보(三一書房), 1983년, 요시다의 두 번째 책)이다. 요시다는 전작(처녀작)인 『조선인 위안부와 일본인(朝鮮人慰安婦と日本人)』(신진부쓰오라이샤(新人物往来社, 1977년)에서는 '노예사냥'과 같은 위안부 '몰이'는 언급하지 않았음에도 불구하고, 여기에서는 제주도에서 '노예사냥'처럼 '위안부 사냥'에 종사하였다는 정반대의 주장을 하고 있다.

> 일본인 징용과는 그 취급이 달랐으며, 조선반도에서의 징용은 '노예사냥'처럼 행해지고 있었다. /…나는 조선인들에 대해 '노예사냥'을 '신도(臣道)실천' '멸사보국'의 일본정신에 의한 '애국심'으로 행했다.(앞 서술, 3쪽) 나는 즉시 부락 내 여자의 사냥을 명령했다. (중략) 대원이나 병사들은 두 사람이 한 조가 되어 울부짖는 여자를 양편에서 감싸고 팔을 잡고 차례로 골목길로 끌고 나왔다. 젊은 처녀만 여덟 명을 붙잡았다. (중략) 병정 뒤에서 대원들이, "아이고" 울음소리를 지르는 여덟 명의 처녀를 끌고 갔다. (중략) 대원이 처녀들을 붙잡고, 손을 비틀고 트럭으로 끌고 가, 덮개 안으로 밀어 넣자, 징용대는 즉시 출발했다. / 해안가의 간선도로를 5, 6킬로미터 동진하자, 다니(谷) 군조(軍曹)가 트럭을 바위산 그늘의

숲 속으로 들어가게 했다. / 해안가의 간선도로를 5, 6킬로미터 동진하자, 다니 군조가 트럭을 바위산 뒤에 있는 숲 속으로 끌고 들어가며 말했다. / "위안부의 징용, 경비는 병사들이 부수입을 기대하고 있습니다. 이곳에서 삼십 분을 쉬게 하겠습니다." / 그의 잠시 쉬어가라는 명령은 병사들을 기쁘게 했다. 처녀들을 실은 트럭에서 대원들이 내리자 병정들이 일제히 덮개 속으로 몰려 들어갔다. 처녀들의 비명이 터지자 대원들은 웃었다. 이 처녀들은 징용되자마자 군인들을 위한 위안부가 되어버렸다.(제3화 '제주도의 '위안부 사냥'(濟州島の「慰安婦狩り)', 107~110페이지)

요시다의 사연은 아사히의 최초 보도 기사와 대동소이하지만 더 자세하게 되어있음을 알 수 있다. 아사히의 거짓 보도가 '보증'을 해 준 모양이 되어, 요시다의 이야기는 '노예사냥', '위안부 사냥'으로 크게 부풀었던 것이다.

쿠마라스와미 보고서 출처의 검토

한편 유엔의 쿠마라스와미 보고서를 보면 요시다의 '나의 전쟁범죄'를 직접적인 전거로 삼은 대목이 있다.

29. …Moreover, the wartime experiences of one raider, Yoshida Seiji, are recorded in his book, in which he confesses to having been part of slave raids in which, among other Koreans, as many as 1,000 women were obtained for "comfort women" duties under the National Labour Service Association as part of the National General Mobilization Law. 10/

(10/ Yoshida Seiji, My War Crimes: the Forced Draft of Koreans, Tokyo, 1983.)

29... 강제연행을 한 사람인 요시다 세이지는 전시 중의 체험을 쓴 가운데 국가 총동원법의 일부인 국민 근로보국회 아래 다른 조선인과 함께 1000명의 여성을 '위안부'로 연행한 노예사냥에 참가했던 것을 고백했다.(주 10)

(주 10: 요시다 세이지, '나의 전쟁범죄 조선인 강제연행' 도쿄, 1983)

여기서 쿠마라스와미가 요시다의 '나의 전쟁 범죄'를 전거로 위안부 '노예사냥'에 대해 언급하는 것은 중요하다. 지금은 아사히가 스스로 전면 취소하게 된 요시다 세이지라는 인물에 의해 창작된 '위안부 사냥'이라는 '허위 보도'가 그의 저작인 '나의 전쟁 범죄'를 매개로 쿠마라스와미 보고서로까지

흘러들어 가는 것이기 때문이다.

한편, 쿠마라스와미 보고서는, 상기의 요시다 세이지의 저서에 '이의'를 제기하는 하타 이쿠히코(秦郁彦) 씨의 의견도 소개하고 있으므로, 공평을 기하기 위해, 동 보고서의 해당 부분에 대해서도 언급해 두고 싶다.

> 40. …Dr. Hata explained that he had visited Cheju-do, Republic of Korea, in 1991/92 seeking evidence and had come to the conclusion that the major perpetrators of the "comfort women crime" were in fact Korean district chiefs, brothel owners and even parents of the girls themselves who, he alleged, were aware of the purpose of the recruitment of their daughters. To substantiate his arguments, Dr. Hata presented the Special Rapporteur with two prototype systems of recruitment of Korean women for comfort houses in the years 1937 to 1945. Both models provide that Korean parents, Korean village chiefs and Korean brokers, that is to say private individuals, were knowing collaborators and instrumental in the recruitment of women to serve as sex slaves for the Japanese military. Dr. Hata also believed that most "comfort women" were under contract with the Japanese army and received up to 110 times more income per month (1,000-2,000 yen) than the average soldier (15-20 yen).

> 40... 하타 박사에 따르면 1991년부터 92년까지 증거를 수집하기 위해 제주를 방문하여 '위안부 범죄'의 주된 가해자는 조선인인 지역의 수장, 매춘업소의 소유자, 게다가 소녀의 부모들이었다는 결론에 이르렀다. 부모들은 딸을 데려가는 목적을 알고 있었다고 하타 박사는 주장한다. 이러한 주장을 뒷받침하기 위해, 박사는 본 특별보고관 '쿠마라스와미'에게 1937년부터 1945년까지 위안소를 위한 조선인 여성의 모집은 기본적으로 두 가지 방법으로 이루어졌다고 설명했다. 어느 방법이든 부모와 조선인 이장, 조선인 브로커 즉 민간의 개인이 모든 것을 알고 협력하여 일본군의 성노예로 일할 여성을 모집하는 앞잡이가 되었다는 것이다. 그는 또 대부분의 '위안부'는 일본군과 계약을 맺어 평균적인 군인의 월급(한달 15~20엔)보다 110배(1000~2000엔)까지 받았다고 생각하고 있다.

여기서 쿠마라스와미는 군과 위안부의 사이에 (직접적인) 계약 관계가 있었던 것처럼 말하지만 하타 이쿠히코 씨는 쿠마라스와미에게 "위안부의 고용 계약관계는 일본군과의 사이에서가 아니라 업자(위안소 경영자)와 사이에서 맺고 있었다"고 주장한 것이며 쿠마라스와미 보고서는 "나의 논지를... 정반대로 왜곡 소개하고 있다", "미군의 보고서도 무시하고 (위안부와 군 사이에) 고용 관계가 있던 것처럼 곡해된 것은 참으로 뜻밖이다"라고 저서에서 통렬히 비판한다(하타 이쿠히코(秦郁彦), 『위안부와 전쟁터의 성(慰安婦と戰場の性)』, 신초사(新潮社), 1999년, 268~270쪽).

이 문제는 위안부가 단순한 창부(娼婦)의 일종인가, 아니면 군에 의한 조직적인 성격을 띤 것이냐는 논란에도 관련된다. 하타 이쿠히코 씨는 쿠마라스와미 본인과 유엔에 정정을 요구했지만 무시당했다고 한다. 쿠마라스와미가 그의 항의를 무시하면서 위안부와 군의 고용 관계를 고집한 것은, 그것을 부정하면 군에 의한 조직적인 '강제연행', '노예사냥'이 있었다는 논의의 전제가 무너지는 것을 두려워했기 때문이 아닌가 생각되지만, 그 불성실하고 완고한 자세는 유엔의 보고서에 요구되는 공정한 태도와는 거리가 먼 것이다.

쿠마라스와미 보고서 제2장 '역사적 배경'은 상기의 요시다 책 외에는 모두 조지 힉스의 저서인 『성의 노예 종군위안부(性の奴隷 從軍慰安婦)』(G. Hicks, 『The Comfort Women. Japan's Brutal Regime of Enforced Prostitution in the Second War』, 1995년)에 의거하고 있지만 이 힉스의 저작에 대해서도 하타 이쿠히코 씨는 "초보적인 오류와 왜곡투성이며 구제불능이다"라고 비판하고 있다(하타 이쿠히코, 전게서, 266쪽). 그러나 그 힉스의 저작도 또한 '노예사냥'에 대해서는 전적으로 요시다 세이지의 전게서에 의거하고 있는 것이다. 힉스의 저작(일본어 번역)에서, 그 부분을 인용해 두고 싶다.

> 다른 방법이 실패할 경우에는 반드시 노예사냥이 행해졌다. 노예사냥 담당자였던 요시다 세이지는 1938년 자신의 전쟁 체험을 『나의 전쟁 범죄 — 조선인 강제연행』(산이치쇼보(三一書房))로 출판했다. / (중략) 긴급한 필요성이 있는 경우, 그는 '노예사냥대'를 지도하고 수천 명의 남성 노동자와 위안부로 이용할 대략 일천 명의 여성을 사냥했다.(조지 힉스 『성의 노예 종군위안부(性の奴隷 從軍慰安婦)』, 산이치쇼보(三一書房), 1995년, 49~50쪽)

쿠마라스와미 보고서에는 요시다의 '나의 전쟁 범죄'를 전거로 하여 "강제연행을 했던 한 사람인 요시다 세이지는. . . 1000명의 여성을 '위안부'로 연행한 노예사냥에 동참했다는 사실을 고백하고 있다"라고 썼는데, 이것은 직접 요시다 책을 본 것이 아니라 이 힉스의 저작을 보고 쓴 게 아닌가 추측된다. 이는 동 보고의 제2장에 주기(注記)로 언급된 11점의 전거 중 10점은 위의 힉스의 책이고, 이에 대해서는 참조페이지도 명기해 놓았는데도(주 1~9, 11), 요시다의 책(주 10)에 관해서만 참조페이지를 기재하지 않았기 때문이다.

다음 참고로 쿠마라스와미 보고서의 주 1~11을 원문대로 인용해 둔다.

Notes
1/ G. Hicks, "Comfort women, sex slaves of the Japanese Imperial Force", Heinemann Asia, Singapore, 1995, pp. xiii, 24, 42 and 75.
2/ Ibid. , p. 23.
3/ Ibid. , p. xvi.

4/ Ibid., p. 115.

5/ Ibid., p. 19.

6/ Ibid., p. 29.

7/ Ibid., pp. 20, 21, 22 and generally.

8/ Ibid., pp. 23-26 (and elsewhere in the testimonies of the "comfort women" themselves).

9/ Ibid., p. 25.

10/ Yoshida Seiji, My War Crimes: the Forced Draft of Koreans, Tokyo, 1983.

11/ Ibid., pp. 24-25.

아마 쿠마라스와미는 힉스 책을 보고 그것에 전적으로 의거하는 형태로 제2장의 위안부의 '역사적 배경'을 썼겠지만, '노예사냥'에 대해서는 힉스가 요시다의 책을 전술한 것과 같은 형식으로 소개하고 있는 것을 보고 재인용의 형태로 출전에 추가하였을 것이다. 그렇지 않으면 주 10번의 요시다 책에서만 참조페이지가 빠진 이유를 알 수 없다.

힉스도, 쿠마라스와미도 일본어를 읽을 수 없기 때문에 직접 요시다 책을 본 것은 아니다. 힉스 책의 감사의 말을 보면, 재일조선인인 이유미 여사에게 "본서에 기록한 정보의 80%를" 받았으므로 (앞의 게시서, 287쪽), 아마 요시다 책의 정보도 그 안에 포함되어 있었을 것이다. 쿠마라스와미는 힉스의 책에 전적으로 의존하면서 그런 모호한 정보만으로 노예사냥 이야기를 썼다. 1996년 당시 위안부에 대해서 쓰여진 영문의 정리된 저작은 힉스 책(1995년)뿐이었으니 그것에 전적으로 의존할 수밖에 없었던 것이다.

이상의 검토로부터 판명되는 것은 다음과 같다. 쿠마라스와미 보고서가 군에 의한 조직적인 위안부 '강제연행'이라는 '역사적 배경'의 전거로 채용한 것은 힉스 책과 요시다 책 뿐이었다. 그러나 그 힉스 책도 '노예사냥'에 대해서는 요시다 책에 의거하고 있으며, 결국 요시다의 '나의 전쟁범죄'의 '노예사냥', '위안부 사냥'의 이야기가 힉스 책을 통해서 쿠마라스와미 보고서에 영향을 준 것이다. 게다가 그 요시다 책의 기준이 된 것은 아사히가 처음 보도하고 '92년 1월 강제연행 프로파간다'로 거듭해서 보도한 위안부 '몰이'의 허위 보도인 것이다.

이상을 시계열로 나열하면 아사히의 최초 보도(1982년) → 요시다의 책(1983년) → 아사히의 '92년 1월 강제연행 프로파간다' → 힉스의 책(1995년) → 쿠마라스와미 보고서(1996년)라는 영향관계가 뚜렷히 성립하게 된다. 아사히의 초기 보도가 허위 보도인 이상 요시다의 책도, 힉스의 책도, 쿠마라스와미 보고서도 모두 허위 보도이다. 따라서 아사히신문사는 유엔에 대해, 쿠마라스와미 보고서가 전거로 한 요시다 증언은 '허위 보도'라고 하여 철회를 신청할 중대한 국제적 책무가 있다고 생각한다.

아사히는 자사의 오보에 대한 중대한 국제적 책임을 자각해야

아사히신문의 와타나베 마사타카(渡辺雅隆) 사장은 제3자위원회 보고서를 받은 2014년 12월 26일의 기자회견에 임해서도 "국제 사회에 미친 영향에 대해서는, 어느 정도 영향이 있었다는 지적으로부터, 지극히 한정적이라는 지적까지 폭넓게 있었다. 이 문제는, …매우 어려운 문제가 여러 가지 있다고 생각한다"라고 말했을 뿐 자사 위안부 보도가 국제 사회에 어느 정도 영향을 미쳤는지에 대해 인정조차 하지 않았다.

무책임이 크다고 말하지 않으면 안 되지만, 원래 쿠마라스와미 보고서가 위안부 '강제연행', '노예사냥'의 유일한 전거인 요시다 증언은 아사히의 오보에서 비롯된 것이다. 아사히가 그 오보에 의해서 '보증'을 주지 않았다면, 원래의 요시다 책 자체도 존재했을지도 의심스럽다. 비록 존재했다 하더라도 하타 이쿠히코 씨 등의 현지조사(1992년)에 의해 93년 이후에는 아사히 스스로도 요시다 증언의 신빙성에 의문을 품고 있었던 것이기 때문에, 그때 요시다 증언을 '허위보도'로서 취소했다면 그 후의 힉스의 책(1995년)은 없었을 것이고 쿠마라스와미 보고서(1996년)도 없었을 것이다.

쿠마라스와미 보고서만이 아니다. 예를 들면, 아사히가 과거 위안부 기사를 검증한 제 1차, 97년이었더라도 좋았다. 만약 아사히가 그때 요시다 증언을 '허위 보도'로서 취소하고 국제사회를 향해 그것을 발신했다면 쿠마라스와미의 영향을 받아 "일본 정부와 일본제국군은 20만 이상의 아시아 여성을 강제로 아시아 각지의 강간센터의 성노예로 삼았다"는 유엔의 맥두걸 보고서(1998년)도 없었고, 일본 정부에 대해 일본군이 '성노예제'를 강제한 것을 인정하고 사죄하고, "이 무서운 범죄에 대해 현재 및 미래 세대에게 교육해야 한다"고 권고한 미국의 하원 결의(2007년)도 없었을 것이다. 또 오늘날 미국 전국 각지에 세워지고 있는 "일본제국 군대에 의해 성노예 상태로 된 20만 명 이상의. . . 여성을 기념하여"(뉴저지 팰리세이즈 파크의 위안부 비문)라는, 다른 듯 하지만 대체로 같은 위안부 비문들도 존재하지 않았을 것이다.

아사히는 최초의 보도(1982년) 이후 2014년까지 요시다 증언을 취소하지 않았다. 그때그때 취소하고 사과할 기회는 얼마든지 있었음에도 그렇게 하지 않았다. 아사히는 스스로의 책임을 외면하고 오보를 고의로 방치했다. 오늘의 사태는 그 아사히에 의해 초래된 것이다. 자신의 오보에 대해 책임회피와 논점 바꿔치기와 은폐로 일관한, 그러한 아사히의 자세야말로 일본군의 조직적 '강제연행', '노예사냥', '성노예'라는 허위보도가 해외에서 돌아다니게 하고 더욱 확대시키는 결과를 낳았던 것이다.

이런 식으로 생각하면 아사히신문의 책임은 지극히 막중하다. 아사히는 요시다 증언을 '오보'로 모두 취소한 이상 쿠마라스와미 보고서의 전면 철회를 유엔으로 가서 재촉해야 할 뿐만 아니라, 위안부에 대한 국제사회의 오해를 바로잡고자 한국과 미국의 주요 언론 모두에 사과 광고를 신청하는 사회적 의무와 책임을 가지고 있다고 우리는 생각한다.

제4장

'92년 1월 강제연행 프로파간다'의 북미에서의 실제 피해

다카하시 시로(高橋史朗) (집필 담당)

총론에서 말했듯이 미국 각지에 설치된 위안부 기림비의 비문이나 미국의 역사 교과서에도 '92년 1월 강제연행 프로파간다'가 영향을 주고 지역 주민들에게 깊은 균열을 가져오고, 일상생활에서 괴롭힘과 따돌림, 종교 활동상의 어려움 등의 실제의 손해가 생기고, 많은 재미일본인이 정신적 고통을 받기까지 사태는 악화되고, 미국에서 구체적인 피해를 입은 일본인이 개별 원고가 된 아사히신문 '위안부' 오보 소송이 제기됐다.

전국 각지에 설치된 위안부 기림비·상

우선 전국 각지에 퍼진 기림비·상(碑·像)에 대해서 보고한다. 미국의 위안부 기림비는 2009년경부터 주로 한국계 주민에 의해 설치가 진행되고, 한인단체 주민에 따르면 "종군위안부 같은 반인권적 행위가 두 번 다시 일어나지 않도록 미국과 세계에 평화의 중요성을 호소하는" 것을 설치 목적으로 하고 있으며, 중국계의 반일 단체인 항일연합회(정식 명칭은 '세계항일전쟁사실유호연합회(世界抗日戰争史実維護連合会, Global Alliance for Preserving the History of WW II in Asia)')와 연계한 한인단체가 일본계 미국인인 미 하원의원 마이크 혼다(Mike Honda) 등과 함께 지역 의원들을 압박해서 실현시켰다.

이 한인단체에는 뉴욕한인회, 한미공공문제위원회, 한국계 미국인권리향상협회 등이 포함돼 있다. 현지 주민의 의향을 충분히 반영하지 않고 설치를 강행하는 케이스도 있어, 정치단체끼리의 주도권 싸움이나 트러블도 일으키고 있다.

또 한국계 미국인 유권자 협의회(KAVC) 상임이사인 김동석은 기림비 설치 등의 장기적인 의도에 관해서, "미국 사회에 일본의 숨겨진 실태를 폭로하는 것은 장기적으로는 동해(일본해) (개명 문제)와 독도(다케시마)(영유 문제)의 해법이다"라고 말하고 있는데, 기림비·상을 각지에 설치하는 목적은 영토 문제 해결을 위한 것임을 밝힌 것에 주목해야 한다. 이 관점은 매우 중요하다.

한국 측의 주장은, 사전에 일본 정부와의 조정을 통해 증언할 전직 위안부의 인선까지 한국 측의 요구를 받아들였던 '고노 관방장관 담화'에서 노령의 위안부라고 나선 한국인 인물들의 애매한 증언만을 증거로 하고 있다. 그러나 그런 증언은, 과거 한국인 업자에 의한 여성의 유괴 사건이 다발하고 있었으며, "조선인 위안부는 높은 급료로 고용되었던 창부(娼婦)였다"고 하는 1944년 미국 전시정보국(OWI) 심리작전팀의 '일본인 포로심문 보고' 제49호 'US office of War Information NO. 49'(버마·미트키나에서 포로로 잡은 20명의 조선인 위안부와 일본인 위안소 업자 2명의 청취 조사-Japanese Prisoner of War Interrogation Report No. 49: Korean Comfort Women)와 정합성이 보이지 않는다.

참고로 이 보고서에는 "위안부는 매춘부나 군 캠프의 직업 종사자에 불과하다"라고 명기되어 있다.

또, 글렌데일 시의 비문 외엔 일본인 위안부의 존재는 생략되고 한국계 주민에 의한 기림비·상 설치는 일본과 일본인 자체의 국제적 위상을 폄하하는 목적의 '디스카운트 재팬(Discount Japan)' 운동의 일환이라고 산케이신문(지난해 1월 1일자)은 지적했다.

위안부 비문에 공통된 키워드는 "일제의 강제연행(납치)", "위안부 20만 명 이상", "성노예"이지만, 이는 모두 역사적 사실에 어긋나는 '조작'이며 '92년 1월 강제연행 프로파간다'의 영향을 짙게 반영하고 있다.

2010년 10월 23일, 미국에서 처음으로 설치된 곳은 뉴저지 주 버겐(Bergen) 카운티 팰리세이즈 파크(Palisades Park)의 공립도서관 옆에 자리 잡고 있으며, 팰리세이즈 파크는 한국계 미국인이 주민의 52퍼센트를 차지하는 한인 타운으로, 한국계인 제이슨 김(Jason Kim) 부시장과 의장이 있다.

2012년 5월 뉴욕 주재 일본총영사인 히로키 시게후미(広木重文) 대사가 이 비의 철거를 요구했으나 시 측은 이를 거부했다. 5월 10일에 재미일본인을 중심으로 위안부상의 철거를 백악관에 요구하는 시민 청원운동이 시작되었다. 5월 15일 자민당 영토에 관한 특명위원회가 시를 방문해 항의했으나 시장과 부시장은 "숫자는 그보다 많거나 적을지 몰라도 납치가 있었던 것은 사실"이라며 철거를 거부했고, 김 부시장은 "일본 측 주장이야말로 근거가 없다"고 말하고, 의장은 한국계 주민이 많은 22개 미국 자치단체에서 이 같은 기념비 설치 운동을 벌이겠다고 밝혔다.

이 특명위원회의 후루야 게이지(古屋圭司) 의원은 근거 없는 일이 점차 기정사실화될 수 있다고 말하고, 현지 일본인들로부터는 일본인 학교 학생들이 범죄자의 후손이라며 인권차별적 괴롭힘을 당하고 있다고 보고되었다. 위원회는 5월 17일 일본 정부에 설치 철거와 자료공시를 요구했다.

2012년 6월 16일, 뉴욕 주 나소(nassau) 카운티의 아이젠하워 현충원에 미국 내에서 2번째로 위안부 기림비가 건립됐다. 이 공원은 드와이트 D. 아이젠하워를 기념한 공원으로, 위안부 기림비는 한국계 미국인 공공문제위원회의 이철우 회장의 주도로 이 공원 내의 참전용사기념원에 설치됐다. 이철우는 컴퓨터 소프트웨어 회사 경영자로 2008년 나소 카운티 정보기술국 부국장, 뉴욕주 통상교섭관 그리고 롱아일랜드 한인회장을 맡고 있다. 이 비(碑)의 상부는 위안부들의 사진을 바탕으로 만들어졌으며, 한국의 반일 운동가로서 가수 김장훈 씨와 한국 홍보 전문가 서경덕 성신여대 교수도 제작을 지원하였다. 그 뒤 2014년에 같은 장소에 또 두 개의 위안부 기림비가 증축됐다.

2012년 12월 1일, 캘리포니아 주 오렌지 카운티 가든 그로브(Garden Grove)에 3번째 기림비가 설치됐다. 기념비 건립비용은 로스앤젤레스와 오렌지 카운티 등 남부 캘리포니아 지역 한인들이 낸 성금과 정부지원금 등으로 충당했다.

2013년 5월 8일, 한국계 주민들이 많이 살고 있는 뉴저지 주 버겐 카운티 해켄색(Hackensack) 시 법원 옆에 4번째 기림비가 설치됐다. 열한 명의 한국계 고교생들이 한국계 미국인 유권자 평의회 (the Korean American Votes' Council)와 함께, 일본군 위안부였다고 하는 조선인을 위해서 아일랜드인, 아르메니아인, 유대인, 아프리카계 미국인의 고난에 빗대어 기림비의 건설을 추진하고, 비한국계 주민을 설득하여 서명을 모은 결과 버겐 카운티는 도서관 등 공공시설의 입구에 설치를 허용했다.

위안부 기림비 옆에는 아프리카의 흑인 노예비, 아르메니아인 학살비, 홀로코스트비, 아일랜드인의 아사(餓死)비가 다닥다닥 붙어 있어 노예, 학살, 홀로코스트 등과 위안부를 동일시해서 고발하려는 악의가 숨어 있는 것은 명백하다.

2013년 7월 30일, 한국 서울 일본대사관 앞에 설치된 조선인 위안부 동상과 같은 동상이 미국에서 최초의 위안부 동상(5번째 기림비)으로 캘리포니아 주 로스앤젤레스 카운티 글렌데일 (Glendale) 시에 설치됐다. 서울의 일본대사관 앞 동상이 노상에 불법 설치된 반면, 이곳은 글렌데일 시 중앙도서관에 인접한 시유지 공원에 시의 허가를 받아 설치됐다. 설치비용은 한국계 미국인 시민단체가 부담해 만든 것으로, 동상의 대좌(台座) 왼쪽에 동상 설명과 장문의 비문이 삽입되어 있는 점이 한국의 동상과 다르다.

추진 단체에 설치비용으로 30,000달러를 지불한 한국 글렌데일 부인협회(Korea-Glendale Sister City Association)의 이장(Chang Lee) 씨는 "위안부 기림비는 일본과 한국의 문제가 아닙니다. 이는 인도(人道)에 대한 죄여서 우리는 두 번 다시 이런 실수를 반복해서는 안 됩니다"라며 일본 정부는 아직 조선 여성을 강제로 창부로 삼은 것을 인정하지 않고, 2007년 미국 하원 결의가 통과되었어도 일본 정부는 공식사과하지 않았다고 말했다.

2013년 7월 10일, 로스앤젤레스타임스 기사(잭 드랭(Jack Dolan), 최준영(Jung-yoon Choi) 기자)에 따르면, 글렌데일 시는 비의 설치를 "시내 한국계 주민의 조용한 선의"로 허가하고, 비는 소녀상의 옆에 의자가 있고, 거기에는 전쟁 중 8만 명에서 20만 명의 위안부(대부분은 한국 여성) 이 일본군 위안소로 연행되어 하루에 50명의 일본군을 상대로 성노동이 강제됐다고 새겨져 있다.

이 7월 10일 공청회에서는 일본계 주민의 항의와 비판이 있었지만 프랭크 퀸테로(Frank Quintero) 시의회 의원이 "14살의 소녀가 일본군에 봉사하기 위해서 과연 '자발적'으로 고향을 떠나겠는가"라고 답변하고, 시 의회는 찬성 4, 반대 1로 위안부 동상 설치를 정식 결정했다

2013년 12월에는 같은 시에 설치된 위안부 동상의 철거를 요구하는 백악관 앞의 서명 활동도 시작되고 주로 미국이나 일본에서 10만 명을 넘는 찬성 서명이 모였지만, 백악관은 "지방의 공원 기념비와 거리 등의 문제는 연방 정부가 아니라 지방 정부의 관할이어서 각 주(NJ, NY, CA)에 문의하라"고 회답했다.

2014년 1월에는, 스기나미(杉並) 구의 마츠우라 요시코(松浦芳子) 구의회 의원을 대표로 하는 일본의 지방 의원단이 글렌데일 시를 찾아 동 시장에 대해 "일본군이 강제로 여성을 납치하고 위안부로 삼은 사실이 없다", "허위 선전 때문에 큰 혼란이 생기고 있다", "사실이 아닌 '성노예'라는 말을 비석에 새기고 위안부 동상으로 남기는 것은 장래에 화근을 남긴다"라는 내용의 항의문을 제출했다.

2014년 5월 30일, 버지니아 주 페어팩스(Fairfax) 카운티청 부지 내에 미국 전역에서 6번째의 위안부 기림비가 설치됐다. 이 비의 뒷면에 "합중국 의회는 2007년 7월 30일 하원 121호 결의안에서, 1930년대부터 제2차 세계대전 기간 내내 그 식민지와 아시아와 태평양의 섬들의 전시 점령 동안 '위안부'로 세계에 알려진 젊은 여성을 성노예 상태에 둔 일본제국 군의 강제에 대해서, 일본 정부가 공식 인정, 사과하고, 그리고 명백하게 모호하지 않은 태도로 역사적 책임을 받아들여야 한다고 만장일치로 결의했다. — 하원의원 마이크 혼다(CA15)(2007년 1월 31일 제출)"라고 씌어 있는 점이 다른 기림비와는 다르다.

제막식에서는 조선의 전통무용을 선보이고, 한국의 위안부라는 사람들의 공동시설인 나눔의 집에서 위안부라는 강일출(85세) 씨가 제막식에 참석했다. 그녀는 기념비 앞에서 눈물을 흘리며 일본 정부는 사죄해야 한다고 호소했다.

2014년 8월 4일에 뉴저지 주 유니언(Union) 시에 7번째 기림비가 건립됐다. 제막식 현장에서는 위안부 피해자를 상징하는 마네킹, 피를 흘리는 소녀상 12점의 충격적인 조형물이 눈길을 끌었다. 속옷 차림에 눈을 감은 채 피를 흘리는 소녀, 벌거벗은 허리에 쇠사슬을 두른 소녀, 온몸에 상처를 입고 피범벅이 된 소녀, 입이 천으로 막히고 양손과 양발이 밧줄로 묶인 소녀상 등. 이는 유니언 시 정부가 교육적 의미를 최대한 강조하기 위해 설치한 것으로 브라이언 스택(Brian Stack) 시장은 "29만 명이 넘는 여성들이 받은 고통에 대해 올바른 역사 교육을 해야 한다"고 강조했다.

2014년 8월 16일, 미시간 주 디트로이트 시의 북서부에 있는 비즈니스 지구인 사우스필드(Southfield)의 한국인 문화회관 앞마당에 위안부 동상이 설치됐다. 미국에서 두 번째 위안부 동상으로 앞서 한국의 일본대사관 앞과 캘리포니아 주 글렌데일 시에 설치된 것과 같은 것이다.

이 밖에도 텍사스 주 휴스턴의 고속도로에는 위안부 여성이 "일본 정부는 위안부 할머니들에게

진심으로 사과하고 보상해야 한다"라고 외치고 있는 사진 간판이 걸렸고, 뉴욕 타임스퀘어의 최대의 전광판에 1일 50회, "Do you hear"라는 제목으로 아리랑 영상의 위안부 관련 광고가 나왔다. 또 재작년에는 뉴욕 주 뉴저지 상하 양원 의회, 일리노이 주 하원 의회에서 잇달아 위안부 관련 결의가 이뤄졌다.

이어 2014년 8월에는 캘리포니아 주 오렌지 카운티 푸러톤(Fullerton) 시 박물관에 위안부 동상을 설치하는 의안이 시의회에서 승인되었다.

이들 기림비·상에 의해, 재미일본계 주민과 재미한국계 주민 사이에 갈등과 증오를 낳고, 그것에 기인하는 많은 시민생활적·정신위생상의 어려움이 발생하고 있다. 재미일본계 주민이 입은 명예, 신용, 기타의 법익침해에 대한 불법행위 책임 또는 공동 불법행위 책임을 물어 '일본인의 명예와 신용을 회복'하기 위한 아사히신문 '위안부' 오보 소송도 일어나고 있다.

앞으로 우려되는 것은 뉴욕 주 롱아일랜드 홀로코스트 박물관의 위안부 사진이나 자료의 상설 전시가 전국 각지와 전 세계 홀로코스트 박물관으로 파급되는 것이다. 이 전시를 추진 중인 한미공공정책위원회의 이철우 회장은 "홀로코스트 기념관 측과 논의하고 위안부 문제가 '아시아의 홀로코스트'라는 데 의견을 모았다"고 말했는데, "위안부는 아시아의 홀로코스트"라는 조작이 세계로 확산될지도 모른다.

외무성에 따르면 일본 정부는 미국에 소재하는 일본의 재외 공관을 통해서 다음과 같은 위안부 문제에 관한 일본 정부의 생각을 발신했다. (1) 미국의 위안부 기림비·상의 설치는 일본의 생각, 입장과 양립할 수 없는 것이며, 매우 유감이다. (2) 일본은 미국 등 지방자치단체에서 민족적 소수파들이 평화와 조화 속에서 공생하기를 바라며, 출신국가 간 의견 차이를 가지고 오는 것이 아니며 위안부 문제를 정치문제, 외교문제화 되도록 해선 안 된다.

아사히신문은 이런 미국 각지의 기림비·상 설치의 동향에 대해서 항의하는 일본계 미국인을 소개하는 한편, 전쟁 당시 미국에 의한 강제수용의 쓰라린 기억을 보유한 일부 일본인이 "같은 전쟁 피해자"로서 호의를 갖고 있다고 기림비·상 설치에 공감하는 기사를 게재하고 있고(2013년 8월 8일자), 아사히신문의 '92년 1월 강제연행 프로파간다'는 계속 확산되고 있다.

역사교과서에 미친 영향

다음으로 미국의 역사 교과서에 끼친 영향에 대해서 보고한다.

미국, 일본, 중국, 한국에서 물의를 빚고 있는 미국의 세계사 교과서 『전통과의 조우(Traditions and Encounters)』(맥그로힐(McGraw Hill)사)는 테네시, 조지아, 노스캐롤라이나, 플로리다의 4개 주에서 추천 지정되어 있다. 추천 지정 제도 자체가 없는 주도 많아서, 각 학교구 또는 개별 학교가 독자적으로 교과서를 채택하는 캘리포니아 주에서는 1,600개의 공립고(약 190만 명), 로스앤젤레스

학교구 약 190개 교(약 20만 명)의 일부 고등학교에 설치된 전문과정(특진 코스)에서 이 교과서가 사용되고 있고, 위안부에 대해서 다음처럼 기술하고 있다.

> 전시 여성의 경험이 항상 고상한 일, 힘을 쓰는 일만 있었던 것은 아니다. 일본군은 '위안소' 또는 '위안시설'이라고 불리는 군용 매춘업소에서 일을 시키기 위해 최대 20만 명에 이르는 14세부터 20세 사이의 여성을 강제로 모집, 징집했다. 일본군은 부대에 천황이 보낸 선물이라며 이들 여성을 제공했다. 이 여성은 조선, 대만 및 만주와 같은 일본의 식민지와 필리핀 및 그 외 동남아시아 국가 점령지 출신이다. 여성 대부분은 조선 및 중국 출신이다.
>
> 일단 이 제국의 매춘 서비스에 강제 편입되면 '위안부'들은 하루에 20명부터 30명의 남성을 상대해야 했다. 전투지역에 배치되면서 이들 여성은 종종 군인들과 같은 위험에 직면해 상당수가 전쟁희생자가 됐다. 다른 사람도 도망을 기도하거나 성병에 걸린 경우에는 일본 병사에 의해 살해됐다. 전쟁의 종결에 있어서 이 활동을 무마하느라, 다수의 위안부가 살해되었다.

또한 '난징의 강간'이라는 제목으로 "일본군은 두 달 이상 7천 명의 여성을 강간하고 수십만 명의 비무장 병사와 민간인을 살해했으며, 난징 주택의 3분의 1을 불태웠다. 일본 군사가 총검 훈련에 중국인을 쓰고, 또 기관총으로 쏘아 죽이는 바람에 40만 명의 중국인이 목숨을 잃었다"고 쓰고 있다. 난징 주민들은 "전쟁에 대한 정열과 인종적 우월감에 내몰린 일본군"에게 피해를 당했다고 주장하며 그 상징이 '난징의 강간'이라고 했다.

이어 2008년에 개정된 제4판에서는 '일본해'라고 기술됐으나 2010년에 개정된 제5판에서는 '일본해(동해)'로 한국 측의 호칭도 병기했다. 다른 판에는 위안부의 수는 '30만 명', '위안부 8할은 조선 출신자'로 표기되고 있어 근본적인 기술의 허술함이 두드러졌다.

일본 정부 외무성은 "위안부 문제·일본해 호칭 문제·난징대학살에 관한 중대한 사실 오인 및 우리나라의 입장과 상응하지 않는 기술이 이루어지고 있거나 다양한 논의가 있, 통설적 견해가 없는 일에 대해서 특정의 입장만 기술되어 있다"고 지난해 11월 7일 주 뉴욕 총영사관을 통해서 맥그로힐사에 일본 정부의 입장과 지금까지의 노력을 설명하고, 기술 내용의 시정을 제의했고 12월 중순에 정식으로 협의했다.

1월 15일자의 월스트리트저널(일본판)에 의하면, 맥그로힐사는 "일본 정부 관계자가 위안부 기술 변경을 요구해왔음"을 문서로 발표하면서 "역사 교과서의 '위안부'에 대한 학자의 의견은 일치한다. 우리는 집필자들의 기술, 연구, 표현을 분명히 지지한다"고 밝혔다. 또 이 교과서의 편저자이며 위안부 기술을 집필한 하와이 대학 마노아(Mānoa) 교(校)의 허버트 지글러(Herbert Ziegler) 교수는 "출판사와 저는 일본 정부 관계자로부터 개별적으로 연락을 받았고, 불쾌함을 준 글쓰기에 대한 무언가의 수정을 요구받았다. 출판사나 나는 그런 생각을 일절 받아들이지 않겠다"

고 말했다고 보도했다.

맥그로힐사와 저자인 지글러 교수가 일본 정부의 정정 요청에 대해 이 같은 강경 자세를 취하는 배경에는 1월 2일 뉴욕에서 열린 미국역사학회(AHA) 연차총회에서 지난해 11월 아베 수상의 역사수정주의 발언을 비판하는 만장일치 성명을 낸 것이 영향을 미쳤다.

아베 수상은 2015년 1월 29일 중의원 예산위원회에서 미국의 공립고교용 세계사 교과서(미국 대형 교육 출판사 '맥그로힐'이 출간한 『전통과의 조우』)의 위안부 기술에 대해서, "정말 깜짝 놀랐다. 정정해야 할 점을 국제사회에서 정정해 오지 않은 결과, 이러한 교과서가 사용되고 있다"라고 말해 향후 일본이 적극적으로 정확한 정보의 발신에 노력할 것임을 강조했다.

같은 날, 뉴욕타임스가 이날 수상 발언을 거론하며 "정정할 것은 정정해야 한다고 발신하지 않은 결과 미국에서 이런 교과서가 사용되고 있다"고 말했다고 보도했다. 또 2월 7일자 한국 한겨레신문은 이 "아베 수상의 미국 역사 교과서 수정 압력에 반발"한 19명의 미국 역사학자들이 2월 5일 "일본의 역사가들을 지지한다"는 공동 성명을 내고 다음과 같이 말했다고 보도했다. "우리는 최근 일본 정부가 제2차 세계대전 당시 일본 제국주의에 의한 성적인 착취의 야만적인 시스템 아래에서 고통을 경험한 일본군 위안부에 대해서, 일본 및 기타 국가의 역사 교과서 기술을 억압하려는 최근의 시도에 경악을 금치 못한다", "국가나 특정 이익 단체가 정치적 목적 때문에 출판사와 역사학자에게 연구 결과를 바꾸도록 압박하는 것에 반대한다", "우리는 맥그로힐사를 지지하고 '어떤 정부도 역사를 검열할 권리는 없다'라는 지글러 교수의 견해에 동의한다".

이 공동성명은 지난해 12월, 일본의 역사학 4개 단체가 아베 수상의 위안부 문제의 왜곡을 비판하고 역사연구를 기초로 진실을 국내외에 전하는 것을 결의하자 나온 것이다. 미국 국무성은 2월 8일, "원칙적으로 우리는 민주주의 사회의 토대가 되는 학술의 자유를 강력히 지지한다", "우리는 역사문제에 대해 '치유'와 '화해'를 촉진하는 방향으로 접근하는 것이 중요하다는 것을 강력하게 호소하고 있다"고 한국의 연합뉴스의 취재에서 코멘트했고, 연합뉴스는 이 코멘트를 "미국이 자국 역사교과서의 내용을 변경하려는 아베 정권의 움직임에 정부 차원의 견해를 나타낸 것은 처음"이라고 의미를 부여했다. 또 "제2차 세계대전 70주년을 맞아 미국이 아베 정권에 대해 역사에 대한 반성과 사죄를 담은 담화를 발표하도록 압력을 넣는 흐름과 부합하는 것", "아베 정권의 역사 왜곡을 비판하는 미국의 역사학자에게 힘을 실어준다" 등으로 해설하고 있다.

더욱이 중앙일보는 이날 '일본의 역사 왜곡을 규탄한 미국 역사학자들'이라는 제목의 사설에서 이 성명의 특별한 의미는 "일본의 양심적인 지식인들이 일본 우익의 역사 왜곡과 이와 연결된 폭력적 행태를 규탄하는 집단적 움직임을 보였다. 그런데 일본과 피해국인 한국·중국을 넘어 제3국 지식인들이 이 대열에 동참한 건 새로운 사태 발전이다. 동기는 미국 교과서지만 본질은 일본의 역사 왜곡이다. 점점 더 많은 세계 지식인이 일본의 역사 왜곡을 한·일 간 분쟁이 아니라 인권 같은 인류문명적 문제로 파악하고 있는 것"이라고 지적했다.

2월 8일자 조선일보는 이 공동성명의 핵심인물인 알렉시스 더든(Alexis Dudden) 코네티컷대학 교수와 일문일답 형식으로 "일본 정부의 교과서 수정 요구는 학문의 자유에 대한 직접적 위협", "일본의 잘못된 행동에 대해 경고해야 한다는 공감대와 연대감이 강했다. 역사는 자신에게 좋은대로 선택하고 필요한 것만 기억하는 것이 아니다", "일본 정부가 독특한 것은 종군위안부 문제는 논쟁거리가 아니라 이미 전 세계가 인정하고 있는 '사실'인데도 불구하고 자꾸만 정치적 목적을 갖고 이를 변경, 혹은 역사 속에서 삭제하려는 점이다. 맥그로힐사는 매우 평판이 높은 출판사로, (일본 정부가) 방향을 잘못 잡았다", "위안부에 관한 진실의 대부분이 일본인 학자인 요시미 요시아키 주오대 교수의 노력으로 증명되고 있다. 게다가 과거 수십 년간 일본의 초중고교에서 관련 기술이 있었는데 아베 정권 들어서 갑자기 아베와 그의 지지자들이 진실을 바꾸려 하고 있다. 자신들에게 유리한 기억만 간직하려 하고 있는데 이는 문제다", "종전 70주년을 맞아 과거 침략전쟁과 식민지 지배를 사죄한 1995년 무라야마 담화를 아베 수상이 계승해야한다고 생각하지만, 학문, 미디어, 표현의 자유가 계속 억압받는다면 즉각 그에 대한 행동을 취하지 않으면 안 된다"고 말했다고 보도하고 있다.

2월 5일, 미국 역사학자들의 공동성명의 배경에는 1월 21일 조선일보의 다음과 같은 오보가 있었다. 공동성명이 "특정 이익단체가 정치적 목적을 위해 출판사나 역사학자에게 연구결과를 바꾸도록 압박하는 것을 반대한다"고 명기한 근거는 조선일보에 있는 것이 분명하다. 조선일보는 다음과 같이 보도했다. "일본 정부와 이른바 '새로운 역사 교과서를 만드는 모임'(새역모) 소속 다카하시 시로(高橋史朗) 메이세이 대학교수가 미국 역사 교과서 기술을 왜곡하려는 움직임에 대해 미국 내 전문가들이 반발하고 나섰다. ... 데니스 핼핀 존스홉킨스대 국제관계대학원 연구원은 20일 본지와 가진 이메일 인터뷰에서 '사진 등을 삭제하라고 요구하는 것은 이슬람 성전을 주장하는 지하디스트들이 프랑스 파리 풍자 주간지의 만평 게재에 반발하는 것과 유사하다. 언론 자유에 대한 문제 제기'라고 말했다. 알렉시스 더든 미국 코네티컷대 역사학과 교수는 '미국 교과서를 상대로 한 일본의 역사 왜곡 행위는 학술 자유에 대한 직접적 위협'이라고 비판했다. (중략) 이 과정에서 극우단체인 새역모가 실사 작업을 벌여 일본 정부에 보고한 것으로 확인됐다."

이슬람 테러리스트에 의한 습격에 비유하는 데니스 핼핀(Dennis Halpin)의 발언은 논외로 하더라도, 새역모 측이 실사작업을 실시해 일본 정부에 보고한 것이 확인되고 있다고 단정하는 것은 간과할 수 없다. 도대체 누가 무엇을 근거로 확인한 것일까. 이 조선일보의 보도에 앞서, 한국 SBS TV는 1월 18일, 다음과 같이 보도했다.

> 일본 극우단체와 정부가 미국 교과서의 일본군 위안부 기술 내용을 왜곡하기 위한 조직적 움직임에 나선 것으로 확인됐습니다. (중략) 일본 교과서 왜곡을 주도해온 '새로운 역사교과서를 만드는 모임' 소속의 다카하시 시로 메이세이 대학 교수는 최근 국가기본문제연구소에 게재한 영문 기고문에서

위안부 문제에 대한 미국 내 여론을 탐색하기 위해 지난해 말 미국을 방문해 실사를 벌였다고 밝혔습니다. 다카하시 교수는 방미 기간 미국 전역에 8개 위안부 기념비와 동상을 직접 조사했고 역사 교과서 문제를 주제로 세 명의 고등학생과 그 부모들을 인터뷰했다고 소개했습니다. 다카하시 교수는 특히 상세한 실사 결과를 일본 뉴욕 총영사에게 보고하고 향후 대책을 협의했다고 밝혔습니다. 다카하시 교수는 실사결과를 소개하면서 미국 공립 고등학교 교과서 가운데 맥그로힐 세계사 교과서가 "일본군 위안부는 일왕(천황)의 선물"이라고 묘사하고 있다며 난징 대학살 현장을 보여주는 사진 삭제와 함께 이를 수정할 것을 요구했습니다. 이는 지난달 중순 뉴욕주재 일본 총영사관이 맥그로힐 출판사와 교과서를 집필한 허버트 지글러 미국 하와이대 교수에게 위안부 관련 기술을 수정해 줄 것을 요청한 행보와 정확히 일치합니다.

이 정보에 따라 확인한 근거는 일본 국가기본문제연구소(国家基本問題研究所)의 1월 13일자 '금주의 직언(今週の直言)'(다카하시 시로(高橋史朗), '정보전 승리, 국제홍보가 급선무(情報戦勝利へ国際広報が急務)')으로 밝혀졌다. 이 직언의 내용은 다음과 같다. "위안부는 천황의 선물"이라고 적힌 맥그로힐사 교과서에는 해럴드 팀펄리(Harold John Timperley, 중국명 : 전백열(田伯烈)) 편집의『외국인 목격 중의 일본군 폭행(What War Means : The Japanese Terror in China)』(중국어판은『外人目撃中の日軍暴行』)에 실린 사진이 '중국인 포로를 처형하는 일본군'으로서 소개되고 있지만, 이 사진은 히가시나카노 슈도(東中野修道), 코바야시 스스무(小林進), 후쿠나가 신지로(福永慎次郎) 지음『난징사건의 증거사진을 검증한다(南京事件「証拠写真」を検証する)』(소우시샤(草思社))에서 "난징에서의 일본군에 의한 처형 사진이 아니다"라고 지적받은 것이다. 많은 구경꾼이 있기에 공개 처형 사진이지만, 당시 일본군 장병의 기록에서도 난징의 구미인의 일기 등에서도, 공개 처형 기록은 일절 나오지 않는다. 가장 큰 문제점은 구경꾼의 복장이 모순된다는 점이다. 이들은 여름철에 맞는 복장을 하고 있지만, 난징 함락은 12월 13일 겨울이었으며 함락된 지 두 달이 지나자 난징은 평온한 생활로 돌아갔고, 일본군은 전투를 위해 거의 난징을 떠났다. 그러니 여름에 가까운 시기에 난징에서 처형이 있을 리 없다. 병사의 신발 그림자 각도에서도 사진의 계절이 겨울이 아니라는 사실이 드러난다.

2003년 4월 6일 산케이신문에 따르면 미군과 영국군의 이라크 공격을 놓고 미국 언론이 격렬한 보도전을 벌이는 가운데 로스앤젤레스타임스의 3월 31일자 1면에 실린 전방의 사진이 컴퓨터 합성이었음이 밝혀지자 이 신문은 회사규칙에 따라 카메라맨을 해고하고 다음 날 1면에 사죄광고를 게재하고 이 같은 사실을 설명했다. 장기적인 영향을 미칠 수 있는 교과서에는 이 이상의 책임이 요구되는 것은 당연하다.

그래서 "이런 사진이 교과서에 사용된 것은 중대한 문제이며, 위안부 기술과 마찬가지로 일본 정부로서 정식으로 정정을 주시할 필요가 있다"라고 제언한 것이다.

미국역사협회는 학문의 자유에 대한 위협을 내세워 항의하고 있지만 학문의 자유는 비판받지 않을 권리나 학문의 권위 아래 일체의 비판을 허용하지 않을 권리가 아니다. 일본 정부는 미국 정부를 경유하는 외교적 압력을 가하지 않고 있으며 맥그로힐사의 교과서를 검열할 권력도 없다. 학문의 자유를 잘못 생각해서는 안 된다.

한국 언론의 인터넷 일본어판에 대한 오해는 두 가지가 있다. 우선 다카하시 시로 교수는 2004년 모임에서 탈퇴했으며 특정 이익단체가 정치적 목적을 위해 출판사나 역사학자에게 연구결과를 바꾸도록 압박하는 것에 반대한다는 비판은 맞지 않는다. 또 다카하시 시로 씨가 뉴욕 총영사관을 방문한 것은 일본 정부의 교과서 정정 신청 이후이며 정정 과정에서 모임 측이 "실지조사를 실시해 일본 정부에 보고했다"는 것은 사실무근이다. 다카하시 시로 씨의 문제제기와 일본 정부의 정정 신청의 시계열을 왜곡, 다카하시 시로 씨가 사이타마(埼玉) 현 교육위원 취임 이전에 '모임'을 퇴임한 것을 확인하지 않고, "일본 극우 단체와 정부가 미국 교과서의 일본군 위안부의 기술 내용을 왜곡하기 위한 조직적 움직임에 나온 것으로 확인됐다"라는 터무니없는 오보에 휘둘려 앞서 말한 공동성명이 나오기에 이른 것이다.

그런데 재미일본인 고교생에 따르면 위안부 문제와 '난징대학살'을 합친 수업이 이뤄지고 30분 이상 동안 90세 이상으로 보이는 백발의 전 일본군 등이 계속 말하면서, "우리들은 주민들을 죽이기 전에 여성이라면 대여섯 사람의 병사가 반드시 강간을 하고 죽였다. 전쟁 중이라 이런 일을 하고도 죄책감을 전혀 느끼지 않았다"는 등의 증언을 하는 동영상(교사는 그 낡은 비디오테이프를 오랫동안 사용하고 있다)을 보여줘 심한 충격을 받았다고 한다. 동영상에는 강간당한 후의 여성의 사진 영상도 포함되어 있었다.

반 아이들은 "오, 하느님! 이 지독한 짓을 했어! 일본 군인은 야만!"이라고 저마다 말했다. 그 말을 듣고 고개를 정면으로 들 수 없어 수업이 끝날 때까지 계속 고개를 숙였다. 자기 조국이 모진 소리를 듣는 것은 일본인인 자신이 책망을 받는 것 같아 괴로웠다고 한다.

이 교사는 "특히 한국 여성은 일본군이 억지로 성노예로 삼았다. 일본은 한국 여성에게 특히 심했다. 그런 것도 있고 그래서 일본은 아시아 중에서 미움을 받고 있다", "난징대학살보다 조선인 위안부에 대한 강간이 심했다"고 강조했다. 한국인 급우가 "부모로부터 일본인과 이야기하지 말라고 들었다"라며, 떠들어댔다. 해당 챕터의 학습이 끝날 때까지 이들 반 친구와 일절 눈을 맞추지 못했다고 한다.

글렌데일 시에 위안부 기림비·상이 설치됐을 때 한국인 친구에게서 감상을 요구받았지만 "비문에 적힌 내용을 반박하기 위해서 필요한 영문 자료가 수중에 없어서 가만히 있을 수밖에 없었다". 비와 상을 견학하기 위해 필드트립(소풍)에 끌려간 일본인 학생도 있었다고 한다.

고교생의 어머니가 "(교과서에 있는) 위안부가 천황의 선물"라는 대목에 대해서, "이 구절은 특히 심하다. 그럴리가 없지?"라고 하면, "그 글을 반에서 읽었어. 얼마나 굴욕적인 기분이 들었는지,

153

상상이 되지?"라고 대답하였고, 이어 다음과 같이 계속하였다.

> 불만을 이야기해도 소용없다. 불만이 있으면 그것을 바로잡는 행동에 나서지 않으면 안 된다. 만약 역사 교과서가 바뀐다면 지금 초등학생인 지인의 아이들이 고등학생이 될 무렵에는 이런 안 좋은 일을 당하지 않아도 될지도 모른다. 시간은 걸리겠지만, 일본이 열심히 해줬으면 좋겠다. 정치인은 국토와 국민을 지키는 것이 일이라고 들었는데, 이 교과서 문제도 일본 국민을 지키는 일이잖아? 미국에서 태어나 미국에서 살고 있다고 해도, 우리들은 일본인인 걸. 우선은 좀 더 영어로 발신해야겠다. 일본 내에서만 떠들어서 아무것도 바뀌지 않으니까. 겨우 여기에 와서, 간신히 영어로도 발신하게 된 것은, 늦지만 안하는 것보다는 낫다. 그렇다 치더라도, 이 교과서의 내용이 지금까지 일본에서는 알려지지 않았다는 것, 너무 늦은 것은 아닐까? 한국이나 중국은 매년 일본의 교과서 내용에 불평하는데 왜 일본은 다른 나라의 교과서에 대해 조사하지 않는 것일까? 앞서 본 한국·중국·일본 대학생 토론회에서 중국에서는 천안문 사태가 교과서에 실려 있지 않다고 했다. 한국 교과서에는 베트남전이 없고, 정책 대실패로 기아상태가 된 것도 교과서에는 가뭄 때문이라고 한다고 했다. 이 대학생들은 자국을 떠나 타국에서 공부하기 때문에 그런 사실을 알 수 있었지만 자국 내 학생들은 국가에 불리한 사실은 교과서에 실리지 않는다는 사실조차 모른다. 그런데도 반일교육만은 확실히 하니까, 순전히 일본이 싫어져 버리는 것이다 ... 전쟁을 경험하지 못한 우리 세대가, 전시중의 일로 아직도 불쾌한 일을 당하는 것은 가엾다고 생각한다.

고교생의 어머니에 따르면, 일본인 학생들에게 한국인들이 와서, "독도는 한국의 것이다!"라고 소리를 지르고 가는 일이 몇 번 있었고, 그들은 아연실색해서 어떻게 돌려주면 좋을지 하는 생각도 나지 않고, 그저 싫은 감정만 남았다고 한다. 대다수 고교생은 수업 내용 등을 부모에게 말하지 않는다. 적어도 일본어 보습학교에서…… 하고 생각하며 확인했지만, 보습학교의 역사교과서가 일본에서 문제시되고 있는 도쿄쇼세키(東京書籍)의 것이었다. 적어도 일본어 보습학교에서라도 재미동포 아이들이 일본이라는 조국에 자부심을 가질 수 있는 교과서를 제공해 주었으면 한다. 재미일본인 고교생이 역사 날조의 피해를 당하고 있다는 것을 꼭 알아주시고, 일본국으로서 일본의 명예를 되찾는 노력을 하여 결과를 도출해 주시기를 간절히 바란다. 이 소리를 꼭 아베 수상, 또 시모무라 문부과학 대신에 전하여 달라는 것이었다.(다카하시 시로(高橋史朗), '"위안부"로 여기까지 온 미국의 일본인 차별(『慰安婦』でここまできたアメリカの日本人差別)', 「세이론(正論)」 2015년 3월호 참조).

이 맥그로힐사의 세계사 교과서의 위안부 기술의 베이스에는 전술한 미국 하원 결의가 있다고 생각된다. 이 결의를 추진한 마이크 혼다 의원을 전면적으로 지원했던 중국 측 '항일연합회'의 로비 활동이나, '일본해' 표기를 '동해' 병기로 고치는 로비 활동을 정력적으로 전개하고 있는 VANK를 중심으로 한 한국 측의 압박이 전후 70년을 맞아 격화하고 있고, 중국, 한국의 프로파간다가 미국을 끌어들이고 있다. 일본의 논리적인 주장이나 일본 정부의 정정 건의를 전혀 외면한 채 중국과 한국의 반일 프로파간다에 동조하는 논조가 미국 언론에 만연해 있다.

그 근저에 있는 것이 아사히신문의 '92년 1월 강제연행 프로파간다'라는 점을 간과해서는 안 된다. 아사히신문이 더 빨리 국제 사회에 이 선전이 사실이 아닌 것을 홍보하였다면, 이러한 기림비·상이나 미국의 역사 교과서의 편향 기술과 미국을 비롯한 각국의 대일 비난 결의로의 확대를 억제할 수 있었던 것은 아닐까.

집단 괴롭힘의 구체적 사례

게다가 해외재류 일본인 자녀에 대한 집단따돌림(이지메)이 6, 7세부터 고교생에 이르기까지 폭넓게 확대되고 있다. 캘리포니아 주, 뉴저지 주에서만 10건 이상이 보고되고 있어 '도시 전설에 지나지 않는다' 등으로 말할 수 없는 실태가 있는 것은 분명하다. 현재 재적생 자녀에게 피해가 갈까봐 나서지 못하는 당사자들의 속은 헤아리고도 남음이 있다.

구체적 사례의 일부를 소개한다. ① 역사 수업에서 제2차 세계대전을 배울 무렵 학교에서 중국계 학생 몇 명으로부터 집요한 괴롭힘을 당했다. 바인더에 추잡한 말을 낙서해놓거나, 여럿이 합세하여 일본인임을 비난하는 말을 하거나 했다. ② 2~3회 구두로 여러 가지 헤이트 스피치(I hate Jap! 등)가 있었지만 급기야 4번째로 주먹을 휘둘렀다. 싸움이 아니라 일방적으로 때렸다. 게다가 "다음엔 죽이겠다"고 했다. 학교장이 양측의 의견을 듣고 논의했지만 며칠간의 정학 처분만 하고 사과의 말도 없었다. ③ 한국 남자 아이가 아이의 얼굴에 침을 뱉기 시작했다. 아이가 놀라서 도망가자 재미 삼아 쫓아와 몇 번이나 침을 뱉었다. 괴롭힘이 너무 심하다고 생각해, 학교의 선생님(중국계나 한국계)과 상담했지만, "학교 바깥의 사건이기 때문에 대처할 수 없다"고 거절당했다. 부지에 있는 수영장에 들어가지 못하도록 심술을 부려 자물쇠를 채워 쫓겨난 적도 있다.

해외 재류 일본인이 개별 원고가 된 아사히신문 '위안부' 오보 소송에서 '일본인의 명예와 신용'이 침해된 구체적인 피해 사례가 법정에서 차례로 증언된다.

캐나다 국립 인권 박물관의 위안부 전시에 대한 영향

아사히신문에 의한 위안부 오보의 영향은 캐나다에도 미치고 있다. 캐나다 거주 일본인 번역가 마리노후 토시에(マリノフ利江) 씨에 따르면 지난해 9월에 캐나다 위니펙(Winnipeg) 시 국립인권박물관이 개관했는데, 재작년에 필리핀에서 일본의 '종군위안부'였다고 밝힌 여성과 그녀의 상담사를 초청하여 인터뷰와 강연회를 캐나다 각지에서 개최했다. 이 상담사는 강연에서 1992년 1월 11일자 아사히신문이 보도한 내용을 언급하며 아사히신문 보도의 중요성을 강조했다고 한다. 마리노후 씨는 그 아사히의 위안부 보도가 오보였음이 밝혀지면서 이 박물관에 전시된 일본군에 의한 필리핀 여성의 강제연행 전시회에 대한 항의 행동을 하고, 캐나다 총리에게도 편지를 내고 항의 활동을 계속하고 있다(마리노후 토시에(マリノフ利江), 다카하시 시로(高橋史朗) 대담, '국제오해라는 '국난'과 어떻게 싸울 것인가(国際誤解という『国難』といかに闘うのか)', 「치치(致知)」 2015년 3월호 참조).

이 위안부 전시와 역사박물관 건설 장기 프로젝트를 추진하던 캐나다의 인권단체 토론토알파(Toronto ALPHA, Toronto Association for Learning and Preserving the History of World War II in Asia)는 토론토 가톨릭 교육위원회와 함께 제2차 세계대전 중 아시아에서 일어난 일본군 위안부 등의 안타깝고 악랄한 행위를 가르치고 고교 과정에서 배울 수 있도록 한다는 내용의 양해 각서를 체결했다. 토론토알파는 매년 캐나다 교사를 스터디 투어 형식으로 중국 난징대학살기념관이나 한국 나눔의 집 등에 보내오다 2015년부터는 고교생을 이 스터디 투어에 포함시키려 하고 있다.

첨부자료

캐나다 국립인권박물관의 위안부 전시내용

[대일본제국]

제2차 세계대전 때부터 전시 중에 걸쳐 일본 제국군은 5만에서 20만 명에 이르는 여성과 소녀에게 성노예가 될 것을 강요했다. 그중에는 11세의 어린 소녀도 있었다. 군은 이 사로잡힌 여성을 '위안부'라 칭했고, 진짜 목적과 박해도 숨겼다. 위안부는 일본군에 성적인 서비스를 제공하기 위하여 그녀들의 문화와 언어에서 단절되어 전장의 최전선에서 정기적으로 능욕당하고 폭력을 당하고 있었다.

[난징대학살]

일제에 의한 난징침략의 와중에 일본군들에 의한 끊임없는 강간이 행해졌다. 흩어져 있는 매춘소는 부실한 것으로 밝혀졌다. 그래서 군은 규모가 크고 보다 공적 성격이 강한 위안소 제도를 만들었다.

[죄과]

일본군은 수천의 여성과 소녀를 성노예로 만들기 위해 압송했다.

[교과서에 의한 부정]

오랫동안 국가주의자들은 일본의 전쟁 당시 기록을 왜곡해 여성을 성노예로 몰아넣은 사실을 부인했다. 이 2005년의 화상(画像)에서는 역사 교과서의 위안부 제도에 대한 언급이 미흡하다고 반 검열 조직의 대표인 다와라 요시후미(俵義文)가 지적하고 있다.

[최초의 사진]

이 사진이 발견된 1962년, 언론인 센다 가코(千田夏光)는 위안부 제도에 관한 조사와 집필의 제1인자가 되었다.

[국제적 부정]

증거 불충분한 일본의 위안부 제도에 대한 주장이 나오자 일본 지도자는 2007년 워싱턴포스트에 의견 광고를 냈다. 그 광고에는 전 세계를 향해 일본이 결코 여성을 성노예로 만들지 않았음을 증명하는 자의적인 5가지 역사적 주장이 실려 있었다.

첨부자료

전국 각지의 위안부 비문

① 뉴저지 주 팰리세이즈 파크

"1930년대~1945년 일본 제국군에 의해 유괴된 20만 명 이상의 부녀자를 기립니다. 그녀들은 '위안부'로 알려져 있습니다. 그녀들은 인권 침해와 위법 행위를 참고 견디었습니다. 인간성에 반한 범죄의 공포를 결코 잊지 않도록 해십시오."(2010년 10월 23일)

② 뉴욕 주 아이젠하워

"'위안부'. 1930년대~1945년, '위안부'로 세계에 알려진, 일본제국 군에 의해 성노예의 용도를 위해 유괴된 20만 명 이상의 부녀자를 기리며. 그들이 당한 인간성을 저버린 가증스러운 범죄가 잊혀지면 안 됩니다. 그들이 견뎌낸 인간의 존엄성에 대한 중대한 침해는 잊어선 안 될 것입니다."(2012년 6월 20일)

③ 캘리포니아 주 가든글로브

"'강제된 성노예' 1930년대~1945년, '강제된 성노예'로 세계에 알려진, 일제에 의해 성노예의 용도로 유괴된 20만 명 이상의 부녀자를 추모하며. 그들이 당한, 인간성을 저버린 가증스러운 범죄가 잊혀지면 안 됩니다. 그들이 견뎌낸 인간의 존엄성에 대한 침해는 잊어선 안 될 것입니다."(2012년 12월 1일)

④ 뉴저지 주 해켄색

"제2차 세계대전 중 그리고 그 이전부터 일본제국 군에 의해 성노예 상태에 있도록 강요당한 한국, 중국, 대만, 필리핀, 네덜란드, 인도네시아의 수십만 부녀자를 기리며"(2013년 5월 8일)

⑤ 캘리포니아 주 글렌데일

"'나는 일본군의 성노예였습니다.' 헝클어진 머리는 일본 제국군에 의해 강제로 집에서 끌려가는 소녀를 상징합니다. 주먹은 정의 회복을 위한 굳은 의지를 보여줍니다. 맨발에 발뒤꿈치가 닿지 않은 다리는 차갑고 몰이해한 세계에 의해 계속 버려지고 있다는 것을 나타냅니다. 소녀의 어깨에 앉은 새는 우리와 죽은 희생자들의 유대감을 상징합니다. 비어있는 의자는 정의를 아직 증언하지 못한 고령의 나이로 죽음을 맞고 있는 생존자를 상징합니다. 소녀의 그림자는 그 소녀와 늙은 할머니로, 말없이 소비된 시간의 경과를 상징합니다. 그림자 속의 나비는 희생자들이 어느 날 그들의 사과를 받고 되살아날지도 모른다는 희망을 표현하고 있습니다."

평화기념비. "1932년부터 1945년 사이 일제에 의해 강제로 성노예 상태가 된 20만 명 이상의 한국, 중국, 대만, 일본, 필리핀, 태국, 베트남, 말레이시아, 동티모르, 인도네시아의 고향에서 이송된 아시아와 네덜란드 여성들을 기립니다. 그리고 일본 정부가 이들 범죄에 대한 역사적 책임을 받아들이기를 권고하는 2007년 7월 30일의 합중국 의회의 하원 결의 121호의 통과와 2012년 7월 30일의 글렌데일 시에 의한 '위안부의 날'의 선언을 축하합니다. 이 부당한 인권침해가 결코 반복되지 않는 것이 우리의 거짓 없는 소망입니다."(2013년 7월 30일)

⑥ 버지니아 주 페어팩스

"제2차 세계대전 중 인신매매의 희생자로서 기본적 권리와 존엄이 제거된 부녀자의 명예를 위하여. 20만 명 이상의 한국·중국·대만·필리핀·인도네시아·말레이시아·네덜란드·동 티모르의 부녀자가 제2차 세계대전 중 일제에 의해서 성적 노예 상태 또는 완곡하게 칭한다면 '위안부'가 되기를 강요받았다. 우리는 그녀들의 아픔과 고통을 존중하며 기본적 인권의 결여를 애도한다. 이들 '위안부'가 그들의 의사에 반하여 넘겨진 범죄로부터의 영원한 평화와 정의를 찾으십시오. 이러한 부녀자의 기억이 여성 권리 보호의 중요성의 기억과 기본적 인권의 확증으로서 유익하기를"

이 비문의 이면. "합중국 의회는 2007년 7월 30일 하원 121호 결의안에서 1930년대부터 제2차 세계대전 기간 내내 그 식민지와 아시아와 태평양의 섬들의 전시 점령 동안 '위안부'로서 세계에 알려진 젊은 여성을 성노예 상태에 둔 일제의 강제에 대해서, 일본 정부가 공식 인정, 사죄하고, 그리고 명백하게 모호하지 않은 태도로 역사적 책임을 받아들여야 할 것이라고, 만장일치로 결의했다. - 하원의원 마이크 혼다(CA15)(2007년 1월 31일 제출)"(2014년 5월 30일)

⑦ 뉴저지 주 유니언시티

"제2차 세계대전 중 그리고 그 이전부터 일본제국 군에 의해 성노예 상태가 되도록 강제된 한국·중국·대만·필리핀·네덜란드·인도네시아의 수십만 부녀자를 기리며"(2014년 8월 4일)

⑧ 미시간 주 사우스필드

"어깨에 참새가 앉아 있는 이 젊은 한국 여성은 한 노인의 그림자를 드리우며 일본땅을 응시하고 있습니다. 그것은 제2차 세계대전 중에 일본군이 저지른 무서운 성노예 범죄인 '위안부' 문제가 미결인 것을 상징하고 있습니다. 인간의 존엄성과 전 세계 여성의 인권, 그리고 인류의 미래를 상징합니다."(2014년 8월 16일)

맺음말

나카니시 테루마사(中西輝政)(위원장)

대상으로 한 두 가지 문제

아사히신문의 위안부 보도 논란은 지난해 8월 5, 6일 아사히신문 지면에서의 '특집' 이후 그때까지와는 다른 새로운 국면으로 이행했다. 또한 동년 12월에 공표된 이른바 '아사히신문사 제3자위원회'(이하, 제3자위원회)의 보고서(및 부속문서-이하 생략)에 의해 한층 현저한 형태로 부상한 가장 중요한 논점은 대략 다음의 2가지로 수렴해 왔다고 할 수 있다.

하나는, 아사히신문이 과거 30여 년간 보도해 왔고, 그리고 이번에 처음 그 신빙성을 부정하고 지금까지의 보도를 취소한 이른바 '요시다 증언'으로 대표되는 — 본 보고서가 곳곳에서 지적하는 대로 그 외에도 있지만 — 이 신문의 일련의 위안부 보도를 둘러싼, 언론으로서는 이례적이라고도 할 역사적 불상사의 배경에는 무엇이 있었느냐 하는 문제이다. 이 점에 대한 해명은 상술한 '특집'을 시작으로 한 일련의 아사히신문 자신에 의한 지면 취급에 있어서는 물론, 상기의 제3자위원회 보고서 등에서도 충분히 이루어지고 있다고 말하기 어렵다. 바로 이 점에 대해서도, 미디어 혹은 기업체로서의 아사히신문사로서는 독립된 민간의 제3자적 입장에서 검증을 실시할 필요가 있었던 것이며, 본 보고서는 다른 많은 여러 논점을 포함하여 이러한 관점에서 이 문제에 대해서도 기탄없이 고찰하였다.

두 번째 논점으로서, 아사히신문에 의한 일련의 위안부 보도가 국제적으로 미친 영향을 어떻게 평가하느냐 하는 논점이 대단히 중요한 문제의 초점이다. 그런데, 본 보고서가, 도처에서 분석·고찰해 평가를 내리고 있듯이, 상기 제3자위원회의 보고서는 스스로 인정하고 있는 대로, 이 점에서는 완전히 결론을 포기하고 있다. 즉, 아사히의 일련의 위안부 보도가 국제 사회에서 일본의 입장을 해치는 결과를 가져왔는지 아닌지에 대해서 어떤 가능성도 있음을 승인하고 있는 것이다. 그렇다고 하면 아사히신문사 자사, 그리고 아사히가 설치한 이른바 제3자위원회를 대신하여 다른 주체가 독립한 입장에서 이 점에 대한 고찰과 평가를 하고 일정한 결론을 낼 필요가 있는 것이다. 본 보고서는 다방면에 걸쳐 이 점을 논증하고 통일된 결론을 얻게 되었다.

배경에 있던 '아사히적 체질'로서의 역사관

첫 번째로, 보도기관으로서는 미증유의, 혹은 극히 희소한 불상사의 배경에 도대체 무엇이 있었는가. 이 점에 대해서 제3자위원회의 보고서가 반복해 언급하고 있는 바로는, 기사의 취소나 사죄를 '지연'하려고 하는 회사의 체질이 배경으로서 컸다고 한다. 또 이는 아사히신문의 정기 기고자로서 언론인인 이케가미 아키라(池上彰) 씨 등도 이른바 일본 기업에 많이 있는 '지연' 체질이야말로 이번 문제의 배경으로서의 중심적 요인이었음을 지적하고 있다. 예를 들어 제3자위원회의 보고서가 기사를 취소하고 이른바 '사과'를 하면, '이 문제를 방치해 온 역대 사람들에 대해서도 책임을 묻게 되어 버린다'고 두려워한 것도 기사 취소나 사죄를 이렇게까지 늦게 한 큰 원인의 하나였다고 지적하고 있다(제3자위원회 보고서 43 페이지).

그러나 이것들은 모두 일본 사회에 흔해빠진 이른바 기업비리 사건이 터졌을 때 거의 단골처럼 지적되는 배경으로서의 기업체질론의 원용인 것처럼 보인다. 일반 사업회사의 '불미스러운 사건'과 같은 레벨에서, 많은 특권을 향유하며 커다란 사회적 사명을 표방하며, 특히 일본을 대표하는 매스미디어의 하나라고 일컬어지는 아사히신문이 저지른, 역사적 보도상의 스캔들의 원인과 그 배경이, "일본 기업에서 일반적으로 볼 수 있는 조직적 결함"이라고만 규정하고 그것으로 충분하다고 여겨져서는 안 될 것이다. 쉽게 추측할 수 있듯이 거기에는 미디어라고 하는 특수한 업태에 깊게 관련되어 있는, 더 지적이고 사상적인 조직체질이라는 것이 검증되지 않으면 안 되었다.

이 점에서, 지극히 중요한 지적이 제3자위원회의 보고서 도처에서 이루어지고 있다. 그것은 만약 요시다 증언을 취소하거나 소위 '사과'를 하면, "위안부 문제 자체의 존재를 부정한 것으로 독자에게 받아들여지는 것 아닌가"하고 두려워한 것이다(예를 들면, 제3자위원회 보고서 43-44페이지). 이제 불필요하지만 만약 아사히가 요시다 증언을 취소하거나 그 일로 사과를 했다고 하더라도 8월 5, 6일 아사히의 '특집' 기사가 실제로 그랬던 것처럼, 예를 들어 '논의 바꿔치기'(제3자위원회 보고서)라든가, 이른바 '광의의 강제성'론으로 밀고 간다면 아무도 아사히가 '위안부 문제 전체의 존재를 부정했다'고는 받아들이지 않을 것이라는 점은 쉽게 추측할 수 있었고, 또 상기의 '특집' 이후의 사태도 실제로 그것을 뒷받침하고 있다.

그렇다면, 왜 아사히는 '위안부 문제 자체의 존재를 부정했다'고 오해받는 것을 그렇게 지나치게 두려워한 것일까. 그것은 아사히가 위안부 문제의 존재와 그것을 되풀이하여 보도하는 것이 스스로 역사관이나 정치사상의 무오류성을 담보하는 중요한 이념적 자산이라고 믿고 있었던 것을 나타낸다고 할 수 있다.

이 점에서 매우 시사적인 것은 역시 제3자위원회 보고서가 곳곳에서 언급하는 것처럼 아사히는 그러한 취소나 사과를 하는 것으로 "아사히신문 (위안부)기사에 대해서 '조작'이라고 비판하는 세력"의 비판을 더 키우는 것을 두려워했기 때문이라는 것이다(예를 들면, 제3자위원회 보고서 43-44

페이지). 즉, 만약 자신의 위안부 보도의 잘못을 조금이라도 인정하면 역사관을 둘러싼 논쟁 속에서 자신의 정치적 사상적 입장이 손상되고, 넓은 역사관 논란 전체 속에서 자신이 전략적으로 불리한 상황에 빠지는 것을 강하게 두려워하고 있었음을 나타내고 있다. 여기에서 볼 수 있는 것은 역사관에 있어서도 아사히신문은 역시 "'각도'를 너무 높게 설정했다"(제3자위원회 보고서 92쪽)고 볼 수 있는 보도를 의식적으로 중시하고 있었다는 점이다. 적어도 아사히(朝日)신문은 기사의 신빙성보다 각도 있는 역사관을 지키는 것이 언론이 우선시해야 할 목표였음을 보여준다.

결론적으로 말하면, 이번 아사히신문의 보도상 대형 불상사의 배경에 있는 이른바 '기업 체질'이라는 문제의 실체는 언론으로서의 아사히신문이 조직적으로 입각한 역사관에 가장 큰 원인이 있었다고 할 수 있다. 아사히신문 특유의 편향된 역사관이 있었기에 조금 생각하면 누구나 쉽게 알아차릴 수 있을 요시다 세이지 씨의 '만들어진 이야기(詐話)'를 진실로 믿고, 충분한 뒷받침도 없이 이에 달려들고, 간부 기자를 포함하여 다수의 기자가 그것을 반복하여 기사로 만들고, 보도 기관으로서 그 위에 입각한 '종군위안부'론 전체의 중요한 근거로 삼았다. 그리고 이번에는 그것을 유지할 필요상, 다른 신문은 일찍 알아채 정정하고 있었음에도 불구하고, 한 사람 30년의 장기간에 걸쳐서 요시다 증언의 기사 취소를 어떻게든 '지연'하지 않을 수 없는 자승자박적 상황을 자초했던 것이다.

보도가 국제사회에 미친 영향과 일본의 도의적 입장 및 국익에 미친 부정적 효과

이 점에 대해서는 이미 기술한 바와 같이 아사히가 스스로 설치한 제3자위원회 안에서조차 현저한 의견 분열을 볼 수 있어 그 보고서에 나타난 바와 같이 위원회 차원에서 결론을 보류하지 않을 수 없었다. 한편, 본 독립검증위원회는 이 보고서 몇 개 장의 분석과 평가에서 줄곧 아사히의 보도가 한국과 미국, 그리고 유엔 등 국제 사회에서 위안부 문제를 둘러싼 오늘날에도 없어지지 않는 사실에 반하는 오해나 일본의 부당한 책임 추궁의 움직임의 중요한 요인이었음을 밝혔다. 굳이 여기서 되풀이할 필요도 없을 것이다. 그리고 이 점에서 아사히신문이 설치한 제3자위원회 보고서가 개별 의견 중 하나이지만 크게 경청해야 할 의견으로 기타오카 신이치(北岡伸一) 위원의 견해가 참고가 된다. 기타오카 신이치 씨는 다음과 같이 말한다. "이러한(아사히신문의-괄호 안은 집필자에 의한다. 이하 같다) 언설은 한국의 기대를 부풀렸다. 그 결과, 한국 대통령이 세계 정상에게 (위안부 문제에 관해) 일본의 잘못을 알리는 이례적인 행동을 하게 되었다. 그것은 또한 일본 일각의 반발을 초래하고 반한, 혐한 언설의 횡행을 초래했다. 이런 편협한 내셔널리즘의 대두도, 일한 화해의 어려움도, 엄격하게 보면 아사히신문의 위안부 보도가 가져온 것이다"(제3자위원회 보고서 94페이지). 이는 상기의 설문에 대한 극히 명확한 결론이다.

또 미국과 쿠마라스와미 보고서 등 유엔에서의 위안부 문제의 이해 내지 오해에 아사히 보도가 행한 큰 역할과 일본의 입장과 국익에 '마이너스 기여'를 한 것에 대해서는 각각 본 보고서의 제3부 제1장 및 제3장의 논증으로부터 제대로 드러날 것으로 보인다. 그러므로 여기에서 특히 강조하여 두어야 할 중요한 것은 아사히의 보도로 인해 발생한 것으로 여겨지는 이러한 국제사회의 오해와 일본국민에 대한 커다란 불명예와 현실의 폐해를 제거하는 데 있어서 아사히신문사가 언론으로서, 또 기업으로서 앞으로 어떻게 사회적 책임을 완수할 것인가 하는 문제이다. 오늘날 일본 정부 안팎으로 많은 일본 국민의 세금을 들여서라도 국제홍보에 주력하여 이러한 일본의 훼손된 명예와 국익을 조금이라도 회복하려는 노력이 필요하다. 그렇다면, 바로 이 일의 당사자이며, 또 스스로 큰 홍보기능을 가지고 있는 미디어 기관으로서 아사히신문이 누구보다 큰 노력을 기울일 필요가 있다고 생각하는 것이다. (끝)

아사히신문 '위안부 보도'에 관한 독립검증위원회 공청회 기록

헤이세이 26년(2014년)

• 12월 11일 (목)
코모리 요시히사(古森義久) 씨
산케이신문 도쿄본사 편집국 워싱턴 주재 객원 특파원.
국제 문제 평론가. 국제 교양 대학 객원 교수.

• 12월 19일 (금)
시모카와 마사하루(下川正春) 씨
전 마이니치신문 서울지국장
오이타(大分) 현립 예술 문화 단기대학 정보 커뮤니케이션 학과 교수.
(미디어, 코리아 연구)

헤이세이 27년(2015년)

• 1월 15일 (목)
마에카와 케이시(前川惠司氏) 씨
전 아사히신문 서울 특파원

• 1월 20일(화)
구로다 가쓰히로(黒田勝弘) 씨
산케이신문 서울주재 특별기자(서울지국장 특별기자) 겸 논설위원
저널리스트

• 1월 22일 (목)
하타 이쿠히코(秦郁彦) 씨
현대사가. 법학박사.

• 1월 29일 (목)
최길성(崔吉城) 씨
도아(東亜)대 교수. 히로시마대 명예교수.
도아대 동아시아문화연구소 소장

【공지】
1. 본 보고서 한국어판은 일본어판 마지막 대목의 정오표를 본문에 직접 반영하였습니다.
2. 본 보고서는 일본 역사인식문제연구회(歴史認識問題研究会) 홈페이지에서 다운로드할 수 있습니다. (http://harc.tokyo)

[자료2] 일본 정부의 고노 담화 검증보고서

위안부 문제를 둘러싼 일한 간의 의견교환의 경위
~고노 담화 작성으로부터 아시아여성기금까지~
慰安婦問題を巡る日韓間のやりとりの経緯
~河野談話作成からアジア女性基金まで~ ★

2014년(헤이세이(平成) 26년) 6월 20일

고노 담화 작성과정 등에 관한 검토팀

변호사(구 검사총장(検事総長))	타츠키 케이이치(但木 敬一) (좌장)
아지아(亜細亜)대학 국제관계학부 교수	아키즈키 히로코(秋月 弘子)
전 아시아여성기금 이사, 저널리스트	아리마 마키토(有馬 真喜子)
와세다(早稲田)대학 법학학술원 교수	고노 마리코(河野 真理子)
현대사 역사가(現代史家)	하타 이쿠히코(秦 郁彦)

사무국(내각관방, 외무성)

1 검토의 배경

　(가) 고노 담화에 대해서는, 2014년 2월 20일의 중의원 예산위원회에서, 이시하라 노부오(石原 元) 관방부장관(官房副長官)으로부터,

　　① 고노 담화의 근거가 된 옛 위안부의 청취조사 결과에 대하여, 증거조사를 하지 않았다,

　　② 고노 담화의 작성과정에서 한국 측과의 의견 조율이 있었을 가능성이 있다,

　　③ 고노 담화의 발표로써 일단 결론이 난 일한(日韓) 간의 과거문제가, 최근에 다시 한국 정부로부터 제기된 상황을 보아, 당시의 일본 정부의 선의를 살리지 않고 있어서 비상히 유감이라는

★ 이 검증보고서는 일본 정부가 위안부 문제와 관련, '고노 담화에 대한 작성과정', 그리고 '고노 담화의 후속조치인 아시아여성기금까지의 실태'를 종합적으로 조사하고서 2014년 6월 20일에 발표한 것이다. 2020년 말, 인터넷 매체 미디어워치에 한국어로 번역 공개된 것을 여기에 전재한다.

취지의 증언이 있었다.

(나) 동 증언을 이어 받아, 국회에서의 질의에 대한 답변에 있어서 스가(菅) 관방장관은 고노 담화의 작성과정에 대하여 실태를 파악하고, 그것을 그에 적당한 형태로 명확히 해야 할 것이라고 생각한다고 답변한 바이다.

(다) 이상을 배경으로 위안부 문제에 관해서 고노 담화 작성과정에서 한국과의 의견교환을 중심으로 그 후의 후속조치인 아시아여성기금까지의 일련의 과정에 대하여 실태를 파악하게 되었다. 따라서 검토팀에서는 위안부 문제의 역사적 사실 그 자체를 파악하기 위한 조사·검토는 하지 않았다.

2 회합의 개최상황

2014년
4월 25일(금) 준비회합
5월 14일(수) 제1회 회합
5월 30일(금) 제2회 회합
6월 6일 (금) 제3회 회합
6월 10일(화) 제4회 회합

3 검토팀의 멤버

비밀보호를 확보하는 관점에서, 검토팀의 멤버를 비상근의 국가공무원으로 발령하고 관련자료를 열람했다.
 - 변호사(구 검사총장) / 타츠키 케이이치
 - 아지아대학 국제관계학부 교수 / 아키즈키 히로코
 - 전 아시아여성기금 이사, 저널리스트 / 아리마 마키토
 - 와세다대학 법학학술원 교수 / 고노 마리코
 - 현대사 역사가 / 하타 이쿠히코

4 검토의 대상과 기간

위안부 문제가 일한 간의 현안이 된 1990년대 전반부터 아시아여성기금의 한국에서의 사업종료까지를 대상기간으로 했다.

5 검토의 방법

(1) 고노 담화에 이르기까지의 정부조사와 고노 담화 발표에 이르는 사무를 당시의 내각관방 내각외정심의실(內閣外政審議室)(이하 '내각외정심의실')에서 하였으므로, 이것을 계승하는 내각관방 부장관보실(副長官補室)이 보유하고 있는 위안부 문제와 관련된 일련의 문서, 외무성이 보유하고 있는 일한 간의 의견교환을 중심으로 한 위안부 문제에 관련된 일련의 문서 및 후속조치인 아시아여성기금에 관한 일련의 문서를 대상으로 하여 검토가 진행되었다.

(2) 비밀보호를 확보한다는 전제 아래, 당시의 정부가 행한 옛 위안부와 구 군인 등 관계자로부터의 청취조사도 검토팀의 열람을 위해 제공되었다. 또 검토의 과정에서 문서에 기초한 검토를 보충하기 위해 옛 위안부를 대상으로 한 청취조사를 담당한 당시 정부직원에 대한 청문(hearing)이 실시되었다.

(3) 검토에 당면하여, 내각관방과 외무성으로부터 검토팀에 제공된 상기 (1)의 문서와 (2)의 청취조사 및 청문(hearing) 결과에 기초하여, 사실관계의 파악과 일련의 객관적인 과정의 확인이 수행되었다.

6 검토팀의 검토결과

검토팀의 지시 하에, 검토대상이 된 문서 등에 기초하여 정부의 사무당국에서 사실관계를 정리한 자료는 별첨한 대로이다. 검토팀으로서 이번 검토작업을 통해서 열람한 문서 등에 기초하는 한, 그 내용이 타당한 것이라고 판단하였다.

[고노 담화 작성과정에 관한 검토팀]
변호사(구 검사총장) / 타츠키 케이이치
아지아대학 국제관계학부 교수 / 아키즈키 히로코
전 아시아여성기금 이사, 저널리스트 / 아리마 마키토
와세다대학 법학학술원 교수 / 고노 마리코
현대사 역사가 / 하타 이쿠히코
(일본어 표기순)

이하 별첨자료.

목차

I. 고노 담화의 작성 경위

  1 미야자와(宮沢) 총리 방한에 이르기까지의 일한 간의 의견교환(~1992년 1월)
  2 미야자와 총리 방한부터 가토(加藤) 관방장관 발표(조사결과의 발표)까지의 일한 간의 의견교환(1992년 1월~1992년 7월)
  3 가토관방장관 발표로부터 고노 관방장관 담화 전까지의 일한 간의 의견교환(1992년 7월~1993년 8월)
  4 옛 위안부로부터의 청취조사의 경위
  5 고노 담화의 어구를 둘러싼 의견교환

II. 한국에서의 '여성을 위한 아시아평화 국민기금' 사업의 경위
  1 '기금'의 성립까지(1993년~1994년)
  2 '기금' 설립 초기(1995년~1996년)
  3 옛 위안부 7명에 대한 '기금' 사업의 실시(1997년 1월)
  4 '기금' 사업의 일시중단(1997년 2월~1998년 1월)
  5 '기금'에 의한 신문광고의 게재(1998년 1월)
  6 '기금'에 의한 사과금 사업의 일시중지(1998년 2월~1999년 2월)
  7 한국적십자사에 의한 의료·복지사업으로의 전환(1999년 3월~1999년 7월)
  8 사업전환 곤란인 채 '기금' 사업 종료(1999년 7월~2002년 5월)
  9 한국에서의 '기금' 사업의 종료와 성과

I. 고노 담화의 작성 경위

1 미야자와(宮沢) 총리 방한에 이르기까지의 일한 간의 의견교환

(1) 1991년 8월 14일에 한국에서 옛 위안부가 최초로 이름을 내걸고 나선 이후, 같은 해 12월 6일에는 한국의 옛 위안부 3명이 도쿄지방재판소에 제소했다. 1992년 1월에 미야자와 총리의 방한이 예정되어 있던 중, 한국에서의 위안부 문제에 대한 관심과 대일비판의 고조에 따라 일한 외교당국은 이 문제가 총리방한 때에 현안이 되는 것을 염려하고 있었다.

1991년 12월 이후 한국 측으로부터 몇 차례의 기회에 위안부 문제가 미야자와 총리 방한 시에 현안화하지 않도록 일본 측에서 사전에 무언가 조치를 강구하는 것이 바람직하다고 하는 생각이 전달되었다. 또 한국 측은 총리방한 전에 일본 측이, 예를 들면 관방장관의 담화와 같은 형태로,

무언가 입장표명을 하는 것도 하나의 방안이라는 인식을 나타내고, 일본 정부가 미안하다고 하는 자세를 표현하고 이것이 양국 간의 마찰요인이 되지 않도록 배려하여주기 바란다며 총리 방한 전에 이 문제에 대해 대응할 것을 요구했다.

이미 같은 해 12월의 시점에서 일본 측에서의 내부 검토에서도 "이것은 총리에 의해 일본군의 관여를 사실상 시인하고 반성과 유감의 뜻의 표명을 해주는 쪽이 적당"하고, 또 "단지 구두의 사죄만으로는 한국여론이 가라앉지 않을 가능성"이 있다며 위안부를 위한 위령비 건립이라는 상징적인 조치를 취하는 것이 선택지로 제기되고 있었다.

(2) 1991년 12월에 내각 외정심의실의 조정 하에, 관계 가능성이 있는 성청(成庁)에서 조사를 개시했다. 1992년 1월 7일에 방위연구소에서 군의 관여를 나타내는 문서가 발견되었다는 사실이 보고되었다. 그후 1월 11일에는 이 문서에 대하여 아사히(朝日)신문이 보도(**편집자주**: 요시미 요시아키(吉見義明) 교수에 의한 '육지밀대일기(陸支密大日記)' 문서 관련 '위안소 군 관여를 나타내는 자료(慰安所 軍の関与を示す資料)' 제하 보도)한 것을 계기로 하여 한국 국내에서는 대일 비판이 과열되었다. 1월 13일에 가토 관방장관은 "지금 단계에서 어떠한, 어느 정도의 관여라는 것을 말씀드릴 단계는 아니지만, 군의 관여는 부정할 수 없다", "이른바 종군위안부로서 필설로 다하기 어려운 쓰라린 고생을 한 여러분에 대하여 충심으로부터 사과와 반성의 마음을 말씀드리고 싶다"고 하는 취지를 정례기자회견에서 말하였다.

(3) 1992년 1월 16일~18일의 미야자와 총리 방한시의 수뇌회담에서는, 노태우 대통령으로부터 "가토 관방장관이 구 일본군의 관여를 인정하고, 사죄와 반성의 뜻을 표명한 것을 평가. 금후 진상규명의 노력과 일본의 적합한 조치를 기대"한다는 발언이 있었고, 미야자와 총리는 "종군위안부의 모집과 위안소의 경영 등에 구 일본군이 관여한 움직일 수 없는 사실을 알게 되었다. 일본 정부로서는 공개적으로 이것을 인정하고, 마음으로부터 사죄하는 입장을 결정", "종군위안부로서 필설로 다하기 어려운 쓰라린 고통을 경험한 여러 분들에 대해, 충심으로부터 사과와 반성의 마음을 표명하고 싶다", "작년 말부터 정부 관계 성청에서 조사하여 왔는데, 금후라도 계속하여 자료를 발굴, 사실구명을 성심성의껏 행하여 가고 싶다"고 하는 의향을 말하였다.

2 미야자와 총리 방한으로부터 가토 관방장관 발표(조사결과의 발표)까지의 일한 간의 의견교환 (1992년 1월~1992년 7월)

(1) 미야자와 총리 방한 후, 1992년 1월, 한국 정부는 '정신대문제에 관한 정부방침'을 발표하고, "일본 정부에 대해 철저한 진상규명과 그에 수반하는 적절한 보상 등의 조치를 요구한다"고 말했다.

일본 측에서는 진상규명을 위한 조사에 더해, "65년의 법적 해결의 틀과는 별도로 이른바 종군위안부 문제에 대해서 인도적 견지에서 우리나라가 자주적으로 취할 조치에 대해 한국 측과 아이디어를 교환하기 위한 대화를 가질" 것이 검토되고, 한국 측의 생각을 내부적으로 청취했다.

(2) 일본 측은 1991년 12월에 개시된 성청(省庁)의 관련자료 조사를 1992년 6월까지 실시했다. 한국 측으로부터는 해당조사를 한국의 정부 및 국민이 납득할 수 있는 수준으로 할 것과 조사결과 발표 이전에 실무 레벨에서 그에 대한 비공식적인 사전협의를 행할 것에 대한 의사표시가 있었다. 또 발표 직후에는 한국 측으로부터 조사결과 자체의 발표 외에, 해당 조사결과에 대한 일본 정부의 견해의 표명과 조사에 뒤따르는 일본 정부의 조치안(措置案)의 제시가 포함되어야 한다는 취지의 의견이 제시되는 등, 조사결과의 발표모습에 대해 한국 측과 여러 가지 의견교환이 있었다.

조사결과에 대하여, 한국 측은 일본 정부가 성의를 갖고 조사하는 노력을 평가하면서도, 전반적으로 한국 측의 기대와 큰 차이가 있고 한국의 국민감정과 여론을 자극할 가능성이 있다고 지적했다. 또한 모집시의 '강제성'을 포함하여 진상규명을 계속 행할 것, '후속조치'(보상과 교과서에서의 기술)를 취할 것을 요구하는 코멘트가 있었다. 그에 더해 "당시의 관계자의 증언 등에서 명확한 강제연행, 강제동원의 핵심이 될 사항이 조사결과에 포함되어 있지 않다는 점에 대한 한국 측 여론의 동향이 우려된다"는 코멘트가 이루어졌다. 일본 정부에 의한 조사결과 발표에 앞서서, 한국 정부는 1992년 7월에 위안부 문제 등에 관한 조사·검토의 상황을 발표했는데, 그때에 일본 측에 대해 사전에 코멘트를 하도록 요청하고, 결과적으로 양국에서 사전조정이 행해졌다.

(3) 1992년 7월 6일, 가토 관방장관은 기자회견에서 그때까지의 조사결과를 발표했다. 관계자료가 보관되어 있을 가능성이 있는 성청에서 자료조사를 행한 후, 관방장관은 "위안소의 설치, 위안부의 모집을 맡은 자의 단속, 위안시설의 축조·증강, 위안소의 경영·감독, 위안소·위안부의 위생관리, 위안소 관계자에 대한 신분증명서 등의 발급에 대해, 정부의 관여가 있었던 것"을 인정하고, "이른바 종군위안부로서 필설로 다하기 어려운 쓰라린 고통을 경험한 모든 여러 분에 대해, 다시 한번 충심으로부터의 사과와 반성의 마음을 말씀드리고 싶다", "이와 같은 신산(辛酸)을 경험한 여러분에 대해, 성의를 갖고 검토하여 가고자 생각하고 있습니다"라고 발언했다. 다른 한편, 징용의 방식에 관해, 강제적으로 행해졌는지 또는 사람을 속임으로 행해졌는지를 뒷받침하는 자료는 조사에서 나오지 않았다는 것인가 하는 질문을 받고 "지금까지는 발견되지 않았습니다"라고 답했다.

(4) 또한 한국 측은 '보상'과 일한청구권·경제협력협정과의 관계에 대해서는, 법률적으로 청구권 처리가 끝났는지 검토해보지 않으면 알 수 없다거나, 현시점에서는 일본 측에 새로운 보상을

제의하는 것은 고려하지 않고 있다고 말하는 등, 한국국내에서 여러 가지 논의가 있었음을 살펴볼 수 있다.

3 가토 관방장관 발표로부터 고노 관방장관 담화 전까지의 일한간의 의견교환(1992년 7월 ~1993년 8월)

(1) 가토 관방장관 발표 후에도, 한국의 여론에서는 위안부 문제에 대해 강경한 견해가 수그러들지 않았다. 이러한 상황에서, 내각외정심의실과 외무성 사이에서, 위안부 문제에 관한 금후의 조치에 대해 검토가 계속 이루어졌다. 1992년 12월 상순에 외무성 내에서 행해진 논의에서는, 노태우 정권 (**편집자주**: 한국은 1992년 12월에 대통령 선거를 실시) 중에 본 건을 해결해 줄 필요가 있다고 인식되고 있었다. 마찬가지로 10월 상순에는 이시하라 관방장관 하에서, 내각외정심의실과 외무성의 관계자가 위안부 문제에 관한 금후의 방침에 대해 협의했다. 이 협의에서는 위안부 문제에 대해, 이후 검토할 사항을 다음과 같이 정한다는 방침이 확인되었다. ① 진상규명에 관한 금후의 대처, ② 한국에 대한 무언가의 조치, ③ 한국 이외의 국가·지역에 대한 조치, ④ 일본적십자사(이하 '일적')에 의사 타진(②를 실시하기 위한 협력요청), ⑤ 초당파 국회의원에 의한 간담회의 설치. 이 속에서, 진상규명과 관련, 자료조사의 범위를 확대하는데, 옛 위안부에 대한 청취조사는 곤란하다고 말하였다. 또 한국에 대한 조치와 관련해서는, 일적 내에 기금을 창설하고, 대한적십자사(이하 '한적')와 협력하면서 옛 위안부를 주요한 대상으로 하는 복지조치를 강구한다고 하였다.

(2) 상기 방침을 이어받아, 10월 중순에 행해진 일한 간 실무레벨의 의견교환에서 일본 측은 비공식 견해로서 ① 일적에 기금을 설치하고, 한국 등의 국가에 대해 위안부 문제에 대한 일본의 마음을 표현하기 위해 조치를 강구한다, ② 진상규명에 대해서는, 대상이 되는 성청의 범위를 확대한다든지, 중앙·지방의 도서관의 자료를 수집하는 등의 조치를 강구하고, 이상 두 가지를 패키지로 하는 아이디어가 있다는 의사를 한국에 전달했다. 이에 대해 한국 측에서는 ① 중요한 것은 진상규명이다, ② 강제의 유무에 관해서 자료를 찾을 수 없기 때문에 강제가 없다는 설명은 한국 국민에게는 형식적이며 진실한 노력이 이루어지지 않고 있는 것으로 비쳐진다, ③ 피해자 및 가해자로부터의 사정 청취를 행하고, 위안부가 강제에 의한 것이었다는 것을 일본 정부가 인정하는 것이 중요하다는 등의 반응이 있었다.

(3) 이러한 한국 측의 반응 위에서, 일본 측에서 다시 대응방침의 검토가 이루어졌다. 10월 하순, 미래지향적 일한관계의 구축을 위해 한국의 정권 변화까지 본 건의 결론을 보기 위해 노력한다는 기본적 입장 하에서 다음을 한국 측에 제안한다는 방침을 결정하고 이를 한국 측에 전달하였다. ①

진상규명(자료의 조사범위 확대와 종군위안부 대표자(여러 명)와의 면회의 실시라는 추가조치를 취하고 결론을 이끈다. '강제성'에 대해서는 명확히 인정하는 것은 곤란하지만, "일부에 강제성의 요소도 있었던 것은 부정할 수 없을 것이다"와 같이 일정한 인정을 표현한다.)과 ② "우리들의 마음을 표현하기 위한 조치"(일적 내에 기금을 창설하고 한국과 협력하면서 주로 복지 측면에서의 조치를 상정)를 패키지로 하여 본 건의 해결을 꾀한다.

(4) 그러나, 1992년 12월의 대통령선거와의 관계 속에서, 한국 측에서는 검토가 그다지 진행되지 않고, 본격적인 논의는 대통령선거 후에 하고 싶다는 반응이 있었다. 따라서 일본 측에서는 한국 신정권의 스태프와 조정을 하고, 조기의 또한 완전한 결론을 보게 되기를 꾀한다는 방침을 결정했다. 그때, 금후의 대응으로서 ① 진상규명을 위한 조치를 실시한다, ② 후속조치의 내용을 가능한 한 더욱 구체화한다, ③ "후속조치와 세트의 형태로 진상규명 조치의 결과로", "일부에 '강제성'의 요소도 있었다고 생각된다"는 등의 일정한 인식을 나타낸다는 것을 재차 한국 측에 타진하게 되었다. 그때, 진상규명을 위한 조치로서는 ① 조사범위의 확대, ② 한국 측 조사결과의 입수, ③ 일본 측 관계자·유식자로부터의 의견청취, ④ 옛 종군위안부 대표로부터의 의견청취가 거론되고 있었다. 위안부 대표로부터 의견을 청취하는 것에 대해서는 "진상규명의 결론과 후속조치에 관해 한국 측의 협력이 얻어질 전망이 선 최종단계에서", "필요한 최소한의 형태로" 실시한다고 하였다.

(5) 1992년 12월, 한국의 대통령선거를 전후하여, 일본 측은 누차에 걸쳐 한국 측에 대해 일본 측의 기본적인 생각을 설명했다.

진상규명에 대해서는 ① 일본 정부는 지금까지 진상을 규명하기 위해 노력해 왔지만, 100%의 해명은 무릇 불가능하다, ② 위안부의 모집에서는 '강제성'이 있었던 케이스도, 없었던 케이스도 있을 것인데, 그 비율을 분명히 하는 것은 불가능할 것이다, ③ 최후의 단계에서, 일본 정부 관계자가 위안부 대표와 만나 이야기를 듣고, 또 한국 정부의 조사결과를 참고하여 일본 정부의 인식으로서 강제적인 요소가 있었다는 것을 무언가의 형태로 말하는 것이 어떤가 생각하고 있다는 등으로 설명했다. 이에 대해 한국 측은 ① 이론적으로는 자유의지로 갔어도, 가서 보면 이야기가 다르다고 하는 일도 있다, ② 위안부가 된 것은 자신의 의지가 아니라는 것이 인정되는 것이 중요하다고 말했다.

후속조치에 관해서 일본 측은 다음을 설명했다. 법률적으로는 정리되었지만, 사건의 본질을 생각하면 문제는 단지 위법행위가 있었다는 것이 아니라, 모럴(도덕)의 문제로서 일본이 성의를 어떻게 표현하는가 하는 것이라고 인식한다, 조치를 취함에 있어서는 한국 측의 의견은 참고할 점으로 잘 청취하겠지만, 기본적으로는 일본이 자발적으로 행할 것이라는 등이다.

(6) 1993년 2월에는 김영삼 대통령이 취임했다. 1993년 2월~3월경의 일본 측의 대처방침에

관한 검토에서는, 기본적 사고로서, "진상규명에 대한 일본 정부의 결론과 교환하여, 한국 정부가 그 어떤 조치의 실시를 받아들이도록 한다는 패키지딜로 본 건의 해결을 꾀한다", "진상규명에 대해서는 절반정도는 강제에 가까운 형태로서의 모집도 있었다는 것에 대해, 무언가의 표현으로 우리의 인식을 나타내는 것에 대해 검토중", "조치에 대해서는, 기금을 창설하고, 관계 국가(지역)의 카운터파트를 통한 복지조치의 실시를 검토"한다고 하였다. '강제성'에 대해서는 "예를 들면, 일부에서는 군 또는 정부관헌의 관여도 있었고, '자신의 의사에 반하는 형태'로 종군위안부가 된 사례가 있다는 것은 부정할 수 없다는 라인(line)에 따른 인식을 일본 정부가 나타낼 용의가 있다는 사실을 한국 정부에 타진한다"는 방침이 나타나 있다. 또 위안부 대표자로부터의 사정 청취에 관해서는 "진상규명의 결론과 후속조치에 관해 한국 측의 협력을 얻을 수 있다는 전망이 서는 최종적 단계에서, 다른 국가·지역과의 관계를 고려하면서, 필요한 최소한의 형태로, 말하자면 의식(儀式)으로서 실시하는 것을 검토한다"고 되어 있다(청취조사에 대해서는 후술).

(7) 1993년 3월 13일, 2월에 취임한 김영삼 한국대통령은 위안부 문제에 대해서 "일본 정부에 물질적 보상을 요구하지 않을 방침이며, 보상은 내년부터 한국 정부의 예산으로 한다. 그렇게 하여 도덕적 우위성으로 새로운 한일관계에 접근하는 것이 가능할 것이다"라고 말했다.

동년 3월 중순에 행해진 일한의 실무 측의 협의에서, 일본 측은 ① 위안부 문제의 조기해결, ② 한국 정부의 여론 대책 요청, ③ 앞서 나온 대통령 발언을 이어받은 한국 정부의 방침과 일본의 조치에 대한 한국 측의 의사 확인 등을 축으로 하는 대처방침을 중심으로 협의에 임한다. 이 대처방침 속에서 일본 측은 "일본 정부가 진상규명의 낙착으로서 '강제성'에 관한 일정한 인식을 표시할 용의가 있다는 것을 구체적으로 타진한다. 또 한국 정부의 중개가 얻어지면, 본 건 조치의 패키지로서 위안부 대표(복수 가능)와의 면회를 실시할 용의가 있음을 타진한다"고 하였다. 동 협의의 장에서 한국 측은 일본 측의 인식의 표시의 방법에 대하여, 사실에 반하는 발표는 불가능하겠지만, (예를 들면, 무언가 강제성을 인정하는 말 앞에 "군이 모집에 직접 관여한 것을 나타내는 자료는 발견되지 않았지만" 등과 같은) 복잡한 '서두'는 피해야 한다고 생각한다는 취지로 말했다.

같은 해 4월 1일의 일한외무장관회담에서 와타나베(渡邊) 외상은 '강제성'의 문제에 대해서 "전체 케이스에 대해 강제적이었다고 하는 것은 곤란하다", "일본 정부의 인식을 양 국민의 마음에 큰 응어리가 남지 않는 형태로 어떻게 나타낼지, 꼭 적합한 표현의 검토를 실무 측에 지시하였다", "인식을 나타내는 방법에 대해서도, 한국 측과 상의하고 싶다" 등의 의사를 한승주 외교부장관에게 전달했다.

(8) 다른 한편, 진상규명에 대한 한국 측의 자세는 그때까지는 한국 측이 일일이 주문을 해야 할 것이 아니며, 요는 성의를 갖고 추진하고 싶다는 자세였는데, 앞서 서술한 93년 4월 1일의 일한 외무부장관회담으로부터 시작하여, 한국 국내의 위안부관계단체가 납득할 수 있는 형태로 일본

측이 진상규명을 진행하는 것을 기대한다거나, 또 한국 정부 자체는 사태수습을 위해 국내 여론을 억누르는 것은 할 수 없다는 자세를 표시하기 시작했다. 1993년 4월 상순에 이루어진 일한 실무 측의 의견교환에서도, 한국 측은 일본 측의 활동에 대해, ① 일본 측이 진상규명을 위해 모든 수단을 다했다는 것을 눈으로 볼 수 있는 것이 필요, 쓸데없이 조기해결을 서두를 일이 아니다, ② 위안부는 일부에서만 강제성이 있었다는 것은 통하지 않는 것이 아닌가, ③ 한국 정부는 일본 측과 결론을 볼 것을 의도하여, 한국 여론을 지도한다든가 억누른다는 것은 행할 수 없다, 요는 일본 정부의 자세를 한국 국민이 어떻게 받아들이는가, 로 요약된다는 견해를 밝혔다.

다시, 동년 4월 하순에 행해진 일한 실무 측의 의견교환에서, 한국 측은 일본 측 발표 속에 "일부에 강제성이 있었다"는 것과 같은 한정적 표현이 사용되면, 대소동이 일어날 것이라고 말했다. 이에 대해 일본 측은 '강제성'과 관련, 지금까지 국내에서 이루어진 조사결과도 있고, 역사적 사실을 왜곡한 결론을 내는 것은 불가능하다고 응답했다. 또 동 협의의 결과를 보고받은 이시하라 관방부장관으로부터 위안부 전체에 대해 '강제성'이 있었다고는 절대 말할 수 없다는 발언이 있었다.

(9) 1993년 6월 29일~30일의 무토(武藤) 외교대신 방한 시에는, 무토 외교대신은 "객관적 판단에 기초한 결과를 발표하고, 본 문제에 대한 우리의 인식"을 나타내며, "구체적으로 어떠한 표현으로 할 것인지에 대해서는, 일본 측으로서도 한국 국민의 이해를 얻을 수 있도록 꼭 적합하게 노력할 생각이지만, 그때는 한국 정부의 대국적 견지에서의 이해와 협력을 얻고 싶다"는 취지로 말했다. 한승주 외교부장관으로부터는, 일본 측의 성의 넘치는 발언에 감사한다면서, 중요한 점은 "첫째로 강제성의 인정, 둘째로 전체상 해명을 위한 최대의 노력, 셋째로 이후에도 조사를 계속한다는 자세의 표명, 넷째로 역사의 교훈으로 삼는다는 의사표명이다. 이것들이 있다면", "한국 정부도", "본 문제의 원만한 해결을 위해 노력해가고 싶다"는 발언이 있었다. 또 한국 측으로부터는 일본에 대해 금전적인 보상은 요구하지 않을 방침이라는 설명이 있었다.

4 옛 위안부에 대한 청취조사의 경위

(1) 옛 위안부에 대한 청취조사에 관해서는, 1992년 7월~12월에 누차에 걸쳐, 한국 측은 ① 피해자 및 가해자로부터의 사정 청취를 해주기 바란다, ② 일본 측의 성의를 표시하기 위해서도, 전체 위안부는 아니더라도, 그 일부로부터 이야기를 들어야 한다, ③ 일본 정부가 최선을 다했다는 것이 한국인에게 전해지는 것이 중요하다, ④ 일본 정부만 아니라, 지방과 외국에서도 조사를 행한다든가, 관계자의 증언도 청취하는 것이 바람직하다는 등의 지적이 있었다. 또 한국 측으로부터는 청취조사에 의해 관계자의 감정을 진정시킬 수 있고, 또 자신의 의사가 없었다고 주장하고 있는 사람에 대해 성의를 표시하는 일이 된다는 견해를 표명하였다.

(2) 일본 측에서는 당초 옛 위안부의 청취조사를 시작하면 수습이 안 되며 신중해야 한다는 의견도 있었는데, 1992년 12월까지 상기 한국 측 견해에 입각하여 "진상규명의 결론 및 후속조치에 관해 한국 측의 협력이 얻어질 전망이 서는 최종단계에서" 옛 위안부로부터의 의견청취를 "필요한 최소한의 형태로" 실시한다는 대응방침이 결정되었다. 그 후, 1993년 3월의 일한 실무 측의 의견교환에서 일본 측은 앞서 언급한(3 (4) ~ (6))한 대처방침에 따라 "한국 정부가 중개해준다면, 본 건 조치의 패키지의 일환으로서 옛 위안부 대표(복수 가능)와의 면회를 실시할 용의가 있다"고 타진했다. 이에 대해, 한국 측은 평가할만한 아이디어라고 코멘트함과 함께, 전원으로부터 청취할 필요는 없을 것이고, '증인'의 입회를 요구하는 일은 있을 수 없고, 한국 정부는 입회를 희망하지 않을 것이라는 취지로 말했다

(3) 1993년 4월부터 옛 위안부의 청취조사에 관한 의견교환이 본격화되었다. 그때 한국 정부는 일본 측에 위안부 문제 관계단체에 대해 타진했는데, 위안부 문제 관계단체의 주장이 강경하고, 해결을 서두른 나머지 당사자로부터 증언을 취하고선 이 순간을 적당히 넘기려고 한다는 반발이 있다고 설명하였다. 또 한국 정부는 진상규명의 모든 수단을 다한 뒤에 최후의 수단으로서 본인의 인터뷰가 필요하다고 하였던 청취조사의 성격에 대해 설명할 필요가 있고, 갑자기 인터뷰를 한다고 일방적으로 결정할 것이 아니라, 시간의 여유도 가지면서 대응할 필요가 있다는 취지로 말했다. 그런 상황에서 한국 정부는 태평양전쟁희생자유족회(이하 '유족회', 1973년에 결성. 태평양전쟁의 유족을 중심으로 결성된 사단법인으로 활동목적은 유족 실태의 조사와 상호교류 등) 및 정신대문제대책협의회(이하 '정대협'. 다수의 기독교여성단체로 구성되어 특별히 위안부 문제를 취급하고, 일본군의 범죄를 인정, 법적배상 등을 일본 측에 요구하는 것을 활동방침으로 하고 있다)에 의사를 타진했다. 한국 정부는 유족회가 청취조사에 응할 용의가 있으므로 그대로 하고, 정대협은 청취조사에 난색을 표하고 있으므로 동 협회가 낸 증언집(『증언집 I 강제로 끌려간 조선인 군위안부들』(한울, 1993년))을 참고로 하는 것도 하나의 안(案)이라는 취지의 견해를 나타냈다. 또한 동년 5월 중순에 한국 정부는 청취조사에 의해 새로운 사실이 나올 것이라고는 생각하지 않지만, 이 문제의 해결을 위한 절차의 하나로서 시행하는 것이리라는 반응을 나타냈다. 또 7월 중순의 일한 실무 측의 의견교환에서 한국 측은 청취조사의 실시는 최종적으로 일본 측의 판단 나름이고, 불가결하다고 생각하는 것은 아니지만 일본 측의 성의를 강하게 표시하는 수순의 하나이며, 실현할 수 있다면 조사결과를 발표할 때 한국 측의 관계자로부터 호의적인 반응을 얻는 데 효과적인 과정의 하나가 될 것이라고 생각한다는 의향을 표시했다.

(4) 1993년 5월~7월에 걸쳐, 일본 측은, 정대협 및 유족회와 함께 옛 위안부의 청취조사의 실시를 위해 잇따라 접촉·협의했다.

한국 정부는 정대협에 대해서는 (3)과 같고, 정대협의 강경한 입장의 근저에는 일본 정부에 대한 불신감이 있고, 그것을 누그러트리기 위해서는 현지조사의 실시와 인터뷰와 관련 민간인의 입회가 필요하다는 취지를 나타냈다. 한국 정부의 시사를 근거로 하여, 5월 하순에 재한국 일본대사관이 정대협과 협의에 착수했는데, 정대협은 청취조사의 실현에 대해 당시 일본 정부가 하고 있던 추가조사 결과의 사전 제시, '강제성'의 인정 등을 조건으로 내걸었고, 일본 측과의 의견교환을 거치면서도 그 입장을 바꾸지 않았다. 또 그 과정에서 정대협 측은 일본의 관리, 게다가 남성이 갑자기 찾아와도 누구도 마음을 열고 이야기하지 않으며, 위안부들의 증언에 대해서는 정대협이 정리한 증언집을 참고로 하는 것으로 충분하다고 하는 코멘트도 있었기에, 최종적으로 정대협에 대한 청취조사는 단념하고, 대신에 동 증언집을 참고로 하게 되었다.

(5) 다른 한편, 재한국 일본대사관은 유족회와도 협의를 시작하였고, 복수 회차에 걸친 교섭을 거쳐 청취조사를 실시하는 데 합의했다. 이때, ① 청취는 조용한 분위기에서 하는 것으로 하고, 장소는 유족회의 사무소로 할 것, ② 청취에 당면하여 전국인권옹호위원연합회 소속의 변호사 1명 및 소송에 관여한 변호사 1명이 일본 측의 옵저버로, 또 유족회 관계자 1명이 유족회의 옵저버로 각각 입회할 것, ③ 유족회의 모집에 의해 희망하는 전체 위안부를 대상으로 청취를 행할 것, ④ 외부의 기자는 들이지 않고, 또 유족회의 내부 기록용으로 비디오촬영을 하며, 그 비디오는 공표한다든가 법정에서 사용하지 않는다는 것, ⑤ 위안부 관련의 소송에서 원고 측의 소장 속에 나오는 옛 위안부 9명의 증언에 대해서는, 피고인 일본 정부가 소장을 그대로 참고로 하지는 않지만, 유족회가 그들 옛 위안부의 증언을 다른 형태로 정리한 것을 참고자료로 한다는 것 등에 대해서 양자가 일치했다. 청취조사는 사전에 조정 시간이 제한되어 있었다는 점, 또 일본 측으로서는 옛 위안부의 이야기를 들으러 간다는 자세였다는 점도 있어서, 앞서 서술한 대로 유족회 측이 수배한 장소(유족회 사무소) 에서 실시하고, 일본 측은 대상자의 인선을 하지 않았다. 또 청취조사의 실시를 앞둔 일본 측과 유족회 사이의 구체적인 조정에 있어서, 대상이 된 위안부의 선정에 대해서는 한국 정부가 어떤 관여나 조정을 한 사실은 확인되지 않았다.

(6) 최종적으로, 유족회 사무소에서의 청취조사는 1993년 7월 26일에 시작되어, 당초는 다음날 27일까지 2일로 예정되었었는데, 실제로는 30일까지 실시되었고, 계 16명에 대한 청취가 행해졌다. 일본 측으로부터는 내각외정심의실과 외무성으로부터 계 5명이 참가했고, 청취의 내용은 비공개라는 뜻을 모두(冒頭)에 말하고 실시했다. 옛 위안부 중에는 담담히 이야기하는 사람도 있었지만, 기억이 상당히 혼란스러운 사람도 있었고, 그렇게 다양한 케이스가 있었지만 일본 측은 옛 위안부가 이야기하는 것을 성실히 듣는다는 자세로 일관했다. 또 한국 정부 측으로부터는, 하루의 청취조사 모두 부분에서만, 외교부의 직원이 상황 시찰을 위해 방문했다.

(7) 청취조사의 성격에 대해서는 사실규명보다도 그때까지의 경위에 입각하여 하나의 과정으로서 일본 정부가 당사자로부터 청취를 하는 것이며 일본 정부의 진상규명에 대한 진지한 자세를 표시한다는 것, 또 옛 위안부에게 다가가 그 마음을 깊이 이해한다는 것에 그 의의가 있었던 상황이었기에, 동 결과에 대해서 사후의 증거조사나 다른 증언과의 비교는 하지 않았다. 청취조사와 그 직후에 나온 고노 담화와의 관계에 대해서는, 청취조사가 행해지기 전에 추가 조사결과가 거의 정리되어 있었고, 청취조사 종료 전에 담화의 원안이 이미 작성되어 있었다(하기 5 참조)

5 고노 담화의 어구를 둘러싼 의견교환

(1) 1992년 7월의 가토 관방장관 발표 이후, 일본 측은 진상규명 및 후속조치와 관련하여 무언가의 표명을 할 것을 의도하고, 한국 측과의 긴밀하게 논의해갔다. 1993년 3월에 행해진 일한 실무 측의 의견교환에서는, 한국 측은 일본 측에 의한 발표는 한국 측과의 협의를 거쳐 이루어지도록 하겠다는 취지가 아니라, 어디까지나 일본 측이 자주적으로 시행한 것으로서 취급되어야 할 것이라고 하면서, 발표내용은 한국 측을 납득시킬 수 있는 내용에 최대한 가까운 것이 바람직하다는 감상을 말하였다. 동년 5월의 일한의 실무 측 의견교환에서는, 일본 측은 담화 발표에 대해서 한국 정부로부터 부정적인 반응이 나오는 것은 피하고 싶다고 하여, '강제성' 등의 인식에 대해 일언일구(一言一句)하는 것은 안 되지만, 한국 측과 의견교환을 하고 싶다는 취지로 말하였고, 이에 대해 한국 측은 다양한 협력을 하고 싶고 발표문과 관련해서는 그 내용에 대해 알려주기 바란다고 말하는 등, 발표문을 알고 싶다는 뜻을 요망하고 있었다.

동년 7월 28일의 일한외무장관회담에서 무토 외무대신에 의해 "발표의 어구에 대해서는 내부적으로 사전에 귀 정부와 상의하고 싶다고 생각하고 있다", "이 문제에 대해서는 이상으로써 외교적으로는 일단 매듭을 짓고 싶다. 김영삼 대통령은, 일본 측의 발표가 성심성의의 것이라면, 자신들이 시작하여 국민에게 설명할 생각이며, 그렇게 한다면 한국 국민에게도 이해받을 것이라고 생각한다는 취지로 말하였다. 이 점을 근거로, 아무쪼록 대통령에게 일본 측 생각을 전해주기 바란다"고 말하였다. 이에 대해, 한승주 한국 외교부장관은 "본 건에 대한 일본의 노력과 성의를 평가하고 싶다. 일본 측의 조사의 결과가 김영삼 대통령에 의해 한국 국민 앞에서 그를 설명하여 납득할 수 있는 형태로 행해질 수 있기를 기대함과 함께, 이에 의해 한일관계가 미래지향적으로 갈 수 있기를 기대하고 있다. 한국도 이와 같은 결과를 희망하고 있다"고 말했다.

(2) 일본 측에서는 가토 관방장관 발표 이후에도 계속 관계 성청에서 관련문서를 조사하고, 새로이 미국 국립공문서관 등에서 문헌조사를 하고, 이들에 의해 얻어진 문헌자료를 기본으로 하여 군 관계자와 위안소 경영자 등 각 방면에서 청취조사와 정대협의 증언집의 분석에 착수하였고, 정부

조사보고도 거의 정리되어 있었다. 이들 일련의 조사를 통해서 얻어진 인식은 이른바 '강제연행'은 확인할 수 없다는 것이었다.

(3) 그 후의 담화를 둘러싼 일한 간의 구체적인 조정은, 상기 외무부장관회담을 이어받아 개시되었는데, 담화의 원안은 청취조사(1993년 7월 26일~30일)의 종료 전, 늦어도 1993년 7월 29일까지, 그때까지 일본 정부가 시행된 관련문서의 조사결과 등에 입각하여 이미 기안되어 있었다(상기 4 (7) 참조).

담화의 어구 조정은, 담화발표의 전날인 8월 3일까지, 외무성과 재일 한국대사관, 재한국 일본대사관과 한국 외교부와의 사이에서 집중적으로 실시되었고, 늦어도 7월 31일에는 한국 측으로부터 최초의 코멘트가 있었다는 것을 확인하였다. 그때 한국 측은 발표내용은 일본 정부가 자주적으로 결정하는 것이고, 교섭의 대상이 된다는 생각은 전혀 없다고 하면서, 본 문제를 해결하기 위해서는 한국 국민으로부터 평가를 받을 수 있어야 하고, 이러한 관점에서 구체적 발표문을 일부 수정하는 것을 희망한다, 그러한 점을 해결하지 않고 일본 정부가 발표할 경우는, 한국 정부로서는 긍정적으로 평가할 수 없다는 취지로 말했다. 그 후, 한국 측은 상기 어구조정의 기간 중에 복수 회차에 걸쳐 코멘트를 행했다. 이에 대해, 일본 측은, 내각 외무심의실과 외무성의 사이에서 긴밀히 정보공유·협의하면서, 그때까지 행해진 조사에 입각한 사실관계를 왜곡하지 않는 범위에서, 한국 정부의 의향·요망에 대해 받아들일 것은 받아들이고, 받아들일 수 없는 것은 거부하는 자세로, 담화에 있어 한국 정부 측과 어구를 조정했다.

한국 측과의 조정에서, 주된 논점이 된 것은 ① 위안소의 설치에 관한 군의 관여, ② 위안부 모집에서의 군의 관여, ③ 위안부 모집에 있어서의 '강제성'의 세 가지였다.

위안소의 설치에 관한 군의 관여와 관련하여, 일본측이 제시한 군 당국의 '의향'이라는 표현에 대해서 한국 측은 '지시'라는 표현을 요구해 왔는데, 일본 측은 위안소의 설치에 대한 군의 '지시'는 확인할 수 없다며 그것을 받아들이지 않고 '요망'이라는 표현을 제안했다.

또 위안부 모집 때의 군의 관여에 관련해서도 한국 측은 "군 또는 군의 지시를 받은 업자"가 이것을 맡았다는 어구를 제안했고, 일본 측은, 모집은 군이 아니라, 군의 의향을 받은 업자가 그것을 주로 했으므로, "군을 모집의 주체로 하는 것은 받아들일 수 없다, 또, 업자에 대한 군의 '지시'는 확인할 수 없다"며 그것을 받아들이지 않고 '요망'을 받은 업자라는 표현을 제안했다.

이에 대해, 한국 측은 위안소의 설치와 위안부의 모집 시의 군의 관여에 대하여, 다시 군의 '지도(指導)'라는 표현을 요구했지만, 일본 측은 받아들이지 않고, 최종적으로는 설치에 대해서는 군 당국의 '요청'으로 결정되었다, 위안부의 모집에 대해서는 군의 '요청'을 받은 업자가 이를 담당했다는 표현으로 결론을 보았다.

또 '사과와 반성'에 대해서 일본 측은 "이른바 종군위안부로서 많은 고통을 경험하고, 심신에 걸쳐 치유하기 어려운 상처를 입은 여러분 개개인에 대해, 마음으로부터 사과의 말씀을 드린다"고 하는 원안을 제시하였고, 한국 측은 '사과'의 어구에 '반성의 마음'을 추가할 것을 요망하였고, 일본 측은 이것을 받아들였다.

이 교섭과정에서, 일본 측은 미야자와 총리, 한국 측은 김영삼 대통령에게까지 문안을 올려 최종 요해를 받았다.

위안부 모집에서의 '강제성'에 대하여, 어떠한 표현·어구로 이를 포함시킬까 하는 것이 한국 측과의 의견교환의 핵심이었다. 8월 2일의 단계에서도, 한국 측은, 몇 개의 주요 포인트를 제외하고 일본 측은 한국 측의 기대에 응해야 할 상당한 양보가 있고, 그 주요한 점에 대해서도 쌍방의 인식의 차이는 크지 않다고 말하는 한편, 넘을 수 없는 한계가 있고 한국 국민에게 일부의 위안부는 자발적으로 위안부가 되었다는 인상을 주는 것은 안 된다는 취지로 발언하였다.

구체적으로는, 일본 측 원안의 "(업자의) 감언, 강압에 의한 조선인의 의사에 반하여 모집된 사례가 많이 있고"고 하는 표현에 대해 한국 측은 "사례가 많이 있고"라는 부분을 삭제할 것을 요구했고, 일본 측은 모두가 의사에 반하는 사례였다고 인정하는 것은 곤란하다며 거부했다. 또 조선반도에서의 위안부 모집에 있어서의 '강제성'에 관계되는 표현에 대해서, 최후까지 조정이 실시되었다. 8월 2일 밤까지 의견교환이 지속되고 "당시의 조선반도는 우리나라의 통치 하"에 있었다는 것을 근거로, 위안부의 '모집', '이송, 관리 등'의 단계를 통해서 볼 경우, 어떠한 경위에 의해서든, 전체로서 개인의 의사에 반하여 행해지는 일이 많았다는 취지로 "감언, 강압에 의하는 등, 대체로 본인들의 의사에 반하여"라는 어구로 최종적으로 조정되었다.

최종적으로 8월 3일 밤, 재일한국대사관으로부터 일본 외무성에 대해 한국 본국의 훈령에 기초한 것이며, 김영삼 대통령은 일본 측의 현 (최종)안(案)을 평가하고 있고, 한국 정부로서는 동 어구로 좋다는 취지의 연락이 있었고, 이로써 고노 담화의 어구에 대해 최종적으로 의견의 일치를 보았다.

(4) 이상과 같이, 일본 측은 (2)에 있는 바와 같이, 관계 성청에서의 관련문서의 조사, 미국국립공문서관 등에서의 문헌자료, 더욱이 군 관계자와 위안소 경영자 등 각 방면에 대한 청취조사와 정대협의 증언집의 분석 등 일련의 조사를 통해서 얻어진, 이른바 '강제연행'은 확인할 수 없다는 인식에 서서, 그때까지 해온 조사에 입각하여 밝혀진 사실관계를 왜곡하는 일이 없도록 하는 범위에서, 한국 정부의 의향·요망에 대해 받아들일 것은 받아들이고, 받아들일 수 없는 것은 거부하는 자세로, 고노 담화의 어구를 둘러싼 한국 측과의 조정에 임했다. 또 일한 간에서 이와 같이 사전의 의견교환을 행한 것에 대해서는, 1993년 8월 2일, 일본 측이 매스컴에 일절 내지 않도록 해야 할 것이라는 취지로 말했고, 한국 측은 이것을 요해함과 함께 발표 직전에 일본 측으로부터 팩스로 발표문을 받았다고 말할 수밖에 없으리라는 취지로 말했다. 또 8월 4일의 담화 발표를 앞두고 일본

실무측이 준비한 응답요령에는, 한국 측과 "사전협의는 하지 않았고, 이번의 조사결과는 그 직전에 한국 측에 전달했다"는 응답 방향(line)이 기재되었다.

(5) 이상과 같은 사정 하에서, 1993년 8월 4일, 일본 측에서는 고노 관방장관이 지금까지 행해져온 조사를 정리한 결과를 발표함과 함께, 담화(고노 담화)를 발표하였다.

고노 관방장관 담화(1993년 8월 4일)

이른바 종군위안부 문제에 관해서 정부는 재작년 12월부터 조사를 진행해왔으나 이번에 그 결과가 정리됐으므로 발표하기로 했다.

이번 조사 결과 장기간, 그리고 광범위한 지역에 위안소가 설치돼 수많은 위안부가 존재했다는 것이 인정됐다. 위안소는 당시의 군 당국의 요청에 따라 마련된 것이며 위안소의 설치, 관리 및 위안부의 이송에 관해서는 옛 일본군이 직접 또는 간접적으로 이에 관여했다.

위안부의 모집에 관해서는 군의 요청을 받은 업자가 주로 이를 맡았으나 그런 경우에도 감언(甘言), 강압(強圧)에 의하는 등 본인들의 의사에 반해 모집된 사례가 많았으며 더욱이 관헌(官憲) 등이 직접 이에 가담한 적도 있었다는 것이 밝혀졌다. 또 위안소에서의 생활은 강제적인 상황하의 참혹한 것이었다.

또한 전지(戦地)에 이송된 위안부의 출신지에 관해서는, 일본을 별도로 한다면 조선반도가 큰 비중을 차지하고 있었으나 당시의 조선반도는 우리나라의 통치 아래에 있어 그 모집, 이송, 관리 등도 감언, 강압에 의하는 등 대체로 본인들의 의사에 반해 행해졌다.

어쨌거나 본 건은 당시 군의 관여 아래 다수 여성의 명예와 존엄에 깊은 상처를 입힌 문제다.

정부는 이번 기회에 다시 한 번 그 출신지가 어디인지를 불문하고 이른바 종군위안부로서 많은 고통을 겪고 몸과 마음에 치유하기 어려운 상처를 입은 모든 분에 대해 마음으로부터 사과와 반성의 뜻을 밝힌다. 또 그런 마음을 우리나라로서 어떻게 나타낼 것인지에 관해서는 식견 있는 분들의 의견 등도 구하면서 앞으로도 진지하게 검토해야 할 일이라고 생각한다.

우리는 이런 역사의 진실을 회피하는 일이 없이 오히려 이를 역사의 교훈으로 직시해 가고 싶다. 우리는 역사 연구, 역사 교육을 통해 이런 문제를 오래도록 기억하고 같은 잘못을 절대 반복하지 않겠다는 굳은 결의를 다시 한 번 표명한다.

덧붙여 말하면 본 문제에 관해서는 우리나라에서 소송이 제기돼 있고 또 국제적인 관심도 받고 있으며 정부로서도 앞으로도 민간의 연구를 포함해 충분히 관심을 기울이고자 한다.

(6) '강제성'의 인식에 관해, 고노 관방장관은 같은 날 행해진 기자회견에서 금회의 조사결과에

대하여 강제연행의 사실이 있다고 하는 인식인 것인가 질문을 받고 "그러한 사실이 있었다"라고 말했다.

또 '강제'라는 말이 위안부의 모집의 문맥에서가 아니라 위안소의 생활의 기술에서 사용되고 있는 점에 대해 지적하자, 고노 관방장관은 "'감언, 강압에 의하는 등, 본인들의 의사에 반하여 모집되었다'라는 식으로 쓰고 있는 것입니다. 의사에 반하여 모집되었다고 하는 것은 어떤 의미인가? 아시리라고 생각합니다"라고 말했다.

더욱이, 공문서에서 강제연행을 뒷받침하는 기술은 보이지 않았던 것인가 하는 질문을 받고, 고노 관방장관은 "강제라는 것 속에는, 물리적인 강제도 있고, 정신적인 강제라는 것도 있다", "그러한 것이 있었는지 없었는지 하는 것도 충분히 조사"를 했고, 옛 종군위안부로부터 들은 이야기, 증언집에 있는 증언, 그리고 구 위안소 경영자 측의 이야기도 들은 후에, "어쨌든 여기에서 쓴 것과 같이, 본인의 의사에 반하여, 데려왔다는 사례가 많이 있다", "모집된 후의 생활에 대해서도, 본인의 의사가 인정되지 않는 상황이 있었다는 것도 조사 속에서 분명해지고 있습니다"라고 말했다.

(7) 고노 담화 발표 후, 한국 외교부는 "일본 정부가 이번 발표를 통해, 군대 위안부의 모집, 이송, 관리 등에 있어서 전체적인 강제성을 인정하고, 또 군대 위안부 피해자에 대한 사죄와 반성의 뜻과 함께, 이것을 역사의 교훈으로 하여 직시하여 가는 등의 결의를 표명한 점"을 평가하고 싶다는 취지의 논평을 발표했다. 또 재한국 일본대사관으로부터 외무성에 대해 다음을 보고했다. 한국 측 보도는 사실을 담담히 말하고 비교적 긍정적인 평가가 많다는 것, 한국 외교부는 적극적으로 협력하고 있었다는 것을 지적한 뒤에, 그 배경으로서, 조사결과와 담화가 전체로서 성의가 넘치는 것이었다는 점에 더해, 동 문제의 취급을 둘러싸고 빈번히 한국 정부와 협의하면서 일본 측의 솔직한 생각을 전달하고 동시에 한국 측의 코멘트를 가능한 한 수용하여 온 것이 있다고 생각된다.

(8) 일본 측에서 검토되고, 한국 측과도 여러 가지 의견교환이 있어온 일본 측에 의한 옛 위안부에 대한 '조치'의 구체적인 방법에 대해서는 고노 담화의 발표를 이어받아 양국 간에 보다 상세한 의논이 행해지게 된다.(다음 장 참조)

II. 한국에서의 '여성을 위한 아시아평화 국민기금'(이하 '기금') 사업의 경위

1 '기금' 설립까지(1993~1994년)

(1) 앞서 서술한 대로, 위안부 문제를 둘러싼 일한 정부의 의견교환에서는 진상규명과 후속조치가 패키지로 생각되어 왔다. 1993년 8월 4일의 고노 담화도 "그러한 (사과와 반성의) 마음을 국가로서

어떻게 표시할 것인가라는 점에 대해서는, 식견이 있는 자의 의견 등도 구하면서, 금후에도 진지하게 검토해야 할 것으로 생각한다"고 언급하고 있다. 옛 위안부에 대한 '조치'에 대해서 일본 측이 어떠한 조치를 취해야 할 것인지 한국 정부의 생각을 확인한 바, 한국 측은, 일한 간에서 법적인 보상의 문제는 결론을 본 것이며, 무언가의 조치라고 하는 경우는 법적 보상이 아니며, 그리고 그 조치는 공식적으로는 일본 측이 일방적으로 해야 할 것이며, 한국 측이 이러니저러니 할 성질의 일이 아니라고 이해하고 있다는 반응이었다.

(2) 그 후, 옛 위안부에 대한 구체적인 조치에 대해 한국 정부 측과 의견교환을 거듭했는데, 일본 정부가 무언가 구체적인 조치를 강구한다고 해도, 일한 양국 간에서는 위안부 문제를 포함하여 양국 및 양국 국민 간의 재산·청구권의 문제는 법적으로 완전하고 동시에 최종적으로 해결이 끝난 것이며, 한국의 옛 위안부에 대해서는 개인적인 보상이 될 조치는 실시하지 않는다는 것을 상정하고 있다는 뜻을 한국 측에 확인시켰다. 한국 측은 일본 측이 전후처리의 청산이라는 차원에서 자주적으로 처리해야 할 것이며, 또 한국 정부는 일본 정부에 대해 물질적인 보상을 요구하지 않고, 동시에, 일본 측의 조치에 관여하지 않는다는 반응이었다. 또, 다음 해인 94년 여름에 접어들어, 일한의 실무 측의 의견교환에서 한국 측은 한국 여론의 하나로는 피해자와 그 관계단체가 있고, 그들의 요구는 보상을 하라고 하는 것인 한편, 위안부 문제든 무엇이든 일본 정부에 무엇인가를 요구하는 것은 그만두자고 하는 여론도 있고, 숫자로 말하면 이쪽이 많다고 하는 솔직한 의견을 말하였다.

(3) 1994년 12월 7일, 여3당(일본사회당(日本社会党)·자유민주당(自由民主党)·신당사키가케(新党さきがけ))에 의한 '전후 50년 문제 프로젝트팀' 하에 설치된 위안부에 대한 대응을 논의하는 소위원회에서 '제1차 보고'가 정리되었고, 국민이 참여하는 기금을 설치하고, 이를 통해 옛 위안부를 대상으로 한 조치를 시행하는 것과 함께, 과거의 잘못을 반복하지 않기 위해 여성에 대한 폭력 등 오늘날의 여성의 명예와 존엄에 관계되는 문제의 인식확대·예방·대응·해결을 지향하는 활동을 지원하고, 정부는 이 기금에 대한 자금거출을 포함하여 가능한 협력을 한다는 의견을 표명했다.

(4) 1995년 6월 13일, 일본 정부는 한국, 대만, 인도네시아, 필리핀 및 네덜란드를 대상으로 하는 '기금'을 다음날 공식발표하기로 결정하고, 그 설립 목적과 사업의 기본적인 성격 등을 기록한 '기금구상과 사업에 관한 내각관방장관 발표'라는 내용을 한국 측에 사전 통보하였다. 한국 정부는 ① 전반적인 감상으로서는, 당사자 단체에는 만족스러운 것이 아니라 해도, 한국 정부로서는 평가할 수 있는 점도 있을 것 같다는 느낌이다, ② 종래부터 김영삼 대통령은, 위안부에 대한 보상금은 필요하지 않지만, 철저한 진상규명이 이루어져야 한다는 뜻을 명확히 했다, ③ 한국 측이 요청해 온 바인 일본 정부로서의 공적 성격을 포함할 필요가 있다는 것과 일본 정부로서의 사과의 마음을

표명하는 것, 이 두 가지가 대략 포함되어 있고, 이러한 점에서 평가하고 싶다는 취지로 말하였다. 또 일본 측의 조치를 관계 단체에 설명함에 있어서는 한국 정부로서도 가능한 만큼 협력하고 싶다는 취지의 반응이 있었다. 다음날인 14일에는 이가라시(五十嵐) 관방장관이 이하를 발표했다.

이가라시 내각관방장관 발표(발췌) (1995년 6월 14일)

1993년 8월의 무라야마 총리 담화를 이어받아, 또 여당 전후(戰後) 50년 문제 프로젝트의 협의에 기초하여, 정부에서 검토한 결과, 전후 50년에 해당하고 반성의 입장에 서서 '여성을 위한 아시아평화 우호기금'에 의한 사업을 다음과 같이 시행하는 것으로 한다.

옛 종군위안부 여러 분들을 위해 국민, 정부 협력 하에서 다음의 일을 한다.

(1) 종군위안부 여러 분들에 대한 국민적인 보상을 행하기 위한 자금을 민간으로부터 기금으로 모금한다.

(2) 옛 종군위안부 여러 분들에 대한 의료, 복지 등 유익한 사업을 시행하는 것에 대해, 정부의 자금 등으로 기금을 지원한다.

(3) 이 사업을 실시함에 있어서, 정부는 옛 종군위안부 여러 분들에게, 국가로서의 솔직한 반성과 사과의 마음을 표명한다.

(4) 또 정부는 과거의 종군위안부의 역사자료를 정비하여 역사의 교훈으로 삼는다.

여성의 명예와 존엄에 관한 사업으로서 앞서 말한 (1), (2)와 아울러 여성에 대한 폭력 등 오늘날의 과제에 대응하기 위한 사업을 시행하는 것에 대해 기금은 정부의 자금 등에 의해 그를 지원한다.

'여성을 위한 아시아 평화우호기금' 사업에 대해 널리 국민의 협력을 바라는 '호소인'으로서 지금까지 찬동을 얻은 여러분은 다음과 같다.(이하 생략)

이에 한국 외교부는 외교부 논평을 이하와 같이 발표했다.

이가라시 관방장관 발표에 대한 한국 외교부 논평(1995년 6월)

1. 한국 정부는 종군위안부 문제에 대한 후속조치는 기본적으로 일본 정부가 93년 8월에 발표한 실태조사의 결과에 의해 자주적으로 결정할 사항이지만, 종군위안부 문제의 원만한 해결을 위해서는 당사자가 요구하고 있는 사항이 최대한 반영되는 것이 필요하다는 것을 지적하여 왔다.

2. 오늘 일본 정부의 기금설립은 일부 사업에 대한 정부예산의 지원이라는 공적 성격이 가미되어 있고, 또 이후에 이 사업이 행해질 때 당사자에 대한 국가로서의 솔직한 반성 및 사죄를 표명하고,

과거에 대한 진상규명을 행하고, 이것을 역사의 교훈으로 삼는다는 의지가 명확히 포함되어 있다는 점에서, 지금까지의 당사자의 요구가 어느 정도 반영된 성의 있는 조치라고 평가한다.

3. 한국 정부는, 이후에 일본이 이번 기금 설립을 계기로, 다양한 과거사 문제에 대하여 사실(史実)을 명확히 하고, 그 해결을 위한 노력을 적극적으로 경주하여 감에 따라, 바른 역사인식을 토대로 하여 근린 각국과 미래지향적인 선린우호관계를 발전시켜 갈 것을 기대한다.

2 '기금' 창립초기(1995년~1996년)

(1) 한편 한국 국내의 피해자 지원단체는 '기금'의 위상을 민간단체에 의한 위로금으로 보고, 일본 정부 및 '기금'의 대처를 비판했다. 한국 정부는, 한국 외교부를 통해 관방장관 발표를 평가한다는 성명을 냈지만, 한국 외교부는 그 뒤 7월에는 이러한 상황 속에서 피해자 지원단체로부터 강한 반발이 오고 난처해한다는 사정으로 인해 일본 정부와 공공연히 협력하는 것은 어렵지만, 수면 아래에서는 일본 정부와 협력하여 가고 싶다는 입장을 나타냈다.

(2) 1996년 7월, '기금'은 '속죄금(償い金)'의 지원, 총리에 의한 '사과의 편지', 의료복지사업을 결정했다. 특히 총리가 보내는 '사과의 편지'와 관련해서는 일본 정부가 한국 정부에 대해 사과를 하고 있는데, 피해자는 개인적으로 사과를 받지 못하고 있다고 느낀다는 한국 정부로부터의 반응도 있어서 사과를 표명하는 데 총리에 의한 편지라는 형식을 취하게 되었다. 일본 정부가 이러한 결정을 한국 측에 설명하기 위해 유족회와 정대협에 대한 면담을 한국 정부를 통해 제의했지만, 양 단체는 '민간기금'을 받아들일 수 없다는 견해를 표명하였다.

(3) 한국 정부는 ① 일본 정부가 어떠한 형식이든 피해자들이 납득할 수 있는 조치를 취해 달라, ② 일본이 법적으로 국가보상을 하는 것은 무리라고 명언한 상황에서 정부의 사죄의 마음을 표명하고 국가보상과 동일하게 볼 수 있는 그 무언가의 형태가 불가능한가, ③ "한국과의 관계에 대해서는 금후 성의를 갖고 함께 이야기하고 싶다"는 취지의 메시지를 일본 정부가 보내줄 수 없을까 하였고, 그 후 구체적으로 어떻게 대응하는가에 대해서 시간을 갖고 일본 측과 조용히 이야기하여 가고 싶다는 의향을 나타냈다.

(4) 동년 8월에 필리핀에서 '기금' 사업이 개시되기도 하여, 같은 달 '기금'은 한국 정부로부터 인정받은 피해자들에 대해 사업을 실시한다는 방침 아래, '기금'의 운영심의회 위원으로 이루어진 대화팀이 한국을 방문하였고, 십 수 명의 피해자를 만나 사업을 설명했다. 그리고 같은 해 12월, 옛

위안부 7명이 '기금'의 노력을 인정하고, 사업을 받아들이겠다는 의사를 표명했다.

3 옛 위안부 7명에 대한 '기금' 사업의 시행 (1997년 1월)

(1) 일본 정부는 상기 7명에 대한 사업을 실시함에 당면하여, 1997년 1월 10일(사업실시 전날), '기금' 사업을 받아들여도 좋다는 의사를 표명한 한국의 옛 위안부에 대해 '기금' 사업을 전달하겠다고 결정한 취지를 재일본 한국대사관에 통보했다. 한국 정부는 ① 관계단체와 피해자 양방이 만족하는 형태로 사업이 실시되지 않으면 해결되지 않는다, ② 몇 사람의 옛 위안부에 대해서만 실시된다면 관계단체가 강경한 반응을 나타낼 것이므로, 또 일한외무장관 회담, 수뇌회담의 직전이므로 타이밍이 나쁘다고 생각한다는 취지의 반응을 보였다.

(2) 다음 11일, '기금' 대표단은 서울에서 옛 위안부 7명에 대해 총리의 '사과의 편지'를 전달하고, 한국 매스컴 각 사를 대상으로 사업실시의 사실을 명확히 알림과 함께 '기금' 사업에 대해 설명했다.

옛 위안부 여러 분들에 대한 내각총리대신의 편지

배계(拜啓, 절하고 아룁니다)
이번에 정부와 국민이 다함께 협력하여 추진하고 있는 '여성을 위한 아시아평화 국민기금'을 통해 종군위안부로서 희생하신 분들께 우리나라의 국민적인 보상이 행해짐에 즈음하여 저의 심정을 표명하고자 합니다.
이른바 종군위안부 문제는 당시 구 일본군의 관여 하에 많은 여성들의 명예와 존엄성에 깊은 상처를 입힌 문제입니다. 저는 일본국 내각총리대신으로서 다시 한 번 소위 종군위안부로서 수많은 고통을 겪고 심신양면에 걸쳐 치유하기 어려운 상처를 입으신 분들에게 진심으로 사과와 반성의 뜻을 말씀드리고자 합니다.
우리는 과거의 무거움으로부터도 미래를 향한 책임으로부터도 도망칠 수가 없습니다. 우리나라로서는 도의적인 책임을 통감하면서 사과와 반성의 뜻에 입각하며 과거의 역사를 직시하며 이것을 후세들에게 바로 전달하는 것과 동시에 부조리한 폭력 등 여성의 명예와 존엄성에 관련된 문제들에 대해서도 적극적으로 임해야 한다고 생각합니다.
끝으로 여러분들의 앞으로의 인생이 평온하시기를 충심으로 비는 바입니다.
경구(敬具, 삼가 아룁니다)
일본국 내각총리대신
(역대 내각총리대신 서명: 하시모토 류타로(橋本竜太郎), 오부치 케이조(小渕恵), 모리 요시로(小渕

惠), 고이즈미 준이치로(小泉純一郎))

이것에 대해 한국의 미디어는 '기금' 사업을 비난하고, 피해자 단체는 위안부 7명과 새로이 '기금' 사업에 신청하려고 하는 옛 위안부를 괴롭히기 시작했다. 피해자단체는 옛 위안부 7명의 이름을 대외적으로 언급하는 것 외, 본인에게 전화를 걸어 '민간기금'으로부터 돈을 받은 것은 스스로 '매춘부'였음을 인정하는 행위라고 비난했다. 또 그 후에 새로이 '기금' 사업을 받아들인다는 의사를 표명한 옛 위안부에 대해서는, 관계자가 집에까지 찾아와서 "일본의 더러운 돈"을 받지 말라고 강요했다.

(3) 또 한국 정부는 직후에 한국 정부로서는 목록 등을 누구에게 전달한 것인가에 대해 당연히 '기금'으로부터 통보를 받아 마땅했다고 생각하므로 일본 측이 조금 너무 성급한 것 아닌가, 또 '기금'의 한국에서의 사업 실시에 대해 정말로 곤혹스럽다는 등, 유감의 뜻을 전했다.

(4) 그 다음 주의 일한외무장관 회담에 있어서, 유종하 한국 외교부장관으로부터, 전 주말에 '기금'이 사업을 개시하고 옛 위안부에게 지급을 시행한 것은 지극히 유감이다, 그 철회와 금후의 일시금 지급 중단을 요구한다는 발언이 있었다. 또 이케다(池田) 외무대신의 김영삼 대통령 예방에서 대통령으로부터 이 문제는 국민감정의 면에서 보면 민감한 문제이다, 외무장관 회담에서 이 이야기가 다루어졌다고 보고받았는데 최근 취해진 '기금'의 조치는 국민정서에 있어서 바람직스럽지 않은 영향을 강하게 주는 것이며 유감이다, 이러한 조치가 금후 재차 취해지는 일이 없도록 부탁하고 싶다는 발언이 있었다.

4 '기금' 사업의 일시중단(1997년 2월~1998년 1월)

(1) '기금' 사업을 수취한 7명의 옛 위안부가 한국 내에서 계속 괴롭힘을 당하게 된 일에 근거하여, '기금'은 사업을 일시 보류함으로써 신중한 대응을 취하게 되었다. 다른 한편, 일부 피해자지원단체로부터, 사업의 수취를 희망하는 옛 위안부와의 조정에서 전향적인 반응도 있었으므로, 그러한 옛 위안부의 수를 늘리기 위해서라도 사업에 대하여 한국에서 이해를 얻을 수 있도록 계속 다양한 방책을 검토하고, 한국 국내에서 신문광고를 게재하는 것 등을 모색하기로 했다.

(2) 그후 1997년 여름부터 가을에 걸쳐, 일본 정부와 '기금' 관계자 사이에서 한국 국내에서의 광고게재와 사업재개에 대해 몇 번이나 절충이 이루어졌다. 일본 정부는 한국 대통령선거와 일한간의 어업교섭의 상황도 있어서 연기하도록 작용한 바, '기금'은 납득할 수 없다는 입장을 견지하면서도, 일한 및 한국 국내의 민감한 상황을 고려하여 신문광고의 게재를 수회에 걸쳐 보류했다.

(3) 그러나 '기금' 측은 조금이라도 많은 한국인 옛 위안부에게 '기금' 사업의 내용을 알게 하고, 이해를 얻고 싶다고 강하게 희망하였으므로, 또 한국의 신문사로부터도 광고게재의 이해를 얻었기 때문에, 일본 정부로서도 1997년 12월 18일에 종료되는 대통령선거 이후라면 조용히 눈에 띄지 않는 형태로 사업을 실시하고 광고에 대해서도 게재하는 것은 어쩔 수 없다고 판단하여 오부치 외무대신까지의 이해도 얻었다.

5 '기금'에 의한 신문광고 게재(1998년 1월)

(1) 1998년 1월 상순에 일한의 실무 측의 의견교환에서 일본 측은 '기금' 사업에 관계되는 한국 내에서의 이해를 확산시킬 목적으로 신문광고(4개 지(紙))의 게재예정에 대해서 사전설명을 하였다. 이에 대해 한국 정부 측으로부터는, '기금' 사업의 일방적인 실시로는 문제의 해결이 되지 않는다, 그래서 정대협과 '기금'과의 대화를 진척시키려고 하는데 정대협으로부터 조직 내의 의견이 정리되기까지 조금 더 시간이 있으면 좋겠다는 이야기가 있었다는 취지의 회답이 있었다.

(2) 1998년 1월 6일, 실제로 광고가 게재된 이후, 한국 정부 측으로부터 일본 측이 유연성을 발휘하고 서두르는 일 없이 본 문제가 눈에 띄지 않게 서서히 풀려가도록 대응하는 것이 바람직하다고 생각하고 있으며, 그런 의미에서 전날의 신문광고는 극히 자극적이었다는 취지의 반응이 나타났다.

6 '기금'에 의한 속죄금 사업의 일시정지

(1) 1998년 3월, 김대중 정권이 발족하고, 한국 정부로서 일본 정부에 국가보상을 요구하지 않는 대신 한국 정부가 '생활지원금'을 옛 위안부에게 지급하겠다는 결정이 이루어졌다. 또, 한국 정부는 '기금'에서 수취한 옛 위안부는 '생활지원금'의 대상에서 제외되지만, '기금' 자체에 표면적으로 반대하고 비난하는 조치는 아니라는 설명을 하였다.

(2) 게다가 이 시기, 한국 정부는, 김 대통령 자신이 본 건에 대해 금전의 문제를 없애고 정부 간의 이슈로 하지 말라는 의견이며, 양 국가의 문제는 존재하지 않는다고 생각하는 쪽이 좋다고 하였다. 이에 '기금'에는 미안하지만, 정부 간의 문제가 되지 않도록 종지부를 찍어야 한다는 취지로 한국 정부는 말하였다.

7 한적에 의한 의료·복지사업으로의 전환

(1) '기금'은 1998년 7월에 네덜란드의 의료복지사업이 순조롭게 개시된 점도 있어서, 한국에서 '

속죄금'에 대신하는 의료복지사업으로의 전환을 검토하고, 1999년 1월 말, 한적에 협력을 타진한다는 방침을 결정했다. 이에 대하여, 일한 실무 측의 의견교환에서, 한국 측은 사업을 발본(拔本)적으로 변경하는 것은 좋은 것이며, 그 형식으로는 일본 측과 한적 사이에서 이야기를 진행하고, 한적과 상담을 한 단계에서 전향적으로 대응할 것을 종용하는 순서가 적당하다고 생각한다는 취지의 반응을 나타냈다.

(2) 그러나 1999년 3월 하순에 행해진 일한 실무 측의 의견교환에서, 한국 정부가 돌연히 방침을 바꿔 이 문제에서는 뭔가 하든 안하든 비판받는다는 사실을 고려할 필요가 있다는 취지에서, 한적은 한국 정부의 입김이 닿는 조직이고 강한 반대가 예상되므로 금회의 제안은 용서해주기 바란다고 하는 반응이 나왔다. 이에 대해 일본 측은 사업전환은 김대중 대통령 방일에 의해 양성된 미래지향의 일한관계에 악영향을 주지 않는 방향에서 총리의 요해도 얻었고, 사업종료에 강하게 난색을 표하고 있는 '기금'을 설득한 것이라고 하면서, 한국 측의 의사는 쉽게 납득하기 어렵다는 취지의 의견을 표현했다. 하지만 한국 측의 협력을 얻지 못해 최종적으로는 사업전환이 실현될 수 없는 상황이 되었다.

8 사업전환 곤란인 채 기금사업 종료

(1) 사업전환을 실현할 수 없었던 '기금'은 1999년 7월에 사업을 정지하게 되었고, 정지상태가 2002년 2월까지 계속되었는데, 동월 20일, '기금'은 사업의 정지 상태를 일단 풀고, 한국 내에서 사업 신청접수 기한을 동년 5월 1일로 할 것을 결정했다.

(2) 2002년 4월에 행해진 일한의 실무 측의 의견교환에서 한국 정부는 다시 '기금'의 '보상금' 지급, 의료·복지사업에 대한 반대의 태도를 나타냈다. 그리고 그 뒤 5월 1일에 한국에서의 모든 '기금' 사업의 신청접수가 종료되었고, 1997년 1월부터 시작된 한국에서의 사업이 막을 내렸다.

9 한국에서의 '기금' 사업의 종료와 성과

(1) 1995년에 설립된 '기금'에는 기본재산에 대한 기부를 포함하여 약 6억 엔의 모금이 이루어지고, 일본 정부는 인도네시아 사업으로서 사업 전체가 종료된 2007년 3월 말까지 거출금·보조금 합계 48억 엔을 지출하였다. 한국에서의 사업으로서는 사업종료까지 옛 위안부 모두 61명에 대해 민간에 의한 기부를 원 자금으로 하는 '속죄금' 200만 엔을 지급하고, 정부거출금을 원 자금으로 하는 의료·복지사업 300만 엔을 실시(일인당 계 500만 엔)함과 함께, 이들을 수취한 전체 위안부에 대해 당시 일본 총리의 서명이 들어간 '사과의 편지'를 전달했다. 그 수는 하시모토 정권 하에서 27건, 오부치 정권 하에서 24건, 모리 정권 하에서 1건, 고이즈미 정권 하에서 9건이었다.

(2) 필리핀, 인도네시아와 네덜란드에서는 상대국 정부와 관련단체 등으로부터의 이해와 긍정적인 평가 하에서 '기금' 사업을 실시할 수 있었으나, 한국에서는 한국 국내의 사정과 일한관계에 크게 영향을 받으면서, 동 정부와 국민으로부터 이해를 얻지 못했다. 하지만 '기금' 사업을 수취한 옛 위안부들은 "일본 정부가 우리들이 살아있는 동안에 이와 같은 총리의 사죄와 돈을 내는 것은 생각하지 못했습니다, 일본의 모든 분들의 마음이라는 것도 잘 알겠습니다, 대단히 감사합니다"라는 감사의 말씀을 더했다.

(3) 또 일부 옛 위안부는 수술을 받기위해 돈이 필요하여 '기금'을 받기로 결정했지만, 당초는 '기금'의 관계자를 만나기는 싫다는 태도를 취하였다. 하지만 '기금'의 대표가 총리의 편지와 이사장의 편지를 낭독하자 크게 울음을 터트리고, '기금' 대표와 안고 울었다, 일본 정부와 국민의 사과와 보상의 마음을 받아들였다'는 보고도 있었고, 한국 국내 상황과는 반대로 옛 위안부로부터의 평가를 받았다.

[자료3] 일본 정부의 유엔 쿠마라스와미 보고서에 대한 반론서

여성에 대한 폭력에 관한 특별보고서(쿠마라스와미 여사) 제출에 관련되는 보고서 부속문서1(E/CN.4/1996/53/Add.1), 이에 대한 일본 정부의 견해

女性に対する暴関に関する特別報告書(クマラスワミ女史)提出にかかる報告書付属文書1(E/CN.4/1996/53/Add.1)に対する日本政府の見解★

목차

제1장 본 문서의 요점
제2장 일본의 노력
제3장 사실 면에 대한 반론
제4장 법률 면에 대한 반론
제5장 보고에 대한 일본 정부의 견해

제1장 본 문서의 요점

1. '여성에 대한 폭력' 문제에 관련된 우리나라의 노력

구 유고, 르완다 등의 무력분쟁 하에 있어서의 조직적 강간, 가정과 사회에서의 성적 학대와 괴롭힘 등, 현대사회에서 여성에 대한 폭력은 중대한 문제가 되었다.

일본 정부로서도 구 일본군의 관여 하에 많은 여성의 명예와 존엄을 손상된 이른바 종군위안부 문제를 깊이 반성하고, 관민 모두 이 문제와 관련하여 성실히 노력하는 것과 함께, 이 문제를 하나의 교훈으로 하여 '여성에 대한 폭력' 문제의 일반적 해결을 위해 국제사회와 협력하여 가야한다고 생각하고 있다.

★ 이 반론서는 1996년에 유엔 인권위원회(현 인권이사회)에 제출됐던 이른바 '쿠마라스와미 보고서'에 대한 일본 정부의 반론서로서, 일본 정부는 이를 인권위원회에 제출한 후 바로 취소하였다. 이후 그 내용이 이십여 년 가까이 공개되지 않다가 일본에서는 월간 「세이론(正論)」 2014년 6월호, 7월호에 '위안부, 대(對) UN의 일본정부 '환상의 반론서' 전문(慰安婦, 對國聯の日本政府 '幻の反論書' 全文)'이라는 제목으로 최초 발굴 공개됐으며, 한국에서는 2020년 말, 인터넷 매체 미디어워치에 번역 공개됐다.

작년 유엔총회에서 우리나라(일본)는 여성에 대한 폭력에 관한 기금을 '유엔여성개발기금(United Nations Development Fund for Women, UNIFEM)' 내에 설치하기 위한 결의를 제안하여 채택되었으며, 이후 이 기금에 응분의 자금협력을 솔선할 생각이다.

정부로서는 이후에도 국제사회와 일치협력하여 '여성에 대한 폭력' 문제에 관련하여 노력해 가고자 한다.

2. 인권위원회 특별보고자의 책무

일본 정부는 이와 같은 여성에 대한 폭력의 현재적 중요성에 비추어, 쿠마라스와미 국제인권위원회 특별보고자의 작년 7월 22일부터 27일까지의 방일을 환영했다.

일본 정부는, '유엔 인권위 특별보고자'라는 제도에 대해 유엔이 임명한 독립적 전문가라는 객관적인 입장에서 문제의 실태를 명확히 하는 제도로 보고 이것을 높이 평가하고 있다.

동시에 특별보고자라는 제도는 유엔 인권위원회, 나아가서는 유엔의 신뢰성에 관련된 것이고, 이러한 책임을 지는 이는 국제사회 전체의 신뢰에 값하는 보고서를 제출해야 할 것이다.

즉, 특별보고자는 중립적, 객관적인 조사를 하고, 충분한 근거에 기초하여 사실관계를 기록하고, 법적 견해를 나타내는 경우에도 국제법에 기초한 견해를 표명하는 것이 당연하다.

3. 쿠마라스와미 특별보고자에 의한 보고서 부속문서1의 문제점

그러나 쿠마라스와미 특별보고자가 이번에 제출한 '종군위안부'에 관한 본 건 보고서 부속문서1은 지극히 문제가 많다. 일본 정부는 이하의 이유에 의해, UN인권위원회가 이 문서에 확실한 부정적 견해를 표명하면서 우리나라의 노력을 정당히 평가해 줄 것을 강하게 희망한다.

(1) 특별보고자의 권한

제50회 UN인권위원회도 명확히 한 바와 같이, 쿠마라스와미 특별보고자의 권한은 '여성에 대한 폭력, 그 원인과 결과'에 관하여 보고하는 것이다. 현재의 국제사회에서는 구 유고, 르완다의 문제 등, 아직 유효한 대책이 강구되지 않은 여성에 대한 폭력이라는 심각한 문제가 진행 중이며, 국제사회는 이러한 문제의 해결을 희망하고 있다.

그럼에도 불구하고, 쿠마라스와미 특별보고자는 50년도 더 지나간 시기의 사건이며, 동시에, 일본 정부가 관련 조약 등에 따라 성실히 대응해오고 있는 '종군위안부' 문제를 마치 현대에 있어서의 여성에 대한 폭력에 관한 가장 중요한 과제인 것처럼 최초의 제출문서에서 문제로 삼고 있으므로 이는 지극히 부당하다.

(2) 조사방법 및 내용상의 문제점

본 건 부속문서는 140개 패러그래프 중 34개 패러그래프에 걸쳐 '역사적 배경'에 대해 설명하고 있는데, 그 대부분은 일본 정부의 노력에 비판적인 조지 힉스(George Hicks)의 저서 등 기존에 나온 서적으로부터의 인용에 의지하고 있고, 게다가 특별보고자 자신이 이들 서적에서 기술하고 있는 바에 대한 증거조사를 한 흔적도 거의 보이지 않는다.

또한 제4장 '증언'의 중심에 놓여 있는 몇 개의 증언도 특별보고자가 직접 들은 것이 아닌 전해들은 증언이고, 결국, 본 건 부속문서의 사실관계에 관계되는 기술은 충분한 사실 확인을 하지 않은 채, 지극히 한정된 자료에 의거하여 쓰였다고 하지 않을 수 없다.

게다가, 이른바 종군위안부의 실태는 지역, 시대에 따라 다양하고, 시기의 경과에 따른 사실인식의 곤란에도 불구하고, 쿠마라스와미 특별보고자는 이들 한정된 정보를 모두 일면적으로 일반화하는 잘못을 범하고 있다. 다른 한편, 특별보고자는 그가 예단하는 바에 어울리지 않는 객관적인 자료('일본군 전쟁 포로 심문 보고서 제 49호 : 조선인 위안부들(Japanese Prisoner of War Interrogation Report No. 49: Korean Comfort Women)')는 무시하고 있다.

이와 같은 조사방법에 기초하여 쓰인 본 건 문서는 인권위원회에 제출되는 것으로서는 분명히 부적절하다.

(3) 법적 논의의 문제점

(가) 본 건 부속문서의 법적 측면에 관한 주장은 확립된 국제법에 기초한 것이 아니다. 또 특별보고자가 전개하는 개인적인 주장은 구 연합국, 아시아 근린 제 국가 등과 우리나라가 과거 50여년에 걸쳐 국제법에 따라 성실히 대응해 온 제2차 세계대전의 전후처리뿐만 아니라, 각국이 과거 전쟁에서 행한 전후처리의 법적 틀에 따른 문제의 해결이 최종적인 것이었다는 것도 부정하는 것이 된다. 이와 같은 잘못된 국제법 해석에 기초한 주장은 오늘날 국제사회에서 결코 받아들여질 수 없는 것이다.

(나) 우선, 쿠마라스와미 특별보고자는 일본제국 육군에 의해 설치된 위안소 제도는 국제법상의 의무위반이고, 일본 정부는 옛 종군위안부 개개인에 대해 직접 보상을 할 국제법상의 의무를 갖고 있다는 취지의 주장을 하고 있다. 그러나 소위 전후처리를 위한 평화조약 등에서는, 개인의 손해를 개별적으로 확인하고 이것을 합산하여 배상액으로 하는 방법에 의하지 않고, 관계국간의 합의에 의해 일정한

금액을 포괄적인 배상액으로 간주하여 처리하고, 기타 일절의 청구권을 서로 포기한다는 취지의 규정, 즉 설사 상대국에 배상하지 않은 청구권이 있어도 그것을 추궁하지 않는다고 하는 '완전한 보상 조항'을 두는 것이 일반적이다. 일본 정부가 전후 체결한 샌프란시스코 평화조약, 기타의 양국간 조약에서도 이 방식에 따라 개인의 손해 문제를 포함하여 국가간 배상 등의 문제를 최종적으로 처리하였다.

쿠마라스와미 특별보고자는 종군위안부 문제가 평화조약 등의 교섭과정에서 언급되지 않았기 때문에 옛 종군위안부에 대한 보상은 위의 배상 등에 포함되지 않았다고 주장하는데, 이것은 상술한 조약의 규정 및 체약국의 의사를 무시한 것이 아닐 수 없다. 또 개인이 국가에 직접 보상청구를 하기 위해서는 조약에서 개인의 권리가 명시적으로 규정되고, 동시에 그것을 실현하는 국제법상의 절차가 보장되어 있지 않으면 안 된다. 이런 점에서 쿠마라스와미 특별보고자가 인용하고 있는 세계인권선언, 국제인권규약 등은 개인의 국제법상의 청구권과 전혀 관계가 없는 선언, 규약이다.

또 과거의 한 시점에서의 우리나라의 행위가 국제법 위반인가 아닌가를 검토하기 위해서는, 조약 또는 관습국제법이 우리나라를 구속하는 것으로서 구체적인 행위가 행해진 바로 그 당시에 유효하게 존재하고 있었는가 아닌가를 먼저 검토해야한다. 특별보고자는 우리나라가 그 당사자가 아닌 조약을 논거로 하여 우리나라의 조약위반을 주장한다든가(패러그래프 98), 하등의 논거를 제시하지 않고 일정한 규범이 관습국제법이라고 단정하고 있다(패러그패프 102). 게다가 과거의 한 시점에서의 우리나라의 행위가 국제법 위반인가 아닌가는 본래 그 시점에서 유효했던 국제법에 따라 판단해야하는 것은 조약법조약 제28조에서도 확인되고 있고, 후술하는 시제법(時際法)으로 보아도 명확한데, 특별보고자는 1949년의 제네바조약 제2차 세계대전 이후에 발효한 조약을 논거로 하여 우리나라의 2차 세계대전까지의 행위에 대하여 국제법 위반을 논하고 있다.

(다) 게다가 특별보고자는 위안부 모집 및 위안소 개설자에 관여한 자를 전쟁범죄자로서 처벌하라고 주장하고 있는 것으로 보인다. 본래 전쟁범죄는 별도로 특별히 정한 바가 없는 한, 전승국과 패전국의 평화조약에 의해 모든 처리를 마치는 것이다. 제2차 세계대전에 있어서 연합국은 극동국제군사재판소, 기타의 연합국 전쟁범죄법정에서 이루어진 재판에 의해 일본 국민의 전쟁범죄를 처벌하고, 일본 정부는 샌프란시스코 평화조약에서 이들 재판을 수락하고, 형을 집행하였다.

(라) 특별보고자의 논의는 법적 색채를 띠고 있는데, 실제로는 무릇 법적으로 성립하지 않는 자의적인 해석에 기초한 정치적 주장에 불과하며, 이러한 논의를 국제사회가 수용하면 국제사회에서의 법치 그 자체에 심각한 타격을 주게 될 것이다.

4. 이른바 종군위안부 문제에 관한 우리나라의 노력

(1) 일본 정부는 당시 군의 관여 하에 다수의 여성의 명예와 존엄을 심하게 손상한 이른바 '종군위안부' 문제를 깊이 반성하고, 역대 총리대신, 관방장관의 담화 등에 의해 옛 위안부 여러 분들에게 깊은 사죄의 마음을 공식적으로 표명해왔다. 또 역사를 후세에 바르게 전하는 것과 함께, 관계 제 국가 등과의 상호이해의 일정한 진전을 위해 평화우호 교류계획 등의 제 조치를 취해 왔다. 또 차세대를 담당할 젊은이가 학교교육을 통해 우리나라 현대의 역사를 정확히 이해하는 것을 중시하고, 그 면에서 노력을 강화해오고 있는 바이다.

(2) 또, 우리나라에서는 철저한 논의를 한 위에서, 학계, 법조계, 언론계, 노동계 등, 각계를 대표하는 남녀 20명의 호소에 의해, 종군위안부 여러 분들에 대해 일본국민이 국민적 보상을 하는 것과 함께, 이 문제를 역사의 교훈으로 삼아서, 폭력 등 현재적인 여성문제의 해결을 위해 노력하는 것을 목적으로 '여성을 위한 아시아평화 국민기금(女性のためのアジア平和国民基金, Asian Women's Fund)'을 발족했다.

'아시아여성기금'은 일본 국민을 대상으로 이른바 종군위안부 문제에 대한 인식을 고양하고, 옛 위안부 여러 분들에 대해 국민적 보상할 것을 호소한 바, 2월 23일까지 1억 7,000만 엔의 기부금을 기탁받았다. 또 아시아여성기금은 그 취지에 대하여 이해를 얻기 위해 옛 위안부 여러 분들, 관계되는 정부, 단체 등과의 대화도 진행하고 있고, 현재적인 여성문제에 대응하기 위한 사업에 대해서도 그 구체화를 꾀하고 있다.

(3) 일본 정부로서도, 이 아시아여성기금이 소기의 목적을 달성할 수 있도록 최대한 협력해왔다. 정부는 국민의 기부금과는 별도로, 옛 위안부 여러 분들에게 유익한 의료, 복지사업 및 보다 일반적으로 여성의 명예와 존엄을 지키는 사업 등을 위해 보조금으로 1996년도 예산에 약 6억 3,800만 엔을 계상하고 있다. 아시아여성기금은 우리나라 및 아시아의 NGO와 밀접히 연대하면서, 이 같은 사업을 구체화하여갈 계획이다.

5. 결론

일본 정부는 여성에 대한 폭력의 철폐를 위해 널리 공헌하고 있다고 생각하고, 그와 함께 소위 종군위안부 문제에 대해서도 이미 서술한 바와 같이 성실하고 진지한 노력을 함으로써 진정한 해결을 꾀해왔다고 생각한다.

일본 정부로서는 인권위원회가 불충분한 사실인식과 잘못된 국제법의 이해에 기초한 법률론을 전개하고 있는 본 건 부속문서를 확실히 부정하면서, 우리나라의 노력을 정당히 평가할 것을 다시 한 번 강하게 기대함을 표명한다.

6. 본 반론문서의 구성

이 반론문서는 제2장에서 일찍이 쿠마라스와미 특별보고자에게 상세히 설명을 했음에도 불구하고, 특별보고자가 주관적이면서도 부정확하게 본 건 부속문서에 기재한 '종군위안부' 문제에 대해서 일본 정부가 취한 대응을 소개한다. 제3장에서는 본 건 부속문서의 사실관계 기술에 관한 의문점을, 제4장에서 본 건 문제의 법률적 측면에 대한 우리나라의 국제법적 견해를 소개하고, 제5장에서는 본 건 부속문서의 권고부분에 대한 일본 정부의 견해를 간결하게 서술할 것이다.

제2장 일본의 노력

Ⅰ 일본 정부의 노력에 대하여

1. 여성에 대한 폭력 문제에 대한 대응

(1) 우리나라는 1975년의 '세계 여성의 해(国際婦人年)' 이래 UN의 움직임과 괘를 함께 하여 여성을 위한 제반 시책을 추진하여 왔다. 그 중에서도 여성에 대한 모든 형태의 폭력을 근절하기 위해 노력하는 것은, 우리나라의 중요 시책의 하나이며 지금까지도 이하와 같은 노력을 지속하고 있다.

(2) 먼저 국내에서의 노력에 대해서 서술하면, 일본 정부의 남녀공동계획참여추진본부가 책정한 '2000년을 향한 신국내행동계획(제1차 개정)'은 그 중점목표 속에 '여성에 대한 폭력의 근절'을 포함했고, 정부는 여성이 피해자가 되는 폭력사범, 성범죄 등에 엄정히 대처하는 것과 함께, UN 시책을 추진하고 있다.

(3) 마찬가지로, 구 유고, 르완다 등의 무력분쟁 아래 '여성에 대한 폭력'은 국제사회에서의 중요한 관심사가 되었고, 우리나라는 이 문제에 대한 국제사회의 노력에 적극적으로 협력하고 있다.

(4) 구체적으로는, 우리나라는 제4회 세계여성회의에서 '여성 인권의 존중'과 '여성에 대한 폭력의 근절' 등을 내건 행동요령의 채택을 위해 노력했다. 또 우리나라는 1995년의 제50회 UN 총회에서는 46개국의 공동제안국을 획득하여 여성에 대한 폭력에 관한 기금을 UNIFEM 내에 설치하기 위한 결의를 제출했다. 이 결의는 컨센서스로 채택되었기 때문에, 우리나라는 이 기금에 응분의 출자협력을 할 생각이다.

2. 이른바 종군위안부 문제에 관한 조사와 자료의 공개

(1) 일본 정부는 1991년 12월, 이른바 종군위안부 문제의 실태를 해명하기 위한 조사를 개시했다.

(2) 이 조사에서 일본 정부는 일본 정부의 각 성청(省庁), 국립국회도서관 및 국립공문서관에서 본건에 관한 자료 보관의 여부를 조사하고, 그 결과 발견된 관계자료 230점 이상을 정사(精査)하였다. 동시에 정부는 담당관을 내외에 파견하는 등으로써 옛 종군위안부, 전 군인, 전 조선총독부 관계자, 전 위안소 관리인, 위안소 부근의 거주자, 역사연구자 등을 폭넓게 문답조사 하였다.
게다가 한국 정부가 작성한 조사보고서, 한국정신대대책협의회, 태평양전쟁희생자유족회 등 관계 단체가 작성한 옛 종군위안부의 증언집(『증언집 I 강제로 끌려간 조선인 군위안부들』(한울, 1993년))은 물론, 본 문제에 관한 다수의 출판물을 참고하였다.

(3) 일본 정부는 이들 조사로부터 얻어진 자료와 증언을 분석, 검토하고, 그 결과를 1993년 8월 4일 발표했다. 그 골자는 다음과 같다.
○ 위안소가 당시의 군 당국의 요청에 의해 설치되었다.
○ 위안소의 설치, 관리 및 위안부의 이송에 대해 구 일본군이 직접 또는 간접적으로 이에 관여했다.
○ 위안부의 모집에 대해서는, 군의 요청을 받은 업자가 주로 이를 담당했는데, 그 경우에도 감언, 강압에 의하는 등, 본인들의 의사에 반하여 모집된 사례가 많고, 관헌 등이 직접 이것에 가담한 경우도 있다.

(4) 이 조사결과는 정부로서 전력을 다해 성실히 조사한 결과를 정리한 것인데, 그 후에도 새로운 자료가 발견될 가능성이 있고, 정부는 계속하여 민간의 연구를 포함하여 충분한 관심을 갖고 있다.

(5) 본 문제에 관해 지금까지 조사한 결과로 발견된 공문서 등에 대해서는 관계되는 성청(省庁)에서 각각의 방법으로 보존하고, 프라이버시를 배려하면서 공개하고 있는 외에, 내각관방에서 이것들의 사본을 일괄적으로 정리하고, 프라이버시를 배려하면서 일반에 공개하고 있다.

3. 종군위안부 문제에 대한 사죄와 반성의 마음을 표명

(1) 종군위안부 문제에 구 일본군이 관여하고 있었던 것은 명백하게 되었기 때문에, 일본 정부의

최고책임자들은 지금까지 여러 기회에 걸쳐 마음으로부터의 사죄와 반성의 마음을 표하고 있다.

(2) 구체적으로는 1992년 1월, 한국에서 열린 일한수뇌회담장에서 미야자키(宮扸)내각총리대신(당시)은 종군위안부 문제에 대한 깊은 사죄와 반성의 마음을 표명했다.

(3) 또 1993년 8월, 고노(河野) 관방장관(당시)이 앞서 서술한 조사결과를 발표함에 즈음하여 특별히 담화를 발표했다. 그 요점은 이하와 같다.
O 이 문제는 당시 군의 관여 하에 다수의 여성의 명예와 존엄에 깊은 상처를 준 문제라고 하는 인식을 나타냄과 함께,
O 다시 한 번, 그 출신지 여하를 불문하고, 이른바 종군위안부로서 많은 고통을 경험하고, 심신에 걸쳐 치유하기 어려운 상처를 입은 전체 여러 분들에 대해 일본 정부로서는 마음으로부터 사죄와 반성의 마음을 표명하고,
O 동시에, 그러한 마음을 우리나라로서 어떻게 표현할 것인지 검토하여 가겠다.

(4) 1994년 8월, 무라야마(村山) 내각총리대신(당시)은 전후 50년을 맞이하여 담화를 발표했다. 이 담화에서 무라야마 총리는 "여성의 명예와 존엄을 깊이 손상시킨 종군위안소 문제에 대해 다시 한 번 마음으로부터의 깊은 반성과 사죄의 마음을 표명한다"고 말했다.

(5) 그에 더해 무라야마 총리는 1995년 아시아여성평화국민기금 발족에 즈음하여, 다음과 같은 인삿말을 하고, 이 인삿말은 우리나라의 대표적인 신문들 전부에 게재되었다.
O 이른바 종군위안부 문제는 구 일본군이 관여하여 많은 여성의 명예와 존엄을 깊이 손상한 것이며, 도저히 허용될 수 없는 것입니다. 나는 종군위안부로서 심신에 걸쳐 치유하기 어려운 상처를 입은 모든 분들에 대해 깊은 사죄를 말씀드리고 싶다고 생각합니다.

(6) 아시아여성기금이 사업을 함에 있어서, 다시 행해야 할 것으로 되어 있는 확고하고 솔직한 사죄와 반성의 마음을 분명하게 표명하는 것에 대해서는, 아시아여성기금은 일본 정부에 대하여 이것을 내각총리대신으로부터 옛 종군위안부 여러 분들에게 편지를 보내는 것에 대해 이 요청을 진지하게 검토하고 있는 바이다.

4. 평화우호교류 계획

(1) 일본 정부는 종군위안부 문제를 포함하여, 과거의 역사를 직시하고, 이것을 후세에 바르게

전하는 것과 함께, 관계 제 국가 등과의 상호이해를 더 깊게 추진하기 위해 노력하는 것이 종군위안부 문제에 대한 사죄와 반성의 마음을 표하는 것이라고 생각하였다. 이에 앞서 '총리대신의 담화'(1994년 8월)에 따라 다음 두 요점이 되는 '평화우호교류계획' 활동을 시작했다.

첫째는 과거의 역사를 직시하기 위해 역사도서와 자료를 수집하는 연구자에 대해 지원을 하는 등 역사연구 지원사업이다.

둘째는 지적교류나 청소년교류 등을 통해서 각계각층에서의 대화와 상호이해를 촉진하기 위한 교류사업이다.

(2) 이 '평화우호교류계획'은 10년간에 1,000억 엔 상당의 사업을 새로이 진행하는 것으로 되어 있고, 초년도인 1995년도에는 총액 약 82억 엔에 이르는 역사연구지원과 각종 교류 사업이 폭넓게 실시되고 있다. 또 제2년도인 1996년도에 대해서도 이들 사업을 위해 약 86억 엔이 예산으로 계상되어 있다.

(3) 더욱이 일본 정부는 평화우호교류계획 속에 아시아역사자료센터(가칭)의 설립을 검토하고 있다. 이 센터는 일본과 아시아 근린 제 국가 등과의 사이에서 근현대사에 관한 자료 및 자료정보를 폭넓게 치우침 없이 수집하고, 이것을 내외의 연구자를 비롯하여 폭넓게 일반에 제공하는 것을 기본적 목적으로 한다.

II 여성을 위한 아시아 평화 국민기금에 대하여

1. 여성을 위한 아시아 평화 국민기금의 발족을 향한 노력

(1) 정부는 앞서 언급한 내각총리대신의 담화(1994년 8월)에서 종군위안부 문제에 대한 사죄와 반성의 마음을 국민에게도 알리기 위해 폭넓은 국민 참가의 길을 함께 탐구하기를 원한다는 생각을 분명히 했다.

(2) 이 담화를 이어받아 우리나라의 연립여당은 종군위안부 문제에 대해 우리나라가 어떻게 대응하는가에 대해 진지하게 검토하고 다음과 같이 보고했다.

o 이른바 종군위안부문제에 대해서, 옛 위안부 여러 분들에 대해서 사죄와 반성의 마음으로부터 국민적 보상을 발휘하는 것은 옛 위안부 여러 분들의 상처받은 명예를 회복하는 것만이 아니라, 여성을 존중하는 강력한 의사를 일본 내외에 표명하는 것과 상통하는 중요한 행위가 된다.

o 또 여성의 명예와 존엄에 관계되는 문제는 오늘날에도 세계각지에 존재하고 있다. 이와 같은

문제에 관심을 갖고 이들 문제가 세계 속에서 사라지도록 노력하는 일이 매우 중요하다.

o 이러한 사고방식에 기초하여 국민 참가 하에서의 '기금'에 대하여 검토한다.

o '기금'은 옛 종군위안부로서 감당하기 어려운 신산(辛酸)을 맛본 여성을 대상으로 한 조치를 행한다.

o 이와 동일하게, 여성의 명예와 존엄에 관한 오늘날의 문제해결을 위한 활동에 지원하는 등 제 사업을 시행한다.

o 정부는 '기금'에 대해, 거출을 포함하여 가능한 한 협력해야 한다.

(3) 일본 정부는 앞서 서술한 바 있는 연립여당의 보고를 근거로 하여, '기금' 구상의 실현과 구체화를 위해, 관계자와의 협의를 포함하여 이미 진지한 검토를 행했다. 그 결과 1995년 6월, 시가라시(五十嵐) 내각 관방장관(당시)은 전후 50년에 즈음하여 과거에 대한 반성 위에 서서 '여성을 위한 아시아 평화 국민기금'에 의한 사업을 다음과 같이 시행한다고 발표했다.

o 옛 위안부 여러 분들을 위해 정부와 국민의 협력으로 다음의 사업을 시행한다.

가) 아시아여성기금은, 국민에게 호소함으로써 옛 종군위안부 여러 분들에 대해 국민적인 보상을 하기 위한 사업을 시행한다.

나) 아시아여성기금은, 의료, 복지 등 옛 위안부 여러 분들에게 유용한 사업을 하는 사람들에게 정부의 자금 등에 의해 그를 지원한다.

다) 정부는, 아시아여성기금이 이들 사업을 실시하는 그 경우, 옛 종군위안부 여러 분들에게 다시 한 번 솔직한 사죄와 반성의 마음을 국가로서 표명한다.

라) 정부는, 과거의 종군위안부의 역사자료를 정리하여 역사의 교훈으로 삼는다.

o 아시아여성기금은 여성의 명예와 존엄에 관계되는 사업으로서 앞의 나)에 있는 의료, 복지사업 등에 대한 지원에 당면하여, 여성에 대한 폭력 등 오늘날의 문제에 대응하기 위한 사업을 행하는 사람들에게 정부의 자금 등으로써 그를 지원한다.

2. 여성을 위한 아시아 평화 국민기금의 활동

(1) '여성을 위한 아시아 평화 국민기금'은 1995년 7월, 호소인들의 호소에 의해 정식으로 발족했다. 이 호소인들은 우리나라의 학계, 법조계, 언론계, 노동계 등, 각계를 대표하는 남녀에 의해 구성되었고, 호소인들이 국민을 향해 하였던 호소는 큰 반향을 불러일으켰다.

(2) 아시아여성기금은 현재 매스미디어에서의 홍보, 팜플렛의 배포, 집회의 개최 등을 통해 종군위안부 문제에 관한 계몽활동을 적극적으로 전개함과 함께, 옛 위안부 여러 분들에게

국민적인 보상을 하기 위해 모금을 호소하고 있다. 지금(1996년)까지 아시아여성기금의 호소에 찬동하는 폭넓은 층의 국민들로부터의 기부금이 이미 약 ●억 ●●●●만 엔에 이르렀다. 또 이러한 국민적 운동의 확산에 호응하여 기업, 노동조합 기타 아시아여성기금의 취지에 공감하는 다양한 민간단체들의 기부도 촉진되고 있다.

(3) 아시아여성기금은 또 옛 종군위안부 여러 분들을 포함하여 이 문제에 대한 내외의 관계자와의 대화를 진행하고 있다. 아시아여성기금은 1996년 1월, 필리핀 및 대만에 한 개의 팀을 파견했다. 또 한국에 대해서도 같은 팀을 예비적으로 파견했다.
  o 옛 종군위안부 여러 분들이나 관계되는 단체들이 아시아여성기금을 보다 잘 이해할 수 있도록 기금의 목적에 대해 설명한다.
  o 관계되는 단체에 대해 아시아여성기금에 대한 이해와 협력을 구한다.
  o 옛 종군위안부 여러 분들로부터 그녀들의 경험과 현재의 생활에 대해 청취한다.

(4) 아시아여성기금은 이와 같은 대화를 통해, 옛 종군위안부 여러 분들이나 관계단체의 의견이 아시아여성기금의 사업에 가능한 한 반영되도록 하는 노력을 하고 있고, 이후에도 가능한 한 이러한 대화를 반복하여 할 예정이다.

(5) 이 외에도 여성을 위한 아시아 평화 국민기금은 그 사업의 또 하나의 기둥인, 여성에 대한 폭력 등 오늘날의 여성문제의 해결을 위한 대응에 있어서도, 1996년 4월부터 사업을 개시할 수 있도록, 현재 준비를 하고 있다. 구체적으로, '사전방지사업'으로서는 여성에 대한 폭력문제 등을 주제로 하는 국제회의의 개최나 조사연구 등을, '피해자 구원사업'으로서는 폭력이나 매춘 등의 급박한 문제에 직면하고 있는 여성을 위한 구원시설 활동에 대한 지원 등을 예정하고 있다.

3. 여성을 위한 아시아 평화 국민기금에 대한 일본 정부 등의 적극적 협력

(1) 일본 정부는 여성을 위한 아시아 평화 국민기금이 발족하는 데 즈음하여, 1995년 8월, 아시아여성기금의 활동에 대해 필요한 협력을 한다는 방침을 각의(閣議)에서 확인하였고, 동 기금이 소기의 목적을 달성할 수 있도록 최대한 노력해오고 있다.

(2) 구체적으로는, 정부는 1995년 운영경비 등으로 약 4억 8,000만 엔을 동 기금에 보조했다. 또 1996년도 예산에서도 아시아 여성기금의 운영경비 및 여성에 대한 폭력 등의 문제에 대응하기 위한 경비에 대해 보조금으로서 같은 금액을 계상하였다. 그에 더하여, 옛 종군위안부 여러 분들에게

유익한 의료, 복지 사업을 지원하기 위한 경비로서 190만 U.S. 달러를 계상하고 있다.

(3) 이 외에, 정부는 여성을 위한 아시아 평화 국민기금의 활동이 원활하게 운영되도록, 공익법인격의 허가, 동 기금에 대한 기부 시의 면세조치 등, 유형무형의 협력을 하고 있다.

(4) 또 1995년 12월, 연립여당의 양원 의원 40명이 계발(啓發) 활동과 기타 아시아여성기금의 사업을 전반적으로 지원하는 것을 목적으로 하여 '여성을 위한 아시아 의원연맹'을 결성하였고, 입법부의 입장에서 아시아여성기금에 대해 협력하고 있다.

제3장 사실 면에 관한 반론

1. 일본 정부는 이하와 같이 부속문서1이 그 논의를 전개함에 있어서 전제로 하고 있는 사실에 관한 기술이 신뢰하기에 충분하지 않은 것이라고 생각한다.

2. 첫째로, 본 건 특별보고자의 사실조사에 대한 자세는 심히 불성실하다.

(1) 본래, 특별보고자는 그 권한 사항에 대해 자료 원전을 포함하여 객관적인 자료를 폭넓게 수용한 위에서 이들 자료를 중립적인 동시에 전문적 입장에서 충분히 음미, 분석하여 보고를 하는 것이 기대되는 바이다.

(2) 본 건 부속문서 제2장 '역사적 배경'에서 특별보고자는 구 일본군 위안소에 관한 역사적 경위나 소위 종군위안부의 모집, 위안소에서의 생활 등에 대해서 기술하고 있는데, 같은 장의 기술은 실은 거의 전면적으로, 일본 정부에 대해 비판적인 조지 힉스(George Hicks) 씨의 저서에서 특별보고자의 결론을 도출하는 데 알맞은 부분만을 발췌하여 인용하고 있는 것에 지나지 않는다.

(3) 이와 같이 특별보고자가 일반간행물에 의거할 경우, 조지 힉스 씨의 저술내용에 대해서 스스로 충분한 증명 조사를 하지 않으면 안 되는 것은 그 직책상 당연한 일이다. 그와 같은 어떠한 검증도 행해진 흔적이 없다. 게다가, 인용에 있어서 특별보고자는 곳곳에서 주관적인 과장을 더하고 있다. 이와 같이 무책임하고 그리고 예단으로 가득한 본 건 부속문서는 조사라고 부를 가치가 없다.

3. 두 번째로, 본 건 부속문서는 본래 의거해야할 자료가 아닌 것을 무비판적으로 채용하고 있다는 점에서도 부당하다.

(1) 예를 들면, 특별보고자는 종군위안부 모집을 위해 '노예사냥(slave raid)'을 했다고 하는 요시다 세이지(吉田淸治)씨의 저서를 인용하고 있다(패러그래프 29). 그러나 그가 고백하는 사실에 대해서는, 이것을 실증적으로 부정하는 연구도 있는 등(하타 이쿠히코(秦旭彦) 교수, 『쇼와 역사의 수수께끼를 추적한다 (상)(昭和史の謎を追う (上))』 p.334, 1993년), 역사연구자들 사이에서도 그 신빙성에 대하여 의문이 제기되고 있다(패러그래프 40). 특별보고자가 어떠한 신중한 음미도 하지 않고 요시다 씨의 '증언'을 인용하는 것은 경솔하다는 비난을 면할 수 없다.

(2) 또 특별보고자가 아마도 구 일본군의 잔학성을 의도적으로 과장하기 위해 제 4장 '증언'을 중심에 놓았을 것이다. 북조선 거주 여성의 '증언'은 특별보고자가 직접 청취한 것이 아닌, '전언(伝言) 증언'(당사자가 아닌 제 3자로부터 들은 이야기)이다. 이들 '증언'은 인권센터의 직원에 의해 청취된 것인데, 의문점이 있다면 특별보고자 스스로 묻고 심문하고 확인하는 등의 노력도 없이, 어떻게 진술의 진실성을 확인할 수 있는지, 전혀 이해하기가 어렵다.

4. 그 결과, 본 건 부속문서의 기술은 일면적이고 동시에 사실을 오도한다(milsleading).

(1) 이른바 종군위안부 문제는 극히 복잡하다. 그 실태는 지역에 따라서 천차만별임과 함께, 역사적으로 보아도 상당한 변천이 있다. 또 이미 50년, 60년이 경과한 일이기에 사실인식 상의 곤란도 있다.

(2) 그런데 특별보고자는 상기와 같은 본 문제의 복잡성은 고려하지 않고, 몇 권의 간행물과 기타 지극히 한정된 자료와 약간의 '증언'에 안이하게 의거하면서, 그것들을 일면적으로 일반화하여, 마치 본 건 부속문서에 기술되어 있는 것처럼 전체의 경우에도 진실인 것처럼 잘못된 인상을 주게 되었다.

(3) 예를 들면, 1944년에 미국 육군 전시정보국 심리작전반이 버마에서 19세부터 31세의 조선 위안부 20명을 심문한 결과를 기록한 '일본군 전쟁 포로 심문 보고서 제 49호 : 조선인 위안부들(Japanese Prisoner of War Interrogation Report No. 49: Korean Comfort Women)'의 내용에는 또 다른 위안부상이 나타나 있는 것도 사실이다. 특별보고자라는 사람은 다양한 사정을 허심탄회하게 분석하여 균형감있게 판단하지 않으면 안 된다. 지극히 편견에 기초한 본 건 부속문서의 일반화는 역사의 왜곡과 같다.

5. 그 외에 특별보고자는 이른바 종군위안부 문제에 대해 일본 정부가 조사한 결과에 대해 충분한 주의를 기울여야 할 것이다.

(1) 일본 정부는 이 문제에 대해서 1991년 12월부터 1993년 8월에 걸쳐 망라적인 조사를 했다.

(2) 이 조사에서는 일본 각 성청(省庁), 국립국회도서관, 미국국립공문서관이 보관하는 관계자료 230점 이상을 정사(精査)하는 한편, 종군위안부였던 분들, 구 군인, 구 조선총독부 관계자, 구 위안소 경영자, 위안소 부근의 거주자, 역사연구자 등과 폭넓게 문답을 진행하면서 조사를 하였다.
또 한국 정부가 작성한 조사보고서, 한국정신대대책협의회, 태평양전쟁유족회 등 관계단체가 작성한 옛 종군위안부의 증언집은 물론, 본 문제에 관한 다수의 출판물을 참고로 하였다.

(3) 일본 정부는 이들 자료를 종합적이고 동시에 객관적으로 분석, 검토한 결과 명확해진 본 문제의 실태를 1993년 8월 4일에 발표했다(첨부 요). 당해 발표자료(영어 번역)는 일본 정부에 의해 특별보고자에게도 직접 전해졌다. 일본 정부에 의한 조사의 존재에 대해서는 특별보고자도 약간 언급하고 있지만(패러그래프 129), 일본 정부의 조사결과를 특별보고자가 어떻게 평가하고 있는지에 대해서는, 유감스럽게 분명히 되어있지 않다.

6. 결론

(1) 이상과 같이, 본 건 부속문서에 기술된 사실관계는 신뢰하기에 충분하지 않은 것이고, 그것을 전제로 한 특별보고자의 논의를 일본 정부가 받아들일 여지는 없다.

(2) 더구나 일본 정부로서는, 본 건 특별보고가 50년 내지 60년 이상도 더 된 과거의 문제에 대해 책임 있는 조사를 하는 것이 불가능함에도 불구하고, 어떠한 의도를 갖고 본 건 부속문서가 제출된 것인지, 그 본래의 합리성에 대해 강한 의문을 느끼는 것이다.

(3) 일본 정부는 본 건 특별보고자가 이와 같이 무책임하고, 동시에 부적당한 본 건 부속문서를 UN인권위원회에 제출한 것을 유감으로 생각함과 아울러, 인권위원회의 본 건 부속문서의 취급 방식 여하에 따라서는, 특별보고자 제도 일반, 나아가서는 인권위원회 그 자체에 대한 국제사회의 신뢰를 손상시키는 결과가 될 것을 깊이 우려하는 것이다.

제4장 법률 면에 관한 반론

I. 특별보고자 보고서 부속문서1 에 관계되는 국제법상의 기본적 논점

　　법적 논점에 관계되는 특별보고자의 구체적 주장에 대해 개별적으로 코멘트하기 전에 본 특별보고자 보고서 부속문서1에 관계되는 국제법상의 기본적 논점을 정리하여 두는 것이 유익하리라고 생각한다. 역시 이하의 이론은 국제법의 기초지식으로서 상식의 범위에 속하는 것이라고 할 수 있는데, 국제법에 정통하지 않은 법률가가 종종 빠지기 쉬운 맹점이므로 주의가 필요하다.

　　1. 국제법의 법원(法源) 및 그 적용

　　(1) 국제법은 국제법 주체인 국가 간의 관계를 규율하는 법이고, 어디까지나 국가 간의 합의에 기초하여 형성, 적용 및 집행된다. 일반적으로 '조약'은 국가 상호의 명시적인 합의에 의해 성립하고 그 조약에 참가한 제 국가 사이에서만 타당하기 때문에 특별국제법으로서 존재하는데 반해서, '관습국제법'은 제 국가의 관행을 기초로 하여 성립하고 국제사회를 구성하는 전체의 국가를 구속하는 일반 국제법으로서 존재한다고 한다.

　　(2) 특별보고자는 본 건 부속문서에서 법적 논점에 관계되는 주장을 전개하는 속에서 어떤 조약 또는 관습국제법의 존재를 전제로 하고, 일정한 규범이 국제법상 확립되어 있다는 뜻을 종종 주장하고 있다. 그러나 특별보고자가 전제로 하는 조약 또는 관습국제법이 우리나라를 구속하는 것으로서 유효하게 존재하고 있었는가 아닌가에 대해서는 이하와 같은 국제법상의 원칙에 비추어 신중히 검토하는 것이 필요하다.

　　(가) 조약에 대해서는 관계국이 당해 조약의 당사국, 즉 "조약에 구속되는 것에 동의하고, 동시에 자국에 대해서 조약의 효력이 발생하고 있는 나라"(조약국에 관한 비엔나조약 제2조1(g)) 인가 아닌가부터 먼저 점검할 필요가 있다.
　　또 당사국인 경우에도 당사국 간의 합의내용에 비추어, 일정한 행위 등에 조약의 규정내용이 적용되는가 아닌가를 검토할 필요가 있다.

　　(나) 다음으로, 관습국제법은 "법으로 인정된 일반관행의 증거로서의 국제관습"(ICJ 규정 제38조 1항(b))이며, 국제사회를 구성하는 전체의 국가를 구속한다. 따라서 국가의 단위인 입법정책 또는 국제예양(國際禮讓)으로서 행해지는 것과는 구별되고, 그 성립요건으로서는 '제

국가의 계속된 관행과 법적·필요적 신념'(**편집자주** : 한 국가 내에서건 국제적으로건 관습법은 '관행(general practice 또는 state practice)'과 '법적확신(opinio juris sive necessitatis)'이 있으면 성립한다는 것이 전 세계와 한국에서도 통설이다. 관습법은 법원의 판결로 그 존재가 확인되나, 성립시기는 그 관습법이 법적 확신을 얻은 시기에 소급하여 인정된다고 한다.)의 존재가 필요하다고 되어 있고, '로터스호 사건에 관한 상설국제사법재판소 판결(The Lotus Case, 1927년, **편집자주** : 공해상에서 일어난 선박충돌에 관하여 터키가 자국의 형법으로 프랑스의 선원을 재판하는 것이 국제법 원칙에 어긋나는지 여부에 대한 판결을 내린 사건)' 및 '북해 대륙붕 사건에 관한 국제사법재판소 판결'(North Sea Continental Shelf Cases, 1969년, **편집자주** : '대륙붕은 육지영토의 자연연장'이라는 논리를 적용하여 육지의 연장으로 해저지형이 형성되지 않았다면 그 해저지형과 거리적으로 인접하다고 하여 대륙붕을 그 연안국에 귀속시킬 수 없다는 내용의 판결)에서도 그러한 사고방식이 나타나 있다. 따라서 일정한 규범이 관습국제법으로서 확립되어 있다고 하기 위해서는, 더욱 그러한 '제 국가의 계속된 관행과 법적·필요적 신념'의 존재가 필요한 것이다.

(3) 이상의 제 논점과의 관계에서 법적 논점에 관계되는 특별보고자의 주장은 법률적인 논리가 결여된 주관적 견해의 표명이라고 말하지 않을 수 없다.

(가) 상세한 것은 뒤에 서술하겠지만, 조약에 대한 언급에 대해서는, 예를 들면 1929년의 포로에 관한 제네바조약에 관한 주장(패러그래프 98)과 같이, 우리나라가 당사국이 아닌 조약을 논거로 하여 우리나라의 조약위반을 주장한다든가(아울러 해당 조약이 정하는 규범이 당시에 있어서 관습국제법으로서 확립되어 있었던 것을 입증한다면 몰라도, 그러한 입증을 하고 있는 것도 아니다), 1904년의 매춘업을 시키기 위한 부녀매매 단속에 관한 국제협정에 관계되는 주장(패러그래프 102)과 같이, 조약의 규정 내용을 하등 점검하지 않고 단락적(短絡的)으로 모두 '종군위안부 문제'에 결부하여 우리나라가 당해 조약을 위반하였다고 주장하고 있다.

(나) 관습국제법에 대한 언급에 대해서는, 하등의 논거를 제시하지 않고 관습국제법이라고 주장하고 있고, 예를 들면, 1921년의 부인 및 아동의 매매금지에 관한 국제조약에 관한 주장과 같이, '제 국가의 계속된 관행과 법적·필요적 신념'을 전혀 검토하지 않고, 또 누가 논하고 있는가도 명확히 하지 않은 채, "동 조약은 당시 존재하고 있었던 관습국제법을 나타내는 것이라고 논해지고 있다"는 취지로 서술하고 있다(패러그래프 102)

2. 시제법(intertemporal law)의 이론

(1) 국제법학자 이안 브라운리(Ian Brownlie)가 그의 저서 『국제법학(Principles of public international law)』에서 쓰고 있는 대로, "어떤 의미에서 법은 역사이다". 즉, 법은 역사를 반영하고 또 역사와 함께 변화하는 것이다. 그런 의미에서 "사회가 있는 곳에 법이 있다(ubi societas ibi jus)"라고도 말해진다. 따라서 역사의 일 시점에서의 일정한 행위 또는 사실에 대해서 법적인 평가를 하는 경우에는 그 시점에 있어서 유효한 법(contemporary law)에 기초하여 평가할 필요가 있다.

(2) 국제법에 있어서도 법의 주체인 국가가 오랜 생명을 갖기 때문에 세월이 경과하는 사이에 법규 내용이 변화하고, 법의 변화 전에 발생하였던 행위 또는 사실에 대하여, 그것이 과거와 현재 어느 법에 의해 지배되어야 하는가가 문제가 되는 일이 많다. 이러한 법의 시간적 저촉을 해결하기 위한 규칙이 일반적으로 시제법이라고 불리는 이론인데, 시제법에서는 "구법 시대에 발생한 사실은 신법에 의해 영향을 받지 않는다"는 것이 일반원칙이다. 따라서, 예를 들면, 권리의 취득에 대해서는, 취득했다고 주장하는 당시에 유효했던 국제법에 기초하여 판단되는 것이고, 현행법규의 소급적인 적용은 당사국 간의 합의가 없는 한은 인정되지 않는다.

이러한 사고방식은 뒤에서 서술하는 대로 조약법에 관한 비엔나조약 제28조에서 명확히 나타나 있다. 신법의 소급적용을 인정하는 것에 의해 이미 성립해 있는 권리를 부정하고, 또는 당시 성립해있지 않았던 권리를 당시에 인정되고 있었던 것이라고 보는 것은 법적 안정을 해치기 때문이다. 구체적으로는, 예를 들면, 국제분쟁 해결의 수단으로서 전쟁이 인정되고 있었던 시대에는 정복은 유효한 영역취득의 권원으로 인정되고 있었다. 하지만 오늘날에는 무력의 행사가 금지되고 있으므로 유효한 권원이라고는 말할 수 없다. 그런데도 오늘날의 국제법을 적용하여 "일찍이 정복에 의해 취득된 영역은 모두 국제위법행위에 의해 취득되었던 것이고 반환되어야 할 것이다"고 하는 논의를 전개한다면, 그것은 현재의 국가영역질서를 전면적으로 수정하는 결과를 초래하는 것이 될 것이다.

또 인권침해를 당한 피해자 또는 유족이 가해 국가에 대해 보상 청구를 할 수 있게 하는 법의 소급적용을 인정하는 논의(패러그래프 122. 게다가 특별보고자는 그러한 보상청구권은 시효에 관계없다는 취지의 주장도 하고 있다. 패러그래프 124)는 무릇 과거의 전쟁에 의해 인권침해를 당한 피해자 또는 그 유족은 모두 가해 국가에 대해서 보상 청구를 하는 것이 가능하다는 결론을 초래하게 되는데, 현재의 국제관계를 근본적으로 혼란시킨다는 것은 말할 필요도 없는 것이며, 또 다수의 국가가 그러한 사태를 불러올 수 있는 규범이 국제법으로 확립되어 있다고 동의 내지, 이를 허용한다는 생각은 근본적으로 무리가 있는 것이다.

(3) 더구나, 시제법의 이론은 국제법상 확립되어 있다. 예를 들면, 국제법학자 제럴드 피츠모리스(Sir Gerald Gray Fitzmaurice)는 『영국국제법연감(British Year Book of International Law)』(1953년)에서 "문제가 되고 있는 사태의 평가 및 조약의 해석은 오늘날 존재하고 있는 것이 아니라, 당시에 존재하였던 국제법의 규칙에 비추어 이루어져야 한다는 것은 이제는 국제법의 확립된 원칙으로 간주할 수 있다"고 쓰고 있다. 특별보고자가 인용하는 국제법률가위원회의 보고서에서도 권위가 있다고 인용되고 있는 라사 오펜하임(Lassa Francis Lawrence Oppenheim)에게 있어서도 "법적 사실은 당해 사실이 일어난 시대의 법에 비추어 평가되어야 한다는 일반원칙"의 존재가 명시되어 있다.

(4) 또 그러한 일반원칙은 국제법상의 하나의 법원(法源)인 조약에 대해서도 당연히 들어맞는 것이며, 조약법에 관한 비엔나조약 제28조는 "조약은 다른 특별한 의도가 조약 자체로부터 명백한 경우 및 의도가 다른 방법으로 확립되어 있는 경우를 제외하는 한, 당사국에 대하여 조약의 효력이 시점 이전에 행해진 행위, 같은 시점 이전에 발생한 사실, 또는 같은 시점 이전에 소멸한 사태에 관해, 당해 당사국을 구속하지 않는다"라고 규정하고, 이전부터 관습국제법으로서 확립해 있었던 조약의 불소급의 원칙을 확인하고 있다.

게다가 동 조에 관해서는 UN국제법위원회가 작성한 주석서에는 이하와 같이 서술되어 있다.

> "적당하다고 생각된다면, 조약 또는 조약 규정의 어느 것에 당사국이 소급효력을 부여하는 것을 방해할 어떤 자도 존재하지 않는다. 그것은 본질적으로 당사국의 의사의 문제이다. 그러나 일반원칙은 만약 그러한 의사가 조약 속에 명시되어 있든가 또는 조약의 문언으로부터 명확하게 묵시적으로 나타나 있든가 하지 않는 한, 조약이 소급 효력을 가지도록 의도하고 있다고는 간주해서는 안 되는 것이다. 이 원칙은 '암바티엘로스 사건(Ambatielos case, 1951년, **편집자주** : 선결적 항변과 관련된 사건으로, 영국 정부와 그리스 조선업자 간에 발생한 선박 건조 및 매매 거래에 관한 분쟁을 영국이 1886년 체결한 영국-그리스 통상항해조약상의 중재 절차에 회부할 의무가 있는지 여부가 쟁점이 된 사건)'에서 국제사법재판소에 의해 승인되고 적용되었다. 이 사건에서 그리스 정부는 1926년의 조약에 기초하여 1922년과 1923년에 일어난 것으로 파악된 행위에 기초를 둔 청구를 제출할 권리가 있다고 주장했다. 그 주장이 조약은 소급 효력을 갖지 않는다는 일반원칙에 반하는 것이라는 것을 인정하고, 그리스 정부는 1922년과 1923년에 있어서는 1926년 조약과 유사한 규정을 포함하는 1886년의 조약이 당사국 사이에서 유효했다고 논함으로써 자신의 주장을 특별한 경우로 정당화하려고 했다. 이 논의는 재판소에 의해서 각하되었는데, 재판소는 다음과 같이 말했다. '이 설을 받아들이는 것은 1926년 조약 제29조에 소급 효력을 부여하는 것을 의미한다. 그러나 이 조약의 제32조는 본 조약, 즉 본 조약 전체의 규정은 비준과 동시에 바로 효력을 가지는 것으로 규정하고 있다. 만약 소급적 해석을 필요로 하는 무언가의 특별 규정 또는 무언가의 특별 목적이 있었다면, 그러한 결론은 반박되었을 것이다. 본

사건에서는 그러한 규정도 목적도 존재하지 않는다. 그러므로 그 규정 중 어떤 것이 조약체결 전에 효력을 가지고 있었다고 간주해야 된다고 생각하는 것은 불가능하다.'"

또 위의 주석서는, 위에 쓴 것과 관련하여, 특히 인권관련 조약과의 관계에 대해서도 언급하고 있는데, "인권 및 기본적 자유의 보호를 위한 유럽조약 하에서, 많은 경우에 유럽인권위원회는 동 조약이 당해국에 대해서 발효하기 이전에 일어났다고 주장되는 인권침해에 대한 불만을 수리할 권리를 갖지 않는다"고 명언하고 있다.

(5) 또 조약이나 관습국제법에 기초한 일정한 규범이 이미 확립하여 있는 경우에도, 그 구체적 대상 사항과 권리 등의 실현을 위한 절차가 시대와 함께 변화하고, 정치(精緻)해져 가는 경우도 있다. 이러한 경향은 특히 인권·인도와 관련 조약에 많고, 전쟁에서의 비참한 경험 등을 근거로 하여, 서서히 대상 사항이 구체화되고, 또 권리 등의 실현을 위한 절차가 정비되어 정치화하여 가는 것이다. 예를 들면, 뒤에 상술하는데, 매춘부 매매의 규제에 관한 일련의 조약은 대상 사항 정치화의 전형적이고 구체적인 예가 된다.

1904년의 '매춘을 시키기 위한 매춘부 매매의 단속에 관한 국제협정'은 외국에서의 매춘업을 목적으로 하는 부녀매매에 관해 관계국 간에 정보를 교환하는 등의 문제에 대해 규정하는 것에 그치고 있었는데, 1910년의 '매춘을 시키기 위한 부녀매매의 금지에 관한 국제조약' 및 1921년의 '부인과 아동의 매매금지에 관한 국제협약'에서는 매춘업을 목적으로 부녀를 유인하는 자 등의 처벌에 대해 규정하였다. 또 1950년의 인신매매와 타인의 매춘으로부터의 착취의 금지에 관한 조약에서는 매춘숙의 경영과 매춘을 위한 장소의 제공도 처벌의 대상으로 하게 되면서, 서서히 그 내용이 정치화되고 있었던 점에 주목할 필요가 있다(그렇다고는 하지만 이 경우에도 어느 쪽이든 개인의 권리를 실현하기 위한 절차에 대한 규정은 하등 정비되어 있지 않았다).

그러나 이 경우에도 그러한 실체법의 문제에 대해서는 상술한 시제법의 이론이 타당하다. 즉 특별보고자는 본 건 부속문서1 "IX. 권고"에서 일본제국 육군에 의해 설치된 위안소 제도가 국제법상의 의무위반이라고 주장하고 있지만, 본래 이것이 매춘을 목적으로 하는 것인가 아닌가 하는 논의는 차치하고라도, 매춘부 매매의 규제에 관한 일련의 조약과의 관계에 있어서 매춘숙의 경영과 매춘을 위한 장소의 제공을 처벌 대상으로 한 것은 어디까지나 1950년의 조약이 처음이므로, 1950년의 조약에 의해 창설된 규범이 1904년, 1910년 및 1921년의 조약 작성 시점에서도 유효했다고 하는 소급효과를 인정한 것에는 여전히 무리가 있는 것이다.

또한 적용하려고 하는 행위가 행해진 시점에 있어서의 당해 규범의 내용을 하나하나 점검할 필요가 있다. 또 이점에 관해서는 전술한 라사 오펜하임의 『국제법(International Law)』에서도, 앞서 서술한 시제법의 일반원칙에 대해 다루면서, "조약의 문언은 일반적으로 당해조약이 체결된 시점에서의 의미를 기초로, 또 당시의 상황을 근거로 하여 해석되어야 한다"고 하고 있다.

또 앞서 서술한 조약법에 관한 비엔나조약 제28조와 관련하여, UN 국제법위원회의 주석서에서 인용되고 있는 '암바티엘로스 사건'에서의 국제사법재판소의 판결도 그러한 원칙을 확인한 것이다.

일반적으로 조약의 작성 시점에서 소정의 규정에 비추어 합법으로 된 당사국의 행위가 시대의 변천과 함께 동 규정의 내용이 정치화된 후에 위법이 되는 것은 법적 안정을 현저하게 손상시키는 것이라는 점은 말할 나위도 없다.

(6) 구체적으로는, 특별보고자는 그 주장의 일환으로서 1949년의 제네바조약 등과 같은 전후(戰後)의 제법(諸法)을 근거로 전전(戰前) 및 전중(戰中)의 행위가 위법이었다는 주장을 전개하고, 우리나라의 국가책임으로 결론내리고 있고(패러그래프 96 및 97), 또 앞서 서술한 대로 매춘부 판매의 규제에 관한 일련의 조약을 거론한다든가(패러그래프 102), 또 헤이그육전규칙 제46조의 "가(家)의 명에 및 권리"에 대해서도 여성이 굴욕적인 강간을 당하지 않을 권리가 이미 그 내용으로 포함되어 있다고 단정하고(패러그래프 101), 이 권리에 기초하여 개인으로서의 보상청구권까지 인정된다고 주장하고 있다. 그러나 그러한 주장이 위에서 서술한 시제법의 이론에 비추어 부당하다는 사실은 뒤에 상술하는 대로이다.

II. 특별보고자 보고서 부속문서1의 개별의 법적 논점에 대한 구체적인 코멘트

상기 I.에서 정리한 국제법의 기초지식을 전제로, 이하에서는 특별보고자의 보고서 부속문서1에 포함된 개별적인 법적 논점에 대하여 코멘트한다.

1. "I. 정의"에 대하여

(1) 특별보고자의 주장

일본국 정부는 1926년의 노예조약 제1조에 규정된 '노예제도'의 정의("소유권에 수반하는 어떤, 또는 모든 권력이 행사당하고 있는 이의 지위 또는 신분")를 '종군위안부'의 케이스에 적용하는 것은 국제법상 정확하지 않다고 주장하고 있지만, 특별보고자는 차별소위원회, 노예제작업부회 등 인권 관련의 UN 포럼에서 이루어진 논의와 '종군위안부'라는 용어는 피해자의 고통을 반영하는 것이 아니라는 점을 이유로 '군성노예(military sexual slave)'라는 용어가 정확하고 그리고 적당하다고 주장한다.

(2) 코멘트

(가) 최근 인권 관련의 UN 포럼에서 특별보고자가 지적하는 것과 같은 노예 관련의 논의가 이루어지고 있는 것은 사실이지만, 이는 노예제도의 현대적 형태에 대해 논의를 하는 중에 '종군위안부'에 대해서도 언급하고, 이를 "노예제도와 유사한 대우"라고 했지만, 당시의 국제법상 이른바 '종군위안부' 제도가 '노예제도'였다고 주장 또는 증명하는 것은 전혀 아니다. 또 앞에서 시제법의 이론으로서 서술한 대로 "문제가 된 사태의 평가… 는 오늘날 존재하는 것이 아니라 당시 존재한 국제법의 규칙에 비추어 행하지 않으면 안 되는 것"이므로, '노예제도'에 관계되는 현재의 논의를 근거로 하여 당시의 이른바 '종군위안부' 제도를 '노예제도'로 정의하는 것은 법적 논의로서 성립하지 않는다.

(나) 게다가, 당시에는 국제법상 노예조약 제1조 1에 규정된 '노예제도'의 정의가 일반적으로 받아들여졌고, '막스플랑크 연구소(Max Planck Institute)'의 『국제공법사전(国際公法辞典, Max Planck Encyclopedia of Public International Law)』도 "1929년의 노예조약의 체결이래, 국제법에서 사용되는 '노예제도'라는 용어는 '소유권에 수반하는 어떤, 또는 모든 권력이 행사당하고 있는 이의 지위 또는 신분'으로 정의되어 왔다(제1조 1.)." 그러나 '종군위안부'에 대해서는, 1993년 8월에 발표하고 UN 인권소위원회 제45회기에 제출한 우리나라의 조사 결과에 의하면, 그러한 "지위 또는 신분"은 확인되지 않고 있는 바, 소위 '종군위안부' 제도가 국제법상의 '노예제도'에 해당된다고 단언하는 것은 곤란하다.

(다) 이상과 같이, 이른바 '종군위안부' 제도를 '노예제도'로 정의하는 것은 법적 관점에서는 지극히 부적당하므로, 쓸데없는 법적 임플리케이션(함의)을 상기시키는 '노예제도'라는 용어를 특별히 사용하는 것은 적당하지 않다.

(라) 덧붙여서, 소위 '종군위안부' 제도가 '노예제도'에 해당한다고 가정하더라도, 또 당시의 국제법상 '노예제도'의 정의가 확립해 있었다고 해도, 일반적으로 '노예제도'의 금지가 관습법상 확립되어 있었다고까지 말하는 것은 불가능하다. 예를 들면, 특별보고자가 인용하는 국제법률가위원회 보고서가 권위있는 것으로 인용하고 있는 라사 오펜하임의 전후(1955년)에 발간된 『국제법(International Law)』 제8판에서조차도 "인간이 같은 인간에게 과하여 온 2개의 큰 재앙인 '노예제도' 및 '노예거래'를 관습국제법이 금지하고 있다고 말하기는 곤란하다"고 명확히 말하고 있다.

(마) 또, 1926년의 노예조약 자체에 대해서는, 우리나라는 그 체약국이 아니다. 또 본래부터 그

규정 내용은 "모든 형태의 노예제도의 완전한 폐지를 점진적이며 또한 가능한 한 신속히 실현"하기 위한 "조치를 취하도록 약속"하는(제2조) 것이고, '노예제도'의 폐지 그 자체를 의무로 부과한 것은 아니므로, 동 조약 체약국에서의 '노예제도'의 존재가 바로 해당국의 조약위반을 구성하는 것은 아니라고 생각한다.

2. "VII. 일본국 정부의 입장(법적 책임)"에 대하여

(1) 국제위법 행위의 유무

(가) 특별보고자의 주장

(a) 일본국 정부는 법적의무를 인식하고 있지 않지만, 일본국 정부는 본 건에 관해 법적 및 도의적 책임이 있다. 즉, 일본국 정부는 1949년의 제네바 제 조약 및 기타의 국제 약속은 제2차 세계대전 중에는 존재하지 않았고, 따라서 국제인도법 위반에 대해서는 책임이 없다고 논하고 있는데, 구 유고 국제형사재판소의 설립에 관한 UN사무총장의 보고나 UN국제법위원회(ILC)의 보고에서 동 조약은 관습국제법이라고 되어 있다.

(b) 또 1929년의 포로에 관한 제네바조약 제3조는 부인(여자)은 여성에 대한 일체의 참작을 하여 대우받아야 한다고 규정하고, 국제군사재판소(IMT) 조례와 도쿄재판소 조례는 전전 및 전중에서의 문민(文民)의 노예화와 그에 대한 비인도적 취급을 인도에 대한 죄라고 하고 있다.

(c) 1949년의 제네바 제 조약이 당시에는 적용되지 않고, 또 1929년의 제네바조약은 체약국이 아닌 일본에는 적용되지 않는다고 해도, 일본은 1907년의 헤이그육전조약 및 동 부속규칙의 당사국이다. 동 조약에는 총가입조항이 있는데, 동 부속규칙의 규정은 당시 관습국제법으로 확립되어 있었던 것이고, 동 규칙 제46조의 '가(家)의 명예와 권리'에는 여성이 굴욕적인 강간을 당하지 않을 권리가 포함되어 있었다.

(d) 또 일본은 1904년, 매춘업을 시키기 위한 부녀매매를 단속하기 위한 부녀매매 금지에 관한 국제조약과 1921년, 부인과 아동의 매매금지에 관한 국제조약의 체약국이다. 1921년 조약에 관해서는 일본은 조선을 적용의 예외로 선언하는 권리를 행사했는데, 이는 조선출신 이외의 '종군위안부'와 관련해서는 일본의 조약위반을 추궁할 수 있음을 의미할 것이다. 또 국제법률가위원회는 조선출신의 '종군위안부'가 조선반도로부터 일본 본토로 입성하면 동 조약이 적용된다고 하였다. 또

1921년 조약은 당시 관습국제법으로 확립되어 있었다.

(나) 코멘트

(a) 특별보고자는 국제인권법 분야에서 몇 개의 조약을 들어, 우리나라의 국제법 위반을 논하고 있는데, 먼저 특별보고자가 본 건 행위에 관한 법규범으로 들고 있는 '국제인도법(国際人道法)'의 존부에 대해서 검토한다.

(i) 먼저 시제법의 이론에 관하여 앞에서 서술한 대로, 현재 관습국제법으로 되어 있는 국제인도법의 내용이, 지금 관습국제법이므로 본 건 행위가 이루어진 과거의 시점에서도 당연히 관습국제법이었다고 하는 것은 가능하지 않다. 또 위 국제인도법이 본 건 행위에 적용된다고 주장할 수 있기 위해서는 이 국제인도법이 당시에 관습국제법이었던 것을 '제 국가의 계속된 관행과 법적·필요적 신념'이라는 관점에서 논증할 필요가 있다.

또 특별보고자는 구 유고 국제형사재판소의 설립에 관한 보고서에서 UN사무총장이 "죄형법정주의의 원칙의 적용은 국제재판소가, 어떠한 의심 없이 관습법의 일부로 되어 있는, 국제인도법의 규칙 적용을 요청한다고 생각한다"고 말하고, "의심 없이 관습법의 일부로 되어있는 관습적인 국제인권법"이라고 하여, 1949년의 제네바 제 조약, 1907년의 헤이그육전법규, 1948년의 집단살해죄의 방지 및 처벌에 관한 조약 및 1945년의 국제군사재판소 조례가 거론되고 있는 것으로부터, 바로 이들 조약이 2차 세계대전 전전 및 전중에 관습국제법으로서 확립되어 있었던 것 같이 주장한다.

하지만, 수년 전에 발표된 본 건 보고서의 취지는 구 유고 국제형사재판소에서의 적용법규로서 이들 조약이 오늘날에 관습국제법으로 확립되어 있다는 것을 서술하는 것이 취지이고, 이들 조약이 제2차 세계대전 전전 및 전중에 있어서도 관습국제법으로 확립되어 있었다는 것은 하등 서술하지 않고 있는 바이다.

또 특별보고자는 1994년의 UN 국제법위원회(ILC) 제46회기 보고서에서 1949년의 제네바 제 조약의 중대한 위반이 관습국제법 하의 전쟁범죄와 중복되는 부분이 있다고 하는 것을 그것이 중요하다며 거론하고 있다. 하지만 이것도, 지금부터 작성되어야 할 국가책임에 관한 조약안(条約案)을 기초(起草)하는 작업과정에서 그러한 논의가 이루어졌다는 것일 뿐이다.

또, 특별보고자는 제네바 제 조약의 중대한 위반에 해당하는 것이 현재의 관습국제법의 지배를 받는다는 취지로 말하였지만, UN 국제법위원회(ILC) 제46회기 보고서에서는 그것들이 전전 및 전중에도 관습국제법 하의 전쟁범죄로 확립되어 있다고는 전혀 말하고 있지 않다.

(ii) 또 우리나라로서는 본건 행위가 행해질 당시에, 문민의 보호에 관한 1949년 '제네바조약',

'집단살해죄의 방지 및 처벌에 관한 조약' 및 '국제군사재판소 조례'의 내용이 관습국제법으로서 확립해 있었는가 아닌가에 대해서는 논의가 있고, 당시 관습국제법으로서 인정되고 있었다고 말할 수는 없다고 인식하고 있다.

예를 들면, 문민의 보호에 관한 1949년 제네바조약의 주석서에 의하면, "이 조약은 … 과거에 심하게 결여되어 있던 문민의 보호를 마침내 실현하는 신규의 것"이고, 동 조약의 발효일은 "동 조약이 국제법의 불가분한 일부가 되는 날"이라고 하고, 또 동 조약의 기초 경위에 대해 "많은 문민이 희생되었던 제2차 세계대전 시기의 비극적인 사건에 의해 (문민의 보호라는) 지극히 중요한 문제가 특별한 규칙에 의해서만 비로소 해결될 수 있다는 것이 명백해졌다. 또 준비작업에 참가한 사람들은 그와 같은 문서를 염두에 두고 있었다"고 말하고 있다.

또, 『뉘른베르크 재판과 국제법(The Nuremberg Trial and International Law)』에서 레셰토프(Iu. A. Reshetov)는 "제2차 세계대전 후, 국제사회는 국내법만 아니라, 국제법에서도 인권의 보호와 존중을 위한 의무적 규범이 확립되었고, 제노사이드나 아파르트헤이트라는 범죄 및 기타의 유사한 관행이 결정적인 방법에 의해 금지되어야 한다는 입장에 착실히 가까워지고 있었다. 따라서 인권을 존중, 보장하는 분야의 국제법 문서에 더하여 인도에 대한 범죄의 금지 및 방지에 관한 구체적인 규범을 포함하는 많은 국제협정이 작성되게 되었다"고 그 취지를 명확히 말하였다.

(iii) 게다가, 당시의 전시국제법상, 본 건 행위가 자국민에 대해서 행해진 경우에 대해서도, 우리나라가 배상의무를 진다거나 우리나라 군대의 구성원이 전쟁범죄를 이유로 처벌받는다는 것은 불가능하다.

(iv) 다른 한편, 본 건 행위가 적국 국민에 대해 행해진 경우에 대해서는 라사 오펜하임의 『국제법』에서도, 당시의 국제법상 평화조약은 전쟁의 최종적인 해결로서 생각되었고, 동 조약에서 별개로 명시적인 규정을 두지 않는 한, 특별사면 조항의 유무에 관계없이 전체 평화조약의 효과로 인해 교전 당사자 군대의 구성원 등에 의해 그 체결 전에 행해진 전쟁범죄가 체결 후에 처벌되는 일은 없고, 이러한 전쟁범죄를 범하여 체포된 개인은 해방되어야 한다고 되어 있다. 또 본 건 행위에 관한 것을 포함하여, 우리나라는 제2차 세계대전에 관계되는 배상 및 청구권의 문제에 대해서는 샌프란시스코 평화조약 및 기타 양국 간의 조약 등에 따라 성실히 대응해 오고 있다.

(v) 더구나 특별보고자가 "범죄"라는 개념을 언급하고 있는 부분에 대해서는, 마치 우리나라에 의해 국제법상의 "범죄"가 행해졌던 것 같은 오해를 줄 염려가 있는 것이라고 생각되지만, 국가에 의한 "범죄"라는 개념이 당시는 말할 것도 없고 현재에도 국제법상 확립해 있지 않다는 점은 정확히 지금 현재, UN 국제법위원회에서 위에 대한 논의가 이루어지고 있고, 아직 조약 초안이 정리되어

있지 않다는 것으로부터도 명백하다.

(b) 이상에 의해 우리나라가 현재, 본 건 행위에 관계되는 처벌·배상을 할 법적 의무를 아무것도 지고 있지 않음이 명백하다. 또한 본 건 행위가 당시의 국제인도법에 비추어 위법이었는가 아닌가에 대해 검토하면 이하와 같다.

(i) 특별보고자는 본 건 행위가 포로에 관한 1929년 제네바조약의 제3조에 위반한다는 주장을 하고 있지만, 본래 동 조약에 대해서는 특별보고자가 시사한 대로 우리나라는 그 체약국이 아니었다.

(ii) 헤이그육전규칙 제46조의 '가(家)의 명예 및 권리'에 대해서는, 문민의 보호에 관한 1949년 제네바조약의 주석서에 의하면, "1907년의 헤이그 제4조약 부속규칙은 문민에게 적용되는 조항을 포함하고 있는데, 문민의 보호는 적국군에 의한 국가 영역의 점령과의 관련에서만 고려된다"고 하였다. 또 '가(家)의 명예 및 권리'가 강간으로부터 보호되는 여성의 권리를 포함하는 것이었다는 특별보고자의 주장과의 관련에서는, 동 주석서는 "규칙은 점령자가 법 및 질서를 유지해야 한다는 원칙적 선언 및 가(家)의 권리, 인명 및 사유재산의 존중 의무라는 몇 가지 기본적 요소에 대해 규정함에 그치고 있다"고 말하였고, 실제 동 규정은 어디까지나 각국의 국내법(육군 군대에 대한 훈령)으로서 받아들여져야 할 일반적인 원칙을 정한 것에 지나지 않는다.

(c) 특별보고자는 매춘부 매매의 규제에 관한 일련의 조약을 인용하고 있는데 이들 조약의 본래의 취지나 목적은, 각 조약 전문에 명시되어 있는 바와 같이, 당시 이른바 'Traited des Blanches'(매춘부 거래)라고 불리고 있던 매춘업을 위한 부녀매매가 횡행하고 있었던 상황을 배경으로 하여, 이러한 부녀매매에 대한 규제 조치를 정하는 것이었다. 따라서 이들 조약이 소위 '종군위안부' 문제에 적용되는가에 대해서는 신중히 검토할 필요가 있다.

가령, 이들 조약이 이른바 '종군위안부' 문제에 적용된다고 하는 경우에도, 우선 1904년의 매춘업을 위한 부녀자매매 단속에 관한 국제협정은 외국에서의 매춘업을 목적으로 하는 부녀매매에 관한 관계국 간의 정보교환, 매춘부에 관한 조치 등을 규정하는 것이며, 부녀자 매매의 금지 자체를 규정하는 것은 아니다. 또 1901년의 '매춘업을 위한 부녀자 매매 금지에 관한 국제조약'과 1921년의 '부인과 아동의 매매금지에 관한 국제조약'에 대해서는 타인의 정욕을 만족시키기 위해 매춘업을 목적으로 하여 미성년의 부녀를 유인하는 등의 행위를 한 자를 처벌하는 데 대해 규정하고 있지만, 처벌을 위해 필요한 조치는 사실상 체약국에 맡겨진 형태가 되어 있고, 우리나라로서는 당시의 국내법상 가능한 범위 내에서 필요한 조치는 담보하고 있었다.

또 매춘부매매의 규제에 관한 일련의 조약은 I. 2, (5)에서 서술한 바 있는 규범의 구체적 내용이 시간과 함께 정치화(精緻化)하여 가는 일례이기도 하다. 즉, 당초는 정보교환 등에 대해 규정함에 멈추고 있었던 것이, 매춘업 목적의 부녀유인자 등의 처벌을 거쳐, 1950년의 인신매매 및 타인의 매춘으로부터의 착취의 금지에 관한 조약에서는 더욱 정치화하여, 매춘숙의 경영이나 매춘을 위한 장소의 제공도 처벌의 대상이 되기에 이른다. 또 특별보고자는 본 건 보고서 부속문서1의 IX '권고'에서 일본제국 육군에 의해 설치된 위안소 제도가 국제법상의 의무위반이라고 주장하지만, 본래 그것이 매춘을 목적으로 하는 것인가 아닌가의 논의는 차치한다고 해도, 매춘부매매의 규제에 관한 일련의 조약과의 관계에서 볼 때, 매춘숙의 경영과 매춘을 위한 장소의 제공을 처벌의 대상으로 한 것은 어디까지나 1950년 조약이 처음이고, 이러한 규범내용이 마치 1904년 조약 당시부터 존재하고 있었던 것처럼 주장하는 것이 부당하다는 사실은 I. 2, (5)에서 시제법의 이론에 대해 말한 그대로이다.

특별보고자는 1921년 조약에 관해서 일본이 조선의 적용제외를 선언할 수 있는 권리를 행사했다고 하고, 이는 조선출신 이외의 '종군위안부'는 일본의 조약위반을 추궁할 수 있다는 주장을 전개한다. 그러나 이 주장에 대해서는 본래 개인의 청구권에 관계되는 문제가 있으므로 후술한다.

(2) 샌프란시스코 평화조약 등에 의한 처리

(가) 특별보고자의 주장

일본 정부는 설사 국제법 위반이 있었다고 해도 그에 관계된 책임은 샌프란시스코 평화조약 등에 의해 처리되었고, 배상 및 청구권에 관계된 전체적인 문제는 이들의 조약 등, 당사국과의 관계에서 해결이 끝난 것이라는 취지로 주장한다. 그러나 국제법률가위원회의 보고서가 지적하는 것과 같이, 이들의 조약 등의 의도는 개인의 손해에 관계되는 청구권을 포함하는 것이 아니었으며, 교섭과정에서도 '종군위안부' 문제는 논의되지 않았다. 따라서 국제인도법 위반의 결과에 대한 일본 정부의 법적 책임은 남아 있다.

(나) 코멘트

(a) 막스플랑크 연구소(Max Planck Institute)의 『국제공법사전』에 의하면, 본래 전쟁배상은 정복자에 대해 패자가 물물(物物)을 바치는 고대의 관습에서 유래하였고, 18세기말 경에는 전쟁의 종결 후에 전승국이 패전국으로부터 배상(indemnity)을 취하는 것이 일반적으로 되었는데, 그 배경에 있는 것은 전승국은 패전국으로부터 전비를 회수할 권리를 가진다는 전비보상의 개념이고, 전시 법규위반에 기인하는 국가책임의 추궁이라는 사고방식은 당시의 배상청구의 근거로는 명확히 되어 있지 않았다.

제1차 세계대전은 그때까지의 전쟁과는 달리 총력전이 되었고, 그 결과, 일반국민도 손해를 입었다. 이러한 맥락에서 베르사유 조약 등의 평화조약에서는 '배상'에 해당하는 용어가 indemnity로부터 reparation으로 치환되고, 그 의미도 전비보상이 아니라, 전시 법규위반이라는 행위를 포함하여 패전국의 무력공격에 의해 전승국과 그 국민이 입은 일체의 손해에 대해서 책임이 있는 패전국이 지불하는 것으로 이해되었다.

베르사유 조약에서는 그 부속문서의 하나로 배상의 대상이 되는 종목을 열거하고 있는데, 그 속에는 패전국의 공격과 학대행위 등에 의한 '보통인민'의 손해가 포함되어 있다. 또 제2차 세계대전에 관계되는 배상문제의 처리에서는 패전국의 군사행동에 기초한 손해는 모두 배상하는 것이 원칙이 되고, 샌프란시스코 평화조약 14조도 "일본국은 전쟁 중에 발생시킨 손해 및 고통에 대해 연합국에 배상을 지불해야하는 것이 승인된다"고 규정되어 있다.

(b) 다른 한편, 배상액의 산정에 대해서는 이론적으로는 개인의 손해에 대해 그것을 개별적으로 검토하여 이를 합산하여 변제하는 방식(이른바 쌓아 올리는 방식 accumulation method)이 있는데, 실제 문제는 이러한 개별적 손해의 법적 근거와 사실관계의 입증이 지극히 곤란한 것이 많다는 것으로, 이러한 개별 손해의 쌓아 올리기가 아니라, <u>일반적으로 전승국과 패전국의 사이의 합의에 의해 일정액을 배상액으로 결정하고, 이에 의해 배상의 문제를 최종적으로 처리하는 방식(이른바 lump-sum 방식, 총액방식)이 취해진다. 우리나라에 의한 배상의 처리에 있어서도 이러한 방식이 취해졌고, 그에 의해 개인의 손해도 포함하여 국가 간에 있어서 배상의 문제를 최종적으로 처리한 것이다.</u>

게다가 우리나라가 관계국과의 사이에서 체결한 배상협정 등에 기초하여 지불한 배상 및 무상공여를 모두 합계하면 엔으로 환산하여 4,868억 2,000만 엔(1달러를 360엔의 환산비율로 계산하면 약 13.5억 미국 달러에 해당)이 된다.

(c) 전술한 배상문제 등을 해결한 뒤, 전승국과 패전국 사이에서는 국교수립(회복) 후 새로운 관계를 구축하기 위해 그때까지의 법적인 관계를 완전히 청산하는 작업이 이루어진다. 일반적으로 평화조약에서는 패전국이 일방적으로 배상·보상청구권을 포기하게 되는데, 승전국도 무제한적인 청구권이 가능한 것이 아니고, 전쟁의 파괴에 의해 패전국의 경제력에도 큰 한계가 있기 때문에, 제1차 세계대전 이래, 전승국의 청구권에도 현실적인 제약이 가해지게 되었다.

베르사유 조약에서는 독일의 자원이 승전국의 손실 및 손해의 전부를 완전히 배상을 하기는 충분하지 않다는 것을 인정하고, 보통인민의 신체 및 재산에 대한 손해의 보상으로 배상을 한정하였다(제232조). 제2차 세계대전 후의 이탈리아 평화조약에서는 이탈리아에 의한 청구권의 포기(제76조)를 규정함과 함께, 공장설비의 철거, 재외 이탈리아 자산의 처분, 생산물의 인도 등에 의한 이탈리아의 배상의무(제74조, 제79조)를 열거하였다. 그 뒤에는, 동맹 및 연합국은 자국에 주어진 이러한 권리가 "동맹 및 연합국의 영역의 점령을 위해 취해진 조치를 포함하는 전쟁행위에 기인한, 이탈리아로 귀속시킬 수 있고 또 이탈리아의 영역 외에서 발생한 손실 또는 손해에 대해 자국의 청구권 및 자국민의 청구권의 일체를 완전히 커버하는 것"임을 규정하였다(제80조).

<u>이리에 케이시로(入江啓四郎)의 『일본강화조약의 연구(日本講和條約の研究)』에 의하면, 이 규정은 "완전한 보상조항 (completed-compensation delclaration)" 또는 "완전한 보상 선언 (completed-compensation article)"으로 불리고, 다른 곳에 보상하지 않은 청구권이 있어도 더 이상 추궁하지 않는다는 의미가 있고, 실질적으로는 청구권의 포기에 다름 아니었다.</u>

(d) 샌프란시스코 평화조약에서는 "일본국은 전쟁으로부터 발생하거나 전쟁상태가 존재했기 때문에 취해진 행동으로부터 발생한 연합국 및 그 국민에 대한 일본국 및 그 국민의 전체의 청구권을 포기"(제19조)한다고 규정하고, 일본 측의 전쟁청구권의 포기를 명시함과 함께, "이 조약에서 따로 정하는 경우를 제외하고, 연합국은, 연합국 전체의 배상청구권과 전쟁의 수행 중에 일본국 및 그 국민이 취한 행동으로부터 발생한 연합국과 그 국민의 다른 청구권"을 포기한다고 규정하고(제14조(b)), 제14조부터 제16조에서 규정하는 역무배상(service reparation)과 재외 일본자산의 인도 의무의 이행에 의해 연합국 측의 기타의 일체의 청구권이 만족된 것으로 간주한다는 의미의 "완전한 보상조항"이 규정되었다.

일본의 청구권 포기 규정에 더해 연합국이 청구권을 포기한다는 이러한 형태의 규정이 제2차 세계대전의 전후처리에서 일본이 체결한 평화조약 등에 완전히 포함되었다. 반복할 필요도 없이, 이 조약들은 연합국과 일본 사이의 합의에 기초하여 종결되었기 때문에, 보상과 청구권을 최종적으로 그리고 완전하게 해결하는 것은 또한 연합국의 의도이기도 했다.

(e) 다른 한편, 우리나라와 전후 우리나라로부터 분리독립한 나라와의 사이에서도, 앞에 서술한 연합국과의 사이의 관계에서와 마찬가지로, 국교수립 후, 새로운 관계를 구축하기 위해 그때까지의 법적인 관계의 청산이 행해졌다.

구체적으로는 재산 및 청구권의 문제가 처리되었는데, 예를 들면 일본과 한국 간에는 1965년의 '일한 청구권과 경제협력협정' 제2조 1에서 "양 체약국은 양 체약국 및 그 국민(법인을 포함한다)의 재산, 권리, 이익 및 양 체약국 및 그 국민 사이의 청구권에 관한 문제가… 완전히 그리고 최종적으로 해결하는 것으로 된다는 것을 확인한다"고 규정하였고, "완전한 보상 조항"이 덧붙여졌다.

또 일한관계 정상화 교섭에서는 한국 측의 개개의 대일청구항목에 대하여 일본 측은 당초 이른바 "쌓아올리는 방식"에 의한 청구권문제의 해결을 시도했지만, 십 수 년이 경과하였고, 특히 조선동란(한국전쟁)을 거쳐 자료가 산일(散逸)하였다는 점 등에 의해 사실관계를 정확히 입증하는 것이 곤란했던 것 등으로 인해, 한국 측과의 합의 하에 금후 양국 간의 우호관계를 확립한다는 대국적 견지에 서서,

한국의 경제의 발전에 기여하기 위해 무상·유상 합계 5억 달러의 경제협력을 하는 것으로 하였고, 이것과 병행하여 양국 간의 재산, 청구권문제를 완전히 그리고 최종적으로 해결하는 것으로 된 것이다.

게다가 "쌓아올리는 방식"에 의한 해결이 곤란했기 때문에 한국 국민 개인의 청구권에 대해서는 일한 간의 협정에 기초해서는 개인의 청구권에 대한 변제가 행해지지 않았는데, 한국 측에 있어서도 국내법에 의한 수단이 취해졌다고 이해하고 있다.

(f) 이상과 같이 샌프란시스코 평화조약, 일한청구권·경제협력협정 등에 있어서는 다른 데에 상환하지 않은 청구권이 있어도 그를 추궁하지 않는다고 하는 "완전한 보상 조항"이 있었으므로, 샌프란시스코 평화조약 등의 교섭과정에서 '종군위안부' 문제가 구체적으로 논의되지 않았다고 할지라도, 어쨌든 우리나라로서는 샌프란시스코 평화조약 등이 정한 바를 성실히 이행해오고 있고, 제2차 세계대전에 관계되는 일체의 배상, 재산청구권의 문제는 '종군위안부'의 손해 문제를 포함하여 샌프란시스코 평화조약 등 당사국과의 사이에서는 법적으로 해결을 끝낸 것이다. 또 관계국 정책도 이에 대해서는 마찬가지 입장인 것으로 이해하고 있고, 현재 특별보고자의 보고서에서도 한국 정부가 마찬가지 입장이라는 취지로 지적하고 있다.

(3) 개인의 청구권

(가) 특별보고자의 주장

(a) 일본 정부는 조약에 의해 규정되지 않는 한, 개인은 국제법상의 권리·의무의 주체가 될 수 없다고 주장하는데, UN헌장 제1조는 인권과 기본적 자유의 존중을 UN의 목적이라고 하고 있고, 또 세계인권선언 제8조, 자유권규약 제2조 (3) 등은 개인의 국가에 대한 구제청구권에 대해 규정하고 있어서 <u>개인이 종종 국제법의 주체로 되는 것을 증명하고, 또 개인의 효과적인 구체를 청구할 권리가 국제법상의 규범이 되고 있다</u>는 것을 나타내고 있다. 국제법 하에서의 적절한 보상의 권리는 '호르조 공장 사건의 판결'(Case Concerning at the Factory at Chorzow 1928년, **편집자주** : 폴란드가 독일 기업이 소유한 호르조 공장을 몰취한 것이 불법이라는 원 사건의 판결을 이행하기 위한 방안이 쟁점이 된 사건)에서도 인정되고 있고, 또 반 보벤(Van Boven) 보고서는 중대한 인권침해 피해자의 보상청구권을 인정하고 있다.

(b) 또 보상은 직접적인 피해자만이 아니라, 적당한 경우에는 가족, 직접의 피해자와 특별한 관계를 가진 자도 청구할 수 있고, 또한 국가는 개인에 대해서 배상을 할 뿐만 아니라, 피해자들이 집단적으로 청구를 하고 집단적으로 보상을 받도록 조정해야 한다.

(나) 코멘트

(a) 전통적 국제법에 따르면, 국제법은 국가 간의 관계를 규율하는 법이고, 개인은 원칙적으로 국제법상의 권리·의무의 주체가 될 수 없다. 이에 대해서는 예를 들면 라사 오펜하임의 『국제법』에서도 "국제법은 주로 국가 간의 법이므로 그 한에 있어서는 국가가 국제법의 유일한 주체이다"고 한데다가, 이러한 조약에 기초하는 개인의 권리에 대해 다루고, "이러한 조약은 일반적으로 조약 자체에 기초한 개인의 권리에 대해 언급하는데, 이는 일반적으로 각국 국내법 하에서는 권리로 인정되지 않는다. 실제, 이러한 조약은 일반적으로 (국내법상의) 권리를 창설하는 것은 없고, 체약국에 대해 국내법상 그러한 권리를 창설하는 의무를 지우는 것이다. 또 국가가 국제조약에 의해 자국민 이외의 개인의 이익에 대해 규정하는 경우라도 이들 개인은 일반적으로 조약에 기초한 국제적인 권리를 향유하는 것이 아니라, 국가가 국내법에 기초하여 그러한 이익을 자국 내의 개인에 대해서 공여하는 것을 타국에 대해 의무로 부과한다는 것이다"라고 하면서, 조약의 국내적 효력의 문제 및 조약에 기초한 개인의 국제법 주체성의 문제를 정리하고 있다.

즉, 조약에 개인의 권리·의무가 규정되어 있는 경우 중 많은 것은 개인은 조약의 객체로서 국내법을 매개로 하여 권리·의무를 가짐에 지나지 않는 것이다.

(b) 그러나 개인이 결코 국제법의 주체로는 되지 않는다는 것은 아니다. 이안 브라운리도 『국제법학』에서 서술한 바와 같이, "일반적으로, 조약은 개인을 위해 직접적으로 권리·의무를 창설하는 것은 아니다. 그러나 그렇게 하는 것이 당해국의 의사인 경우에는 이 의사에 효력을 부여하는 것이 가능하다"고 했다.

단, 개인이 국제법의 주체로서 인정되기 위해서는 타바타 시게지로(田畑茂二郎)가 『국제법신강(国際法新講)』에서 서술하고 있는 바와 같이, 조약에 개인의 권리·의무가 규정되고, 또 개인이 모국의 외교적 보호권을 개재(介在)시키지 않고 직접 자기의 권리를 주장, 실현한다든가, 개인의 의무위반이 직접 추궁된다든가 하는 국제법상의 절차가 보장되지 않으면 안 된다.

또 알프레드 페어드로스(Alfred Verdross)와 브루노 지마(Bruno Simma)도 국제법의 주체로서의 개인의 권리능력의 취득은 개인이 국가를 상대로 일정한 작위·부작위를 청구함으로써 그 권리를 직접적으로 획득하거나 행사할 수 있게 해주는 국제기관 또는 기타의 특별한 국제제도에 의한 구제수단의 존재를 조건으로 하는 것이라고 말한다. 특히 국제재판소에서 소송을 제기할 권리를 인정받는 경우에 국제법 주체로서의 권리능력이 주어진다고 그들은 말하고 있다.

(c) 이러한 맥락에서 주목되는 것은 제1차 세계대전 후의 베르사유 조약에서 연합국의 국민이 동 조약 제304조에 의거하여 독일과 각 연합국 사이에서 설립된 혼합중재재판소에서 직접 동 조약의

규정에 기초하여 가지는 재산적 손해의 배상청구권을 개인으로서 독자적으로 행사하고 지불받을 수 있게 되어 있었다는 것이다. 이러한 경우에는, 개인의 청구권은 베르사유 조약이라는 국제법에 기초한 국제법상의 권리라고 할 수 있다.

그러나 베르사유 조약과 같은 규정은 예외적인 것이고, 제2차 세계대전에 이르기까지도 개인이 직접 국제법에 기초하여 가해국에 대해 민사상의 손해배상을 추궁할 수 있을 정도로 국제법은 정비되지 않았고, 우리나라가 당사국인 전후처리 관련의 조약에 있어서도 그러한 정비는 이루어져 있지 않았다. 따라서 이안 브라운리가 『국제법학』에서 서술한 대로, "국제적 청구를 제기할 능력을 가지는 것은 국가라는 규칙이 의연히 관습국제법상 유지되고" 있는 것이며, "개략적으로 말하면, 개인의 소송상의 지위는 1920년 이래 그다지 변화하지 않은 것이다."

게다가 그러한 사고방식은 '마브로마티스의 팔레스타인 특허 관련 상설국제사법재판소 판결(The Mavrommatis Palestine Concessions case, 1924년, **편집자주** : 1차 세계대전 전에 그리스 사업가와 터키 사이에 체결된 팔레스타인 지역에서의 계약을 영국이 위임통치결의와 로잔 조약에 의거하여 준수할 의무가 있다고 판시된 사건)'과 '노테봄 관련 국제사법재판소 판결(Nottebohm case, 1955년, **편집자주** : 리히텐슈타인 국적을 취득한 독일 태생의 기업인 프리드리히 노테봄에 대해 리히텐슈타인은 외교적 보호권을 행사하려고 하였으나 프리드리히 노테봄과 리히텐슈타인 간에는 진정한 유대 관계가 없어 리히텐슈타인은 외교적 보호권을 행사할 자격이 없다고 확인된 사건)'에서도 판시되어 있다.

(d) 특별보고자는 이상에 대한 반론으로서 UN헌장, 세계인권선언 및 자유권규약 등의 UN 인권문서가 국가에 대한 개인의 권리를 정하고 있고, 종종 개인이 국제법의 주체가 될 수 있다는 것을 나타냈고, 따라서 개인이 효과적인 구제를 청구할 권리가 국제법상의 규범이 되었다는 취지로 주장한다.

그러나 UN헌장 제1조는 UN의 목적의 하나로 '인권과 기본적 자유 존중의 조장장려를 위한 국제협력'을 규정하고 있음에 지나지 않는다. 또 세계인권선언은 UN총회에 의해 채택된 선언이고 조약은 아니며, 법적 구속력을 갖는 것은 아니다. 이것은 체결절차에 대한 규정 등을 갖지 않는다는 형식 면으로부터도, 또 그 전문에서 본 선언을 "사회의 각 개인과 각 기관이 항상 염두에 두고 노력" 하는 것을 목적으로 한 "전체의 인민과 전체의 나라가 달성해야 할 공통의 기준"으로 위치를 설정하는 것으로부터도 명확하다.

또 이안 브라운리도 『국제법학』에서 "세계인권선언의 채택은 조약의 형태를 취하도록 규약을 준비하는 첫걸음이라는 넓은 의미로 생각되었다. 물론 동 선언은 UN총회의 결의 속에 포함된 것이며, 구속력을 갖도록 의도된 것은 아니었다"고 서술하고 있다. 추가로, 자유권규약 제2조 3은 개인이 동 규약에 규정된 제 권리를 침해받을 경우에 구제조치가 강구될 것을 보장한다는 한 체약국의 다른 체약국과의 관계에 있어서의 의무를 정한 것이며, 개인의 국가에 대한 권리를 인정한 것은 아니다.

이에 더해 이들 어느 것도 앞서 서술한 것과 같이 개인이 모국의 외교적 보호를 매개로 하지 않고 직접 자기의 권리를 주장, 실현한다든가, 개인의 의무위반이 직접 추궁된다든가 하는 국제법상의 절차를 하등 보장하지 않고 있다.

이상으로부터 명백한 바와 같이 특별보고자가 들고 있는 UN 인권 제 문서는 개인이 국제법상의 권리의 주체이고 국제법상 국가에 대해 구제를 청구할 권리를 가진다는 근거가 되는 것이 아니다.

(e) 특별보고자는 국제법 하에서의 적절한 보상의 권리가 확립되어 있고, '호르조 공장 사건 판결'에서는 손해의 정확한 액수가 불명이었지만 조약위반은 의무를 수반한다고 하는 법원칙이 인정되었다는 취지의 주장을 하고 있다. 확실히 본 건에 관계되는 상설국제사법재판소의 판결문에서 "조약의 위반이 손해배상의 의무를 야기하는 것은 국제법상의 원칙이고, 법의 일반원리이다. 이미 판결 제8에 있어서 손해배상은 조약위반의 불가결한 보완이라는 것, 이것을 조약 그 자체 속에 규정하여 둘 필요가 없다는 것을 말했다. 그뿐만 아니라 실정(実定)국제법의 일 분자(分子)로서 배상의 의무를 확정하는 원칙이 존재하는 것은 … 일찍이 다투어지지 않았다." 그러나 해당 사건은 독일이 제네바조약 체약국으로서 자국이 입은 손해의 배상을 폴란드에 대해 요구하는 사건이고, 어디까지나 국가 간에 있어서의 국제법 위반과 배상의 문제에 대한 판시에 지나지 않고, 개인의 국가에 대한 국제법상의 청구권을 인정한 것은 전혀 아니다. 실제 판결문은 다음과 같이 쓰고 있다.

> "질소회사가 입은 손해에 기초한 배상의 청구는 직접적으로 회사가 입은 손해의 보상을 위해서인가, 제네바조약의 위반에 기초한 독일이 입은 손해의 배상을 위해서인가? 폴란드는 독일이 최초에 전자를 주장하고, 뒤에는 후자를 주장했기 때문에 청구의 목적을 변경했던 것이 된다고 주장하였다. 그러나 독일의 청구 목적은 제네바조약의 당사국으로서 입은 손해의 배상을 얻는 것에 있다. 불법행위에 대한 배상이 그 불법행위의 결과로서 피해국의 국민이 받은 손해에 상당하는 보상으로부터 성립할 수 있는 것은 국제법의 원칙이다. 이것이 배상의 가장 통상적인 형식이기도 하다. 하나의 국가가 다른 국가에 대해서 지불해야할 배상은 그것이 사인(私人)이 입은 손해를 계산의 수단으로 하는 보상의 형식을 취한다고 하는 사실에 의해서 그 성질이 바뀌는 것은 아니다. <u>배상을 규율하는 법규는 당해 양국간에서 효력을 가진 국제법의 법이고, 불법행위를 행한 국가와 손해를 입은 개인과의 관계를 규율하는 법은 아니다.</u> 침해에 의해 손상을 입은 개인의 권리 또는 이익은 동일한 행위로 침해된 국가의 권리와는 항상 다른 수준에 있다. 따라서 사인이 입은 손해는 국가가 입은 손해와는 성질에서 동일하지 않고, 전자는 국가에 지불되어야 할 배상 금액의 계산을 위한 편의적 척도를 제공함에 지나지 않는다. 재판소는 원고 소송목적을 변경했다고 생각하지 않는다."

또 요코타 키사부로(橫田喜三郞) 전 UN국제법위원회 위원은, 본 건 재판을 "요컨대 국가와 사인과의 관계에 관한 국제법상의 통설의 견해에 따라, 그것을 배상의 성질의 결정에 충실히 적용했던 것이다"라고 평하고 있다

(f) 또 특별보고자는 반 보벤 보고서를 자기의 견해의 권위로서 인용하고 있는 것 같은데, 이 보고서는, 국제법상, 국가에 의한 인권침해에 대해서 피해자 개인이 배상청구권을 갖고, 각 국가는 인권침해 행위를 한 자를 처벌할 의무가 있고, 중대한 인권위반에 대해서는 시효가 적용되지 않는다는 등의 견해를 전개하고 있지만, 이것들은 전술 또는 후술하는 대로 국제법상 일반적으로는 도저히 인정되지 않는 견해이고, 동시에 동 보고서는 이러한 주장들을 충분한 국제법상의 근거를 제시하지 않고 전개하고 있으며, 이 보고서를 국제법상 일반적인 권위로 간주하는 것은 불가능하다.

(g) 친족 등의 보상청구권, 집단의 청구 및 보상 운운하는 논의에 대해서는 '친족', '집단'의 범위, 개념이 불명확하지만, 이를 차치하고라도, 본래 '인권'은 개인의 권리이며, 당해 개인 이외의 자가 이것을 처분하는 것이 불가능한 권리이다. 또 친족 등의 보상청구권, 집단의 청구 및 보상에 관련하여 '제 국가의 계속된 관행과 법적·필요적 신념'이 인정되지 않고, 당시의 국제법은 물론 현행 관습국제법 상에서도 그러한 권리가 확립되었다고는 전혀 인정되지 않는다.

(4) 책임자의 특정, 소추 및 처벌

(가) 특별보고자의 주장

(a) 책임자의 소추, 처벌의 문제를 논의하는 국제인권단체에 대해서 일본국 정부는 우려를 표명했다. 책임자의 소추와 처벌은 국제법 하에서의 국가의 일반적인 의무가 아니라는 이해가 있다. 그러나 전쟁범죄에 의한 개인의 소추는 의연히 국제법 하의 하나의 가능성이다.

(b) 군의 구성원은 합법적인 명령에만 복종할 의무가 있으므로, 동 구성원은 명령에 따라 국제인도법에 위반되는 행위를 한 경우에 책임을 면할 수 없다.

(c) '종군위안부'는 비인도적인 행위이고, 인도에 대한 죄를 구성하는 것이므로, 시간의 경과, 정보의 근소함이라는 문제는 있지만, 일본국 정부는 가능한 한 소추를 시도할 의무가 있다.

(나) 코멘트

(a) 본래 국제인도법 위반이 있었는가 없었는가 하는 문제에 대해서는 앞에서 서술한 대로다. 인권의 침해행위를 한 자의 처벌의무에 관해서는 전후에 작성된 국제인도법 관계의 조약에서, 예를 들면 1949년의 제네바 제 조약과 1977년의 동 조약의 추가 제1의정서와 같이 국가에 대해서 그러한 국내적 조치를 취할 의무를 부과하고 있는 것이 있는 것은 사실이다.

하지만, 그러한 조약과 관계 없이 그러한 처벌에 대한 '제 국가의 계속된 관행과 법적·필요적 신념'이 당시에 존재하고 있었다고는 인정되지 않고, 특별보고자도 <u>그러한 처벌의무가 당시의 국제법상 확립되어 있었다고는 서술하지 않는다.</u>

또 어쨌든 라사 오펜하임의 『국제법』에서도 <u>당시의 국제법상 평화조약은 전쟁의 최종적인 해결로 판단되고, 동 조약에 달리 특별히 명시적으로 정한 것이 없는 한, 특별사면 조항의 유무에 관계없이 전체의 평화조약의 효과로서, 그 체결 전에 교전당사국 군대의 구성원 등에 의해서 행해진 전쟁범죄는 조약 체결 후에 처벌되지 않고, 그러한 전쟁범죄를 범하여 체포된 개인은 해방되어야 한다</u>고 되어 있는 것은 앞서 서술한 대로이고, 우리나라로서는 본 건 행위에 관한 것을 포함하여 제2차 세계대전에 관계되는 배상 및 청구권의 문제에 대해서는 샌프란시스코 평화조약 및 기타의 양국 간의 조약 등에 의해 성실히 대응해오고 있는 바이다.

(b) 국제법 하에서의 본 건 책임자의 소추 및 처벌의 의무에 대해서는 전술한 대로이지만, 가령 우리나라가 본 건에 관해 형사처벌을 한다고 하면 당연하게도 우리나라 국내 재판소의 재판을 거쳐 행할 필요가 있다. 그 경우, 우리나라 국내 재판소에서 적용되는 법률은 헌법, 형법, 형사소송법 등의 국내법이고, 우리나라의 형사재판에 의해 처벌이 가능한 것은 우리나라의 국내법상의 범죄에 한정된다. 우리나라의 헌법 및 법률에서는 엄격한 죄형법정주의가 채용되고 있고, 미리 법률에 의해 범죄가 되는 행위 및 그에 대한 형벌이 명확히 정해져 있는 경우가 아니면 처벌을 하는 것이 불가능하다. 이 취지는 자유권규약 제15조1에서도 명확히 되어 있는 것이다.

게다가 우리나라 국내법에서는 '인도에 대한 죄'라는 것과 같은 막연한 범죄는 정해져 있지 않고, '인도에 대한 죄'라는 개념에 상당하는 죄는 국내법상 예를 들면 살인, 상해, 폭행, 협박, 강도, 강간, 약취유괴, 체포감금, 강요, 기타와 같이 형법이 정하는 개개의 범죄의 형태로 규정되어 있다. 이것은 우리나라만의 사정은 아니고, 다른 많은 나라의 형법에서도 마찬가지이다. 본 건의 경우에 상기하는 것과 같은 개개의 국내법상의 범죄가 성립하는가 아닌가는 법과 증거에 기초하여 개별적으로 판단할 수밖에 없다. 그 경우에 적용되는 법으로서는 범죄가 행해지고 나서부터 일정 이상의 시간이 경과한 후에는 형사소추를 하는 것이 불가능하다는 공소시효제도도 중요하다.

특히 앞서 서술한 것과 같은 개개의 범죄에 대해서는 통상의 경우, 이미 공소시효가 완성된 것으로 생각되는 바, 공소시효가 완성된 범죄에 대해서 거슬러 올라가 처벌을 할 수 있는 조치를 취하는 것은 소급처벌에 해당되며, 허용되지 않는다.

(c) 군대의 구성원은 합법적인 명령에만 구속되고, 상관의 명령에 따른 것을 두고 전쟁의 규칙 및 국제인도법 위반에 관여한 책임으로부터 벗어날 수 없다고 하는 주장에 대해서는, 본 건 행위가 행해진 당시의 국제법상 이른바 '상관명령의 항변'이 일반적으로 인정되고 있었는지 아닌지가 반드시 명확하지 않다는 것은 라사 오펜하임의 『국제법』에서도 논의되는 바이다.

(d) 법적 관점에 관해서는 앞서 서술한 대로이지만, 다른 한편, 어쨌든 제2차 세계대전에서의 일본 국민의 전쟁범죄에 관해서는 이미 극동국제군사재판소 및 연합국 각국이 아시아 각지 등에서 열었던 법정 등에서 재판이 이루어졌고, 5,730명이 기소되어 991명이 사형, 491명이 무기형, 2,947명이 유기형의 판결을 받았다. 또 우리나라로서도 샌프란시스코 평화조약 제11조에 의해 나라와 나라와의 관계에서는 그러한 "재판을 수락하고, 동시에 일본국에 구금되어 있는 일본 국민에게 이들 법정이 부과한 형을 집행하는 것"으로 되었다.

(5) 법의 소급적용의 문제

(가) 특별보고자의 주장

(a) 일본국 정부는 일본국 정부의 법적 책임을 주장하는 것은 법의 소급적용을 의미하는 것이 된다고 주장하는데, 국제인도법은 관습국제법의 일부이다.

(b) 또 자유권조약 제15조(2)는 인정되는 행위의 때에 법의 일반원칙에 의해 범죄로 되어 있던 작위 또는 부작위를 이유로 하여 재판하고 동시에 처벌하는 것을 막는 것은 아니라는 취지로 규정하고 있다.

(나) 코멘트

(a) 우리나라가 지적하는 법의 소급적용의 문제에 대해 특별보고자는 국제인도법은 관습국제법의 일부라는 취지로 반론한다. 그러나 먼저 시제법의 이론에서 서술한 바와 같이 "문제가 되고 있는 사태의 평가… 는 오늘날 존재하는 것이 아니라 당시 존재한 국제법의 규칙에 비추어 행해져야 한다"는 것이다. 따라서 과거의 행위에 대해 국제인권법을 적용하려고 하는 것이라면, 당해 국제인도법이 현재에 관습국제법이라는 것을 증명하는 것만으로는 충분하지 않고, 당해 국제인도법이 당해 행위가

행해진 시점에서 관습국제법으로서 확립되어 있었다는 것을 입증할 필요가 있다. 그러한 의미에서 국제인도법은 관습국제법의 일부라는 취지만 서술하는 특별보고자의 반론은 유효한 반론이 전혀 아니다.

이 점, 자유권규약 제15조 2는 실행의 때에 범죄로 되어 있었던 행위를 처벌하는 것은 소급처벌을 금지한 동조 1의 규정을 위반하는 것이 아니라는 당연한 논리를 말한 것에 지나지 않고, 특별보고자에 의한 자유권규약 제15조2의 인용은 우리나라 정부가 주장하는 법의 소급적용의 금지의 원칙과 관계가 없다.

(b) 게다가 특별보고자가 자유권규약 15조 2는 소위 '종군위안부'의 제도가 그 실행 시에 범죄로 되어 있었던 것임을 주장할 목적으로 인용하고 있는 것이라면, 상기 (a)와 같이 동 규정은 동조 1의 규정에 수반하는 당연한 사실을 말함에 지나지 않고, 특정의 행위가 범죄인가 아닌가를 나타내는 기준일 수 없는 것이므로 부당하다.

부언하면, 본 규정은 거기에서 말하는 "국제사회가 인정하는 법의 일반원칙"이라는 개념의 불명확성이 문제로 되고 있음에도 불구하고, 특히 당해 개념을 명확히 하지 않은 채 채택하는 것이며, 그러한 심의 경위에 비춰보아도 동 규정은 특별보고자가 말하는 '국제인도법에 기초한 전쟁범죄 및 인도에 대한 죄'가 "국제사회가 인정하는 법의 일반원칙에 의해 그 실행시에 범죄로 되어 있었다"는 근거가 될 수 없다.

(6) 시효의 문제

(가) 특별보고자의 주장

시효의 논의는 부적당하고, 반 보벤 보고서도 인권침해에 관해 보상이 이루어지 않는 동안은 피해자의 권리에 시효가 적용되지 않아야 한다고 하고 있다.

(나) 코멘트

(a) 특별보고자의 보고서 부속문서1의 패러그래프 124는 문장의 뜻이 심히 명료성을 결여하고, 과연 형사사건으로서의 공소시효가 적용되지 않는다고 서술하고 있는 것인지, 혹은 피해자의 민사상의 손해배상 청구권 등의 권리에 대해 소멸시효가 적용되지 않는다고 하는 것인지 분명하지 않다.

(b) 게다가 시효의 적용에 대해서는 '전쟁범죄 및 인도에 대한 죄에 대한 시효부적용에 관한 조약'이 1968년에 UN총회에서 채택되고, 1970년에 효력이 발생했고, 현재 42개국이 이를 체결하고 있는데, 우리나라를 비롯하여 많은 나라가 아직 가입하고 있지 않다는 것을 보아도 인도법과 인권에 관한 국제법의 위반이 되는 행위 일반에 대해서 시효를 적용하지 않는 것이 국제적으로 인정되고 있다고는 말할 수 없다고 생각한다. 또 앞서 서술한 대로, 우리나라의 국내재판소에서 국내법인 형법을 적용하여 처벌을 하는 경우에는 국내법상의 시효, 즉 국내법인 형사소송법이 정한 공소시효가 당연히 적용되는 것이고, 공소시효 기간이 경과한 후에 소추·처벌을 하는 것은 불가능하다.

(c) 또 시효제도에 대해서는 일반론으로서 이하와 같은 존재이유가 있고 이것에 적용제외를 두는 것은 인권보장의 관점으로부터도 원칙적으로 타당하지 않다. 즉 민사사건에서 시효제도는 사회의 안정을 위해 설치된 강행규정이고, 피해자가 구제를 요구하는 것이 가능하게 된 후에도, 시효규정의 적용이 없을 합리적인 이유는 없다. 또 형사사건에서 공소시효제도는 시간의 경과에 수반하는 증거의 산일(散逸)에 의한 유죄·무죄의 입증의 곤란(즉 범행이 있었던 때로부터 시간이 경과함에 따라 피해자를 비롯한 관계 증인의 기억의 상실 내지 변질, 관계 증인의 사망·소재불명, 관계기록 등 증거물의 멸실 등)에 의해 사실인정이 점차로 곤란해지고, 단지 소추하는 측에서 범인의 특정을 비롯하여 유죄입증이 곤란하게 될 뿐만 아니라, 소추된 자에 있어서도 무죄인 경우에 이것을 뒷받침할 사실들을 충분히 증명하는 것이 불가능하여 유죄로 될 위험성이 증대하는 것이고, 어느 쪽이든 범행이 있었던 때로부터 장기간 시간이 경과한 후에 굳이 재판을 하면 오판의 가능성이 높아지고, 정의에 반하는 결과가 초래될지도 모른다.

시효제도는 시간의 경과에 의한 가벌성(可罰性)의 감소, 법적 안정성 등의 고려에 근거를 둔 것이고, 바로 UN인권위원회가 추구하는 인권옹호의 관점 등으로부터 타당성을 갖는 제도이다. 게다가 이러한 공소시효제도의 존재이유에 대해서는 미국에서도 우리나라와 유사한 논의가 이루어지고 있고, 본 문제에 관한 미국연방최고재판소의 주요 판례인 'Toussie v. United States, 397 U.S.112' 및 'United States v. Marion, 404, U.S. 307'과 미국의 형사소송법에 관한 대표적인 저서(LaFave & Israel, 『Criminal procedure』 등)에 의하면, 공소시효제도의 존재이유로서 마찬가지 사실들이 지적되고 있다.

(d) 반 보벤 보고서에 대한 코멘트는 전술한 대로이다.

제5장 보고에 대한 일본 정부의 견해

-137번 패러그래프에 대하여-

(a) 특별보고자가 지적하는 것과 같은 국제법상의 의무 위반의 유무를 논할 것까지도 없이, 일본 정부는 이른바 종군위안부 문제를 포함하여, 제2차 세계대전에 관계되는 배상, 재산청구권의 문제에 대해서는, 샌프란시스코 평화조약, 양국 간의 평화조약 등, 그리고 기타의 관련되는 조약 등에 따라 성실히 대응하여 왔던 바로서, 이들 조약 등 당사국과의 사이에서 법적으로 해결이 끝난 것이다.

또한 상기한 것에 대해서는 관계국 정부도 마찬가지의 입장이라고 동의하였고, 현재 특별보고자도 한국 정부가 마찬가지 입장이라는 뜻으로 말하고 있다. 따라서 특별보고자가 전개하는 국제법 논의에 있어서는, 예를 들면 우리나라가 당사국이 아닌 조약을 논거로 하여 우리나라의 조약위반을 주장한다든가, 조약에서 규정한 내용과 다름에도 불구하고 간단히 결부시키는 방식으로써 모든 것을 이른바 종군위안부 문제에 결부시킨다든가, 어떠한 근거도 없이 일정한 규범이 관습국제법이라고 단언한다든가, 현재의 국제법을 전반적으로 소급적용한다든가 하는 등 국제법상으로 많은 문제가 있다.

따라서 우리나라로서는, 특별보고가 전개하고 있는 것과 같은 법률론을 받아들일 여지가 전혀 없다.

(b) 개인에 대한 보상의무에 대해서는, 국제법상, 조약에서 개인의 권리가 규정되고, 또 그와 동시에 그것을 실현하는 국제법상의 절차가 보증되지 않는 한, 개인의 국제법상의 주체성은 인정되지 않는다는 것이 원칙이며, 본 건에 있어서도 개인에 대한 국제법상의 보상의무를 일본 정부가 지고 있다고 하는 특별보고자의 주장은 법적으로 성립하지 않는다.

다른 한편, 이 문제에 대해서는, 우리나라로서 역사를 직시하고, 이것을 후세에 바르게 전하는 것과 함께, 관계 제 국가 등과의 상호이해를 한층 더 증진시키는 데 노력하는 것이 우리나라의 사죄와 반성의 마음을 표하는 것이 된다고 생각하고 있고, 이러한 마음을 기초로 하여, 평화우호 교류계획을 발족시켰다.

게다가 호소인 여러 분들의 호소에 의해 '여성을 위한 아시아 평화 국민기금'이 발족되었고, 동 기금은 국민과 정부의 협력 하에, 옛 종군위안부 여러 분들에게 국민적 보상을 하는 사업, 그리고 여성의 명예와 존엄에 관계되는 사업 등을 하는 것으로 하고 있다.

우리나라로서는 이상의 대처에 의해 이른바 종군위안부 문제에 대응하고 있고, 정부로서 옛 위안부 여러 분들에 대해 개인보상을 하는 것은 생각하지 않고 있으며, 따라서 특별행정재판소를 설립하는 것은 생각하지 않고 있다.

(c) 일본 정부는 1991년 12월 이래, 이른바 종군위안부 문제에 대해 조사했고, 지금까지 1992년 7월 및 1993년 8월의 두 번에 걸쳐 그 결과를 공표했다. 조사결과 발견된 공문서와 기타의 자료에 대해서도 프라이버시를 배려하면서 모두 공표해왔고, 현재까지 그 총수는 약 240점에 달한다.

또 1993년 8월의 조사결과 발표에 있어서는 조사대상을 국외로도 넓히는 등, 정부로서 전력을 다해 성실한 조사를 하고 있다. 이와 같이 일본 정부는 본 문제의 사실관계에 대해 은폐할 의도가 털끝만큼도 없을 뿐만 아니라, 오히려 적극적으로 자료를 제시, 공개를 하고 있고, 특별보고자가 충분한 논거도 없이, 마치 일본 정부가 자료가 있는 것을 은폐하고 있는 것처럼 그것을 전제로 의견을 말하는 것은 참으로 유감이다.

(d) 특별보고자는 일본 정부가 공식적인 사죄를 해야 한다는 권고를 하였는데, 내각총리대신을 비롯한 일본 정부의 최고책임자는 지금까지도 다양한 곳에서 종군위안부 여러 분들에 대한 진지한 사죄와 반성의 마음을 표시해 왔다.

게다가 '여성을 위한 아시아 평화 국민기금'이 발족함에 즈음하여, 일본 정부는 '기금'이 사업을 실시하는 그때에 옛 위안부 여러 분들에게 국가로서 솔직한 반성과 사죄의 마음을 새롭게 다시 표명할 방침을 명확히 했다.

또 '여성을 위한 아시아 평화 국민기금'이 일본 정부에 대하여 정부의 진지한 사죄와 반성의 마음을 총리의 편지라는 형태로 개개의 희생자에게 표명하여달라고 공식적으로 요망하고 있고, 이점을 일본 정부로서 진지하게 검토할 것을 약속하고 있다는 취지를 일본 정부는 특별보고자에게 이미 전한 바 있다.

(e) 일본 정부로서는 우리나라가 이후 국제사회에서 보다 적극적인 역할을 수행함에 있어서, 특히 우리나라의 다음 세대가 될 젊은이들이 학교교육을 통해 우리나라의 근현대사에 걸친 역사를 정확히 이해하는 것을 중요시하고, 그 면에서 노력을 강화하고 있는 바이며, 현대의 학습지도요령에서도 고등학교에는 근대·현대의 역사에 중점을 두고 지도하는 과목(일본사A, 세계사A)을 설치하는 등 충분히 배려하고 있다. 예를 들면, '아시아 제 국가의 변천과 일본'(세계사A), '양차대전을 둘러싼 국제정세와 일본'(일본사A)이라는 항목에서는 객관적이고 공정한 자료에 기초하여 역사적 사실에 관해 이해할 수 있게 지도토록 하고 있다.

정부로서는 본 건 보고서가 이와 같은 현상을 충분히 조사하고서 관련 권고를 하고 있는 것인지 몹시 의문이다.

(f) 관련자의 특정 및 처벌에 대해서는 특별보고자 자신도 본 건 부속문서에서 인정하고 있는

대로, 관계되는 국제법상의 일반적인 의무를 국가가 지우는 것이 아니다. 또 본래 전쟁범죄는 특별히 정하지 않는 한, 전승국과 패전국과의 평화조약에 의해 모든 처리를 마치는 것이다. 2차 세계대전에 관해서는 연합국은 극동국제군사재판소 기타의 연합국 범죄법정의 재판에 의해 일본국민의 전쟁범죄를 처벌하였고, 일본 정부는 샌프란시스코 평화조약에서 이들의 재판을 수락하고, 형을 집행하기도 했다.

-140번 패러그래프에 대하여-

특별보고자의 지적을 받을 것도 없이, 우리나라는 이른바 종군위안부 문제는 당시의 군의 관여 하에 다수 여성의 명예와 존엄이 손상된 문제라고 인식하고 있었고, 지금까지도 우리나라로서의 깊은 사죄와 반성의 마음을 표명해왔다.

종군위안부 문제를 포함하여 제2차 세계대전에 관계되는 배상, 재산권청구의 문제에 대해서 평화조약, 기타 관련되는 양국 간의 조약에 따라 성실히 대응해오고 있는 바인데, 앞서 서술한 바와 같이 우리나라의 입장에 입각하여 "전후50년을 경과하여, 옛 종군위안부 여러 분들이 이미 고령에 달해있는 것도 염두에 두면서" 우리나라가 도의적 책임을 지기 위해 일본 정부와 그 국민은 '여성을 위한 아시아 평화 국민기금'을 발족시켰다.

우리나라는 '여성을 위한 아시아 평화국민기금' 활동을 추진하는 것에 의해 일본국민으로부터 옛 종군위안부 여러 분들에 대해 마음으로부터의 보상을 하는 것과 함께, 더욱이 아시아와 기타의 지역에서 여성에 대한 폭력의 철폐와 방지에 대한 대응도 또한 하고 있다고 생각한다.

우리나라의 이러한 인식을 정확히 전하지 않는 본 건 부속문서가, 본 문제에 관한 논의의 혼란을 불러오고, 오히려 본 문제의 진실한 해결에 방해가 되는 것을 깊이 우려한다.

[자료4] [일본어판 한국어 번역] 유엔 쿠마라스와미 보고서

여성에 대한 폭력 – 전시 군의 성노예제도 문제에 관하여, 조선인민민주주의공화국, 대한민국 및 일본 방문조사에 기초한 보고서

女性に対する暴力 – 戦時における軍事的性奴隷制問題に関する朝鮮民主主義人民共和国、大韓民国および日本への訪問調査に基づく報告書★

E/CN. 4/1996/53/Add. 1, 4 January 1996, Original : English

라디카 쿠마라스와미(ラディカ・クマラスワミ)

UN인권위원회 특별보고자(国連人権委員会 特別報告者)

목차

서언
I. 정의
II. 역사적 배경
 A. 총론
 B. 모집
 C. 위안소의 상태
III. 특별보고자의 작업방법과 활동
IV. 증언
V. 조선민주주의인민공화국의 입장
VI. 대한민국의 입장
VII. 일본 정부의 입장 –법적 책임–
VIII. 일본 정부의 입장 –도의적 책임–
IX. 권고
 A. 국가 차원에서
 B. 국제적 차원에서

★ 이 보고서는 '여성을 위한 아시아평화 국민기금'이 번역한 '위안부 문제 관련 유엔 쿠마라스와미 보고서 일본어판'을 번역한 것이다. 유엔 쿠마라스와미 보고서의 원본은 영어판이지만, 일본인들이 이 보고서를 어떻게 인식하고 이해하고 있는지를 보다 잘 보여주기 위해서 일본어판을 번역해 소개한다. 동 보고서 번역판은 2020년 말, 인터넷 매체 미디어워치에도 게재됐다.

서언

1. 본 특별보고자는 대한민국과 일본 양국 정부의 초청으로 1995년 7월 19일부터 22일까지 서울, 또 1995년 7월 23일부터 27일까지 도쿄를 방문하고, 여성에 대한 폭력, 그 원인과 결과라는 넓은 틀에서 전시 중에서의 '군성노예(軍性奴隷)'에 관한 상세한 조사를 했다. 조선민주주의인민공화국의 제안과 초대로 본 건 특별보고자는 1995년 7월 15일부터 18일까지 동일한 목적으로 평양을 방문할 예정이었다. 그러나 같은해 7월 22일자의 해당국(조선민주주의인민공화국) 정부 앞으로의 서신에서 말한 바와 같이, 항공편의 접속이 잘 되지 않아 해당국 방문을 단념해야 해서 해당국에 깊이 사죄함과 함께 그 취지를 전하였다.

2. 같은 서신에서, 본 특별보고자는 북조선의 김영남 외상각하에게, 1995년 7월 15일부터 18일까지 해당국을 방문한 인권센터의 대표단에게 내가 전권을 위임했다는 것, 이 대표단이 보고자를 대신하여 수취한 정보, 자료, 기록을 모두 내게 인도하여 줬다는 것을 알렸다. 또 가까운 장래에 쌍방의 사정에 맞춰 꼭 귀 국가를 방문하고 싶다는 뜻을 표명했다. 이 점에서 북조선 정부가 유연한 자세와 협력을 표시한 것에 깊이 감사하고 싶다. 북조선 정부로부터는 1995년 8월 16일자로, 본 특별보고자에게, 인권센터 대표단이 북조선 방문 중에 얻은 정보, 자료, 기록을 충분히 고려하여 보고서를 작성하면 감사할 것이라는 서신을 보내왔다.

3. 특별보고자는 대한민국 및 일본 정부에도 감사를 표하고 싶다. 양국 정부의 협력과 원조 덕분에, 특별보고자는 각각 나라의 관련 부문과 대화하고, 인권위원회에 대해 객관적이고 공평한 보고를 하는 데 필요한 정보와 자료를 얻을 수 있었다.

4. 이번 방문 및 정부와 비정부조직 대표와의 협의 과정에서 이루어진 질 높은 대화 및 전시의 군성노예제의 희생이 된 여성들에 대한 인터뷰에 의해, 특별보고자는 피해자의 요구와 당사국 정부의 입장을 깊이 이해할 수 있게 되었다. 또 어느 문제가 미해결인지, 이 문제에 대해 현재 어떤 조치가 취해지고 있는지에 대해서도 이해를 심화시킬 수 있었다.

5. 본 보고서가 다루고 있는 주제를 둘러싼 논의는 단지 조선반도 출신자만이 아니라, 전체 옛 '위안부' 케이스에 적용되어야 함을 특별보고자로서 강조하여 두고 싶다. 재정적 이유와 시간적 제한에 의해 전체 관계 제 국가의 생존하는 여성들을 방문하는 것이 불가능했던 점은 유감이다.

I. 정의

6. 우선 처음으로, 본 특별보고자는 전시 중 군대에 의해 또 군대를 위해 성적 서비스를 강요받은 여성들의 사례는 '군성노예제(軍性奴隷制)'의 실시였다고 간주하고 있음을 명확히 해두고 싶다.

7. 이 점에서, 특별보고자는 도쿄 방문 중에 일본 정부로부터 전해들은 입장을 의식하고 있다. 일본 정부는 '노예제'라는 말은 1926년의 노예조약 제1조(1)에서 '소유권에 귀속하는 권한의 일부, 또는 전부가 행사당하고 있는 사람의 지위 또는 상태'라고 정의하고 있고, 이 말을 현행 국제법 하에서 '위안부'에 적용하는 것은 부정확하다고 말하고 있다.

8. 그러나 본 특별보고자는 '위안부'의 실시는 관련 국제인권기관 및 제도가 채용하고 있는 접근(approach)에 따르면, 명확히 성노예제이며 동시에 '노예와 유사한(slave-like)' 방식이라는 의견에 서있다. 이것과 관련하여 '차별방지소수자보호소위원회(差別防止少數者保護小委員會)'가 1993년 8월 15일에 채택한 결의 1993/24에서 '전시 여성의 성적 착취와 기타의 강제노동의 형태에 관한 현대노예제부회(現代奴隷制部會)'로부터 전해 받은 정보에 유의하였고, 동 소위원회의 한 전문가에게 전쟁 시의 조직적 강간(rape), 성노예제 및 노예와 같은 방식에 대해서 상세한 조사를 하도록 위탁했음을 본 특별보고자로서는 강조하여 두고 싶다. 게다가 동 소위원회는 이 전문가에 대해 조사 준비에 즈음하여 중대한 인권침해 피해자의 원상회복, 보상 및 리헤빌리테이션(rehabilitation, **편집자주** : '갱생' 또는 '재활'로 번역됨)의 권리에 관해 특별보고자에게 제출된 정보를 고려에 포함하도록 요청했고, 이 정보에는 '위안부'도 포함된다.

9. 또한 현대노예제부회가 제20회기 중에 제2차 세계대전 중의 여성의 성노예문제에 관하여 일본 정부로부터 수취한 정보를 환영하고, 동시에 일본 정부가 행정적 심의회를 설치하여 '노예와 비슷한 처우'의 실시 문제를 해결하도록 권고한 것에도 본 특별보고자는 주목한다.

10. 마지막으로, 현대노예제부회의 멤버 및 비정부조직(NGO) 대표, 일부의 학자는 여성피해자가 전시의 강제매춘, 성적종속, 그리고 학대의 시기에 일상적으로 거듭된 강간과 신체적 학대로 인한 고통을 맛보았던 것이고, '위안부'라는 용어는 이러한 고통을 조금도 반영하고 있지 않다는 의견을 표시하고 있다. 본 특별보고자는 용어라는 관점에서, 이 견해에 전면적으로 동의하며, '군성노예' 쪽이 정확하고 동시에 적절한 용어라고 확신한다.

II. 역사적 배경

A. 총론

11. 일본군을 위한 출장매춘부를 제공하는 '위안소'는 일찍이 일본과 중국의 전쟁이 시작된 1932년부터 상하이에 설치되었다. 이것은 이른바 '종군위안부'가 곳곳에 확산되어 예사적인 현상이 되기 10년 가까이나 전의 일이고, 제2차 세계대전 말까지 일본 지배하에 있었던 동남아시아 전역으로 확산되고 있었던 것은 틀림없다. 최초로 군의 성노예가 된 것은 일본 키타큐슈(北九州) 출신의 조선인으로, 한 일본군 사령관의 요청을 받아 나가사키(長崎) 지사(知事)가 송출한 것이다. 공식적인 종군위안소를 설치한 근거는 매춘서비스를 제도화하여 관리 하에 두는 것으로, 군이 주둔하는 지역에서의 강간사건을 감소시킨다는 것이었다.

12. 1937년의 일본군에 의한 난징 점령에 수반하여 폭력이 확산되고, 일본 정부 당국은 군의 규율과 사기를 고려하지 않을 수 없게 되었다. 그래서 본래 1932년에 도입된 위안소 계획이 부활하였다. 상하이 파견군은 1937년 말까지 군의 성노예를 가능한 많이 모으기 위해 민간업자와 계약하는 방식을 이용했다.

13. 이러한 여성과 소녀는 상하이와 난하이의 중간에 있던 위안소에 고용되었고 군이 직접 운영을 담당했다. 이 상황은 그 후의 위안소의 원형이 되었고, 위안소의 사진과 이용자를 위한 규칙은 현재도 보존되어 있다. 군에 의한 직접 운영이 장기간 계속되지 않았던 것은 이 현상이 더욱 확산되고 위안소가 상당히 안정된 환경에 놓이게 되었기 때문이다. 그들은 군에 의해 준(準) 군인의 지위와 계급을 부여받았다. 수송과 위안소의 전반적인 감독은 의연히 군이 책임을 지고, 의료와 전체적인 관리도 군의 책임이었다.

14. 전쟁이 계속되고, 동남아시아 각지에 주둔하는 일본병사의 수도 증가함에 따라, 군의 성노예에 대한 수요도 증가했기 때문에, 새로운 모집의 방법이 고안되었다. 동남아시아 각지, 특히 조선반도에서 사기라든가 강제라든가 하는 방식이 증가한 것도 그 일환이었다. 근래 앞장서고 나선 조선인 '위안부'의 다수는 강요와 사기가 빈번히 사용되었던 그 증언 속에서 명확히 하고 있다. 상당한 수의 여성 피해자(태반이 한국인)는 자신들을 모집한 다종다양한 요원과 현지의 협력자가 사용한 사기와 구실에 대해 증언하고 있다. (주1 조지 힉스, 『위안부, 일본제국군의 성노예』, G. Hicks, 『Comfort women, sex slaves of the Japanese Imperial Force』, Heinemann Asia, Singapore, 1995, pp. xiii, 24,42, and 75)

15. 1932년에 제정된 국가총동원법은 전쟁이 끝나기 수년 전까지는 전면적으로 시행되지 않았지만, 일본 정부가 이 법률을 강화하기에 이르러 남성도 여성도 전쟁에 협력하도록 요구받았다. 이것과의 관련에서, 표면상으로는 일본군을 돕기 위해 공장에서 일한다든가, 기타 전쟁 관련의 임무를 수행하는 여성을 징용하기 위하여 '여자정신대'가 설립되었다. 하지만 이것을 구실로, 많은 여성이 사기를 당해 군의 성노예로서 일하게 되고, 정신대와 매춘과의 '관련(association)'은 곧 잘 알려지게 되었다.

16. 최종적으로는, 일본인은 폭력을 사용한다든가 공공연히 강요하여, 증가하는 군의 수요를 채우기 위해 많은 여성을 모으는 것이 가능했다. 대단히 많은 여성피해자가, 딸이 연행되는 것을 저지하려는 가족에게 폭력이 가해졌다고 말하고 있고, 때로는 억지로 데려가기 전에(before being forcibly taken off) 부모의 눈앞에서 군인들에게 강간당했다고 말한다. 여복실 씨에 대한 조사에 의하면, 그녀도 많은 소녀와 마찬가지로 집에서 붙잡혔고(seized), 딸을 빼앗기지 않으려고 저항하는 부모를 폭행한 끝에 그녀를 데려나왔다(removal). (주2 상동, p. 23.)

17. 위안소가 설치된 장소는 명백히 전쟁과 같은 경로를 밟고 있었다. 일본군이 주둔한 장소에는 반드시 위안소가 발견되고 있는 것이다. 다른 한편, '위안부'에 대한 착취는 일본의 내부로까지 미쳤고, 공창제도가 있었음에도 불구하고, 기존의 시설을 이용할 수 없는 사람들을 위해 몇 개의 위안소가 설치되었다.

18. 많은 정보원으로부터, 위안소가 중국, 대만, 보르네오, 필리핀, 태평양제도의 다수, 싱가포르, 말라야, 버마, 인도네시아에 존재하고 있었다는 사실이 알려졌다. 위안소가 운영되고 있었던 당시를 기억하고 있다든가, 친척이나 지인이 무언가의 형태로 위안소에 관여되어 있었다는 증언이 다수 기록되어 있다. (주3 상동, p. xvi.)

19. 위안소의 사진이나, 이러저러한 장면에서의 '위안부' 자신의 사진까지 보존되어있는 외에, 대일본제국 각지에 있었던 위안소의 규칙에 대해서도 다양한 기록이 남아 있다. 모집 방법에 대해 증언한 기록은 거의 없는데, 이 제도의 실제 운영에 관해서는, 남겨진 당시의 기록이 증명하고 있다. 일본군은 매춘제도의 상세를 면밀히 기록하고 있는데, 이것을 보면 이 제도는 단순한 하나의 오락시설처럼 볼 수 있다. 기타 일본의 각지, 중국, 필리핀 등의 위안소의 규칙은 지금도 남아있는데, 특히 위생, 서비스시간, 피임, 여성에 대한 지불, 알코올과 무기휴대의 금지를 상세하게 규정하고 있다.

20. 이러한 규칙은 전후까지 남겨진 문서 속에서도 (일본군과 위안소 제도가) 유죄임을 특별히 나타내는 증거이다. 거기에는 일본군이 위안소에 대해 직접 책임을 지며, 모든 측면에서 밀접히 관계하고 있었다는 사실이 명확히 되어 있을 뿐만 아니라, 위안소가 어떻게 합법화되고 확립된 시설이 되어 있었는지가 명백히 나타나 있다. '위안부'를 바르게 취급하기 위해 충분한 주의가 기울여지고 있었던 것처럼 보인다. 알코올과 총검의 휴대금지, 서비스시간 엄수, 타당한 지불, 기타 얼핏 보아 규율 바름이라든가 공정한 취급으로 볼 수 있는 사정을 강제하려고 한 것으로, 이 관행의 잔혹함과 잔학성이 부각된다. 이것은 군성노예라는 제도의 터무니없는 비인도적 행위를 두드러지게 할 뿐이고, 거기에서는 많은 여성이 말로 표현할 길이 없는 상황에서 장기에 걸쳐 매춘을 강요받았던 것이다.

21. 전쟁이 끝나도 '위안부'의 태반은 구출되지 않았다. 철수하는 일본군에 의해 살해되든가, 단지 그대로 방치되었던 여성이 많았기 때문이다. 미크로네시아에서는 일본군이 하룻밤에 70명의 '위안부'를 살해한 사건이 일어났다. 진군하여 오는 미군에 잡히게 되면, 여성들은 거치적거리고, 방해가 된다고 일본군은 생각했던 것이다. (주4 상동, p. 115.)

22. 전선에 보내진 여성피해자의 다수는 군대와 함께 결사대에 참가하는 등, 군사작전에까지 내몰렸다. 하지만 대개의 경우 그녀들은 스스로 자신을 지킬 수밖에 없었고, 고향을 멀리 떠나, '적'의 손에 잡히면 어떻게 될지 전혀 알 수 없었다. 자신이 어디에 있는지조차 모르는 경우가 많았고, 그녀들의 증언에 의하면, 자신이 "번" 돈을 조금이라도 받은 여성은 손으로 셀 수 있을 정도에 불과해서 대부분 빈털터리 상태였다. 마닐라에서 일어난 것처럼, 강제퇴거당한 여성 속에는 가혹한 상황과 식료부족 때문에 죽은 여성도 적지 않았다.

B. 모집

23. 제2차 세계대전까지의 시기와 2차 세계대전 중에 행해진 군성노예의 모집에 대해 다루려고 하면, 그 최대의 문제로서, 실제로 어떻게 여성을 징용했는가에 대한 자료가 남아있지 않다든가, 공적인 문서가 공개되지 않고 있다는 상황에 부딪친다. '위안부'의 모집에 관한 증거는 대부분 모두 피해자 자신의 증언에 기초한다. 그 때문에 피해자의 증언은 사례증거라든가, 기본적으로 민간의 것이며, 따라서 민간에서 운영되고 있었던 매춘시스템에 정부를 연결시키기 위해 만들어진 증언이라고 많은 사람들이 간단히 잘라 말한다. 하지만 동남아시아의 각기 완전히 다른 장소에 있었던 여성들이 자신이 어떻게 징용되었는지, 또 군과 정부가 어떻게 관련되어 있었는지에 대해 일관된 증언을 하고 있는 것은 의문의 여지가 없다. 그만큼 많은 여성이 오로지 자신의 목적을 위해

정부의 관여의 정도에 대해 비슷한 이야기를 만들어낸다는 것은 전혀 믿기 어려운 일이다.

24. 위안소가 최초에 만들어진 것은 1932년에 중국 상하이에서인데, 당국이 그것에 관여하고 있었다는 직접적인 증거가 있다. 상하이파견군 참모부장인 오카무라(岡村寧次)는 그의 수기 속에서 자신이 위안부 안(案)의 창설자였다고 고백하고 있다. (주5 상동, p. 29.) 일본군에 의한 강간사건이 다발하고 있었기 때문에, 이에 대응하여야 했고, 그래서 나가사키 현 지사(知事)에게 요청하여 일본에 있는 조선인 커뮤니티로부터 다수의 조선인 여성을 상하이로 수송했다는 것이다. 일본에서 수송되었다는 사실은 군대만이 아니라 내무성도 관여하고 있었음을 나타낸다. 내무성은 지사와 경찰을 역할을 하였다.

25. 1937년 '난징의 강간(the rape of Nanking)' 이후, 법률의 개선이 필요하다고 생각한 일본은 '위안소'를 부활시키기로 하였다. 담당자들은 키타큐슈의 같은 곳에 파견되었고, 매춘숙에서 자발적으로 참가할 사람이 그다지 나오지 않았던 때, 군의 요리사와 세탁부로서 급료가 좋다는 제안으로 그곳의 소녀들을 속였다. 그녀들은 실제로는 상하이와 난징 사이에 있는 위안소에서 군성노예로서 일했다. 그 센터가 이후 위안소의 원형이 되었다. (주6 상동, p. 29.)

26. 전쟁말기가 되면, 군은 대부분의 경우, 위안소의 경영(running)도 조업(operation)도 민간업자에게 양도했다. 군 측이 적극적으로 활동을 벌인 업자가 있다면, 스스로 허가를 신청한 업자도 있었다. 군이 매춘서비스를 하는 것은 부적절하다고 간주되어 민간업자의 시설로 하는 군대에게 적절하다고 생각했던 것이다. 모집에 있어서 민간의 개인이 관여하는 정도나 위안소를 설치하는 실제 책임자가 누구였는가는 지역에 따라 각각 달랐지만, 모집의 과정은 점차 당국이 책임을 지게 되었다. 하지만 일본 정부는 최근까지 모집 과정에서의 강제적 모집에 대해서 일구이언, 그리고 자신의 책임을 전혀 인정하려고하지 않았기 때문에, 군의 성노예로서 일하는 여성들을 모으는 과정에 대한 정보는 오로지 피해자 자신들의 설명에 기초한다.

27. 그러나 이미 서술한 바와 같이, 옛 '위안부'의 이야기는 비상히 풍부하고, 납득할 수 있는 명확한 설명을 해주고 있다. 거기에서 이야기되는 모집 방법에는 3개의 유형이 있다. 이미 매춘부가 되어 있어서 스스로 지원한(willing) 여성을 징용하는 것, 식당의 일과 군의 요리사, 세탁계 등 급료가 좋은 일이 있다고 하여 여성을 유혹하는(luring) 것, 일본의 지배하에 있는 나라에서 노예사냥(slave raids)과 같은 대규모적인 강제와 폭력적 유괴를 통해 여성을 모으는 것. (주7 상동, pp. 20, 21, 22 그리고 전체적으로.)

28. 게다가 많은 여성을 모으기 위해 군에 협력하는 민간업자와 일본에 협력하는 조선인 순사가 마을을 방문해 좋은 일이 있다면서 소녀들에게 사기를 쳤다. 그렇지 않으면, 1942년까지는 조선인 순사가 마을에 가서 '여자정신대'를 모집했다. 이에 의해 일본 정부가 인정하는 공식적 절차가 되는 동시에, 어느 정도 강제력도 갖게 되었던 것이다. '정신대'에 추천된 소녀가 출두하지 않는 경우에는 헌병대나 군경찰이 그 이유를 조사했다. 실제, 일본군은 '여자정신대'에 의해 마을의 소녀들에게 거짓 구실로 '전쟁협력'을 하도록 압력을 가한 것은 이미 서술한 대로다. (주8 상동. pp. 23-26. ('그리고 '위안부' 자신들의 증언 속에 있는 사항들).)

29. 그 이상으로 여성이 필요한 경우, 일본군은 폭력적이거나 노골적인 무력의 행사나 습격에 의지하였고, 딸을 유괴당하지 않으려고 저항하는 가족을 살해하는 일도 있었다. 이러한 방식은 국가총동원법의 강화에 의해 더욱 용이해졌다. 1938년에 성립한 이 법률은 1942년 이래는 오로지 조선인의 강제연행을 위해 사용되었던 것이다. (주9 상동, p. 25.) 옛 위안부의 다수는 연행되는 과정에서 폭력과 강제가 널리 사용되었다고 증언하고 있다. 게다가 강제연행을 한 사람 중 하나인 요시다 세이지(吉田淸治)는 전시중의 체험을 쓰는 가운데, 국가총동원법의 일부인 국민근로보국령 하에서, 다른 조선인과 함께 1,000명이나 되는 여성을 '위안부'로 연행한 노예사냥에 참가하였다고 고백하고 있다. (주10 요시다 세이지, 『나의 전쟁범죄』, 吉田淸治(1983), 『私の戰爭犯罪 -- 朝鮮人强制連行』, 三一書房.)

30. 기록된 자료는 또 공무원과 지주의 딸은 징용을 면했다고 말하고 있다. 이러한 가족은 그 고장의 주민을 관리해주는 역할을 했기 때문이다. 마을에서 잡힌(seized) 소녀들은 매우 젊고, 14세부터 18세가 태반을 점하고 있었던 것은 분명하고, 그 외에 학교제도 또한 소녀를 모으기 위해 이용되었다. 오늘날, 군성노예 문제의 의식화에 노력하고 있는 윤정옥 교수는 양친이 선견지명이 있었던 덕에 운 좋게 연행되지 않고 넘어갈 수 있었다. 하지만 그녀는 성병에 걸리지 않은 학령기의 처녀를 모집하기 위해 이러한 방법이 사용되었던 사실을 증언하고 있다. (주11 상동, pp. 24-25.)

31. 그녀들은 매우 어려 아무것도 알지 못하였고, 좋은 고용기회가 있다는 말에 그것을 의심하지도 않았다. 그 결과, 강제적인 연행에 저항할 수 없었고, 또 매춘이라든지 성행위에 대해서는 전혀 모르고 있었다. 하지만 교사나 그 고을의 경관, 마을의 유력자 등 자신이 신용하는 사람들이 종종 모집에 관여하였기 때문에, 그녀들은 더욱 약하고 무력한 입장에 놓이게 되었던 것이다. 또 전쟁이 끝나기 전에 귀환한 여성들은 매춘이라는 오명 때문에 자신의 체험을 말한다든가 다른 소녀들에게 위험을 경고할 수도 없었다. 여성피해자의 태반은 다만 자신의 무서운 체험을 숨긴 채 사회에 복귀한 것이다.

C. 위안소의 상태

32. 옛 '위안부'의 증언에 의하면, 자신들이 일본군 병사를 위해 일하게 된 장소는 소름끼치는 곳이었다. 숙박설비와 일반적인 처우는 장소에 따라 달랐지만, 거의 전체 위안소에서 엄격하고 잔혹한 취급을 받았다고 그들은 증언하고 있다. 위안소 그 자체는 위치에 따라 다르지만, 일본군이 진군하는 도중에 징용한 건물이나 군이 특별히 '위안부'들의 거주를 위해 만든 임시변통의 건물이었다. 전선에서는 텐트나 판잣집이 위안소 건물을 대신하였다.

33. 위안소는 대개 가시철조망으로 둘러싸이고, 경비가 엄격하고, 순시도 행해졌다. '위안부'들은 그 동정이 엄격하게 감시되고 제한되었다. 캠프로부터 나가는 것을 한 번도 허용하지 않았다고 말하는 여성도 적지 않다. 매일 아침, 정해진 시간에 바깥을 걷게 해주었다는 여성도 있다. 다른 여성들은 가끔 머리를 컷트하러 간다든가, 영화를 보러 가는 것이 허용되었다고 말하는 경우도 있다. 그러나 진정한 의미에서의 행동의 자유는 명확히 제한되고 있었고 도망은 불가능하였다고 말해도 좋다.

34. 위안소 그 자체는 1층이나 2층의 건물로, 아래에는 식당이나 접수구역이 있었다. 여성의 방은 대개 뒤나 위층에 있고, 비좁은 독실로서 넓이는 고작 91Cm*152Cm보다 조금 큰 것이 많았고, 안에는 침대밖에 없었다. 이러한 상태에서 위안부는 1일 60명부터 70명을 상대하도록 강요되었다. 전선(前線)에 있는 위안소의 경우, 여성들은 때로 바닥의 매트리스 위에서 자고, 추위와 습기라는 엄혹한 상태에 노출되었다. 많은 경우, 방과 방 사이의 칸막이는 바닥까지 닿지 않는 다다미나 돗자리뿐이었고, 소리는 방에서 방으로 곧바로 새나갔다.

35. 전형적인 위안소는 민간업자가 지휘하였고(supervise), '위안부'의 시중은 일본인이나 때로는 조선인 여성이 담당했다. 건강진단은 군의가 했는데, 많은 위안부가 기억하고 있는 것은, 이러한 정기검진은 성병 예방이 목적이며, 군대가 여성들에 가한 담뱃불의 상처라든가 총검에 의한 자상(刺傷), 골절 등은 거의 봐주지 않았다는 사실이다. 게다가 여성들은 대부분 휴식이 없었고, 현재 남아있는 위안소 이용규정에 있는 것 같은 자유시간마저도, 장교들이 시간을 넘긴다든가 각기 다른 시간에 찾아오기 때문에 대부분 무시되었다. 다음 손님이 오기까지 몸을 닦을 틈조차 없었다고 말하는 경우도 많다.

36. 식사와 의복은 군이 제공했는데, 옛 '위안부' 중에는 상당한 시간 동안 식사도 변변히 주지 않았다고 호소하는 여성도 있다. 거의 전체의 경우, 여성들은 자신이 제공하는 '서비스'에 대해

지불받게 되어 있고, 지불 대신에 티켓을 모으고 있었지만, 전쟁이 끝난 후 조금이라도 '벌이'를 손에 넣은 여성은 극히 일부이다. 이리하여 전쟁이 끝나면 자신과 가족에게 도움이 될 것을 모으려했던 보잘 것 없는 희망도 일본군의 철수와 함께 무의미해져 버렸던 것이다.

37. 많은 옛 군성노예의 증언 속에는, 성적 학대라는 장기에 걸쳐 형성된 뿌리 깊은 마음의 상처, 그리고 그에 더하여 자신들이 놓여 있던 노예상태의 엄혹함과 잔혹함이 또렷이 나타난다. 그녀들에게 개인적 자유는 전혀 없었고, 폭력적이고 잔인한 군대에 의해 농락당했고, 위안소의 경영자나 군의의 무관심에 노출되었다. 전선에 가까이 있는 경우도 많았기 때문에, 폭격이나 죽음의 위협에 노출되었으며, 이러한 상태에서 빈번히 위안소에 찾아오는 군인들은 한층 부당한 요구를 제기하고 공격적인 태도가 되었다.

38. 이에 더하여, 그녀들은 병이나 임신의 공포로부터 도망칠 수 없었다. 실제, '위안부'의 태반은 언젠가의 시점에서 성병에 걸렸던 것 같다. 그 사이, 치료된 때까지의 일시적인 휴식이 그녀들에게 주어졌지만, 그것 이외에는, 예를 들어 월경을 할 때도 '계속 일할 것'이 요구되었다. 어떤 피해자는 본 특별보고자에게, 군성노예로서 일하던 때 몇 차례나 성병에 걸렸기 때문에, 전후에 낳은 자식이 정신장애자가 되었다고 말했다. 모든 피해자도 이 같은 상황에서 깊은 수치심을 느끼고 있었고, 그와 함께, 이러한 상태는 종종 자살이나 도망을 초래하는 결과가 되었으며, 그런데 도망에 실패하면 확실히 죽음이 기다리고 있었다.

39. 기술된 역사적 자료를 보완하기 위해, 본 특별보고자가 도쿄와 서울을 방문하고 있던 때, 본 특별보고자는 역사학자로부터 위안소가 설치된 상황이나 군의 성노예로 삼기 위해 여성을 어떻게 모았던가에 대해 정보를 얻게 되었다.

40. 치바(千葉)대학의 역사학자 하타 이쿠히코(秦郁彦) 박사는 '위안부' 문제에 관한 어떤 종류의 역사연구, 특히 한국 제주도 출신의 '위안부'가 어떻게 해서 그 같은 고통스런 지경에 놓이게 되었는가에 대해 쓴 요시다 세이지의 저서에 대해 상이한 견해를 주장하고 있다. 하타 박사에 따르면, 그는 1991년부터 1992년에 걸쳐 증거 수집을 위해 제주도를 직접 방문하였고, '위안부 범죄'에 있어서 중요한 가해자는 조선인 지역 수장, 매춘숙의 소유자, 게다가 소녀의 양친이었다는 결론에 도달했다. 하타 박사는 부모들도 딸이 연행되는 목적을 알고 있었다고 주장한다. 그의 주장을 뒷받침하기 위해 박사는 본 특별보고자에게 1937년부터 1945년까지의 위안소를 위한 조선인 여성의 모집은 기본적으로 두 가지 방법으로 행해졌다고 설명했다. 어느 쪽의 방식에서든 부모나 조선인 이장, 조선인 브로커, 즉 민간의 개인들은 일본군을 위해 성노예로서 일할 여성들을 모집함에

있어서, 그 협력자와 그들이 도움이 됨을 알고 있었다는 것이다. 하타 박사는 또 대부분의 '위안부'는 일본군과 계약을 맺고 평균적인 군대의 급료(1개월에 15-20엔)보다도 110배나 많은 급료를 받았다고 생각하고 있다.

41. 본 특별보고자는 또 주오(中央) 대학의 요시미 요시아키(吉見 義明) 교수도 만났고, 조선인 '위안부'의 모집이 일본제국군 당국도 알고 있는 상태에서 진행되었다는 것을 뒷받침하는 자료를 제공받았다. 요시미 교수는 또 특별보고자에게 원자료를 상세히 분석한 결과를 보여주었고, 그는 사단이나 연대의 후방참모나 부관이 파견군으로부터 지시를 받아 헌병을 이용하여 점령지의 이장이나 그 고장의 유력자로 하여금 군의 성노예로서 여성을 모으게 하는 것이 보통이었다고 주장한다.

42. 요시미 교수는 일본의 제국군이 위안소 설치에 직접 관여하였고 그에 대해 책임을 진 것을 이러저러한 자료를 언급하며 설명했다. 그 일례로서, 본 특별보고자는 광둥(広東)에 주둔하고 있었던 일본 육군 제21군의 1939년 4월 11일부터 21일까지의 '순보(旬報)'에 대해 언급하고 싶다. 거기에서는 군의 관리 하에서 장병을 위한 군용 매춘숙이 조업하고 있었고 거의 1,000명의 '위안부'가 그곳에 주둔하는 10만여 명의 병사들 위해 일하고 있다는 사실이 쓰여 있다. 이것과 비슷한 기타 자료도 특별보고자에게 전달되었는데, 거기에서도 육군성의 지시에 기초하여 '위안부' 시설이 엄격한 관리 하에 놓여 있었던 사실이 명백하다. 이러한 명령은 성병의 만연을 피한다는 목적에서 이루어진 위생규제 등을 포함하였다.

43. 본 특별보고자는 게다가, 성노예를 모집하는 극히 일반적인 또 하나의 방법으로서, 각 파견군이 업자를 조선반도에 파견하여 그곳의 헌병이나 경찰의 협력을 얻거나 그 지원 하에서 조선인 여성을 군성노예로서 모집하도록 했다는 정보도 얻었다. 이러한 업자는 대개 군사령부가 지명했는데, 사단, 여단 또는 연대가 직접 지명하는 경우도 분명히 있었다고 주장한다. 요시미 교수는 더욱이 모집에 관한 상세한 자료의 수집은 일본 정부가 공문서를 모두 공개하고 있지 않기 때문에 비상히 곤란한 상황이며, 이러한 문서는 지금도 방위성, 법무성, 자치성(自治省), 후생성의 문서고에 남아 있을 수 있다고 주장한다.

44. 상기한 것에 비추어, 본 특별보고자는 1995년의 조사방문은 그 연도가 제2차 세계대전 종결 50주년에도 해당하여 특별히 의미가 있으며, 전시 중의 군성노예에 관련하여 처리되지 못한 문제를 해결하는 것과 함께, 폭력의 피해를 입은 현재 살아남아 있는 소수의 여성들의 고통에 종지부를 찍는 데 일조할 것이라고 생각한다.

III. 특별보고자의 작업방법과 활동

45. 제2차 세계대전 중 아시아 지역에 있어서의 군성노예제 문제에 관해서, 본 특별보고자는 정부와 비정부조직으로부터 대단히 풍부한 정보와 자료를 받았는데, 그 속에 포함되어 있던 피해자 여성들의 증언기록은 조사방문을 하기 전에 꼼꼼히 검토했다. 현지조사의 주요한 목적은 본 특별보고자가 이미 입수한 정보를 확인하고, 관계되는 당사자 전체를 인터뷰하는 것, 또 이들 풍부한 정보를 근거로 하여 오늘날 국가, 지역, 국제적인 각 레벨에서 나타나는 여성에 대한 폭력, 그 원인과 결과를 둘러싼 상황을 개선하기 위해 결론과 권고를 제공하는 것에 있다. 이러한 권고는 이번에 특별히 방문한 나라에서 마주친 상황에 대한 것일 수도 있고, 세계적 레벨에서 여성에 대한 폭력을 극복하기 위한 일반적인 성질의 것이 될 수도 있다.

46. 방문조사 기간 중 본 특별보고자는 특히 옛 '위안부'의 요구를 명확히 하고, 동시에 일본 정부가 지금 문제의 해결을 위해 어떠한 구제책을 제안하고 있는지 이해하려고 노력했다.

47. 평양(1995년 7월 15일~18일). 인권센터 대표를 김영남 외무상 각하가 맞이하였다. 방문중, 대표단은 본 특별보고자가 이용할 정보와 자료를, 최고인민회의 의원, 외교부 고관, 비정부조직 대표, 학자, 보도관계자 등으로부터 제공받았다. 동 대표단은 또한 4명의 옛 군성노예로부터 증언을 청취하였다.

48. 서울(1995년 7월 18일~22일). 이 방문에서는 본 특별보고자를 공로명 외교부 장관 각하가 맞이하였다. 게다가 본 특별보고자는 외교부, 제2정무부, 법무부 및 보건복지부의 고관, 학자, 국회와 이러저러한 비정부조직의 대표들과도 만났다. 또한 13명의 옛 '위안부'와 만났고, 그 중에서 9명으로부터 폭력의 피해를 입은 여성으로서의 증언을 청취하였다.

49. 도쿄(1995년 7월 22일~27일). 일본 방문 중에 본 특별보고자는 수상관저에서 이가라시 고조(五十嵐広三) 내각관방장관을 만났다. 더욱이 총리부, 외무성, 법무성의 고관과 국회의원들과도 만났다. 또한 비정부조직과 여성단체의 대표들도 만났다. 본 특별보고자는 또 일본에 있는 옛 조선인 '위안부' 한 사람으로부터 증언을 들었고, 일본제국 육군의 구 병사 한 사람의 증언도 들었다.

50. 본 특별보고자가 방문조사 중에 만난 중요한 사람들의 리스트는 본 보고서에 첨부했다.

51. 보고자는 문제에 관계되는 당사자, 즉 조선민주주의인민공화국, 대한민국, 및 일본 정부의

모든 의견을 정확하고 또 객관적으로 반영하여 이 문제의 해결을 향한 금후의 행동을 촉진하는 것을 목적으로 하고 있다. 하지만 본 보고에서 더욱 중요한 것은 특별보고자가 만날 수 있었던 폭력의 피해자들의 목소리를 듣는 것이다. 그녀들은 필리핀, 인도네시아, 중국, 대만(중국의 지방), 말레이시아, 네덜란드에 있는 다른 모든 옛 '위안부'를 위해 말하고 있는 것이다. 그들의 증언은 살아남은 여성피해자의 목소리이고, 그녀들은 지금 자신의 존엄의 회복과 50년에 전에 자신에 대해 행해진 잔학한 행위를 인정할 것을 요구하고 있다.

IV. 증언

52. 우선 가장 먼저, 본 특별보고자는 용기를 갖고서 말하고, 증언하여 준 모든 여성피해자에게 마음으로부터의 감사를 표하고 싶다. 그것이 그녀들의 인생에서 가장 굴욕적이고 또 고통에 찬 나날들을 되살리는 것이 되었음은 틀림없다. 대단히 큰 감정적인 긴장 하에서, 자신의 체험을 말한 여성들과 만나고, 본 특별보고자는 마음이 깊이 뒤흔들렸다.

53. 본 보고서의 분량에 제한이 있기 때문에, 특별보고자가 3개국에서 만난 16명의 증언 중 몇 개를 요약할 수 밖에 없다. 하지만, 특별보고자는 이러한 증언을 모두 듣는 것으로 당시의 상황을 상상할 수 있게 되었고, 그 중요성을 특히 강조하여 두고 싶다. 이하는 군성노예라는 현상의 이러저러한 측면을 명확히 하기 위해 선정한 증언이고, 이들에 의해 본 특별보고자는 군성노예제가 일본육군의 지도부에 의해, 또 지도부의 승낙 위에서, 조직적이며 강제적으로 행해졌다고 믿기에 이르렀다.

54. 정옥순(현재 74세)의 증언은 이러한 여성들이 일본 군인들로부터 받은 성적 폭행과 매일 행해진 강간에 더하여 잔혹하고 엄혹한 취급이 어떻게 이루어졌는가를 이야기한다.

> 나는 1920년 12월 28일, 조선반도의 북부, 함경남도의 풍산군 파발리에서 태어났습니다.
> 6월 어느 날, 당시 13살이었던 나는 밭에서 일하는 부모를 위해 점심식사를 준비하기 위해, 마을의 우물에 물을 길러 갔습니다. 양친은 딸에게 무슨 일이 일어났는지 결국 전혀 모릅니다. 트럭으로 경찰서에 끌려갔는데, 거기에서 몇 사람의 순사들에게 강간당했습니다. 내가 울며 소리쳤기 때문에, 왼쪽 눈을 세게 때렸습니다. 그후 나는 왼쪽 눈으로 볼 수가 없습니다.
> 10일 정도 후에 혜산시의 일본육군 수비대로 끌려갔습니다. 거기에서는 나와 같은 조선인 여자가 400명 정도 있었고, 매일 5,000명을 넘는 일본병사를 위해 성노예로 일하게 되었습니다. 하루에 40명까지도 상대했던 것입니다. 항의하면 그때마다 구타하거나 누더기를 입에 밀어 넣었습니다. 내가

복종할 때까지, 내 그곳을 성냥으로 찌른 군인도 있습니다. 내 그곳은 피가 흘렀습니다.

우리들과 함께 있던 조선인 소녀 중 하나가 왜 하루에 40명이나 상대해야하냐고 물은 일이 있습니다. 중대장 마야모토는 그녀를 징계하기 위해 칼로 치라고 명령했습니다. 우리들 눈앞에서 그녀를 나체로 만들고 손발을 묶고, 못이 나온 판 위에서 그녀를 굴리고, 못이 그녀의 피와 살점으로 뒤덮일 때까지 멈추지 않았습니다. 마지막으로 그녀의 머리를 베었습니다. 다른 일본인 야마모토는 우리들을 향해 "너희들 모두 죽이는 것은 쉽다. 개를 죽이는 것보다 쉽다"고 말했습니다. "조선인 여자들이 울고 있는 것은 먹을 것이 없기 때문이다. 이 인간의 고기를 삶아먹게 해라"고 말했습니다.

어떤 조선인 소녀는 몇 번이나 강간당했기 때문에 성병에 걸리고, 그 결과 일본 군인이 50명 이상 감염돼 버렸습니다. 성병이 퍼지는 것을 막고 소녀를 "살균소독"하기 위해 그들은 그녀의 그곳에 뜨거운 철봉을 밀어 넣었습니다.

한번은 우리들 중 40명을 트럭에 태워 멀리 물과 뱀이 가득 찬 웅덩이로 데리고 갔습니다. 군인들은 소녀들 몇 명을 때리고선 물속으로 밀어 넣고는 흙으로 덮어 살아있는 채로 매장했습니다.

그 수비대에 있었던 소녀의 절반 이상이 살해되었다고 생각합니다. 나는 두 번 도망 나오려고 했습니다만, 두 번 모두 수일 후에 동료와 함께 잡혔습니다. 우리들은 더욱 가혹한 고문을 받았고, 나는 머리를 몇 번이나 맞아서 지금도 그 상처가 남아있습니다. 그들은 내 입술 안쪽과 가슴, 배, 신체에 문신도 했습니다. 나는 정신을 잃었습니다. 내가 깨어보니 산의 경사면이었습니다. 죽은 사람으로 보여서 내보냈을 것입니다. 나와 함께 있었던 소녀, 살아남은 것은 나와 구하애라는 친구 뿐입니다. 산속에 살고 있었던 50살의 남자가 우리들을 보고 입을 것과 먹을 것을 주었습니다. 조선에 돌아오도록 도와주기도 했습니다. 일본인을 위해 5년간 성노예로 일한 뒤, 18세에 다치고 불임이 된데다가 말하기도 어렵게 된 상태로 돌아왔습니다.

55. 황소균(77세)의 증언은 속여서 모집하는 방식을 목격한 증언이다. 이 방법으로 많은 젊은 여성을 군성노예로 꾀어들였다.

나는 1918년 11월 28일, 날품팔이 노동자의 둘째딸로 태어났습니다. 평양시 강봉구의 타애리 노동자거리에 살고 있었습니다.

1936년, 내가 17살이던 때, 이장이 집에 와서 공장 일을 찾도록 도와준다고 약속했습니다. 우리집은 아주 가난했기 때문에, 급료가 좋은 일에 종사하는 것은 대환영이었습니다. 일본인 트럭으로 철도역까지 가고, 거기에는 20명인가, 그 정도의 조선인 여자들이 있었습니다. 우리들은 기차에 태워지고, 이어서 트럭으로 바꿔 타고, 며칠이 걸려 중국 목단강 옆에 있는 큰 집에 도착했습니다. 거기가 공장이라고 생각했습니다만, 공장 따위는 어디에도 없다는 것을 알게 되었습니다. 여자들은 각각 작은 방을 받았습니다. 그 안에는 그 위에서 잘 짚단이 깔려있었고, 문에는 번호가 붙어 있었습니다.

무슨 일이 일어나고 있는지 모르는 채 이틀을 기다린 후, 군복을 입고 칼을 찬 군인이 방에 들어왔습니다. "말하는 대로 할 것인가 어떤가"라고 말하고 내 머리를 끌고서 바닥으로 넘어트린 후에 다리를 벌리라고 명령했습니다. 나를 강간한 것입니다. 그 군인이 가버리고, 그 외에 20명인가 30명인가 남자들이 기다리고 있는 것이 보였습니다. 그날, 모두에게 강간당했습니다. 그후 나는 매일 밤, 15명부터 20명에게 폭행당했습니다.

우리들은 정기적으로 검진을 받아야했습니다. 병에 걸린 것을 알면, 살해되어 어딘가에 묻혔습니다. 어느날, 새로 온 소녀가 내 옆방에 들어왔습니다. 그녀는 남자들에게 저항하려고 했고 한 사람의 팔을 물었습니다. 그 후 그녀를 안뜰에 데려나와 우리들 모두가 보고 있는 앞에서 칼로 머리를 베고, 몸도 잘게 베었습니다.

56. 대한민국 영등포구 등촌동에 사는 황금주(현재 73세)의 증언은 군이 운영하던 위안소의 규칙을 보여주고 있다.

일본인마을 지도자의 부인으로부터 미혼인 조선인 소녀들은 모두 일본의 군사공장에 가서 일하라는 명령을 받았을 때, 17살이었던 나는 공장노동자로 징용되었다고 생각했습니다. 거기에서 3년간 일한 후, 한 일본병사에게 명령을 받고 텐트로 따라갔습니다. 거기에서 옷을 벗으라고 명령했습니다. 너무 무서워서 저항했습니다. 아직 처녀였던 것입니다. 나는 정신을 잃었습니다. 내가 깨어나서 보니 몸은 모포에 싸여 있었는데 여기저기에 피가 있었습니다.

그때 이후, 최초 1년간은 다른 조선인 소녀들과 마찬가지로 고급장교를 상대해야했는데, 시간이 지남에 따라 우리들이 점차 '중고품'이 되어 가면, 상대는 하급장교가 되었습니다. 병에 걸린 여성은 대개 사라졌습니다. 임신을 피하기 위해, 또는 임신해도 반드시 유산하도록 '606호 주사'를 맞았습니다.

의류의 배급은 1년에 두 번뿐이고, 식료도 부족하고, 떡과 물밖에 없었습니다. '서비스'에 대해 지불을 받은 적은 한 번도 없습니다. '위안부'로 5년간 일했는데, 그 때문에 나는 평생 고생했습니다. 내장은 몇 번이나 감염되어 대부분 수술로 제거했고, 고통과 굴욕에 찬 몸 때문에 성적 교섭도 갖지 않았습니다. 우유나 과일주스도 욕지기 없이는 마실 수가 없습니다. 나 자신에게 시켜진 더러운 것을 한꺼번에 기억나게 하기 때문입니다.

57. 마찬가지로 생존자 중 한 사람인 황소균은 성노예로 일본군을 위해 7년간 일한 후 1943년에 '위안소'에서 도망 나올 수 있었다. 그후 39세에야 결혼할 수 있었는데, 가족들에게는 자신의 과거를 결코 말하지 않았다. 심신 모두에 입은 상처와, 산부인과적 문제가 있기 때문에 결국 아이도 낳지 않았다.

58. 역시 생존해 있는 한 사람인 황금주가 본 특별보고자에게 말한 바에 따르면, 그녀는 중국 길림성의 위안소에 도착한 처음날 일본군으로부터 5개의 명령에 따르지 않으면 죽는다는 말을 들었다. 천황의 명령, 일본 정부의 명령, 그녀가 속해 있는 육군중대의 명령, 중대 속의 분대의 명령, 그리고 그녀가 일하는 텐트 보유자인 그 군인의 명령이다. 한국의 김복순도 생존해 있는 사람인데, 성노예였던 그때의 생활은 군에 직접 규제되고 있었다고 증언하였다. 매일 오후 3시부터 7시까지 하사관을 상대하고, 9시 이후에는 장교를 상대해야 했다. 군인들을 성병으로부터 지키기 위해, 여성에게는 전원 콘돔이 지급되었는데, 태반의 군인이 그것을 사용하려고 하지 않았다.

59. 이들의 진술은 특별보고자가 성노예 제도는 군사령부 및 정부의 명령으로 일본제국 육군에 의해 설립되었고, 엄격하게 통제되고 있었다고 믿기에 이르는 문서정보를 뒷받침하는 것이다.

60. 특별보고자는 또한 여성들이 언급하고 있는 상처와 상흔을 관찰할 수 있었다. 평양에서 옛 '위안부'의 간호를 담당한 의사 조흥옥의 조언을 구한 바, 동 의사는 이 여성들이 몇 년간이나 매일 몇 차례씩 계속 강간당한 결과, 인생의 태반에 걸쳐 심신 모두 쇠약한 상태에 놓여 있었다는 사실을 확인해 주었다. 동 의사는 또한 여성들의 신체에 남아 있는 눈으로 볼 수 있는 상처의 흔적에 더해 정신적 고통이 일관되게 그녀들을 괴롭히고 있고, 그쪽이 중대하다고 강조했다. 여성들의 다수는 불면, 악몽, 고혈압, 신경과민으로 고생하고 있다고 동 의사는 증언한다. 생식기와 비뇨기가 성병에 감염되었기 때문에 불가피하게 불임수술을 받은 여성도 적지 않다.

61. 특별보고자는 증언을 듣는 것에 더해, 관계자 개인이 수용하는 방법으로 문제를 해결할 길을 찾으려 했고, 특히 피해자 여성들이 어떠한 보상조치를 요구하고 있는지, 또 일본 정부가 제안한 '여성을 위한 아시아평화 우호기금'에 의한 해결에 대하여 여성들이 어떻게 반응하고 있는지를 물었다. 이에 관련하여, 특별보고자는 국제사회, 특히 일본 정부가 자신들의 목소리에 귀를 기울여 달라고 생각하고 있는 옛 '위안부'의 구체적 요구를 상세하게 반영하고 싶다. 특별보고자의 질문에 응하여, 옛 '위안부'의 태반은 일본 정부에 대해 이하의 요구를 전달했다.

(가) 살아남은 여성의 한 사람 한 사람에게 그녀들이 참지 않으면 안 되었던 고통에 대해 사죄할 것. 조선민주주의인민공화국의 피해여성들은 또 그 나라의 국민에게 사죄해야한다고 생각하는 한편, 대한민국의 여성들의 경우, 살아남은 피해자 전원에게 개별적으로 사죄의 편지를 인도해야 한다는 의견이 태반을 점했다. 또한 대부분의 피해자는 무라야마(村山) 수상이 재임 중에 행한 사죄는 특히 일본의 국회가 그 발언을 승인하지 않고 있기 때문에 충분히 성의있는 것으로 생각하고 있지 않았다.

(나) 정부와 군사령부가 인지하면서, 조직적이며 강제적인 방법을 사용하여 약 20만 명의 조선인 여성을 군성노예로서 징집하고, 또 일본제국 육군이 이용하기 위해 위안소를 설립한 것을 인정할 것.

(다) 성노예를 목적으로 한 여성의 조직적 징집은 인도에 대한 범죄, 국제인도법의 중대한 침해, 그리고 평화에 대한 범죄와 노예제·인신매매·강제매춘이라는 범죄라는 것을 인정할 것.

(라) 이러한 범죄에 대한 도덕적, 법적 책임을 받아들일 것.

(마) 생존해있는 피해자에게 정부의 재원으로 보상금을 지불할 것. 이를 위해 일본의 지방재판소에서의 민사재판을 통해 개별적인 보상요구를 해결할 수 있도록 일본 정부가 특별한 입법조치를 취할 것이 시사된다.

62. 보상의 지불과 관련하여, 여성의 다수는 보상은 어디까지나 상징적인 의미가 있는 것이고, 액수가 중요한 것은 아니라고 강조했다. 특별보고자에 대해서 특정의 보상액이 언급되지는 않았다.

63. 게다가 일본 정부가 특히 옛 '위안부'에게 보상하기 위해 민간으로부터의 기금에 의해 설립된 '여성을 위한 아시아평화 우호기금'을 철회할 것을 요구한 여성이 적지 않았다. 당사자인 여성들의 태반은 이 기금을 나라가 행한 행위에 대한 법적 책임을 일본 정부가 회피하는 방편이라고 간주하고 있다.

64. 이에 더하여, 옛 '위안부'들은 일본 정부에 대해 이하의 조치를 취하도록 요구하고 있다.

(가) 제2차 세계대전 중의 군성노예 제도 문제의 역사적 사실에 대해 철저히 조사할 것. 거기에는 일본의 국내 특히 정부의 공문서 서고에 존재하는 이 문제에 관한 공적 문서와 자료의 전면적인 공개도 포함된다.

(나) 일본의 역사교과서와 교육커리큘럼을 개정하여 조사로부터 명확히 된 역사적 사실을 반영할 것.

(다) 군성노예의 징집과 군성노예제의 제도화에 관련되는 전체의 가해자를 일본의 국내법 하에서 특정하고 소추할 것.

65. 생존해 있는 피해자 전체가 본 특별보고자와 UN시스템에 대해, 국제적 압력을 통해

이 문제의 적절한 해결을 가져올 수 있도록, 국제적으로 적극성을 보일 것을 요구한 사실을 본 특별보고자로서 지적해두고 싶다. 여러 경우에, 국제사법재판소 내지 국제중재재판소에 제소한다는 방법이 언급되었다.

V. 조선민주주의인민공화국의 입장

66. 인권센터의 조사단이 본 특별보고자를 대신하여 조선민주주의인민공화국(이하 북조선)을 방문한 목적은 일본제국 육군이 조선인 여성을 성노예로서 징집한 것에 대한 북조선의 입장을 충분히 이해할 수 있도록 하고, 그 견해와 요구를 일본 정부에 전하여 이 문제의 해결로 향하는 대화를 촉진하는 데에 있었다.

67. 북조선 정부는 일본 정부에 일본이 저지른 범죄에 대해 국제법 하에서 전면적으로 책임을 받아들이고, 그에 기초하여, "그 부끄러워해야할 과거를 더 이상 감추지 않고 청산하기 위해" 모든 행위에 대해 사죄하고, 생존해 있는 개개의 여성피해자에게 보상금을 지불하고, 국내법 하에서 '위안부' 제도의 설치에 관련된 모든 자를 특정하여 소추할 것을 요구하고 있다.

68. 일본 정부가 인정해야할 책임의 법적근거는 무엇인가 하는 질문에 대해, 평양에 있는 사회과학학회 법학연구소장 전남영 박사는, 국제법 하에서의 일본의 책임에 관한 북조선 정부의 법적 해석을 설명했다.

69. 우선 첫째로, 20만 명의 조선인 여성을 군성노예로 강제적으로 징집했던 것, 그녀들에게 냉혹한 성적 폭행을 가하고, 그 후 태반의 여성을 살해한 것은 인류에 대한 범죄로 간주되어야 한다. 또 일본에 의한 조선반도의 병합은 합법적 수단으로 행해졌다고 생각되지 않고, (주12 특별보고자는 조선민주주의인민공화국이 1905년 '을사보호조약'과 1910년 '병합조약'이 법적으로 유효하다고 간주하지 않는다는 점을 지적한다.) 일본의 조선반도 주둔은 군사적 점령 상태로 간주되기 때문에 조선인 여성을 '위안부'로 강제적으로 징집한 것은 국제인도법 하에서의 범죄로 간주되어야 할 것이다. 왜냐하면, 이들의 범죄는 점령지에 사는 일반시민에 대해 행해진 것이기 때문이다. 둘째, '위안부' 제도의 설치, 특히 강제적 징집과 매춘의 강요는 1921년의 여성과 아동의 매매금지조약을 위반한 것이다. 일본은 1925년에 이 조약을 비준했다.

70. 제3의 주장은 '위안부'와 같은 군성노예제는 1926년의 노예조약에 명백히 위반된다는 것이었다. 이 조약은 당시의 관습국제법의 선언으로 간주되고 있다. 마지막으로, 군성노예제라는

행위는 또 1948년의 집단살해죄의 방지 및 처벌에 관한 조약(제노사이드 조약)에서 말해진 바인 제노사이드(집단학살)로 간주해야할 것이라는 견해도, 특별보고자에게 제시되었다. 이 조약도 1948년 이전부터 국제관습법의 규범으로서 널리 받아들여지고 있었다고 한다. 전남영 박사의 견해에 의하면, 일본이 행한 이러한 행위는 특정 국가, 민족, 인종, 종교집단을 파괴할 의도를 가지고 이루어진 것이었고, 그 집단 구성원의 신체 내지 정신을 손상시키고, 고의적으로 육체적 파괴를 초래할 생활조건을 집단적으로 부과하고, 집단 내에서의 출생을 저지할 의도를 가진 조치를 강구했다는 점에서, 제노사이드조약 2조에서 말하는 제노사이드(집단학살)에 해당하는 것이다.

71. 북조선 정부의 대표는 일본과 북조선 간에는 일본과 한국 사이와 같은 외교관계가 수립되어 있지 않다는 점을 지적했다. 따라서 양국 사이에는 '위안부' 문제만이 아니라, 노동자의 강제연행이라는 기타의 중요한 문제도 미해결인 채로 남아있고, 일본 정부가 주장하는 것 같이, 샌프란시스코 강화조약과 전쟁종결과 함께 맺어진 기타의 국제협정들에 의해 이미 해결되었다는 견해는 받아들이지 않는다.

72. 북조선 정부는 또 일본 정부의 공문서 서고에 지금도 보존되어있는 전체의 공문서와 자료를 모두 공개하도록 요구하고 있다. 일본은 이들 자료에 기초하여, '위안부' 제도 확립이라는 역사적 사실을 철저히 조사하고, 그에 따라 일본의 역사교과서와 커리큘럼을 개정해야 한다.

73. 보상 문제에 관해서는, 특별보고자에게는 구체적인 금액이나 기대되는 금액에 대해서 아무것도 자세히 말하지 않았다. 그러나 외무성 고관은 생존해 있는 소수의 피해자여성에 대한 개별적인 보상에 더하여, 일본 침략의 결과로 살해된 모든 사람들에 대해 보상을 지불하는 것이 북조선 정부로서의 요구라는 것을 확인하고 있다. 그러나 일본 정부가 생존해 있는 개개의 피해자에 더해, 북조선 정부에 대해서도 사죄하는 것이, 보상의 지불보다도 상징적인 의미로서 중요한 것이라고 지적한 고위관료도 있었다.

74. 마지막으로, 북조선 정부도 조사단이 방문 중에 만난 학자, 저널리스트, 피해자들과 마찬가지로 '여성을 위한 아시아평화 우호기금'에 강경하게 반대하고 거부한다는 의견을 밝혔다. 이 기금은 특히 "국가보상을 회피하기 위한 책략 내지 사기"로 해석되고 있는 것이다. 일본 정부가 이 기금을 설치하는 것으로써 과거에 범한 행위의 법적 책임을 면하려고 하는 것이라는 의사를 거듭 표명했다. 일본 정부가 이 기금을 설립하고 솔선하여 생존한 피해자에게 '속죄금(atonement money)'을 지불하기 위해 국민으로부터 자금을 모은다는 것은 '피해국'에 대한 모욕이라고 간주되고 있고, 동 기금의 즉시철회가 요구되고 있다.

75. 북조선에서 가진 모든 회합에서, 본 특별보고자와 UN이 관계 각국 정부의 중재자로서 활동하고, 일본 정부에 대해 그 책임을 인정하게 하고, 국제사법재판소를 통한 문제의 해결을 받아들이도록 권고하여 주기를 바란다는 강한 기대가 표명되었다.

76. 결론적으로, 본 특별보고자가 낼 수 있었던 결론은 군성노예제 문제의 해결을 위한 방법에 대해서는 북조선 사회의 모든 부문에서 거의 일치된 견해가 있고, 그러한 관점에서 일본 정부에 대한 요구가 이야기되고 있다는 것이다.

VI. 대한민국의 입장

77. 본 특별보고자가 대한민국(이하 한국)을 방문한 목적은, 생존해있는 여성피해자의 증언을 듣고, 옛 '위안부'의 다수를 대표하며 대단히 활발한 활동을 벌이고 있는 비정부조직의 네트워크와 함께 '위안부' 문제를 해결하기 위해 가능한 방법에 대해서 함께 이야기하고, 이 문제와 관련하여 일본 정부에 대한 한국 정부의 입장을 이해하는 것에 있었다.

78. 일본과의 관계에서 한국 정부는 북조선과 다른 입장에 서있는데, 그것은 전시에 일본에 의한 점령으로부터 생긴 청구권이 1965년의 한국과 일본의 양국 간 조약에 의해 처리되었기 때문이다. 하지만 이 1965년의 조약이 재산권청구만을 취급하고, 개인의 손해에 대해서는 규정하고 있지 않다는 것에 특별보고자는 주목했다. 특별보고자는 1965년 조약이 '위안부' 피해자에 대한 보상도 충분히 포함하고 있었다고 의견인지 어떤지 질문했다. 이에 대해서 공로명 외교부장관은 1965년의 한국과 일본 사이의 조약은 양국 간의 국교를 "정상화"한 것으로, 이에 기초하여 전시 중에 입은 재산의 손해는 일본 정부가 보상을 지불했다고 강조했다. 그 시점에서는 군성노예의 문제는 다루어지지(addressed) 않았다. 1995년 3월, 이 문제가 처음으로 공식적으로 다루어진 후, 한국의 김영삼 대통령은 '위안부' 문제에 관련하여 일본 정부에 어떠한 물질적인 보상도 요구하지 않을 것임을 공개적으로 보증했다.

79. 일본의 법적 책무에 관한 정부의 입장으로서는, 법무부와 검찰청의 고위관료들은, 본 특별보고자에 대하여 일본 정부에 50년 전에 범한 범죄에 대하여 보상해야 한다는 법적 책임이 있는지 어떤지, 또 전쟁종결 시에 체결된 양국 간 내지 국제조약이 '위안부' 문제도 처리한 것인지 어떤지에 대해서 결론을 내리는 것은 대단히 어렵다고 말했다. 하지만, 보상을 받을 수단으로서 개인이 일본의 민사재판소에 제소한 민사소송에 대해서는 전혀 반대의견을 말하지 않았다.

80. 이것과의 관련에서, 특별보고자가 본 바, 북조선 정부의 입장과는 반대로, 한국 정부는 지금까지 재정적 보상을 요구해오지 않았다. 또 정부는 '위안부' 희생자에 대한 보상을 요구해오지는 않았다고 해도, 생존해 있는 피해자의 권리를 지키는 비정부조직과 여성단체의 활동을 한국 정부가 지원하고 있다는 것에도 특별보고자는 주목했다. 이에 더해, 정부가 복지부를 통해 1993년에 '생활안정지원법'을 제정하여 옛 '위안부'들에게 무료 의료를 제공하고 생활비를 지급하는 등, 그녀들을 보호하고 있는 점은 본 특별보고자가 만족하는 바이다.

81. 또 한국 정부가 '위안부' 제도에 관해 현존하는 자료와 사실을 공개하도록 공식적으로 요구한 것도, 본 특별보고자에게 전해졌다.

82. 이에 추가하여, 특별보고자는 "여성피해자의 명예를 회복하기 위해" 예를 들면 생존하는 여성피해자 전원에게 일본의 수상이 개인적인 서한을 보내는 방법으로, 일본에 의한 공식적인 사죄도 요구되고 있다는 사실도 알게 되었다.

83. '여성을 위한 아시아평화 우호기금'의 설치에 관한 한국 정부의 입장에 대해서는, 한국 외교부장관은 본 특별보고자에게 이 기금은 한국과 피해자의 요망에 응하려고 하는 일본 정부의 성실한 노력이라고 생각한다고 말했다. 그러나 이 분야에서의 비정부조직의 활동을 지지하고 있고, 그 요구가 만족되기를 기대하고 있다고도 말했다.

84. 한국을 방문하고 있는 동안, 특별보고자는 정부의 신중한 입장과는 반대로, 기타 부문 즉 정치가나 학자, 비정부조직의 대표, 여성피해자들 자신이 지극히 강경한 요구를 하고 있는 사실에 주목했다.

85. 국회의 여성에 관한 특별위원회의 위원장과 기타의 의원을 포함하여, 국회의원이 특별보고자에게 전한 바에 따르면, 국회의 외교위원회는 일본 정부에 대해 군성노예제에 관련한 범죄행위의 국가책임을 인정하고, 공식적으로 사죄하고, 그에 상당하는 보상을 지불하도록 의견을 제기할 것을 정부에 권고했다. 그에 더하여 역사교과서의 개정과 전체 여성피해자를 기념하는 추도비의 건립을 요망하는 의견도 나왔다.

86. 이 외에, 특별보고자는 '위안부' 문제에 관계되는 비정부조직과 여성단체의 대표와 폭넓게 만날 기회를 가졌다. 특히 한국정신대문제대책협의회, 한국태평양전쟁희생자유족회 및 대한변호사협회는 본 특별보고자에게 중요한 정보를 제공했다.

87. 이들 시민조직의 입장은 생존하는 피해자 본인들의 요구를 밀접히 반영하고 있고, 이하의 요구가 포함되어 있다. 일본 정부에 의한 공식적 사죄, 전쟁범죄를 범한 것에 대한 국가책임을 인정하고 "모든 옛 위안부 여성의 명예와 존엄을 회복"하는 것, 이 문제에 관련되는 문서와 자료를 모두 공개하는 것, 일본 정부에 의한 개개의 생존자에 대한 보상 지불, 그리고 일본 정부가 특별입법을 하여 일본의 지방재판소에 제소된 민사소송을 통해 개인의 보상청구를 해결할 수 있도록 하는 것.

88. 특별보고자는 또한 비정부조직의 대표에게 '여성을 위한 아시아평화 우호기금'에 대한 의견을 물었다. 이 그룹도 민간에서 기금을 모으는 것을 일본 정부가 국가책임을 면하기 위한 방법으로 이해하고 있었고, 무조건적인 철회를 요구하고 있다. 보상을 위해 개인과 시민사회의 이러저러한 영역에서 모금을 한다는 점이 피해자 자신이나 그들을 옹호하는 사람들에게도 가장 큰 곤란을 야기하고 있다고 특별보고자는 전해 들었다.

89. 또한 국제적 역할을 수행하는 기관인 UN이 이 문제에 대해 적절한 해결을 할 것을 반복적으로 요청받았고, 그 일례로서 국제사법재판소 내지 상설중재재판소를 통한 해결이 제기되었다.

90. 또 한 가지 흥미로운 것은, 1995년 3월, 한국노총이 국제노동기구(ILO)에 대하여 그 통보 메카니즘을 통해, '위안부'가 성노예로서의 노동에 대한 보수를 받지 않았음을 알리고, 강제노동의 고발에 기초하여 '위안부' 문제의 해결을 요구한 사실이 있다는 점이다.

VII. 일본 정부의 입장 -법적 책임-

91. 일반적으로 국제법 하에서는 피해자의 권리와 가해자의 범죄책임이 인정되는 일은 거의 없다. 하지만 이러한 권리와 책임은 현대의 국제법, 특히 국제인도법의 분야에서는 불가결한 부분이다.

92. 본 특별보고자의 일본체류 중, 일본 정부는 옛 '위안부' 및 그녀들을 대신하여 국제사회가 제기하는 요구에 대한 일본 정부의 논의가 쓰여 있는 문서를 특별보고자에게 제출했다. 일본 정부는 피해자에 대해서 법적으로 강제되어야 할 어떠한 것도 없고, 단지 도의적 책임밖에 없다고 생각하고 있다. 그러나 일본 정부는 제2차 세계대전 중 군성노예제 하에 놓였던 여성에 대하여 법적으로도 도의적으로도 책임이 있다고 하는 것이 본 특별보고자의 생각이다.

93. 일본 정부는 1994년 8월, "위안소의 설치, 관리 및 위안부의 이송에 대해서는 구 일본군이

직접 또는 간접적으로 관여했다"고 인정했다. (주13 1993년 8월의 내각 관방장관 담화.) 제2차 세계대전 중에 '위안부'를 징집하고 연행한 것을 인정한 것이다. 또 군관계자가 여성들의 의지에 반하여 행해진 징집에 직접 관여한 것도 인정했다. (주14 상동.) 또 "본 건은 다수의 여성의 명예와 존엄을 깊이 손상시킨 문제다"라고도 언명했다. (주15 상동.)

94. 한국과 일본 방문 중에 비정부조직이나 학자가 제공한 문서로부터 제2차 세계대전 중의 위안소의 설치, 그 이용과 운영 및 관리와 규제에 있어서, 일본제국군의 책임이 있음은 명백하다는 것을 알 수 있었다. 위안소에 관하여, 일본제국의 장교에 의하여 명령이 내려갔다는 것을 말해주는 자세한 문서가 제공되었다. 명령 원문의 복사본도 제공받았는데, 거기에는 위안부의 징집과 이송을 요구하는 전선 장교의 특별한 요청이 쓰여 있다. (주16 본 특별보고자에게 제출된 요시미 요시아키의 문서를 보라. 그것은 요청을 하면 제공될 수 있다.) 또한 일본 정부는 '위안부'에 관하여 정부가 관리하는 자료는 모두 공개되었다고 특별보고자에게 전했다.

95. 위안소에 있었던 여성들은 대부분 의지에 반하여 연행되어졌다는 것, 일본제국군은 대규모의 위안소 네트워크를 설치하고, 규제하는 동시에 관리하고 있었다는 것, 위안소에 관해서 책임은 일본 정부에 있다는 것에 대해서, 본 특별보고자는 절대적인 확신을 얻었다. 그에 더하여 일본 정부는 국제법 하에서 이것이 시사하는 바에 대해서 책임을 질 준비를 해야 한다.

96. 일본 정부의 주장에 따르면, 1949년 8월 12일에 체결된 제네바조약과 기타의 국제법 문서는 2차 세계대전 당시에는 존재하지 않았고, 따라서 동 정부에는 국제인도법 침해의 책임이 없다고 한다. 이 점에서 특별보고자는 구 유고슬라비아 국제형사법정 설치에 관한 사무총장보고서 (S/25704)의 제34절과 35절에 이하와 같이 쓰여 있는 점에 대해 일본 정부의 주의를 환기시키고 싶다.

> "사무총장의 견해로는 "법 없이 범죄 없다"는 원칙을 적용하기 위해서는, 국제법정에서 의심할 여지없이 관습국제법의 일부인 국제인도법의 규칙을 적용해야하고, 그 결과, 특정한 조약에 대해서 전체의 국가가 아니고 일부의 국가만이 준수한다는 문제가 생기게 된다...
>
> 의심할 것도 없이 국제관습법의 일부가 된 통상적인 국제인도법의 그 부분은 무력분쟁에 적용 가능한 법이고, 전쟁피해자의 보호를 위한 제네바조약(1949년 8월 12일), 육전의 법규례에 관한 헤이그 제IV조약 및 그 부속규칙(1907년 10월 18일), 집단살해죄의 방지 및 처벌에 관한 조약(제노사이드 조약, 1948년 12월 9일) 및 국제군사법정조례(1945년 8월 8일)에 구체화되어 있다."

97. 사무총장에 의해, 본 특별보고자는 국제인도법의 어느 측면은 의심할 바 없이 관습국제법의 일부이고, 국가는 특정한 조약의 조인국이 아니더라도 이들 국제인도법을 위반한 책임을 부여받는다고 생각한다.

98. 제네바 제4조약 제27조는 전시 하의 강간을 국제전쟁범죄라고 하는 원칙을 유지하고 있다. 동 조항은 "여성은, 그 명예에 대한 침해, 특히 강간, 강제매춘, 기타 모든 종류의 성추행 행위로부터 특별한 보호를 받아야 한다"고 하였다. 전장에서 군대 안의 부상군인의 상태개선에 관한 제네바조약은 1929년에 시행되었고, 일본이 비준하지 않았지만, 제3조에서 다음과 같이 명확히 서술하고 있다. "포로는, 그 자신 및 명예를 존중받을 권리가 있다. 여성은, 그 성(性)에 적합한 모든 배려로써 취급되지 않으면 안 된다. ......"

99. 국제군사법정조례 6조 (C) 및 도쿄법정조례 제5조는 전쟁 전 내지 전시 중에 민간인에 대해 행해진 살인, 몰살, 노예화, 추방, 기타의 비인도적 행위를 인류에 대한 범죄로 정의하고 있다.

100. 이것과 관련하여, 국제법위원회가 제46기 회기의 활동보고서에서 이하와 같이 서술하고 있는 것은 중요하다. "위원회는, 관습국제법 상의 전쟁범죄라는 범주가 존재한다는 광범위한 견해에 동의한다. 그 범주는 1949년 제네바 제 조약의 중대한 위반의 범주와 동일하지 않지만, 중복된다" (주17 국제법률위원회 제46회기 보고, '제49기 총회 공식기록 부록 1', Report of the International Law Commission on the work of its forty-sixth session, Official Records of th General Assembly, Forty-ninth session, Supplement No. 10(A/149/10), paral 10, p. 74.)

101. 1949년 제네바 제 조약이 시간적 적용제한의 원칙 때문에 관습국제법의 증거가 되지 않는다고 간주되고 또 일본이 조인하지 않고 있었기 때문에 1929년 제네바조약은 적용할 수 없다고 간주되었다고 할지라도, 일본은 1907년 육전의 법규관례에 관한 헤이그조약의 체결국이다. 모든 교전국이 조약의 체결국이 아닌 경우는 (제2조) 동 규칙은 적용되지 않지만, 그 조항은 당시 기능하고 있었던 관습국제법의 명백한 실례이다. 헤이그규칙 제46조는 국가는 가(家)의 명예 및 권리를 보호할 책무가 있다고 하고 있다. 가(家)의 명예에는, 가(家)의 여성이 강간과 같은 굴욕적인 행위를 당하지 않을 권한도 포함된다고 해석되고 있다.

102. 1904년의 '국제매춘부 매매단속 협정', 1910년의 '매춘부 매매금지 조약', 1921년의 '여성과 아동의 매매금지 조약'을 일본은 비준했다. 그러나 일본은 1921년 조약의 특권을 행사하여 조선을 이 조약의 적용범위에 추가하지 않는다고 선언했다. 하지만, 이것은 조선인 이외의 '위안부'는 모두 이

조약 하에서 일본이 그 책무를 위반했다고 주장할 권리가 있다는 것을 의미한다. 국제법률가위원회(주18 U. Dolgopol and S. Parajape, 위안부: 끝나지 않은 시련 Comfort Women: an Unfinished Ordeal, International Commission of Jurists, Geneva, 1994.)는 많은 경우에 보이는 것처럼, 조선인 여성을 조선반도로부터 일본으로 일단 데려가면, 이 조약은 그녀들에게도 적용할 수 있다고 주장하고 있다. 또 이 조약은 당시의 관습국제법의 증거라고 하는 주장도 있다.

103. 일본 정부는 특별보고자에게 인도한 문서 속에서, 예를 들면 국제법상의 책임이 존재한다고 해도, 이들의 책임은 배상 및 청구권의 처리를 취급한 샌프란시스코 강화조약(주19 Putchard and Zaide (eds.), 도쿄전범재판 The Tokyo War Crime Trial, vol. 20, New York, Garland, 1981.) 및 기타 양국 간 평화조약이나 국제협정에 의해 이미 해결을 마쳤다고 말하고 있다. 이들의 협정에 의해 일본 정부는 성실하게 그 책무를 수행했고, 전체의 배상과 청구권문제는 상기 협정의 체약국과 일본 사이에서 이미 처리되었다고 하는 것이 일본 정부의 주장이다.

104. 게다가 일본 정부는 특별보고자에게 인도한 문서에서, 재산 및 청구권에 관한 문제의 해결 및 경제협정에 관한 일본국과 대한민국과의 협정(1965년 10월)(주20 Uniteed Nations 조약 시리즈 Treaty Series, vol. 583, No. 8473, p.258.) 에서 "양 체약국 및 국민의 재산, 권리 및 이익에 관한 문제는...완전히 그리고 최종적으로 해결된 것"임을 확인하고 있다고 주장한다. 제II조 (3)은 "일방의 체약국 및 그 국민의 재산, 권리 및 이익... 타방 체약국의 관할 하에 있는 것에 대한 조치...에 관해서는 어떠한 주장도 할 수 없는 것으로 한다"고 하였다. 일본 정부는 실체로 총액 5억 달러가 지불되었다고 지적한다.

105. 기본적으로 전체의 청구권은 양국 간 제 조약으로 해결되었고, 일본은 개개의 피해자에게 보상을 지불하도록 법적으로 구속되어져 있지 않다는 것이 일본 정부의 확고한 입장이다.

106. 일본 정부는 또한 샌프란시스코 강화조약(1951년)의 제14조 (a)에 이하와 같이 씌어져 있다고 지적한다. "일본국은 전쟁 중에 낳은 손해와 고통에 대하여, 연합국에 배상을 지불해야 하는 것을 인정한다. 그러나 또 존립 가능한 경제를 유지해야한다면, 일본국의 자원은 일본국이 전기(前記)의 모든 손해와 고통에 대해 완전한 배상을 하고, 또 동시에 다른 채무를 이행하는 데는 현재 충분하지 않다는 것을 인정한다...."

107. 국제법률가위원회는 1994년에 발표한 '위안부'에 관한 조사보고(주21 Dolgopol and Parajape, op. cit. p. 168.) 속에서, 일본 정부가 언급하는 제 조약들은 비인도적 처우에 대해 개인이

행사하는 청구권을 포함하려는 의도가 전혀 없다고 쓰고 있다. '청구권'이라는 말은 불법행위에 의한 청구권을 포함하지 않으며, 또 합의의사록 또는 부속의정서에서도 그것이 정의되어 있지 않다고 국제법률가위원회는 말한다. 또한 전쟁범죄 및 인류에 대한 범죄로부터 생기는 개인의 권리의 침해에 관해서는 조금도 교섭은 이루어지지 않았다고도 주장한다. 그리고 국제법률가위원회는 대한민국의 경우, 일본과의 1965년 협정은 정부에 대해 지불되는 배상에 관련되는 것이기 때문에, 그가 입은 손해에 기초한 개인의 청구권은 포함되어 있지 않다고 단언한다.

108. 본 특별보고자는 샌프란시스코 강화조약도, 양국 간 조약도, 일반적인 인권 침해, 그리고 특히 종군성노예제에는 관계되는 것이 아니라는 의견이다. 당사국의 '의도'는 '위안부'에 의해 제기된 구체적인 청구를 대상으로 하지 않았고, 이들 조약은 일본에 의한 전쟁행위 당시의 여성의 인권침해에 관한 것도 아니었다. 따라서 이들의 제 조약에는 구(旧) 군성노예에 의한 청구는 포함되어져 있지 않고, 결과적으로 발생한 국제인도법 위반의 법적 책임이 일본 정부에 남아 있다고 하는 것이 본 특별보고자의 결론이다.

109. 일본 정부가 특별보고자에게 제출한 문서에 서술된 바에 의하면, 국제법의 통상의 논리에 따를 때, 조약에서 인정되지 않는 한, 국제법은 원칙적으로 제 국가간의 관계를 규율하는 것이고, 개인은 국제법상의 권리의무의 주체가 될 수 없다.

110. 본 특별보고자의 견해로는, 국제인권문서(International human rights instrument)는 국제법이 인정하는 개인 권리의 실례이다. 예를 들면, UN헌장 제1조는 "인권 및 기본적 자유를 존중하도록 조장·장려할 것"에 대한 협력을 UN의 목적의 하나로 말하고 있다. 세계인권선언은 국제인권규약과 함께 국가에 대한 관계에서 개인의 권리를 정의하고 있고, 따라서 개인은 종종 국제법의 보호를 받을 권리가 있는 주체가 된다는 사실을 또한 뒷받침한다.

111. 일본 정부는 또한, 위반자를 소추하고 처벌할 국제법상의 의무에 대해서 논하는 국제인권조직에 대해 우려를 표명했다. 이것은 국가의 일반적 의무가 아니라고 하는 이해가 있다. 처벌하지 않는다는 문제는 본질적인 문제로서 인정되지 않는다. 그러나 제2차 세계대전 후에 열린 뉘른베르크 법정이나 도쿄 법정도 전쟁범죄를 범한 자에 대해 일반적인 면책을 주지 않았다. 전쟁범죄를 이유로 개인을 소추하는 것은 국제법 하에서 지금도 존재하고 있는 가능성이다.

112. 군대의 성원은 적법한 명령에만 따를 의무가 있다는 것도 유의할 필요가 있다. 그들은 명령에 따른 경우라고 할지라도, 전쟁에 관한 규칙 및 국제인도법을 위반하는 행위를 범한 책임을

면할 수 없다.

113. 앞에서 서술한 것과 같이, 인류에 대한 범죄는 전쟁 전 또는 전쟁 중에 행해진 살인, 몰살, 노예화, 추방 및 기타의 비인도적 행위로 정의되고 있다. '위안부'의 경우에 나타나고 있는 여성과 소녀의 유괴나 조직적 강간은 명확히 민간인에 대한 비인도적 행위이고, 인류에 대한 범죄를 구성한다. 위안소의 설치와 운영에 책임이 있는 자들을 소추하는 데 착수하기 위해, 상당한 주의·배려를 하는 것은 일본 정부에 달려있다. 시간이 경과하고, 정보가 부족하기 때문에 소추는 곤란할지도 모르지만, 그럼에도 불구하고, 가능한 한, 소추를 시도하는 것이 일본 정부의 의무이다.

114. 일본 정부의 의견에 따르면, 개인은 국제법 하에서 어떠한 권리도 없고, 개인에게는 국제법상의 보상에 대한 권리는 없고, 보상과 같은 어떠한 형태의 배상도 국가 간에만 존재한다.

115. 세계인권선언 제8조는 "어떠한 사람도, 헌법 및 법에 의해 부여된 기본적 권리를 침해하는 행위에 대해 권한 있는 국내법정에 의한 효과적인 구제에 대한 권리가 있다"고 명기하고 있다. 국제인권규약(시민적 및 정치적 권리에 관한 규약) 제2조 제3항은 개인의 효과적 구제에 대한 권리를 국제규범으로 하기 위해 효과적 구제를 추구하는 사람은 어떠한 사람도 권한 있는 사법·행정·입법 당국에 의해, 또는 체약국의 법적 제도에 의해 정해진 기타의 권한 있는 당국에 의해, 결정을 받을 권리가 있어야 한다고 하였다.

116. 모든 인권문서도 국제인권법 위반에 대한 효과적 구제의 문제를 취급하고 있다. 권리가 침해된 개인 및 집단은 보상에 대한 권리를 포함하여 효과적 구제에 대한 권리가 있다고 인정하고 있는 것이다.

117. 국제법 하에서 적절한 보상을 얻을 권리도 넓게 인정되어진 원칙이다. 본 특별보고자가 앞의 예비보고에서 주목한 바와 같이, '호르조 공장 사건'(**편집자주** : 폴란드가 독일 기업이 소유한 호르조 공장을 몰취한 것이 불법이라는 원 사건의 판결을 이행하기 위한 방안이 쟁점이 된 사건)은 구체적으로 명확한 손해액을 확정할 수 없어도, 협정위반이라면 책무가 생긴다는 법원칙을 확립했다. (주22 상설국제사법재판소 Perment Court of International Justice(P.C.I.J.), Sect. A, No. 17, p. 29)

118. 인권위원회도 또한 개인의 보상에 대한 권리라는 문제를 명확히 하는 것에 관심을 표시하고 있다. 동 위원회의 결의 1995/34는 '차별병지 및 소수자보호 소위원회'에 대하여 기본적 자유와 중대한 인권침해의 피해자의 원상회복, 보상 및 리헤빌리테이션(갱생, 재활)에 대한 권리에 관하여

동 소위원회의 특별보고자가 정리한 최종보고서(ECN. 4/Sub. 2/1993·8, chap. IX)의 기본적 원칙과 가이드라인을 고려할 것을 촉구했다.

119. 이 보고서의 제14항에서 특별보고자는 "중대한 인권침해의 결과로서, 종종 개인과 집단 쌍방이 피해자가 되는 것은 부정할 수 없다"고 서술하고 있다. 또한 현행 국제법의 틀 속에서도 효과적인 구제와 보상에 대한 개인의 권리에 대하여 상세하게 논하고 있다. 세계인권선언, 국제인권규약, 인종차별철폐조약, 아메리카인권조약, 인권과 기본적 자유의 보호를 위한 구주조약, 고문금지조약, 강제적 실종으로부터의 모든 사람들의 보호에 관한 선언, 독립국 내의 원주민 및 부족민에 관한 ILO169호 조약 및 아동의 권리 조약이 모두 동 보고서에 인용되어 있다. 이들 국제문서는 국제법상 개인이 효과적 구제와 보상에 대한 권리를 가진다는 것을 인정하는 동시에 받아들이고 있다.

120. 중대한 인권침해 피해자에 대한 배상에 관한 기본원칙과 가이드라인을 제안하는 가운데, 동 특별보고자는 다음과 같이 서술한다. "인권 및 기본적 자유를 존중하고 또 그 존중을 보증할 국제법상의 의무를 위반한 경우에는, 모든 국가가 피해회복을 행할 의무를 진다. 인권의 존중을 보증할 의무에는, 위반행위를 방지할 의무, 위반행위를 조사할 의무, 위반행위자에 대해 적절한 수단을 취할 의무, 피해자에게 구제를 제공할 의무가 포함된다"(주23 E/CN.4/Sub.2/1993/8, p. 56, para. 2.)

121. 기본적 원칙과 가이드라인의 제안에서는, 배상은 피해자의 필요와 요망에 부응하고, 피해의 중대성에 비례하여야 하며, 동시에 원상회복, 보상, 리헤빌리테이션, 만족 및 재발은 없다는 보증이 포함되어야 한다고 되어 있다. 이들 배상의 형태는 이하와 같이 정의된다.

(a) 원상회복은 인권침해 이전에 피해자를 위해 존재하고 있었던 상황을 회복하는 것이며, 특히 자유, 시민권 또는 거주권, 고용 및 재산의 회복을 필요로 한다.

(b) 보상은 인권침해의 결과 생긴 경제적으로 평가할 수 있는 손실에 적용되는 것으로, 육체적 내지 정신적 손해, 고통과 괴로움과 정서적 고충, 교육 등 기회의 상실, 수입과 수입능력의 상실, 리헤빌리테이션을 위한 적정한 의료와 기타의 비용, 재산과 사업상의 손해, 사회적 평판과 존엄에 대한 피해, 및 구체를 얻기 위한 법적 또는 전문적 원조에 수반하는 적정한 비용과 보수를 포함한다.

(c) 리헤빌리테이션은 법적, 의학적, 심리학적 돌봄, 기타의 돌봄, 및 피해자의 존엄과 사회적 평판을 회복하기 위한 조치를 제공하는 것을 의미한다.

(d) 만족과 재발이 없을 것이라는 보증에는 계속적 침해의 정지, 사실의 증명과 진상의 전면적 공개, 사실을 공적으로 인정하고 책임을 받아들이는 것을 포함하는 사죄, 침해에 책임이 있는 사람을 제소하는 것, 피해자를 추도하고 경의를 표하는 것, 교육의 커리큘럼과 교재에 인권침해에 관한 정확한 기록을 담는 것이 포함된다. (주24 상동, p. 57, paras. 9 to 11)

122. 배상은 직접적인 피해자, 그리고 적절한 경우에는 육친, 부양가족 또는 직접적인 피해자와 특별한 관계에 있는 기타의 개인이 청구할 수 있다는 것을 본 특별보고자는 덧붙여 둔다. 또 개인에게 배상을 제공하는 것과 아울러, 국가는 피해자들의 집단이 집단적으로 청구를 하고, 집단적으로 배상을 받을 수 있도록 하지 않으면 안 된다.

123. 일본 정부의 기본적 주장은 법적 책임을 주장하려는 시도는 과거의 행위로 소급적용을 하는 것을 의미한다고 하는데, 이것에 대해서 국제인도법은 관습국제법의 일부라고 하는 반론이 있다. 이 점에서 국제인권규약(자유권규약) 제15조 (2)에 서술되어 있는 것을 지적해 두고 싶다. "이 조항의 어떠한 규정도, 국제사회가 인정하는 법의 일반원칙에 의해 그 실행 당시에 범죄가 되고 있었던 작위 또는 부작위를 이유로 재판하고 또 처벌하는 것을 가로막지 않는다."

124. 시효가 있다든가, 제2차 세계대전 후 이미 50년 가까이 경과했다고 하는 주장도 적절하지 않다. 피해자의 권리 존중의 입장으로부터, 범죄에 관한 법, 정책 및 관행은 시효를 인정하지 않는 것이다. 이것과 관련하여 원상회복의 권리에 관한 특별보고자는 그의 보고서에서 이렇게 쓰고 있다. "인권침해로 인해 존재하는 실효적 구제가 없는 기간에 관해서는 시효가 적용되어서는 안된다. 중대한 인권침해의 청구권에 관해서는 시효에 따르는 것이 되어서는 안 된다." (주25 상동., p. 58, para. 15.)

VIII. 일본 정부의 입장 -도의적 책임-

125. 제2차 세계대전 중의 '위안부'의 존재에 대하여, 일본 정부는 법적 책임을 받아들이고 있지 않은데, 많은 발언을 보면 도의적 책임은 인정하고 있는 것으로 생각된다. 본 특별보고자는 이것은 환영할만한 실마리라고 생각한다. 일본 정부가 본 특별보고자에게 인도한 문서에는 소위 '위안부' 문제에 대해 도의적 책임을 받아들이는 발언과 호소문이 포함되어 있다. 고노 요헤이 관방장관이 1993년 8월 4일에 행한 담화는 위안소의 존재를 인정하고, 위안소의 설치 및 운영에 구 일본군이 직접, 간접으로 관여했던 것, 그리고, 민간업자가 했다고 해도 군의 요청을 받아서 했던 것이라는 점을 받아들이고 있다. 이 담화는 또한 많은 경우, '위안부'는 그 의사에 반하여 모집되었고 위안소에서는 "강제적인 분위기" 속에서 생활해야 했다는 것도 인정하고 있다.

126. 일본 정부는 "그 출신지의 여하를 묻지 않고,... 많은 고통을 경험하고, 심신에 걸쳐 치유하기 어려운 상처를 입은 여러 분들 모두에 대해서 마음으로부터 사죄와 반성의 마음을 말씀드린다"고 하였다. 일본 정부는 이 담화에서 "우리는 역사연구와 역사교육을 통해서 이와 같은 문제를 영원히 기록에 남기고, 같은 잘못을 결코 반복하지 않겠다는 굳은 결의"를 표명했다.

127. 일본 정부는 또한 한국의 노태우 대통령과 일본의 미야자와(宮沢) 총리와의 협의의 결과로서, 특별조사를 위탁했다. 구 군관계자와 옛 '위안부'는 일본 정부에 의한 상세한 청취조사에 출석했다. 경찰청 및 방위청을 포함한 중요한 정부시설도 이 조사의 대상이 되었다.

128. 1992년 7월 5일, 일본 정부는 그 시점까지 행해진 조사의 결과를 발표하고, 그 문서는 본 특별보고자에게도 인도되었다. 거기에는 "각지에서의 위안소의 개설은 당시의 군 당국의 요청에 의한 것"이라고 쓰여 있다. 또 "위안소의 존재를 확인할 수 있는 나라 또는 지역은 일본, 중국, 필리핀, 인도네시아, 말라야(당시), 타이, 버마(당시), 뉴기니아(당시), 홍콩, 마카오 및 프랑스령 인도지나(당시)이다"라고 한다. 일본 정부는 일본군이 직접 위안소를 운영하였던 사실을 인정했다. "민간업자가 운영하고 있었던 경우에도, 구 일본군이 그 개설허가를 준다든가, 위안소의 시설을 정비한다든가, 위안소의 이용시간, 이용요금과 이용에 있어서의 주의사항 등을 담은 위안소 규정을 작성하는 등, 구 일본군은 위안소의 설치와 관리에 직접 관여했다."

129. 동 문서는 또한 "위안부들은 지역에서는 항상 군의 관리 하에 있어서 군과 함께 이동해야 했고, 자유도 없고, 고통스러운 생활을 강요받았다"고 쓰고 있다. 이 조사의 결론은 모집은 민간업자가 하는 경우가 많았는데, 그 업자는 "혹은 감언을 하고, 혹은 겁박을 주는 등의 형태로" "본인들의 의향에 반하여" 모집하는 수단을 취했다는 것이다. 또 행정당국자와 군 관계자가 직접 모집에서 참여한 경우도 있다고 말하고 있다. 마지막으로 이 조사는 일본군이 '위안부'의 이송을 승인하고, 편의를 도모하고, 또 일본 정부가 신분증명서를 발행했다고 말하였다.

130. 일본 정부의 당국자는 하나하나 자책의 마음을 표명해왔다. 1994년 8월 31일자의 담화에서 무라야마 수상은 "이른바 종군위안부 문제는 여성의 명예와 존엄에 깊이 상처를 준 문제이고 나는 이 기회에 다시 한 번 마음으로부터의 깊은 반성과 사과의 마음을 말하고 싶다"고 말했다. 같은 맥락에서 무라야마 수상은 제2차 세계대전 후 50주년에 즈음하여 평화우호교류계획을 발족시킨다고 공표했다. 이 계획을 통해 국민이 "과거의 역사를 직시"할 수 있도록, 연구를 지원하고 아시아역사자료센터를 설립하고 싶다고 말했다. 그것은 일본과 아시아 지역 제 국가와의 대화와 상호이해를 촉진하는 교류계획의 추진에 연결될 것이다. 이 계획은 특히 '위안부' 문제를 목적으로

하는 것은 아니지만, 수상의 "침략행위에 대한, 깊은 반성의 마음"에 기초한 것이라고 하였다.

131. 마지막으로, 이가라시 관방장관은 1995년 6월 14일의 담화에서, 무라야마 수상의 발언에 후속하는 형태로, 여당의 전후 50년 문제 프로젝트에 대한 협의에 기초하여, 그리고 과거의 '반성'의 입장에 서서, '여성을 위한 아시아평화 우호기금'을 설치하는 시도가 있을 것이라고 말했다. 이 수상관저의 책임 있는 고위관료는 본 특별보고자에게 이 기금의 활동을 상세히 설명하고, 생존하는 여성피해자에 대한 보상의 지불에 그치지 않는 주요한 목적으로서 이하를 거론했다.

(a) 옛 전시성노예의 고통에 대해 일본국민으로서 '속죄(atonement)'를 행하기 위해 민간으로부터 기금을 모으는 것.

(b) 의료, 복지 등 옛 '위안부' 피해자에게 유익한 프로젝트를 정부의 자금과 기타의 자금으로 지원하는 것.

(c) 기금 프로젝트의 실시를 통해 정부는 모든 옛 '위안부'에 대한 반성과 진지한 사과의 마음을 표시하는 것.

(d) 과거의 '위안부' 제도에 관한 역사자료를 모아 "역사의 교훈으로 유용하게 사용한다"는 것. 본 특별보고자가 알 수 있었던 바로서는, 이들 자료와 기타 근대아시아 역사에 관한 문서는 지금 제안된 아시아역사자료센터에서 공개하고 있다.

(e) 아시아지역 특히 '위안부' 피해자가 연행된 제국의 비정부조직이 인신매매와 매춘 등 현대의 여성에 대한 폭력의 철폐를 지향하는 제 분야에서 지금 추진하고 있는 프로젝트들을 지원하는 것.

132. 본 특별보고자는 이 기금을 민간에서 모으는 목적에 대하여 질문했다. 이에 대해, 1995년 6월 14일 이가라시 관방장관 발언 속에 있는 것 같이, 기금설치는 일본 정부가 일본 국민과 함께 "사과와 반성의 마음을 ... 나누기 위해 폭넓은 국민 참여의 길을 함께 찾아가고 싶다"고 말한 의미로 해석되어야 한다고 그들은 내게 말했다. 또한, 이 기금은 '위안부' 문제와 관계가 있는 제 국가와 지역과의 상호이해를 촉진하고, 아울러 일본 국민이 "과거를 직시하고, 이것을 후세에 바르게 전한다"는 의도를 갖고 있다. 바로 이러한 이유로, 정부는 기금 설치를 위해 민간에서 모금하는 것으로 결정하였던 것이다. 정부 자신도 5억 엔(약 570만 달러)을 투입하는데, 이것은 기금의 운영비 및 상기의 여성피해자를 위한 의료, 복지계획에 사용될 것이다.

133. 본 특별보고자는 일본에서 돌아온 후, 일본 정부로부터 추가적인 정보를 받았는데, 그에 의하면 본 보고서를 집필하고 있는 바로 그 시기에, 민간에서 약 100만 달러의 모금이 모였고, 그것도 태반이 개인으로부터 온 것이라고 한다. 또 노동조합, 기업 및 민간기관이 모금에 협력할 것이라고 기대하고 있다는 것, 기금은 비영리단체로서 법인격을 갖게 된다고도 들었다.

134. 상기에 비추어 볼 때, 이 기금은 '위안부'의 비운에 대하여 일본 정부가 도의적 책임을 표명하기 위해 창설된 것이라고 본 특별보고자는 생각한다. 그러나 이것은 이 여성들의 상황에 대한 어떠한 법적 책임도 부정하는 의미를 명확히 표명하는 것이고, 민간으로부터 모금하고자 하는 것에는 그러한 의미가 반영되어 있다. 본 특별보고자는 도의적 관점에서 이 기금 설치를 환영하지만, 그러나 그것이 국제법상의 '위안부' 문제에 대한 법척 청구를 면하게 해주는 것은 아니다.

135. 본 특별보고자는 일본 정부가 '국제부인(여성)개발기금'에 의한, 여성 폭력에 관한 활동계획에 공헌할 의도가 있다는 정보를 받았고, 그에 대해 관심을 갖고 있다는 것을 여기에 기록해두고 싶다. 이것은 가장 환영할 만한 일이고, 여성에 대한 폭력의 피해자를 보호한다는 일반원칙에 대한 일본 정부의 서약을 나타내는 것이다.

IX. 권고

136. 본 특별보고자는 당사국 정부와 협력한다는 정신에 기초하여 임무를 수행하고, 여성에 대한 폭력, 그 원인과 결과라는 폭넓은 틀 속에서 전시 군성노예제의 현상을 이해하려는 목적을 위하여, 이하와 같이 권고하고자 한다. 특별보고자와의 토의에 있어서, 구 일본군에 의해 행해진 아직까지 생존해 있는 소수의 군성노예제 여성피해자에게 정의를 가져다줄 의욕과 솔직함을 표시한 일본 정부에, 특별보고자로서 특히 협력을 기대하는 바이다.

A. 국가 차원에서

137. 일본 정부는 이하를 행해야 한다.

(a) 제2차 세계대전 중에 일본제국군에 의해 설치된 위안소 제도가 국제법의 의무의 위반이라는 것을 인정하고, 또한 그 위반의 법적 책임을 받아들일 것.

(b) 일본군 성노예의 피해자 개인들에게 인권과 기본적 자유의 중대 침해 피해자의 원상회복,

배상 및 리헤빌리테이션(갱생, 재활)의 권리에 관한 차별방지소수자보호소위원회의 특별보고자가 말한 원칙에 따라 보상금을 지불할 것. 피해자의 다수가 고령이기 때문에 이 목적을 위해 특별한 행정심사회를 단기간 내에 설치할 것.

(c) 제2차 세계대전 중의 일본제국군의 위안소와 기타의 그와 관련되는 활동에 관해 일본 정부가 보존하고 있는 전체의 문서와 자료의 완전 공개를 보증할 것.

(d) 자신의 실명을 밝히고 앞장섰으며, 일본군 성노예 여성피해자이라는 것이 증명되는 여성 개개인에게 서면에 의한 공적 사죄를 할 것.

(e) 역사적 현실을 반영하도록 교육의 커리큘럼을 개정하고, 이 문제에 대한 의식을 높이는 것.

(f) 제2차 세계대전 중에 위안소를 위한 모집과 제도화에 관여한 자를 가능한 한 특정하고, 또한 처벌하는 것.

B. 국제적 차원에서

138. 국제적 차원에서 활동하고 있는 비정부조직(NGO)은 계속하여 이러한 문제를 UN기구 속에서 제기해야 한다. 국제사법재판소 또는 상설중재재판소에 대해 권고적인 의견을 요구하는 시도도 이루어져야 할 것이다.

139. 조선민주주의인민공화국과 대한민국은 '위안부'에 대한 배상의 책임과 그 지불에 관한 법적 문제의 해결을 위해 국제사법재판소의 조력을 요구하는 것도 가능하다.

140. 본 특별보고자는, 생존하는 여성이 고령이라는 것, 그리고 1995년이 제2차 세계대전 종결 50주년에 해당한다는 사실에 유의하여, 일본 정부가 특히 상기의 권고를 고려하여 가능한 한 조속히 행동을 취할 것을 촉구한다. 전후 50년을 지나가는 대로 내버려 두는 것이 아니라, 지금이야말로 다대한 피해를 입은 여성들의 존엄을 회복해야할 시기라고 특별보고자는 생각한다.

[자료5] [일본 역사인식문제연구회 논문] 한국 위안부 운동의 '내분'

한국 위안부 운동의 '내분' - 옛 위안부의 정대협 비판이 갖는 의미
韓国の慰安婦運動の「内紛」- 元慰安婦の挺対協批判の持つ意味★

니시오카 쓰토무(西岡 力)
역사인식문제연구회(歷史認識問題研究会) 회장,
모라로지연구소(モラロジー研究所) 교수,
레이타쿠(麗沢)대학 객원교수

목차

머리말
1. 위안부 운동의 상징이었던 이용수 씨
2. 정대협의 금전 의혹
3. 수요집회 비판
4. 윤미향 비판
5. 이용수 증언에 대한 비판
6. 정대협과 북조선의 유착 관계
끝으로
주(注)

머리말

30년 이상 격렬한 반일 활동을 전개해 온 한국의 위안부 운동이 내분(内紛)에 휩싸였다. 위안부 출신 인사가 지원 조직을 강하게 비판한 것이 계기였다. 2020년 5월 7일, 옛 위안부 출신으로 반일 활동가인 이용수(李容洙) 씨(이하 경칭 생략)가 지원 조직인 정대협(한국정신대문제대책협의회, '

★ 본 논문은 일본 역사인식문제연구회(歷史認識問題研究会, http://harc.tokyo)의 논문집 「역사인식문제연구」 제7호(가을/겨울호, 2020년 9월 18일)에 게재된 같은 제목의 논문을 완역 게재한 것이다.

일본군 성노예제 문제 해결을 위한 정의기억연대'로 개칭, 이하 정대협)과,[1] 정대협의 전 이사장으로 4월 총선거에서 국회의원으로 당선된 윤미향 씨(이하 경칭 생략)를 계속해서 공격하고 한국의 주요 언론이 정대협과 윤미향의 여러 가지 부정 의혹 내지 스캔들에 대한 보도를 지속함으로써 큰 소란이 일어난 것이다.

1. 위안부 운동의 상징이었던 이용수 씨

우선 이용수가 이제까지 어떤 활동을 해 왔는지부터 확인해 두겠다. 그녀는 아사히신문 등의 위안부 캠페인에서 일한(日韓) 외교 안건으로 위안부 문제가 급부상한 1992년, 자신도 위안부였다고 주장하고 나섰다.[2] 본 논문 후반부에서 자세하게 살펴보게 되겠지만, 이용수는 최초 증언에서는 빈곤한 상황에서 사기를 당해 위안부가 됐다고 했다. 하지만, 이후 조금씩 증언이 바뀌어서는, 나중에는 집에서 자고 있던 중에 일본군에 강제로 연행돼 위안소로 가서 고문까지 당했다는 등 충격적인 내용으로 증언을 했다.

이용수는 1992년부터 계속해 정대협과 한 몸이 돼서 반일 캠페인의 선두에 서 왔다. 1990년대 아시아여성기금의 돈을 받으려고 했던 옛 위안부들이 나섰던 가운데 정대협은 "아시아여성기금의 돈을 받으면 자원해 간 공창(公娼)이 된다"는 극언까지 서슴지 않으며 방해를 했지만,[3] 그때에도 이용수는 정대협의 해당 발언을 지지하면서까지 정대협과 함께 행동했다.

이용수의 활동이 각광을 받게 된 것은 2000년대 이후의 일이다. 2000년, 이 씨는 아사히신문 기자 출신인 마쓰이 야요리(松井やより) 등이 주최한 '여성국제전범법정'에서 증언했다. 그녀는 2004년 오카자키 도미코(岡崎トミ子) 중의원 의원 등의 소개로 호소다 히로유키(細田博之) 관방장관과 면담하고 일본 정부를 강하게 규탄하기도 했다.

2007년 미 하원이 위안부 결의안을 채택하게 하기 위해 이용수는 미국과 일본을 빈번하게 방문했다. 같은해 2월 미 하원 외교위원회 아시아 태평양 소위원회의 공청회에 증인으로 출석해, 주어진 5분 동안의 발언 시간을 무시하고 1시간 이상 읍소하며 "내 이름은 이용수다. 위안부라는 더러운 이름을 내게서 벗겨 달라. 일본 전체의 돈을 전부 긁어모아 온다고 하더라도 나는 받지 않겠다"라고 하면서 일본 규탄을 계속했다.[4]

4월, 아베 신조(安倍晋三) 총리의 방미 일정에 맞춰 다시 미국을 찾고서 아베 규탄 시위에 참여하는가 하면, 하버드대학 등에서 강연을 하고 6월에는 방일(訪日)하여 참의원 회관 앞에서 열린 '구(旧) 일본군의 성폭력 피해자에게 사죄와 배상을 촉구하는 국회 앞 스탠딩'에서 마이크를 잡았다.

그녀의 정력적인 활동 덕분에 7월 미국 하원은 위안부 결의안을 채택했다. 그때 워싱턴에서 회견을 열고 "미국 의회가 이처럼 내 한을 풀 계기를 만들어 줘서 감사하게 생각한다" "국제사회 양심의 승리다" "일본은 내 앞에서 무릎을 꿇고 공식 사죄하라. 국제사회의 요구에 응답하라" "결의안 채택은 진실과 정의가 승리한다는 증거다" 등의 발언을 했다.[5]

2012년에는 현재 한국의 여당 '더불어민주당'의 전신인 '민주통합당'의 비례대표로서 국회의원 선거에 출마하겠다고 선언했지만,[6] 비례 명부에는 들어가지 못했다. 이때 그녀가 지금 거명해 비판하고 있는 윤미향이 그녀의 출마를 강하게 반대했다고 한다.[7]

이용수는 2015년에는 미국 샌프란시스코시 시의회가 개최한 공청회에서 증언을 하고 샌프란시스코시의 사유지에 위안부상을 세우려고 한 재미(在美) 중국인과 한국인 반일 단체의 활동을 지원했다.[8] 2016년 가을부터 시작된 박근혜 대통령 탄핵을 촉구하는 시위에서도 연설했고 2017년 5월 대통령 선거에서는 문재인 후보의 유세에 현장에 나타나 지지를 표명했다.[9] 미국 의회 결의 10주년이 되는 2017년, 과거 이용수 씨가 미 의회에서 증언한 것을 모티브로 삼은 '아이캔스피크'라는 영화가 한국에서 제작돼 300만 명 이상의 관객을 유치했다.[10] 그해 11월에는 방한한 도널드 트럼프 미국 대통령을 위해 문재인 대통령이 개최한 만찬회에 초대를 받았으며, 예정에도 없이 트럼프 대통령과 포옹하는 장면을 연출하기도 했다.[11]

비교적 건강하고 말을 잘하기도 했던 이용수는 정대협이 주도해 온 반일 캠페인의 선두에 서서 동분서주해 왔음을 잘 알 수 있다. 위안부 반일 운동의 상징이었던 것이다.

바꿔 말한다면 윤미향과 정대협을 비판하고 있는 이용수는 사실 지난 30년간 윤미향 등과 함께 위안부 강제연행설, 성(性)노예설이라고 하는 거짓말을 만들어내 온 주인공이었다. 아무리 윤미향 등이 일본 비판을 전개한다고 해도 이용수를 비롯한 옛 위안부 할머니들이 옆에 서 있지 않았다면 그 주장은 힘을 얻지 못했을 것이다. 실은 옛 위안부들 가운데에서도 정대협의 정치 우선 노선에 반발, 활동을 함께 하지 않은 이들도 많았기 때문이다.

1995년 무라야마 정권이 만든 아시아여성기금에 대해서 앞에서 말한 것과 같이 정대협은 강하게 반대하며 옛 위안부들이 그 위로금을 받는 것을 심각하게 방해했다. 그러나 한국 정부에 등록된 옛 위안부 236명 가운데 보상금을 받은 이도 61명이나 있었다. 그때 이미 4분의 1이 정대협에서 이탈한 셈이다.[12] 그런데 이때에도 이용수는 위로금 수취를 거부했다.

2015년 아베와 박근혜 사이의 위안부 합의에도 정대협은 옛 위안부들에게 사전(事前)에 이를 알리지 않았다며 '무효'를 외쳤지만, 합의 당시 생존해 있었던 옛 위안부 47명 가운데 80%에 해당하는 36명이 일본이 출자한 '화해·치유재단'으로부터 지원금을 받았다.[13] 정대협의 주장에 동조해 금전 수취를 거부한 옛 위안부는 단 11명에 불과했다. 이때에도 역시 이용수는 금전 수취를 거부했다.

이용수는 윤미향 등과 함께 일본 규탄에 동조하며 일본의 돈을 받지 않은 극소수의 옛 위안부였다. 그가 윤미향 옆에 서서 일본 규탄을 계속해 왔기 때문에 정대협의 운동은 마치 옛 위안부 다수의 지지를 받고 있는 것과 같은 허구의 이미지를 유지할 수 있었다. 그렇기에 이번 사건은 그 이용수가 윤미향과 정대협을 공개 석상에서 강하게 비판한 사건이기 때문에 충격은 컸다.

2020년 5월 7일 이용수는 자신이 거주 중인 대구에서 기자회견을 열었다. 그곳에서 이용수는 이제까지 반일운동을 함께 해온 정대협과 정대협의 이사장을 지내다가 여당의 비례대표 후보로 당선된 윤미향을 강하게 비판했다.

회견에서 이용수는 대체로 다음의 네 가지 이유를 들어 정대협을 비판했다. [14]

1. 정대협이 모은 다액(多額)의 기부금이 피해자들에게 전달되지 않았다.
2. 정대협의 수요집회는 참가하는 학생들의 마음에 상처를 주는 것이므로 더 이상 참가하지 않겠다.
3. 윤미향은 국회의원이 돼선 안 된다.
4. 정대협의 증언집에 나온 내 증언은 잘못됐다.

또한 이용수의 회견에서는 언급되지 않았지만, 뒤에서 서술하는 바와 같이 이후 한국 언론의 취재 결과 다음과 같은 다섯 번째 문제점이 부상하기도 했다.

5. 정대협과 윤미향의 운동이 북조선의 대남 공작과 밀접한 관계가 있다.

앞으로 본 논문에서는 이상의 다섯 가지 문제에 대해 검토하도록 하겠다.

2. 정대협의 금전 의혹

가장 먼저 다액의 기부금을 모은 정대협이 이를 피해자들을 위해 사용하지 않았으며 정대협 등 운동 단체들에 이용당하고 속아왔다는 비판이다. 우선 회견에서 이용수의 발언을 소개하겠다.

- "기부금을 어디에 썼는지 모르겠습니다."
- "30년간 속을 만큼 속았고 이용당할 만큼 당했습니다."
- "재주는 곰이 부리고 돈은 다른 놈이 버는 겁니까?"
- "수요일 땡볕 아래에서 학생들이 부모님께 조금씩 받아온 돈을 기부하는데, 나는 그게 마음이 가장 아팠습니다. 그걸 보고 이걸 받아도 될까 하는 생각이 들기도 했습니다만, 단체(정대협) 사람들은 당연한 것처럼 받아갑니다. 너무나도 잘못된 생각입니다."
- "(수요집회에서) 시위를 하고 돈을 모아서 무얼 하는 겁니까? (피해자를 위해) 아무것도 사용하지 않았습니다."
- "(미 의회의) 결의안을 통과시키기 위해 120일을 워싱턴에 갔을 때 누구도 돈을 지원해 주는 사람이 없었습니다. 미국에 사는 동포 여러분이 십시일반으로 기부해 주신 데 대해 그분들께 정말 고마웠습니다. 그걸로 결의안을 통과시킨 것이니 얼마나 자랑스럽습니까?

이런 일을 이런 할머니가 해 온 것이라서 환영이라도 해 주면 좋을 것을, 그런 것은 하나도 없었습니다."

이용수 씨는 이 회견에 앞선 3월 22일에도 기자들에게 "당사자들은 단체(정대협)로부터 철저히 소외당하고 생계와 생존을 걱정해야만 하는 상황에 놓여 있다" "(정대협은) 조직이 먹고 살기 위해 혈안이 돼 있다" 등의 발언을 했다. [15]

요컨대 이용수는 정대협과 윤미향이 말하는 대로 재주를 부렸지만 그를 통해 모인 돈은 자신에게 들어오지 않고 정대협과 윤미향에게 갈취당했다며 분노를 표출한 것이다.

이용수의 기자회견에 대해 정대협이 반론을 공개했다.

우선 기부금의 사용처와 관련해 이용수 씨도 정대협의 돈을 3회에 걸쳐 총 1억 350만 원을 받았다며 오래된 영수증 두 장과 은행 송금 서류를 공개했다. 이용수 씨는 1992년 7월에 100만 원, 1993년 7월 250만 원의 생활 지원금과 2017년 11월 일한합의에 근거해 일본의 출자를 받은 재단의 지원금을 거부한 대가로 1억 원을 정대협이 모은 기부금으로부터 수취했다는 것이다. 그러면서 정대협에 모인 기부금은 위안부 지원금 이외에도 국내외 운동 자금이나 박물관 등의 건설 유지 비용에도 사용되고 있다고 밝혔다. [16]

하지만 "기부금을 모았지만 위안부를 위해 사용하지 않았다"고 강조한 이용수 씨의 지적은 이를 통해 오히려 거의 옳았음을 알 수 있었다. 수요집회는 1992년부터 지금까지 28년 가까이 지속되고 있지만, 그 가운데 1994년부터 2016년까지 13년간, 그리고 2018년과 2019년까지 2년간의 기부금은 이용수 씨에게는 1원도 지출되지 않았다.

국세청에 제출된 자료에 의하면 정대협은 정의연과 통합·개칭한 이후 정의연으로서 2016년부터 4년간 총 49억 1,606만 원(약 4억3,120만 엔)의 기부금을 모았다. [17]

또 정대협 명의로도 동시에 기부금을 계속해 모금해 왔으며, 2014년부터 2019년까지 총 30억 5,200만 원(약 2억6,770만 엔)을 모았다. [18]

	정의연 명의	정대협 명의	합계
2014년		3억 7,786만 원	3억 7,786만 원
2015년		4억 8,180만 원	4억 8,180만 원
2016년	12억 8,806만 원	5억 6,498만 원	18억 5,304만 원
2017년	15억 7,554만 원	8억 2,106만 원	23억 9,660만 원
2018년	12억 2,696만 원	5억 1,839만 원	17억 9,447만 원
2019년	8억 2,550만 원	2억 9,174만 원	11억 1,724만 원
합계	49억 1,606만 원	30억 5,200만 원	79억 6,806만 원

즉, 두 개의 명의로 2014년부터 2019년까지 6년간 총 79억 6,806만 원, 약 80억 원(약 7억 엔)이라는 거액의 기부금을 모은 것이다. 이 가운데 정의연이 국세청에 신고한 자료에 의하면 옛 위안부에게 지급된 건 9억 2,017만 원뿐이었다. 정의연이 모은 약 50억 원 가운데 겨우 18.7%다. [19]

	지원 위안부 수	지원금액	1인당 평균 지원금액
2016년	30명	270만 원	9만 원
2017년	15명	8억 6,993만 원	189만 원
	8명	8억 원	1억 원
	7명	6,993만 원	189만 원
2018년	27명	2,321만 원	86만 원
2019년	23명	2,433만 원	106만 원
합계	95명	9억 2,017만 원	-

2015년 12월 아베와 박근혜 사이의 위안부 합의가 이뤄졌지만, 정대협은 이에 대해 맹반발하며 2016년부터 일본 정부가 출자한 재단의 지원금을 거부하는 옛 위안부들에게 한국 국민들로부터 기부금을 받아 지원금을 전달하자는 캠페인을 벌이면서 대대적 모금 활동을 펼쳤다. 그 결과 2016년부터는 모금액이 급증한다. 그 가운데 2017년 일본 정부가 출자한 재단으로부터 1억 원을 받는 것을 거부한 옛 위안부 8명에게 각 1억 원을 지급했다. 이 8억 원을 제외하면 옛 위안부들에 대한 지원은 믿을 수 없을 정도로 적은 금액인 2%, 1억 2,017만 원에 불과하다.

또한 정대협 명의로 모은 기부금의 지출은 밝혀지지 않았지만, 정의연이나 윤미향이 거기에서 옛 위안부들에게 지급했다며 적극적으로 공표하지 않고 있는 점이나 원래 정의연 발족 후에도 정대협이 존속하면서 기부금 모금을 계속하고 있던 점 등이 대부분 알려지지 않았기 때문에 정대협 명의의 기부금에서 옛 위안부들에 대한 지급은 없었을 가능성이 크다. 그렇다고 하면 총 80억 원 가운데 단지 11.5% 이외에는 옛 위안부들에게 지급된 것이 없는 셈이 된다.

그에 비해서 같은 기간 정의연이 옛 위안부들에 대한 지원 이외에 지출한 금액은 17억 3,748만 원(35.3%)으로, 이는 지원금 지출의 약 2배에 달하는 규모다. 나머지 22억 5,841만 원을 2019년 말 시점으로 현금 자산으로 보유하고 있었다. 정대협은 또 마찬가지로 2019년 말 2억 2,220만 원의 현금 자산을 갖고 있었다. 합계 약 25억 원 규모다. 옛 위안부들은 모두 고령으로 언제 사망할지 모르기 때문에 지원을 하려 한다면 가능한 이른 단계에 해야 함에도 25억 원이나 되는 자금을 쌓아놓고 있는 것이다.

옛 위안부들에게 재주를 부리게 하고 돈은 정대협이 벌고 있다고 한 이용수의 지적은 이 숫자를 봐도 일정한 근거가 있음을 알 수 있다.

이용수 씨의 고발이 나오자 주요 언론들이 연일 정대협의 회계상 문제점을 자세하게 보도했다. 국세청에 제출된 회계 서류를 보면 이상한 지출이 있었다는 사실이 크게 보도됐다. 2018년 맥주집을 경영하는 회사에 3,340만 원(293만 엔)을 지불했다고 기재돼 있다. 해당 연도에 국내에서 사용한 금액 합계는 3억 1,067만 원이므로, 당해 연도 지출액 가운데 약 10%를 맥주집에 지불한 셈이 된다. 게다가 그 회사는 그날의 매출이 972만 원이며 정대협은 그것을 사업비로 지불했지만 회사에서 소요된 경비를 제외한 541만 원을 기부했다고 밝혔다. [20]

정대협은 당일 맥주집에서 후원자들을 모아놓고 창립 28주년 기념행사를 열었다. 이 금액은 택배나 케이터링 서비스 등 다른 업자에게도 지불한 연간 지출 합계를 서류상 맥주집 회사에 지출한 것처럼 기재한 것이라고 변명했다. 그러나 그 명세의 공개를 요구한 기자에 대해서는 "우리에게도 인권이 있다" "어느 시민단체가 회계를 공개하느냐"는 식으로 정색하는 반응을 보였다. [21] 그러나 기부가 면세가 되는 공익재단법인의 회계 처리는 법률에서 엄밀하게 정해진 기준이 있으며 정대협의 서류는 그 기준을 만족하지 않고 있다. 이에 국세청이 정식으로 서류 정정을 요구하는 사태에 이르렀다. [22]

한국어에는 "배보다 배꼽이 더 크다"라는 표현이 있다. 부수적인 것이 본질보다 더 커졌다는 의미인데, 한국의 언론들은 옛 위안부들을 전면에 내세워 모금 활동을 벌여 온 정대협이 그 모금액 대부분을 옛 위안부들이 아니라 바로 자신들의 인건비나 활동비로 사용해 왔다며 해당 표현을 사용해 정대협을 비판했다. 정대협은 자신들의 운동은 옛 위안부들의 생활 지원만을 위한 목적에 국한된 것이 아니며 국내외 홍보 및 계발 활동이나 국제 연대 활동 등에도 돈을 사용하고 있다고 주장하지만, 기부한 사람들은 옛 위안부들을 위해 사용되고 있다고 여기는 이들이 많으므로 옛 위안부 출신인 이용수의 비판은 한국 사회 전체에 정대협에 대한 부정적인 인식을 퍼뜨리는 계기가 됐다.

3. 수요집회 비판

이용수는 정대협이 1992년부터 매주 서울에 소재한 일본대사관 앞에서 계속해 온 수요집회에 대해서도 "학생들의 마음에 상처를 입힌다" "거기에서 어린 학생들로부터 기부금을 모아서는 안 된다" 등의 발언을 통해 강하게 비판하고선 앞으로 참가하지 않겠다고 선언했다.

> "수요일에 학생들이 집회에 나오면 공부가 되지 않습니다. 나는 수요집회에 나가는 것을 그만두겠습니다. 이것 때문에 학생들이 입는 마음의 상처가 크다고 생각합니다."

> "어째서 시위를 하고 소중한 사람들을 고생하게 하는 것입니까? 공부를 해야 합니다. 공부할 때 하지 않으면 안 됩니다."

실은 수요집회에 대한 비판의 목소리는 이용수의 회견 전부터 표면화되고 있었다. 2019년 12월 4일부터 이우연 낙성대경제연구소 연구위원 등 '반일동상진실규명공동대책위원회' [23] 구성원들이 매주 수요일 수요집회가 열리는 시각에 맞춰 일본대사관 앞 별도의 장소에서 수요집회의 중단과 위안부 동상의 철거를 요구하는 반대 집회를 열어 왔다. [24]

'공대위'는 최초 반대 집회를 연 2019년 12월 4일, '위안부 동상 철거와 수요집회 중단을 요구하는 성명'을 공표했다. 그 가운데 수요집회 문제를 다룬 부분을 졸역(拙訳)이지만 인용해 소개하겠다. [25]

> 1992년부터 30년 가까이 열리고 있는 수요집회도 역사를 왜곡해 한일관계를 악화시킵니다. 이 집회는 동상을 숭배하는 영매사(靈媒師)의 액땜이며 역사를 왜곡하는 정치 집회입니다. 전교조 소속의 교사 등 일부 교사들은 '현장학습'이라는 미명 아래 학부형의 무관심을 이용해 순진한 학생들을 왜곡된 정치·역사의식을 주입하는 집회에 끌고 옵니다. 중·고등학생뿐만 아니라 초등학교 저학년 아이들도 동원 대상입니다.
>
> 수요집회는 사실상 불법 집회입니다. '외교 관계에 관한 비엔나 조약'에 따라 외교 공관으로부터 100미터 이내의 지역에서 이뤄지는 집회는 금지돼 있습니다. 하지만 수요집회는 기자회견의 형식으로 매주 개최되고 있습니다. 모든 구실을 동원해 한일관계를 악화시키고 대한민국의 안보와 국제적 지위를 추락시키고 손상하는 것이 그 원래의 의도가 아닐는지 의심할 수밖에 없습니다.
>
> 위안부 동상은 철거돼야 하며 수요집회 역시 중단돼야 합니다.
>
> 우리는 우리의 정당한 요구가 실현되는 그 날까지 물러서지 않고 싸우겠습니다.

처음에는 불과 1명 내지 2명의 참가자밖에 없었고 이우연 씨가 여러 차례 반일 인사들에게 폭행을 당한 일도 발생했다. [26] 그러나 이용수 회견을 전후한 무렵부터 점차 여성들을 포함한 일반 참가자도 늘어났다.

2020년 7월 1일(**편집자주**: 정확하게는 2020년 6월 23일부터임), 드디어 정대협은 1992년 이래 처음으로 일본대사관 정문 맞은편 장소에서의 집회 개최가 불가능해졌다. 보수 계열 운동 단체인 '자유연대'가 정대협보다 먼저 관할 경찰서에 집회 신고서를 제출했기 때문이다. 하지만 친북 좌파 성향의 학생 단체 '반아베반일청년학생공동행동' 소속 학생들이 위안부 동상 바로 옆에서 전날부터(**편집자주**: 2020년 6월 23일 새벽부터) 연좌 농성을 시작하고 '자유연대'가 경찰의 허가를 받은 집회를 여는 것을 방해했다. 경찰은 학생 단체에 대해 "여러분은 신고하지 않고 보행자 도로를 점거하고 있습니다" "불법행위이기 때문에 퇴거할 것을 요구합니다" "불응할 시 사법 처리하겠습니다" 등의 경고 방송을 확성기를 통해 내보냈지만 불법 연좌 농성을 진압하지 않고 묵인했다.

그 때문에 그날(**편집자주**: 2020년 6월 24일)은 무려 3개 단체가 동시에 집회를 여는 이상 사태가 발생했다. 정대협은 대사관 정문 앞에서 조금 떨어진 곳에서 집회를 열었고, 정문 앞 집회

허가를 얻은 '자유연대'는 학생들의 불법 농성 지점 바로 옆에서 집회를 열었다. 불법 연좌 농성을 지속한 학생들은 '자유연대'의 집회를 방해하려 큰 소리로 구호를 외쳐댔다. 또한 이우연 씨 등은 혼란을 피하고자 전날인 화요일에 위안부 동상 바로 옆에서 반대 집회를 열었다. [27]

4. 윤미향 비판

세 번째로 이용수는 4월 총선거에서 여당의 비례대표 7번으로 당선된 윤미향 전 정대협 대표를 매섭게 비난했다. "그녀의 선거를 응원하지 않습니다" "그녀는 국회의원이 돼서는 안 됩니다" 등의 표현으로 잘라 말했다. 거기에 더해 2005년 12월 말 일한(日韓) 위안부 합의 체결 때 윤미향은 한국 정부로부터 일본이 10억 엔을 출자해 기금을 만든다는 합의의 골자를 듣고서도 그 사실을 실제 피해자인 자신들에게 전혀 전달하지 않았다며 윤미향을 비판했다.

> 30년 전에 내 (위안부 경력) 신고를 윤미향이가 받았습니다. 30년을 윤미향과 해오고 있는데, 이런 거 해결해야 될 거 아닙니까. 왜 해결 안합니까. 해결도 안하고 국회의원인지 장관인지 그런 건, 거기 간 윤미향은 저는 잘 모르겠습니다. 정신대대책위원회(원문 그대로)에서 함께 해결하자고 했던 윤미향이가 그 일 해야 된다고 생각합니다. 오늘(5월 7일) 아침에 전화 왔었어요. "할머니 이거 해결하려고 하는 거 아닙니까"라고 해서 내가 "나는 국회의원 윤미향은 모른다. 정대협 윤미향만 안다. 왜 정신대가 위안부를 하느냐"면서 따졌습니다.

앞에서 말한 것처럼 2012년 국회의원 당선 때 이용수는 비례대표 후보로서 출마할 것을 고려하고 당시 좌파 야당에 후보 신청까지 했다. 그때는 윤미향이 입후보에 반대했다. 이용수는 자신을 '여성인권활동가'로 소개할 정도로 자기과시욕이 크다. 그렇기 때문에 위안부 운동에서 국회의원이 나온다면 윤미향이 아니라 자신이 어울린다고 생각하고 있었을 것이다. 그런 질투심이 윤미향 비판의 배후에 있을 것이라 생각된다.

선거전(選擧戰)의 과정에서 우선 윤미향의 딸이 미국의 일류대학인 UCLA 음악대학에 유학중이라는 사실이 보도됐다. 유학 비용이 생활비까지 포함해 1억 원 정도가 소요된다는 보도였다. 사드 미사일 배치 반대 등 반미 운동에 적극적으로 참가해 온 윤미향이 딸을 미국으로 유학 보냈다는 사실 자체가 위선 아니냐는 비판이 나왔다. [28]

이용수가 보았을때는 자신들을 내세워 모은 기부금을 윤미향이 자기 개인을 위해 사용하고 있는 것 아니냐는 의심을 품었다고 해도 이상하지 않다. 윤미향은 자신의 남편이 1990년대 국가보안법 위반으로 유죄 선고를 받았지만 최근 재심에서 죄상 가운데 일부에 대해 무죄 판결을 받았기 때문에 이후 남편과 자신과 딸은 국가배상금을 받은 것으로 학비를 충당했다고 설명했다. [29]

언론과 야당은 그런 설명에 납득하지 않았고 윤미향의 재산 신고 내역을 조사했다. 그러자 놀랍게도 본인 명의의 은행 예금이 3억 2,133만 원, 아파트 1억 8,600만 원, 남편 명의로 별장 4,740만 원, 자동차 2대 2,594만 원, 유학 중인 딸 명의의 은행 예금이 1,523만 원 등 합계 5억 9,600만 원이나 있었던 것이었다. 게다가 윤미향은 현재 소유하고 있는 아파트를 은행 차입금 없이 현금으로 구입했다. 한편 소득세액을 기준으로 추계한 윤 씨 부부의 연간 소득액은 합계 5,000만 원 정도였기 때문에 어떻게 봐도 이렇게나 많은 재산을 소유할 수 있게 됐는지를 묻는 의문의 목소리가 높아졌다. [30]

의혹이 깊어진 이유는 윤 씨가 공익재단법인인 정대협의 계좌를 사용하지 않고 자기 개인의 계좌로 다양한 명목의 기부금을 모은 사실이 밝혀졌기 때문이다. 윤미향은 개인 계좌로 모금 행위를 한 것은 부적절했다며 사죄하기는 했지만 그렇게 모은 돈을 사적으로 유용한 사실은 없다고 강변했다. 그러나 개인 계좌로 수취한 모금을 어디에 얼마만큼이나 사용했는지에 대해서는 공개하기를 거부했다. [31]

의혹의 결정타는 서울 근교에 위치한 단독 주택 구입과 관련된 것이었다. 2012년 정대협은 현대중공업이 만든 재단으로부터 기부를 받아 옛 위안부들을 위한 '쉼터'를 조성한다는 명목으로 서울 근교인 경기도 안성시에 깔끔한 단독 주택을 구입해 휴양 시설 '평화와 치유가 만나는 집'이라는 간판을 내걸었다. 구입 가격은 토지와 건물을 합쳐 7억 5,000만 원(약 6,500만 엔) 상당이었지만, 이는 시가(市價)의 약 두 배나 되는 것이었고 교통도 불편해 고령의 옛 위안부들이 방문한다거나 거주하기에는 적합하지 않은 장소였다. 그 때문에 그곳에서는 옛 위안부들은 누구도 거주하지 않고 있었고, 단지 윤 씨의 아버지가 관리인이라는 명목으로 혼자 살고 있었다. 윤미향은 그곳을 자신들의 휴게시설로 사용하면서 때때로 정대협 관계자들과 '쉼터'에서 연 연회에서 일본 과자들이 안주거리로 나온 사실 등이 확인돼 실제로 일본을 좋아하는 것 아니냐는 식의 조롱이 나오는 촌극도 있었다. 그뿐 아니라 이곳을 외부에 숙박 시설로 빌려준 일도 있었다. 그 대금이 어떻게 회계처리 됐는지도 명확하지 않다. 정대협은 이용수 씨가 윤미향 비판 기자회견을 연 다음날 해당 단독 주택을 4억 2,000만 원에 매각, 다액의 손실을 냈고, 윤 씨의 아버지도 퇴거했다. [32]

뒤에서 말하겠지만, 윤 씨의 남편은 해당 시설을 북조선과 연계된 것으로 보이는 정치 활동의 아지트로도 사용했다. 정대협과 윤미향의 친북 활동에 대해서는 다섯 번째 문제점으로 다루겠다.

5. 이용수 증언에 대한 비판

네 번째로 이용수는 정대협이 출판한 증언집에 대해 자신은 거기에 적혀 있는 것과 같은 증언을 한 사실이 없으며, 정대협이 증언집을 팔아서 돈을 벌고 있다고 비판했다.

1993년부터 책이 나왔죠, 정신대대책협의회에서. 그걸 6,500원에 판매하고 있는 겁니다. 거기에 나온 증언은 틀렸습니다. 나는 어째서 그런 책을 파는 거냐고 말했습니다.

사실은 이용수의 이 발언을 한국은 물론 일본도 거의 주목하지 않았다. 그렇기 때문에 일본과 한국의 대다수 언론은 이 씨의 정대협 비판은 이 논문 앞부분에서 다룬 세 가지라고만 했다.

어째서 이용수가 정대협의 증언집을 비판했는지, 거기에 이용수와 정대협 간의 내분의 근본 원인이 숨어 있다. 그것을 시사하는 기사가 이용수의 회견 직후인 5월 9일 좌파 성향의 매체 '한겨레'에서 나왔다.

> 정의연의 내부 사정을 잘 아는 한 관계자는 "일본과 보수진영 등에서 이용수 할머니에 대해 '가짜 피해자'라는 등의 공격이 있었는데 이 할머니가 공개적인 자리에서 '시키는 대로 증언을 해왔는데 왜 나를 보호해주지 않냐'고 정의연에 서운함을 토로한 적도 있다"고 말했다.

여기 인용에서 보수 진영이라는 표현은 한국 내 보수 진영을 말한다. 이용수가 공권력에 의한 강제연행으로 위안부가 된 것이 아니라는 지적은 일본에서는 꽤 이른 시기부터 나왔다. 하타 이쿠히코(秦郁彦) 씨나 나도 정대협이 출판한 증언집 등을 근거로 그러한 판단을 1990년대 후반에 여러 기고와 저서를 통해 기술했다. [33]

문제는 일본에서의 그와 같은 연구 성과가 한국으로 전달이 안 됐다는 점이었다. 하지만 한국의 보수 진영으로부터도 이용수 증언을 비판하는 의견이 나오기 시작함에 따라 이용수는 이를 강하게 의식하고 어째서 정대협이 자신을 지켜주지 않느냐는 불만을 갖고 있었다는 말이 된다. 실제로 한국의 용기 있는 언론인들이 수년 전부터 정대협 비판이라는 금기(禁忌)에 도전하는 작업에 열중하고 있다.

인터넷 매체인 '미디어워치'의 대표이사 황의원 씨가 2014년 윤미향을 필두로 하는 정대협 간부들은 북조선에 가까운 활동가들이라는 고발 기사를 '미디어워치'에 게재했다. 그때는 본명이 아니라 여성 기자의 가명을 빌렸다. 위안부 문제 그 자체를 다루는 것은 그때만 하더라도 큰 두려움을 갖게 하는 것이었으므로 정대협과 북조선의 관계라는 주제를 다룬 기사를 쓰면서도 여성 기자의 가명을 빌렸다고 황 기자는 술회(述懷)했다. 그만큼 엄청난 금기가 있었다.

2016년 정대협과 윤미향이 황 씨를 명예훼손 혐의로 민·형사 고소했다(**편집자주** : 민·형사 고소를 당하기 직전에는 다시 기사에 본명을 기재하였다). 그 사건을 계기로 정대협과의 전면전을 각오한 황 씨는 2018년 4월 위안부 문제 그 자체라고 하는 내용으로 이용수에 관한 기사를 썼다. 그것이 바로 장문의 기사 '종북(從北) 문재인을 위한 거짓말 할머니, 일본군 위안부 이용수'다. [34]

해당 기사에서 황 씨는 이용수가 1993년 이래 다양한 장소에서 한 20개의 증언을 모아 ① 위안부가 된 경위 ② 시기 ③ 연령 ④ 위안소로 끌고 간 주체 ⑤ 위안부 생활을 한 기간에 대한 표를 만들어 비교했다. 그 결과 증언 내용이 전부 다르다는 점이 구체적으로 드러났다.

표・이용수 씨의 위안부가 된 경위에 대한 증언의 변천(황의원 씨 작성)
(表・李容洙氏の慰安婦になった経緯に関する証言の変遷（黃意元氏作成）)

번호	증언시기	위안부가 된 경위	위안부가 된 시기	연령	강제연행의 주체	위안부 생활 기간	출처
1	1993	가출, 인신매매, 취업 사기	1944년 가을	만 16세	군복같은 옷을 입은 일본인 남성	10개월	정대협 편집 증언집1
2	1997	연행?	1944년?				한겨레 1997.9.6.
3	1998.5.		1942년	14세			한겨레 1998.5.6.
4	1993.3.		1942년	만 14세		3년	1999.3.6.
5	2002.6.			14세		3년	일본공산당 기관지 '아카하타(赤旗)' 2002.6.26.
6	2004.12.	연행?	1944년	16세	군복같은 것을 입은 일본인 남성	3년	일본 교토 위안 증언회 웹사이트 프로필
7	2006.7.	강제연행	1942년	15세	일본군	3년	헌법재판소 제소 기자회견
8	2007.2.	연행?	1944년	16세	?	3년	미 의회 증언
9	2007.6.	강제연행	1944년 10월		일본군	10개월	한국 EBS '시대의 초상', 오마이뉴스
10	2009.3.	강제연행		15세	일본군		'나는 일본군 위안부였다(私は日本軍慰安婦だった)'(신닛폰슈판샤(新日本出版社)) 'iRONNA 타케시마 와타루(iRONNA 竹嶋渉)'에서 재인용
11	2012.9.	강제연행		17세	일본군	2년	영남일보 2012.9.14.
12	2014.7.	강제연행		15세	일본군		한양대 증언
13	2014	취업사기		16세	일본인 남성		아시아경제 기획기사
14	2015.3.	강제연행	1943년 여름	16세	일본군	2년	인문학 모임 '투모쿠회' 증언

15	2015.4.	강제연행	1943년 10월	14세	일본군	2년	워싱턴 포스트(WP)
16	2015.4.	강제연행?		15세	일본정부?		
17	2015.6.	강제연행	1943년 가을	16세	일본군	2년	미래한국 2015.6.24.
18	2016.12.	강제연행		16세	일본군		법정증언
19	2017.1.	취업사기?					법정 밖 기자회견
20	2018.3.	강제연행		15세	일본군		프랑스 의회 증언

황 씨는 이 표를 작성하면서 깨닫게 된 점에 대해 다음과 같이 알기 쉽게 이야기했다. [35]

(이용수 씨의 증언은) 전부 내용이 다릅니다. 앞뒤가 맞는 것이 하나도 없습니다. 대표적인 예를 들자면, 처음에는 그냥 일본인에게 끌려갔다고 했던 것이 나중에는 일본 군인으로 바뀌었습니다. 처음에는 빨간 원피스에 가죽 구두에 마음이 혹해 따라 갔다고 한 것이, 나중에는 일본군이 등에 칼을 찔러 끌고 간 것으로 바뀌었습니다.

시기도 자신이 1944년에 끌려갔다고 해 놓고서는 3년간 위안부 생활을 했다고 합니다. 말도 안 됩니다. 1945년 8월 한국은 식민지에서 해방됐습니다. 그러므로 계산이 맞지 않으니까 나중에는 (끌려간) 연도를 1942년으로 바꿨습니다. 그랬던 것이 끌려간 연도를 다시 1944년으로 바꾸면서, (위안부 생활) 기간도 8개월로 바뀌는 등, 이런 것들이 전부입니다.

2007년 2월, 미국 의회에 가서 증언했습니다. 이 사연이 나중에 '아이캔스피크'라는 영화로도 제작됐습니다. 2018년 3월, 프랑스 의회에 가서 증언했습니다. 정말로 심각한 문제점은 미국 의회에서의 증언과 프랑스 의회에서의 증언이 다르다는 것입니다. 국제사회에서 가장 공식적인 증언이 다른 것입니다.

2007년 2월 미 의회 증언에서는 1944년에 끌려갔다고 했습니다. 그 증언 자체에도 모순이 있습니다. 이 증언에서도 3년간 위안부 생활을 했다고 했습니다. 그리고 그때는 자신을 끌고 간 주체에 대해서는 말하지 않았습니다. 그냥 끌려 갔다고 밖에 말하지 않았습니다. 일본군 이야기도, 칼 이야기도 없었습니다. 하지만 프랑스 의회에서는 일본군이 자신의 등에 칼을 찔러서 끌고갔다고 말했습니다.

1993년에는 빨간 원피스와 가죽 구두에 마음이 혹해 일본인을 따라갔다고 말했습니다. 이 증언이 일본군에 의한 강제연행을 시사하는 방향으로 과격하게 변해가며 2018년 프랑스 의회 증언에서는 완전히 일본군에 의한 강제연행이었다고 단정을 했습니다.

그래서 우리는 도저히 그를 믿을 수 없으며 '가짜 위안부'라고 보고 있습니다. 물론 본인이 자백하지 않는 한 완전한 진실은 알 수 없습니다. 사실, 위안부 증언은 물증이 없습니다. 제3자 증언조차도 없습니다. 목격자도 없습니다. 유일하게 본인의 증언밖에 없습니다. 그렇다면 당사자 증언의 일관성 정도는 확보가 돼야 함에도 불구하고 이용수 씨의 경우는 공적인 증언에서조차 일관성 있는 것이 하나도 없습니다.

그래서 이용수에 대해 '가짜 위안부' 의혹을 제기했습니다.

황 씨는 이 기사를 정대협과 윤미향에게 송부하고 회답을 요청했다. 정대협은 회답 문서를 보냈다. 하지만 거기에는 정대협의 명예를 훼손하지 말라는 내용 밖에 적혀 있지 않았고, 황 씨가 고발한 이용수 증언의 모순점에 대한 반론은 하나도 없었다. 정대협은 이용수의 명예를 보호할 의사를 드러내지 않았다는 것이다. 그뿐 아니라 황 씨에 따르면 이 기사가 나간 후부터 윤미향과 정대협은 이용수를 운동의 전면에 내세우지 않게 됐다. [36]

이용수의 관점에서 보면 정대협이 출판한 증언집에서 빨간 원피스와 가죽 구두에 마음이 혹해 자발적으로 일본인 뚜쟁이(女衒)를 따라갔다고 말한 것이 근거가 돼서 본인 증언의 신빙성에 공격이 가해지고 있는 것이다. 그렇기 때문에 윤미향 등이 시키는대로 (일본군이 강제연행을 했다고) 증언했는데도 윤 씨 등이 자신을 지켜주지 않느냐는 불만을 갖게 되는 것이다. 그것이 이용수의 정대협 공격에 숨은 동기다. 그리고 이야말로 정대협에 있어서 뿐만 아니라 이용수에게 있어서도 '불편한 진실'인 것이다.

한국의 용기 있는 언론인들의 치밀한 보도가 이용수와 윤미향 등이 이제까지 쌓아올려 온 거짓말을 벗겨내기 시작했다. 그리고 2019년에는 이영훈 서울대학교 전 교수 등이 위안부 문제 등에 관한 실증적 규명을 시도한 『반일 종족주의』가 출판돼서 한국에서도 11만 부 이상이 팔리는 등 베스트셀러가 됐다. 한국에서도 위안부에 관한 진실이 조금씩이나마 힘을 받기 시작한 것이다.

그 가운데 이용수는 본인 증언 속의 거짓말이 널리 알려지며 인권운동가로서의 명예에 상처를 입게 될지도 모른다는 위기감을 느껴 왔다. 한편 정대협 측은 이용수의 증언 속 거짓말을 숨길 수가 없어서 그녀를 운동의 정면에 내세우는 것을 꺼리게 됐다. 내부 모순이 확대된 것이다. 그것이 이번 내분에 숨겨진 배경이며 이용수와 정대협 양자에게 있어서 '불편한 진실'이다. 내분은 그저 단순히 윤미향이 먼저 국회의원이 된 데 대한 이용수의 질투와 금전적 불만에 기인한 것이 아니었다.

다만 이런 논점은 아직 한국의 거대 신문이나 공중파 방송 등에서는 전혀 보도되지 않고 있다. 일부 용기 있는 인터넷 매체와 양심적인 학자, 언론인들만이 이 사실을 전하고 있는 단계다.

6. 정대협과 북조선의 유착 관계

이용수가 회견에서 다루지 않은 다섯 번째 문제점으로 위안부 운동이 북조선의 대남 공작과 밀접한 관계가 있다는 정치적 편향이 있다. 정대협의 금기가 풀리게 됨으로써, '이용수 증언의 거짓말'이라는, 숨겨져 있던 '불편한 진실'이 한국에서도 폭로되기 시작했다. 그리고, 역시 정대협 금기가 풀리게 됨으로써, 이번 한국 언론의 정력적 취재가 시작됐고, 그 결과 정대협과 북조선 사이의 유착이라는 두 번째 '불편한 진실'이 부상하게 됐다. 이는 이용수가 전혀 언급하지 않은 논점이다.

전문가들은 정대협과 북조선 간의 연관에 대해 일정 정도는 알고 있었지만 이번에 새롭게 가공할만한 사실이 차차 밝혀지게 됐다. 윤미향의 남편 김삼석은 그의 누이동생 김은주와 함께 1993년 '남매 간첩 사건'의 범인으로 체포됐다. 김삼석은 일본에 와서 북조선과 연관이 있는 한통련과 접촉, 군사 기밀을 넘겨주고 50만 엔의 자금을 받았으며 한국 내 정보를 전했다. 두 사람은 국가보안법 위반 혐의로 기소돼 유죄 선고를 받았다. 김삼석은 징역 4년의 실형, 누이동생 김은주는 징역 2년에 집행유예 3년에 처해졌다. 또 김은주의 남편인 최기영은 2006년 일심회 간첩단 사건으로 체포돼 징역 3년 6개월의 실형을 선고받았다. 윤미향 바로 주변의 세 사람이나 북조선 간첩 사건으로 유죄 선고를 받은 이들이 있는 것이다. [37]

언론들의 열정적 취재로 윤 씨 일가 뿐만 아니라 정대협 그 자체가 친북 단체라는 사실도 밝혀졌다. 그 대표적인 사례가 옛 위안부들의 장례식을 위해 모은 기부금을 친북 단체 등에 나눠줬다는 사실이다. 2019년 1월 사망한 옛 위안부 김복동의 장례식 때 2억 2,726만 원의 조의금을 윤미향이 개인 명의 은행 계좌로 모아 장례식에 1억 원을 사용하고 나머지 1억 3,000만 원을 유언도 공개하지 않고서 "고인의 유지(遺志)"라며 자신들의 동료인 반미·친북 단체에 지원금 명목으로 나눠주거나 동료들의 자제들에게 장학금 형식으로 나눠주면서 옛 위안부들을 위해서는 전혀 지출하지 않은 사실이 확인된 것이다.

2,200만 원을 윤 씨 등이 마음대로 선별한 11명의 친북·반미 단체에게 200만 원씩 기부했다. 그 가운데에는 한국에 망명해 온 북조선 식당 여자 종업원을 북조선으로 돌려보내자는 운동을 하는 단체, 미군 기지 및 한국군 기지 등을 반대하는 운동을 하는 단체, 북조선 스파이 등의 혐의로 수감돼 있는 이들의 가족 관련 단체, 북조선에 트랙터를 보내자는 단체 등이 포함돼 있었으며, 위안부 문제에 관계된 단체는 하나도 없었다. 또한 조의금 잔액에서 2,000만 원을 사용해 정대협 이사의 자제를 포함한 좌파 운동 단체 종사자 자제 10명에게 장학금 명목으로 한 사람 앞에 200만 원을 지급하기도 했다.

'김복동 조의금에서 2,000만 원의 기부금을 받은 단체' [38]

1. 탈북 종업원 진상 규명 및 송환 대책위원회(2016년 망명한 북조선 식당 종업원 13명의 북송을 요구하는 활동을 함)
2. 민주화실천가족운동협의회(국가보안법 철폐 운동 등을 전개함)
3. 양심수후원회(국가보안법 위반 등으로 수감된 이들의 석방 관련 운동을 전개함)
4. 전국농민총연맹(북조선에 트랙터를 보내는 운동을 전개함)
5. 고(故) 김용근 사망 사고 진상 규명 및 책임자 처벌 시민 대책위원회(비정규직 문제의 해결을

요구하는 활동을 함)
   6. 강정 사람들(제주 한국해군기지 건설 반대 운동을 전개함)
   7. 소성리 사드 철회 성주 주민 대책위원회(미군 사드 미사일 반대 운동을 전개함)
   8. 사드 배치 반대 김천 대책위원회(미군 사드 미사일 반대 운동을 전개함)
   9. 삼성 일반노조(삼성 내 노조 설립 운동을 전개함)
   10. 햇살사회복지회(미군 기지촌 여성 인권 운동에 관여함)
   11. 미투시민행동(여성 폭력 관련 운동에 관여함)

여기에서 '탈북 종업원 진상 규명 및 송환 대책위원회'에 주목하고자 한다. 2016년 집단 망명한 북조선 식당 종업원 13명에 대해 북조선은 '납치'를 주장하며 송환을 계속해 요구하고 있다. 그에 부응해 한국 좌파는 북조선으로 되돌려 보내라는 운동을 전개해 왔다. 윤 씨의 남편 김삼석이 종업원들을 안성의 '평화와 치유가 만나는 집'으로 초대해 북조선으로 되돌아가도록 설득 공작을 했음이 폭로됐다. 윤 씨의 남편인 김삼석이 옛 식당 매니저에게 "지방에 내려가 고기라도 먹자"고 권유해 도착한 장소가 앞서 말한 정대협 시설이었다. 매니저와 3명의 여성 종업원이 해당 시설에 가자 김삼석과 상기 3번에서 언급한 '양심수후원회' 관계자, 정대협 관계자 등 7명이 기다리고 있었다. 김삼석은 북조선의 혁명가를 부르며 "위대한 수령 김정은 동지" 등의 표현을 써가며 종업원들에게 북조선으로 돌아갈 것을 설득했다는 사실을 식당 매니저가 당시 촬영한 사진을 공개하며 폭로했다. [39]

요컨대 위안부 문제 등을 내세워 실제로는 친북 운동을 전개하고 있었던 것이다. 원래 정대협은 옛 위안부들의 인권을 생각하고 있는 것이 아니라 북조선의 입장에 서서 일본과 한국의 관계를 파괴하기 위한 정치 활동을 하고 있다는 의혹이 짙었다. 그것이 이제는 단순한 의혹이 아니었음이 드러나게 된 것이다.

전 식당 매니저가 한국 매스컴에 제공한 안성의 '평화와 치유가 만나는 집'에서 기념촬영 중인 북한식당 직원 3명(元食堂マネージャーが韓国マスコミに提供した安城の「平和と癒しが出会う家」で記念撮影している3人の北朝鮮食堂元従業員)

끝으로

윤미향은 많은 비판을 받으면서도 2020년 5월 말 국회의원으로서의 활동을 시작했다. 기부금의 사용처 등에 대한 수사를 하고 있는 검찰이 수사 개시 3개월이 지난 8월 13일 윤미향을 소환해 조사했지만 그후로도 수사의 진척은 없다(**편집자주**: 검찰은 윤미향에 대한 수사 착수 4개월만인 2020년 9월 14일에야 윤미향을 기소했다).

이용수도 윤미향의 후임 정대협 이사장(**편집자주**: 이나영 정의기억연대 이사장을 지칭함)과 몇 차례 면담하기도 해 표면적으로는 이용수의 정대협 비판에서 시작된 한국 위안부 운동의 내분이 수습된 것처럼 보인다.

그러나 내분의 결과 정대협 등의 위안부 운동을 비판하는 것에 대한 금기가 풀렸다. 그 결과가 본 논문에서 살펴본 것처럼 위안부의 증언에 입각해 정대협 등이 내외로 넓혀 온 '강제연행' 및 '성노예' 설(説)이 허위였다는 사실을 공연히 주장해 온 용기 있는 언론인, 학자, 운동가들이 한국에서 다수 출현하게 됐다. 정대협과 북조선의 유착에 대해서도 한국 내에서 그 점을 인지하게 된 사람들이 늘어나고 있다.

윤미향은 비판에 대해 "친일이 청산되지 않은 나라에서 여성, 평화, 인권의 가시밭길에 들어간 사람이 직면해야 하는 숙명이라고 생각해 당당하게 맞서겠다" "굴욕적인 한일 위안부 합의를 체결하고 한 마디 사죄도 없는 미래통합당(야당), 일제에 영합해 온 노예근성을 버리지 않는 친일 언론, '위안부는 매춘'이라는 식의 견해를 아직도 바꾸지 않고 있는 친일 학자들에게 맞서겠다"며 SNS에 글을 올렸다. [40]

비판하는 이에게 무조건 '친일'이 프레임을 씌우는 한국 좌파의 전형적 논리다. 그러나 진실에는 힘이 있다. 그들은 앞으로 진실을 말하는 이들을 권력으로 탄압하는 등 전체주의적인 방법을 쓸 것이다. 거짓의 역사 인식을 강요하는 것이 전체주의 국가가 취하는 권력 유지의 기본이기 때문이다. 한국에서 자유민주주의에 입각한 문명국으로 살아남을 수 있을지가 달린 투쟁이 계속되고 있다.

주(注)

[1] 1990년 한국정신대문제대책협의회로 발족해 활동해 왔으나 2018년 7월, 2016년 설립된 '일본군 성노예제 문제 해결을 위한 정의기억재단'과 조직을 통합해 '일본군 성노예제 문제 해결을 위한 정의기억연대'(정의연)로 명칭을 바꿨다.

[2] 이용수가 기자회견을 개최한 다음날인 5월 8일 거명돼 비판을 받은 윤미향이 페이스북에 이씨에 대해 다음과 같이 적었다. "1992년 이용수 할머니께서 신고 전화를 했을때에 제가 사무실에서

전화를 받았고, 모기 소리만한 목소리로 떨면서 '저는 피해자가 아니라, 제 친구가요…'하던 그 때의 그 상황을 바로 어제 일처럼 기억하고 있습니다" "그리고 거의 30여 년을 함께 걸어왔습니다" 이를 근거로 이 씨가 '가짜 위안부'이며 그 사실을 알고 있는 윤 씨가 이 씨를 협박한 것이라는 인식이 직후 한국 국내에서 퍼졌다. 하지만 이 씨가 처음에는 자신이 피해자라고 나서는 데에 주저하고 있었으므로 "제 친구가요…"라고 말했지만, 이후 정대협의 조사 등에서 상세하게 자신이 위안부가 된 경위를 말하게 된 사실이 확인됨으로써 이런 '가짜 위안부' 설(說)은 한국에서 모습을 감췄다. 하지만 사정을 모르는 일부 일본인들이 아직도 이 '가짜 위안부' 설을 믿고 있는 것 같아 유감이다. (**편집자주** : 니시오카 쓰토무 교수의 지적과 같이 논란이 정리되어버린 윤미향발 이용수에 대한 '가짜 위안부' 의혹과는 또 별개로, 한국과 일본에서는 이용수의 첫 증언을 근거로 한 '가짜 위안부' 의혹이 꾸준히 제기되고 있다. 이용수는 첫 증언에서 삿쿠(콘돔)가 무엇인지도 몰랐다, 군의가 아니라 포주에게 성병 주사를 맞았다, 성병 상황에서도 군인을 받았다고 하는 등 장병들의 성병 확산 문제에 극히 예민한 군 위안부 시스템에서는 있을 수 없는 내용을 말하기도 했다. 이에 이 씨가 군 위안부가 아니라 실은 공창제하 민간 매춘부거나 불법사창 매춘부였을 수 있다는 것이 이 '가짜 위안부' 의혹의 요지이며 이 의혹은 현재진행형이다.)

[3] 1997년 2월 27일, 한국 서울에서 개최된 '시민연대 국제 세미나'에서 당시 정대협 공동대표였던 윤정옥은 "아시아여성기금의 보상금을 받으면 자원해 간 공창(公娼)이 된다"고 발언했다. 그녀가 세미나에 제출한 보고문 '일본군 '위안부' 문제 여기에 서 있다'에는 이러한 기술이 있었다. "죄를 인정하지 않은 채 주는 동정금(同情金)을 받게 되면 피해자는 자원해 간 공창이 되는 것이며, 일본의 죄는 사라져 버리는 것이다. 그러한 의미에서 동정금인 일본의 국민 기금이 아니라 진심을 담아 모은 우리의 성금을 드리자고 하는 것이다. 그리고 법적 책임을 지는 사죄와 배상을 받으려고 하는 것이다. 이는 결코 간단한 일이 아니다. 그러나 우리는 성취해야만 한다. 그렇기에 우선 우리는 '강제연행된 일본군 위안부 문제를 해결하는 시민연대'를 창립하고 모금을 시작하는 것이다."

[4] 연합뉴스 온라인판 2007년 2월 16일.

[5] 동아일보 온라인판 2007년 8월 1일.

[6] 연합뉴스 온라인판 2012년 3월 9일.

[7] 한국 CBS(기독교방송)가 운영하는 인터넷 매체 '노컷뉴스'는 2020년 5월 27일 윤미향이 이용수와의 전화 통화로 국회의원 출마를 하지 말도록 설득했다는 부분이 녹음된 테이프를 입수해

그 내용을 공개했다. '노컷뉴스'에 따르면 2012년 3월 8일 전화 통화에서 이용수가 위안부 문제를 해결하기 위해 국회의원이 되겠다고 말한 데 대해 윤미향은 "국회의원이 되지 않고서도 할 수 있는 것 아니냐"며 이용수의 국회의원 출마에 반대했다.

[8] '[보고] 샌프란시스코시위원회 위안부기념비건립 공청회 9월 17일'('나데시코액션' 웹사이트) http://nadesiko-action.org/?p=8995

[9] 황의원 "'종북' 문재인을 위한 '거짓말 할머니', 일본군 위안부 이용수 3'(한국어, 한국 인터넷 매체 '미디어워치') 2018년 4월 14일

[10] 한국 인터넷 매체 'E데일리' 2017년 10월 11일.

[11] 연합뉴스 온라인판 2017년 11월 7일.

[12] '위안부 문제를 둘러싼 일한간 의견교환의 경위 ~ 고노 담화 작성에서 아시아 여성기금까지 ~(慰安婦問題を巡る日韓間のやりとりの経緯～河野談話作成からアジア女性基金まで～)'(총리관저 공식 웹사이트)

[13] 산케이신문 온라인판 2017년 12월 27일.

[14] 회견에서의 발언 인용은 인터넷매체 '월간조선 뉴스룸' 2020년 5월 8일 게재된 월간조선 박지현 기자의 회견 전문 기사를 근거로 니시오카(필자)가 번역한 것이다. 이용수의 발언은 불필요할 정도로 말이 많지만 논리적이지가 않고 무엇을 말하고자 하는지 알 수 없는 것이다. 또한 자신은 단순히 옛 위안부로서가 아니라 '여성인권 활동가로서의 자부심을 갖고 있다'고 말하는가 하면, 자신이 세계적 저명인사임을 반복해 말하는 등 자기과시욕이 강하다. 또한 대만에서 일본군 가미카제 특공대가 이용한 위안소에서 일했다는 사실을 증언하면서 자신을 '가미카제 피해자' '특공대 피해자' 등으로 칭하며 위안부로서 가장 유명한, 위안부 피해 사실을 최초로 증언하고 나선 김학순과 자신을 동격으로 취급, 다음과 같은 발언을 하기도 했다. "시작은 김학순 할머니가 했습니다. 마지막은 당당한 피해자, 가미카제 피해자 이용수가 해결하는 것입니다. 피해자, 당당한 특공대 피해자, 가미카제 피해자 이용수가 끝내겠습니다."

[15] 한국 인터넷매체 '펜앤드마이크' 2020년 5월 9일.

[16] '이용수 할머니의 기자회견에 대한 정의연의 입장'(한국어) 2020년 5월 8일. 정의연 공식 웹사이트에 게재됨. http://womenandwar.net/kr/notice/?mod=document&uid=697

[17] 조선비즈(조선일보가 운영하는 인터넷 경제 매체) 2020년 5월 8일.

[18] 위와 같음.

[19] 펜앤드마이크 2020년 5월 9일.

[20] 위와 같은 매체 2020년 5월 12일.

[21] 동아일보 온라인판 2020년 5월 12일.

[22] 조선일보 온라인판 2020년 5월 12일.

[23] 중앙일보 온라인판 2019년 12월 3일.

[24] 니시오카 쓰토무 '일한 개선을 위해 역사적 사실에 기반해 반론하라(日韓改善へ歴史的事実に基づき反論せよ)', 국가기본문제연구소(国家基本問題研究所) 인터넷 칼럼 '오늘의 직언(今週の直言)' 2019년 12월 16일 게재.

[25] 본인이 번역한 성명 전문은 국가기본문제연구소 웹사이트에 게재돼 있음. http://jinf.jp/feedback/archives/28154

[26] 니시오카 쓰토무 '이우연 박사 폭행을 방관한 한국 경찰(李宇衍博士暴行を傍観した韓国警察)', 국가기본문제연구소 인터넷 칼럼 '논단(ろんだん)' 2019년 12월 23일

[27] 나무라 다카히로(名村隆寬) '【28년만에 최초】정의연의 위안부 동상 앞 수요집회가 2주 연속 개최 안 돼… 3개 단체 '자리 빼앗기'의 전말(【28年間で初】正義連の慰安婦像前「水曜集会」が2週連続開けず…三つ巴"陣取り合戦"の顛末)' 인터넷 칼럼 '분슌 온라인(文春オンライン)' 2020년 7월 4일. "자유연대는 다음 주 수요일에도 같은 장소에서 집회를 개최할 허가를 받아 놓은 상태다. 이대로라면 2주 연속 정대협은 위안부 동상 옆에서 해 온 집회를 열지 못하게 되는 상황이었다. 그런데 서울시가

7월 3일 갑자기 일본 대사관 앞에서의 집회를 코로나바이러스 예방을 이유로 금지했다. 사실 이미 서울시 중심부의 옥외 집회는 코로나를 이유로 금지돼 왔다. 다만 정대협을 특별 취급하는 듯, 일본대사관 앞 도로만은 집회 금지 구역에서 빠져 있었다. 그런데 특별 단체가 집회 허가를 얻자 곧바로 금지 구역으로 설정해 버린 것이다. 정대협을 계속 지원해 온 박원순 서울시장의 노골적 정치 개입이었다."

[28] 조선일보 온라인판 2020년 5월 9일.

[29] 조선일보 온라인판 2020년 5월 11일.

[30] 중앙일보 온라인판 2020년 5월 21일.

[31] 한겨레 온라인판 2020년 5월 19일.

[32] 중앙일보 온라인판 2020년 5월 17일. 조선일보 2020년 5월 16일, 5월 17일, 5월 18일. 신동아 2020년 6월호.

[33] 하타 이쿠히코(秦郁彦)『위안부와 전쟁터의 성(慰安婦と戰場の性)』, 1999년, 191~193페이지. 니시오카 쓰토무 '위안부 문제, 누구도 오보를 정정하지 않는다(『慰安婦問題』誰も誤報を訂正しない)', 「쇼쿤!(諸君!)」 1997년 5월호. 이 논문은 1998년 출판된 졸저『어둠에 도전한다!(闇に挑む!)』(도쿠마분코(德間文庫))에도 수록됐다.

[34] 월간「세이론(正論)」 2020년 8월호에 초역(抄訳)이 게재됐다.

[35] 한국 인터넷매체 펜앤드마이크 유튜브 방송 2020년 5월 15일. 미디어워치의 관련 기사에도 일본어 자막이 붙은 영상이 게재돼 있음.

[36] 위와 같음.

[37] 니시오카 쓰토무『증보신판 알기 쉬운 위안부 문제(增補新版よく分かる慰安婦問題)』(소시샤분코(草思社文庫)) 273페이지. 한편, 김삼석은 2016년 재심을 청구했고, (**편집자주** : 재심 청구 자체는 2014년에 하였다. 미디어워치의 2014년 정대협 고발 기사에는 김삼석이 당시까지도 재심을

청구하지 않고 있다는 사실을 지적하였는데, 이 기사가 공개된 직후에 김삼석은 재심을 청구했다.) 2017년 5월 대법원은 국가보안법을 위반했다고 하면서도 간첩 혐의가 없다고 판결해 징역 2년 및 집행유예 3년으로 감형함으로써 1억 9,000만 원의 형사 보상금이 지불됐다. 이것을 받고도 김삼석, 윤미향 부부와 딸은 간첩이라는 낙인이 찍혀 정신적 고통을 받았다며 국가에 대해 손해배상청구소송을 제기했고 2018년 7월 서울고등법원은 가족 3명에게 총 8,900만 원을 지불하도록 명령하는 판결을 선고했다. 윤미향은 딸의 미국 유학비용으로 이 국가 보상금과 배상금을 가져다 썼다고 주장하고 있다.

[38] 조선일보 온라인판 2020년 5월 16일.

[39] 조선일보 온라인판 2020년 5월 21일.

[40] 2020년 5월 12일 윤미향이 페이스북에 적은 내용의 요지. 윤미향의 글을 모두 번역한 내용은 다음과 같다. "친일이 청산되지 못한 나라에서 개인의 삶을 뒤로 하고 정의, 여성, 평화, 인권의 가시밭길로 들어선 사람이 겪어야 할 숙명으로 알고 당당히 맞서겠습니다. 정의연과 저에 대한 공격은 30년간 계속된 세계적인 인권운동의 역사적 성과를 깔아뭉개고 21대 국회에서 더욱 힘차게 전개될 위안부 진상규명과 사죄와 배상 요구에 평화, 인권 운동에 찬물을 끼얹으려는 보수언론과 미통당이 만든 모략극 이상도 이하도 아닙니다. 굴욕적인 한일 위안부 협상을 체결하고 한 마디 사과조차 하지 않은 미통당에 맞서겠습니다. 일제에 빌붙었던 노예근성을 버리지 못한 친일언론에 맞서겠습니다. '위안부는 매춘'이라는 시각을 조금도 바꾸려 하지 않는 친일 학자에 맞서겠습니다."

[정정보도]

김병헌 국사교과서연구소장이 최근 이용수 씨의 위안부 증언들을 1차 자료를 중심으로 다시 검토한 결과 과거 미디어워치의 이용수 검증 보도에서 일부 오류가 있었음을 알려왔습니다. 김 소장의 지적은 다음과 같으며, 미디어워치는 이 지적을 전적으로 수용하고 이에 정정하는 바입니다.

(1) 이용수 씨의 위안부 관련 증언이 미디어워치의 지적처럼 1993년부터 최근까지 이십여 차례에 걸쳐 연도, 나이, 경위, 기간 등에 일관성이 없이 오락가락했던 것은 사실이다. 다만, 미디어워치가 연합뉴스 등의 관련 보도를 인용하여 증언 내용이 달라졌다고 지적한 '2007년 미국 의회 증언'과 '2018년 프랑스 의회 증언'은, 원 증언 내용을 확인해본 결과 기본적으로 같은 취지의 것이 맞는 것으로 보인다. 두 증언에는 공히 "강제연행 현장에 군인이 있었다", "등에 칼이 찔려 끌려갔다"는 '1993년 최초 증언'에는 전혀 찾아볼 수 없는 강제연행 증언이 담겨 있는데, 이는 최근에 갑자기 등장한 내용은 아니고 실제로는 (2007년, 2018년이 되어서가 아니라) 이미 2000년을 전후로 하여서 등장한 내용으로 여겨진다. 이 씨의 '1993년 최초 증언'이 2000년대 들어서 국내외로 갑자기 과격한 강제연행 증언으로 바뀌고, 결국 2007년 미 의회에서까지 그렇게 바꾸어 증언한 경위를 추궁하는 것이 이용수 위안부 증언 변천 문제의 핵심이다. 이 씨가 '1993년 최초 증언'을 계속해서 부정하고 최초 증언집은 더 이상 팔면 안 된다고 최근 기자회견에서 강조했음도 유심히 들여다 볼 필요가 있다.

(2) 미디어워치가 한겨레를 보도 등을 인용해 이용수 씨가 2016년 12월, 박유하 교수 결심 공판에서 한 증언은 미디어워치의 소개와는 달리 공식적인 '법정증언'이 아니다. 이 씨가 당시 증언대에서 여러 이야기를 했었지만, 이 씨는 일단 당시에 증언선서를 한 바가 없었다. 법적으로는 단순히 재판 방청인의 의견진술 그 이상도 그 이하도 아닌 것으로 보인다. 박유하 교수의 관련 1심 기록을 직접 확인한 결과로도 이용수 씨가 법정증인으로 채택된 내역은 전혀 확인되지 않았다.

[자료6] [반론서] 하버드대 위안부 논문철회 요구 경제학자 성명의 사실관계 오류

위안부 문제에 관한 램자이어 교수 논문 철회를 요구하는 경제학자 성명의 사실관계 오류
慰安婦問題に関するラムザイヤー教授論文撤回を求める経済学者声明の事実関係の誤りについて★

니시오카 쓰토무(西岡力)
역사인식문제연구회(歷史認識問題硏究會) 회장,
레이타쿠(麗沢)대학 객원교수,
모라로지연구소(モラロジー硏究所) 교수)

하버드 대학의 존 마크 램자이어(John Mark Ramseyer) 교수가 쓴, 전쟁 중 위안부에 관한 학술논문 '태평양전쟁에서의 성서비스 계약(Contracting for sex in the Pacific War)'(이하 '논문'이라고 한다)이 비판받고 있다. 하지만, 비판의 대부분은 학문의 자유를 인정치 않고 논문철회부터 요구하는 과격한 내용이다.

캘리포니아대학 로스앤젤레스교(UCLA) 정치학부 마이클 최(Michael Choi) 교수가 기초한 경제학자들에 의한 논문철회를 요구하는 성명(이하 '성명'이라고 한다)은 3월 5일 현재, 3천 명이 넘는 서명자를 모았다. (http://chwe.net/irle/letter)

위안부 문제와 관련해 30년간 치열한 논쟁을 벌여온 일본 학자의 입장에서 봤을때 이번 성명에는 여러 사실관계 오류, 그리고 잘못된 자료취급이 포함돼 있다.

이번 반론서에서는 경제학자들의 성명에 포함되어 있는 기초적인 사실관계 오류를 지적하면서 성노예설 이외에는 다른 학설을 불허한다는 비판가들이 실은 위안부 문제에 대한 이해가 얼마나 엉성한지를 밝히고자 한다.

아울러, 성노예설의 입장을 지지하건, 공창설의 입장을 지지하건, 학술토론을 요구해야 하는 것이지 다수의 힘으로 논문철회를 요구하는 것은 곤란하다는 점부터 일단 분명히 해두고 싶다.

★ 본 반론서는 존 마크 램자이어 교수의 논문철회를 요구하는 미국 경제학자들의 성명('Letter by Concerned Economists Regarding "Contracting for Sex in the Pacific War" in the International Review of Law and Economics')과 관련, 니시오카 쓰토무 교수가 작성해 한국에서는 인터넷 미디어워치에 단독으로 투고한 원고를 번역 공개한 것이다. 일본어 원문은 일본 역사인식문제연구소(歷史認識問題硏究會, http://harc.tokyo)에 공개돼 있다.

1. 10세 일본인 소녀의 앞날에 관한 기술에 대해서

성명은 서두에서 논문이 10세 일본인 소녀가 자신의 의지로 해외에서 매춘업을 하는 데 동의했다고 쓴 것에 대해서, '10세 어린이가 성노동자가 되는 것에 동의할 수 있다고 주장한다'고 지적하면서 다음과 같이 강하게 비판했다.

> 제2차 세계대전 중에 많은 10대 어린 여성들이 일본군이 설치한 이른바 위안소에서 성노동을 하겠다는 계약을 자발적으로 맺었다고 하면서, 이 논문은 오사키(おさき)라고 하는 10세 일본인 소녀에 대한 구절을 쓰고 있다. "오사키가 10살이 되었을 때 모집업자가 들러 그녀가 외국에 가는 것에 동의한다면 미리 300엔을 내놓겠다고 제안했다. 모집업자는 그녀를 속이려고 한 것은 아니다. 10살이라고는 해도 그녀는 그 일의 내용을 알고 있었다."(p.4). 그러나 매춘부 업자는 실제로 오사키를 속인 것이며, 논문에서 말한 그대로의 상황이라고 하더라도 이 논문은 10세의 어린이가 성노동자가 되는 것에 동의할 수 있다고 주장하는 것이다.

성명은 또한 결론 부분에서도 이 논문이 10세 소녀도 성노동자로 일하는 것에 동의할 수 있다고 주장하는 논문이라고 규정했다.

> 우리 직업에 들어오고자 하는 젊은 학자들은, 정부가 지원하는 성적 강제 시스템의 존재를 부정하고 또 10세 소녀가 성노동자로 일하는 것에 동의할 수 있다고 하는 내용의 논문이 학술적 경제지에 실린 사실에 크게 당황할 것이다.

그러나, 이 대목에서 인용된 내용은 일본 메이지(明治)시대 규슈(九州)의 빈곤가정 딸들이 동남아에서 매춘부로 일하며 가족의 생활을 뒷받침한 '가라유키(からゆき)상'이라고 불렸던 사람들에 관한 것으로, 일본에서는 잘 알려진 역사적 사실이다. 논문은 여성 인권의 입장에서 이 문제를 깊이 연구했던 야마자키 도모코(山崎朋子)의 대표작 『산다칸 8번 창관(サンダカン八番娼館)』에서 이 사례를 따왔다.

당시 일본에서 여성의 인권이 지켜지지 않았던 것은 사실이다. 현재의 가치관으로는 당연히 10세 소녀가 매춘부가 되는 계약을 맺는다는 것 자체가 윤리에 어긋날 것이다. 다만 논문은 그런 가치판단을 하고자 한 것이 아니라 메이지시대에 일본에서 그렇게 소녀에 대한 인권침해도 있었다는 사실에 대해 언급하고 있을 뿐이다.

학자가 단지 사실(事実)을 논문에 쓴 것을 두고서 "윤리에 어긋난다", "잔학행위를 정당화한다"고 해버린 이 성명의 비판은, 사실기술과 가치판단을 혼동한, 빗나간 비판이다.

2. 위안부는 성노예라는 기술에 대해서

성명은 위안부가 일본군에 강제된 성노예라고 단정하고 있다.

'위안부'란 제2차 세계대전 중에 일본제국 육군이 성노예가 되기를 강요한 젊은 여성이나 소녀에 대한 완곡(婉曲) 표현이다.
성노예라는 증거는 여성들 자신의 증언과 설명, 학계의 선행연구로 충분히 뒷받침된다.

그러나 성노예설은 학계의 한 설일 뿐이다. 일본과 한국의 학계에서는 성노예설을 부정하는, 공창설의 입장에 서있는 학자도 다수 존재한다. 성명은 성노예설의 근거인 선행연구로서 요시미 요시아키(吉見義明) 씨의 저서『Comfort WomenSexual Slavery in the Japanese Military During World War II』를 들고 있다. 그러나 일본 학계에서는 요시미 씨의 저서와 나란히, 하타 이쿠히코(秦郁彦) 씨의『위안부와 전쟁터의 성(慰安婦と戰場の性)』도 역시 이 문제의 권위있는 연구서로 인정받고 있다. 하타 씨는 성노예설을 부정하고 공창설을 주장하고 있다. 공창설을 주장하는 학자는 하타 이쿠히코 씨 외에도 필자를 포함해 다수가 있다. 한국에서도『반일 종족주의(反日種族主義)』의 저자인 이영훈(李栄薫) 전 서울대 교수와 이우연(李宇衍) 박사 등 유력한 실증주의 경제사학자들이 공창설의 입장에 서있다.
일본 정부도 성노예라는 표현은 "사실에 반한다"라고 하면서 다음과 같이 이를 명확하게 부정하고 있다.

'성노예'라는 표현은 사실에 반하므로 사용하지 말아야 한다. 이 점은 2015년 12월 일한 합의 때 한국 측과도 확인하였으며 일한(日韓) 합의에서도 일절 사용되지 않았다.
(일본 외무성 홈페이지 https://www.mofa.go.jp/mofaj/files/100120284.pdf)

성노예설만을 학계의 정설로 내세우려 하고 그 이외의 설은 아예 존재 자체를 인정하지 않으려 하는 성명의 자세는 학문의 자유에 반한다고 하지 않을 수 없다.

3. 위안부 연령에 대한 실수

성명은 위안부의 나이에 대해서도 "11세에서 20세까지"라는 믿을 수 없는 내용을 쓰고 있다.

'성노예가 될 것을 강요당했다', 대다수가 11세에서 20세 사이의 나이였던 젊은 여성들과 소녀들은 한국, 중국, 일본, 대만, 필리핀, 인도네시아, 네덜란드 등 출신이다.

성명은 이에 대한 근거로 16명의 미국, 중국, 한국인 학자들의 논문 비판 성명을 제시하고 있으나, 그 성명에서도 위안부의 나이가 11세에서 20세라는 근거는 제시되지 않았다. 당시 공창제도 하에서는 일본 내지에서는 18세 이상, 조선에서는 17세 이상이 되어야 공창이 될 수 있었다. 위안부의 경우도 기본적으로 이 연령 제한이 그대로 적용되고 있었다. 당시 조선의 신문에 나온 위안부 모집 광고에는 "17세 이상 23세까지"('경성일보(京城日報)'(1944년 7월 26일자), "18세 이상 30살 이내"('매일신보(每日新報)'(1944년 10월 27일자)라고 하고 있으며, 17세 이상이라고 하는 제한이 있었음을 알 수 있다.

버마에서 미군에 의해 보호(保護)된 조선인 위안부는 미군의 심문에서 조선인 위안부의 평균 연령은 25세 정도라고 답하고 있다. 또 보호된 21명의 연령을 보면, 19세 1명이 가장 젊고, 20세 3명, 21세 6명, 22세 1명, 25세 2명, 26세 1명, 27세 2명, 28세 1명, 31세 1명이다. ('일본군 전쟁 포로 심문 보고서 제 49호 : 조선인 위안부들(Japanese Prisoner of War Interrogation Report No. 49: Korean Comfort Women)')

다만 16세의 조선인 위안부도 있었다는 것이 알려진 바 있다. 본인이 출생 신고를 늦게 내었고 실제로는 16세가 아니라 18세라고 주장하며 영업 허가를 얻은 사례가 야마다 세이키치(山田清吉)의 『중국군 파견 위안부 계장의 수기, 우한병참(支那軍派遣慰安婦係長の手記武漢兵站)』(토쇼슈판사(図書出版社), 1978년) 100쪽에 나온다.

이상에서 살펴본 것처럼 11세 위안부의 존재를 증명하는 증거는 없다. 당시 일본에서 여성은 15세부터 결혼이 가능했다. 그런 당시의 감각으로 미루어 봤을 때도 11세는 어린이일 뿐이지 섹스의 대상이 아니다. "11세 소녀를 위안부로 됐다" 등을 말하고 있는 성명의 주장은 일본에 대한 중대한 명예훼손이다.

4. 군에 의한 강제연행은 없었다

성명은 일본군이 여성들을 성노예가 되도록 강제했으며 헌병의 감시 아래 여성들을 군의 함선으로 위안소까지 이송했다고 썼다.

> 2차 세계대전 동안에 일본제국 육군이 성노예가 되도록 강요했다.
> 전쟁 이전과 전쟁 도중에 일본이 점령한 국가나 지역에서 수백 개의 '위안소'에 일본군 함선들이 헌병대의 감독 아래 여성들을 실어 날랐다. 역사적 증거는 모집 방법에 납치, 사기, 협박, 폭력이 포함되었음을 시사하고 있다.

조선인 위안부는 업자의 권유로 위안소로 이동했다. 이때 보통 기차나 민간운반선을 이용했다. 특별한 경우에 마치 군속(軍属) 취급으로 군의 함선을 타기도 했지만 그것은 편의 제공 차원에서 이뤄진 것이지 헌병의 감시 아래 연행된 것은 아니다.

일본 정부도 관헌에 의한 강제연행은 "사실(史実)에 근거한다고는 하기 어려운 주장"이라고 하면서, "지금까지 일본 정부가 발견한 자료 중에는 군이나 관헌에 의한 이른바 강제연행을 직접 가리키는 기술(記述)은 찾아보지 못하였다"고 부정하고 있다.(전게(前揭) 외무성 홈페이지).

성명이 "역사적 증거"라며 제시한 전게서(前揭書)의 저자인 요시미 요시아키 씨조차도 조선반도에서 군에 의한 강제연행은 없었다고 인정하고 있다(요시미 등 저(著) 『'위안부'를 둘러싼 30가지의 거짓과 진실(「従軍慰安婦」をめぐる30のウソと真実)』 27쪽).

모집은 민간업자가 했으며 그 과정에서 '납치, 사기, 협박, 폭력'이 포함된 범죄행위가 있었던 것은 사실이지만 당시 관헌은 그러한 범죄행위를 단속하고 있었다.

중국 한커우(漢口) 위안소 군의관이었던 나가사와 켄이치(長沢健一)는, 업자에게 속아 끌려온 조선인 여성이 병참 사령부와의 면접에서 위안부가 되기를 거부했었기 때문에 사령부가 위안부로의 취업을 금지하고 다른 직업 알선을 업자에게 지시했던 사례를 소개하고 있다. 악덕업자들의 취업사기를 전쟁터의 군도 단속했음을 알 수 있다.

> [쇼와(昭和) 19년] 9월에 들어 업자들이 위안부의 감소를 이유로 보충을 신청한 것에 대해서, (한커우 병참 사령부 우창(武昌)) 지부는 이를 허용했다. 10월 경한선(京漢線)을 경유하여 조선에서 조선인 업자 2명에게 인솔된 30여명의 여자가 도착했다. 어떤 사람이 어떤 수단으로 모집했는지야 지부로서 아는 바가 없지만, 그 중에 한명이 육군 장교의 집회소인 해행사(偕行社)에 근무하는 약속으로 와서 위안부로 일할지는 몰랐다고 울면서 취업을 거부했다. 지부장은 업자에게, 그 여자의 취업을 금지하고 적당한 직업을 알선해줄 것을 명령했다. 아마, 비슷한 류의 사람들이 감언으로 모집한 것이리라.
> (나가사와 켄이치, 『한커우 위안소(漢口慰安所)』(토쇼슈판샤(図書出版社), 1983년, 221쪽)

5. 위안소에서 강간, 고문 등이 자행되고 있었다는 허위

성명은 위안소의 위안부 생활을 과격한 표현을 쓰면서 묘사하고 있다.

'위안소' 내에서 여성은 지속적인 강간, 강제 중절, 육체적 고문, 성병에 노출되어 있었으며…

위안소에서 조선인 위안부는 공창(公娼)으로서 대가를 받고 있었다. 물론 조선인 업자가 경영하는 민간 창가에서는 노예처럼 혹사당하는 사례가 있었다. 하지만 군이 관리하는 공창인 위안소에서는 군이 엄격하게 업자들의 착취와 박해를 단속하고 있었기 때문에 그런 일을 할 수 없었다. 조기에 가불한 돈을 갚은 뒤에 여유 있는 생활을 하고 많은 돈을 모아 귀국한 사람도 있었다.

중국 한커우 위안소에서는 빚이 있는 이는 매출 중에서 업자가 6할을 취하며 거기에서 위안부의 식비와 의료비도 부담을 했다. 위안부는 4할을 취하면서 그것을 전액 상환을 하는데 썼다. 빚을 모두 갚으면 업자 5할, 위안부 5할의 배분이 되었고 위안부는 꽤 많은 수입을 얻고 있었다. 조선은행 한커우 지점에 3만 엔의 예금을 했던 조선인 위안부도 있었고, "빚을 모두 갚은 후에 다시 빚을 내어서 그것을 조선의 고향에 송금하고선 논밭을 사기를 기대했다"고 하는 조선인 위안부도 있었다고 한다.
(나가사와 켄이치, 전게서, 64~65페이지).

6. 75% 사망설은 엉터리

성명은 위안소에서 조선인 위안부 75%가 사망했다고 썼다.

"대략 75퍼센트가 이러한 경험으로 인해 사망한 것으로 추정되고 있다."

그러면서 근거로 '아시아여성기금(アジア女性基金)' 홈페이지 '디지털 기념관 위안부 문제와 아시아 여성 기금'에서 '위안소와 위안부의 수'라는 페이지를 들고 있다.

하지만, 실상은 이 페이지에서는 75% 사망설은 사실이 아니라고 부정하고 있다. 유엔인권위원회 소수자 차별방지 보호 소위원회 특별보고관인 게이 맥두걸(Gay J. McDougall)이 보고서에서 75% 사망설을 언급했는데, 아시아여성기금 측에서는 이 숫자는 그 유일한 근거로서 거론되는 일본 국회의원의 발언이 실은 함부로 얘기한 숫자에 불과하다고 지적하면서 75% 사망설을 명확히 부정하고 있다.

이 중대한 사실 오인만으로도 성명은 학술적으로 실격이라고 해도 좋을 것이다. 조금 길어지겠지만 아시아여성기금 홈페이지의 해당 부분을 인용해 둔다.

1998년 6월22일, 유엔 인권위원회의 차별방지와 소수자 보호를 위한 소위원회 특별보고자 게이 맥두걸(Gay J. McDougall) 씨는 같은 소위원회에 '노예제의 현대적 형태 – 군사충돌 동안에 조직적 강간, 성적 노예제 및 노예제적 관행'이라는 보고서를 제출하였으며, 그 부록으로 보고서 '제2차 대전 중의 위안소에 대한 일본정부의 법적 책임에 관한 분석'(전문은 여기)이 붙어있습니다. 그 가운데서 맥두걸 씨는 다음과 같이 쓰고 있습니다.

"일본정부와 일본군은 1932년부터 45년 사이에 전 아시아에 레이프센터(rape centres)

를 설치하고 성노예제로서 20만 이상의 여성에게 이를 강제하였다." ... "이들 여성의 25 퍼센트만이 이러한 일상적 학대를 견디고 살아남았다고 한다."

그가 근거로 든 것은 제2차 대전 중에 "14만 5,000명의 조선인 성노예"가 죽었다고 한 일본의 자민당 국회의원 아라후네 세이주로(荒船清十郎)씨의 "1975(표기 오기 그대로 둠)년 성명"입니다.
아라후네 세이주로 씨의 성명이란 실은 그가 1965년 11월 20일에 선거구의 집회(지치부군시(秩父郡市) 군은연맹 초대회)에서 한 다음과 같은 발언입니다.

"전쟁 중에는 조선인에게 너희는 일본인이 되었다고 하여 저금을 시켜 1100억 엔이 되었지만, 이것이 종전으로 인해 제로(0)가 되어버렸다. 이를 돌려달라고 하였다. 그러고 나서 36년간 통치하는 동안에 일본 관리들이 가져 간 조선의 보물도 돌려달라고 하였다. 징용공으로 전쟁 중에 끌려와서 성적이 좋았기에 병사로도 썼으나, 이 중에 57만 6,000명이 죽었다. 그리고 조선의 위안부도 14만 2,000명이 죽었다. 일본 군인이 성적학대 끝에 죽여버린 것이다. 합계 90만 명이나 희생되었는데 어떻게든 연금이라도 달라고 하였다. 처음에 이러한 배상으로 50억 달러라고 하다가, 점점 줄여서는 지금은 3억 달러로 해줄테니 마무리를 짓자고 하였다."

일한(日韓) 조약 체결 시에 한국 측은 한국인 노무자, 군인군속의 합계가 103만 2,684명이었고 이 가운데 부상 또는 사망한 사람은 10만 2,603명이었다고 했습니다. 위안부에 관한 것은 전혀 거론하지 않았습니다. 그러므로 아라후네 발언의 숫자는 모두 아라후네 씨가 맘대로 늘어놓은 숫자입니다. 유엔의 위촉을 받은 책임있는 특별보고자인 맥두걸 여사가 이런 발언에 의거한 것은 유감스럽게 생각합니다. (https://www.awf.or.jp/k1/facts-07.html)

7. 고노 담화에 대한 오독

성명은 고노 담화에서 다음과 같이 몇 구절을 인용해 마치 일본 정부가 강제연행설, 성노예설을 인정한 것처럼 쓰고 있다. 그러나 그것은 오독이다.

가장 중요한 것은 1993년 고노 담화로, 이 젊은 여성들과 소녀들은 "본인들의 의사에 반해 모집됐다", "위안소에서의 생활은 강제적인 상황하의 참혹한 것이었다", "위안부 모집에 관해서는 (생략) 관헌 등이 직접 이에 가담한 적도 있었다는 것이 밝혀졌다"는 점을 인정한 것이다. 이 확정된 사실은 유엔, 앰네스티, 미국 하원에 의해서 거듭 확인됐다.

여기서 인용되고 있는 부분은 다음과 같은 고노 담화의 본문에서 발췌된 것이다.

> 위안부의 모집에 관해서는 군의 요청을 받은 업자가 주로 이를 맡았으나 그런 경우에도 감언(甘言), 강압(強圧)에 의하는 등 본인들의 의사에 반해 모집된 사례가 많았으며 더욱이 관헌(官憲) 등이 직접 이에 가담한 적도 있었다는 것이 밝혀졌다. 또 위안소에서의 생활은 강제적인 상황하의 참혹한 것이었다.
> 또한 전지(戰地)에 이송된 위안부의 출신지에 관해서는, 일본을 별도로 한다면 조선반도가 큰 비중을 차지하고 있었으나 당시의 조선반도는 우리나라의 통치 아래에 있어 그 모집, 이송, 관리 등도 감언, 강압에 의하는 등 대체로 본인들의 의사에 반해 행해졌다.

성명은 모집 주체 부분을 삭제해서 인용하고 있지만 고노 담화에서는 모집 주체가 군이 아니라 업자라고 밝히고 있다. 여기서 "본인들의 의사에 반해"라고 알려진 부분은 위안부들이 위안부가 되고 싶어서 된 것은 아니다라고 증언했던 것을 토대로 위안부 본인들의 주관적 생각을 묘사한 것이다.

그리고, "위안부 모집에 관해서는 (생략) 관헌 등이 직접 이에 가담한 적도 있었다는 것이 밝혀졌다"는 대목은, 조선에서의 사건이 아니라 인도네시아에서 네덜란드인 포로들을 몇달 동안 위안부로 삼은 사건을 말한다('스마랑 위안소 사건(スマラン慰安所事件)'). 2007년 3월 19일, (자민당) '일본의 앞날과 역사교육을 생각하는 젊은 의원의 모임(日本の前途と歴史教育を考える議員の会)'(나카가와 쇼이치(中川昭一) 회장)의 회합에서, 히가시 요시노부(東良信) 내각외정심의실 심의관이 고노 담화 해당 대목에 대해 나의 질문에 대해 그렇게 답변한 바 있다('일본의 앞날과 역사교육을 생각하는 젊은 의원 모임' 편(編), 『역사교과서에 대한 질문(歴史教科書への質問)』, 덴덴샤(展転社), 1997년, 147~153쪽).

따라서 '고노 담화'에서도 조선반도에서의 모집에 대해 말하고 있는 다음 단락에서는 "모집, 이송, 관리 등도 감언, 강압에 의한 등 대체로 본인들의 의사에 반하여 행해졌다"라고만 하고 있을 뿐, 관헌의 가담이라는 표현은 사용하지 않고 있다.

고노 담화에서 위안소 생활에 관한 표현은 현재의 가치관으로 봤을 때 전쟁터에서 일본군을 위해 공창으로 일하게 된 것의 비참함을 가리킨다. 현재 일본에서는 부모가 빚을 져서 그것을 미성년자로 하여금 매춘을 시켜 갚게 하는 것은 중대한 인권침해로 용납될 수 없는 일이다. 그러나 고노 담화에서의 그런 표현이 당시 합법이었던 전쟁터에서의 공창제도를 두고 성노예, 강간, 고문, 75% 사망 등으로 인정했던 것은 결코 아니다.

8. 2015년 일본 연구자 공개서한에 대한 일본 학자의 반박 무시

성명은 2015년 미국의 일본 연구자 공개서한을 인용하여 그것이 학계의 공통인식인 것처럼 주장하고 있다.

> 약 200명의 일본을 연구하는 학자가 2015년에 서명한 공개서한은 다음과 같이 말한다. "역사가 중에서는 일본군이 직접 관여한 정도에 대해서, 여성이 '강제적'으로 '위안부'가 된 것이냐는 문제에 대해서 다른 의견을 제기하는 이들도 있다. 그러나 많은 여성들이 자신의 의사에 반해 구속되고 끔찍한 폭력에 노출됐다는 것은 이미 자료와 증언이 밝히고 있는 대로이다. (필자:서한의 공식 번역문을 따랐다.)

그러나 이 미국 학자의 공개서한에 대해서는 나를 포함한 일본 학자 110명이 반박 서한을 공개한 바 있다. 여기서 일본의 학자는 이렇게 주장했다.

> 미국 학자들이 위안부 제도를 군대와 관계된 매춘 문제라고 보고 있다면, 우리의 인식과 다르지 않다. 일본군은 전쟁터에서 강간 사건 등 성폭력을 막고 성병의 만연을 막기 위해서 자국과 당시의 자국 영토였던 조선 등에서 업자가 위안부를 데려오는 것을 허용하고 편의를 제공했다. 만주나 독일 등에서 패전국민의 부녀자를 강간할 수 있도록 허락한 소련군, 점령하의 일본 정부가 마련한 일본인 여성을 매춘부로 이용한 미군, 동맹국 미군을 위해 자국민 여성을 매춘부로 일하게 했던 한국과 비교하여 어떤 부분이 특별히 문제시할만하다고 하는 것인지부터 논의되어야 할 것이다. (http://harc.tokyo/?p=1904)

미국 학자의 서한이 위안부에 관한 학계의 유일한 설은 아니다. 다른 학설이 있는 것이다.

9. 위안부와 업자의 계약 증거에 대해서

성명은 논문이 계약 관계로 위안부를 파악하면서도 정작 위안부와 업자가 맺은 계약의 증거 없다고 비판하고 있다.

> 일본군에 의한 여성의 노예화를 굳이 '계약'의 문제로만 인식함으로써 저자는 '위안소'에 소속된 여성들의 경우에 자발적인 계약관계가 일반적이고 대표적인 것이며 이 사안의 본질을 이룬다고 주장한다. 이 가정이 모델의 중심임에도 불구하고 논문은 이것을 정당화하는 증거를 전혀 제시하지 않았다. 이 논문과 가장 관련이 있는 증거들은 일본에서 영업 허가를 받은 매춘업소들에 대한 것이다.

그러나 논문은 일본 업자가 일본인 위안부 모집에 있어서 준비한 계약서나 부모 승낙서의 양식(일본 국립 공문서관 소장 '중국 도항 부녀의 취급에 관한 건(支那渡航婦女ノ取扱ニ関スル件)')을 증거로 제시했다.

조선인 위안부의 계약도 이에 준하는 것으로 본 논문의 분석은 타당하다. 그럼에도 불구하고 성명이나 다른 비판가들은 조선인 위안부의 계약서가 없음을 계속 문제시하고 있다.

당시 조선인 위안부 중에는 문자를 읽을 수 없는 이가 많았다. 그래서 서면 계약서가 아니라 구두 계약이 주됐던 것으로 보인다. 이를 이용해 조선인 업자가 민간 매춘소에서 일하는 조선인 여성을 착취한 사례는 있었다.

다만, 군이 관리하는 공창제도인 위안소에서는 제대로 장부를 만들어 빚을 빨리 갚을 수 있도록 군이 관리했다. 그러니 오히려 민간 매춘업소보다 대우가 좋았다.

앞에서 서술한 위안소 군의관 나가사와 켄이치는 이렇게 썼다.

> 조선인 업자 중에는 심한 사례도 있었다. 증빙이고 뭐고 서류 같은 것은 일절 없이 빈농의 딸들을 인신매매하듯 사들여서 일하게 하여 노예처럼 일회용품으로 만들어버리는 것이다. 이래서는 죽을 때까지 자유를 얻을 가망이 없지만 여자들 자신도 그런 처지에 대한 자각이 없는 것 같았다.
>
> 후지사와(藤沢) 군의관은 업자가 여자에게 지불한 돈에 잡비를 더해 차용증을 만들게 하여서 여자들이 일만 하면 빚을 모두 갚아 자유로운 신세가 되도록 했다. 업자는 여자의 빚을 늘리기 위해 여비와 의상비를 얹었지만, 애초에 여비는 무료인 것이고, 펄럭펄럭 싸구려 인조견사(人造絹糸) 의상 따위에 터무니없는 가격을 매기는 것을 시정토록 했다.(나가사와 전게서 63~64페이지)

군이 계약 관계를 제대로 정리하고 조선인 위안부를 악덕 업자로부터 보호할 수 있었다. 계약서는 없어도 계약관계는 존재하고 있었던 것이다.

10. 위안부가 동의했다는 전제에 대해서

성명은 논문이 미성년의 조선인 여성들이 위안부가 되는 것에 동의했다고 쓴 것을 비판하고 있다.

> 논문은 7쪽에서 단순히 여성들이 동의했다고 썼다. 설사 자발적 합의의 사례가 존재하고 있다고 해도(그 점에 관해 논문은 신뢰할만한 충분한 증거를 제시하지 않았다), 이런 포괄적인 주장에는 근거가 없다. 실제로 앞의 사례는 반대 방향을 시사하고 있다. 일본에서는 1896년 이후, 민법상 20세 미만인 사람은 계약의 당사자가 될 수 없었다. 제대로 된 법학자 중에서 이런 사례를 동의의 증거로 보는 사람은

295

없을 것이다.

20세 미만의 여성이 위안부가 되고자 할 때는 부모의 동의서가 필요했다. 그게 없으면 군대에서는 위안부로의 취업을 불허했다. 이것이 민법이 정하는 "20세 미만의 사람은 자력으로 계약을 맺을 수 없었다"의 결과다. 업자가 부모에게 선급금을 지급할 때 동의서 서명과 호적등본을 요구한 것도 이 때문이다. 선급금과 동의서 교환이야말로 계약이 있었다는 증거다.

당시 조선에서는 여자들이 아버지에게 무조건 복종해야 했다. 그것이 전통이었고 대다수 조선 여자들은 그것을 당연하게 받아들였다. 그래서 아버지가 딸을 위안부로 보내면서 대신 거액을 챙기는 것조차도 마땅한 일로 여겨졌다. 현재의 윤리로서 이를 평가하는 것과 그 당시 실제로 무슨 일이 행해지고 있었는지를 고찰하는 것은 전혀 차원이 다른 문제다. 논문은 후자를 학술적으로 시도했을 뿐이다.

11. 일본군에 강제연행됐다는 위안부 증언에 대해서

성명은 동의에 의해서 위안부가 된 것이 아니라 일본군 위안부가 되기를 강요당했다는 것을 증명한다면서 한국인 문옥주 씨와 북조선인 정옥순 씨, 중국인 Yuan Zhulin 씨 3명의 위안부 증언을 거론했다.

역사학에서 증언을 역사적 사실의 근거로 채택하기 위해서는 적어도 그것을 뒷받침할 다른 증거가 필요하다. 특히 증언자가 위안부가 됐던 일과 관련해 금전적 보상 및 배상을 요구하고 있는 경우는 이해관계자로서의 입장에 서게 되는 것이므로 더욱 신중하게 그 증언의 내용을 확인하는 작업이 필요하다. 그럼에도 불구하고 성명은 그런 학문적 절차를 거치지 않고 증언만으로 일본군에 의한 강제연행이라는 역사적 사실을 확정하려 하고 있다.

이미 나를 포함한 많은 학자들에 의해서 위안부 증언에 대한 학문적 검증이 여럿 이루어졌다. 문옥주 씨는 일찌감치 검증이 이뤄졌던 사람 중에 한 사람이다. 그녀는 1992년에 일본 정부를 상대로 손해배상 청구소송을 제기했다. 소장에서는 식당 일을 하는 업자에게 속아 버마에 가서 위안부가 됐다고 기재했을 뿐, 이번 성명이 인용하고 있는 것과 같이 만주에서의 일본군에 의해 연행된 경험에 대해서는 전혀 쓰지 않았다. 소장은 자기에게 유리한 내용을 쓰는 것임에도 말이다. 게다가 그녀의 인생 이야기를 오랜 시간에 걸쳐서 청취하고 또 보강 자료 조사도 철저히 한 일본인 연구자에 따르면, 문 씨의 버마에서의 체험(각종 화려한 생활 등)은 일본군의 다수 자료로 뒷받침이 되지만, 만주에서의 체험(일본군에 의한 강제연행 등)은 그렇지 않았다.(모리카와 마치코(森川 万智子), 『문옥주, 버마전선 방패사단의 '위안부'였던 나(文玉珠—ビルマ戦線 楯師団の「慰安婦」だった私)』(나시노키야(梨の木舎), 1996년).

문 씨 등이 재판을 시작했을 때 나를 포함한 몇몇 일본인 학자들은 원고(原告, 문옥주 씨 등)가

군에 의한 강제연행의 피해자가 아니라고 지적했다. 성명이 인용한 것은 이런 지적이 나온 이후에 출간된 정대협의 『증언집 I 강제로 끌려간 조선인 군위안부들』인데, 대략 그 무렵부터 원고 중에서 두 사람, 즉 최초로 증언에 나섰던 위안부 김학순 씨와 문옥주 씨는 애초 소장에서는 언급도 하지 않았던 강제연행의 체험을 이야기하기 시작했다(졸저 『증보신판(增補新版) 알기 쉬운 위안부 문제(よくわかる慰安婦問題)』, (準) 쇼시샤분코(草思社文庫), 2012년).

성명은 문옥주 씨와 관련하여, "'매우 화려한 생활을 했다'고 논문에서 언급하고 있는 문옥주 씨는, 실제로는 전시는 물론, 또 전후에 1993년까지도 자신의 돈을 회수할 수 없었다"면서 논문을 비판했다. 그러나 그녀는 버마에서의 위안부 생활로 거액의 돈을 모아서 고향의 가족에게만 5천 엔을 송금했고 현지에서도 2만 6천 엔을 저축하고 있던 사실은 일본에서도 잘 알려져 있다. 그녀는 예금통장을 잃어버리는 바람에 한국 정부가 일본에서 받은 청구권 자금 3억 달러를 통해서도 자신의 예금에 대한 보상은 받지 못했다. 그녀는 93년 일본에서 자신의 돈을 내놓으라는 소송을 제기했으나 일한청구권협정과 일본 국내법에 따라 예금이 소멸된 것으로 간주돼 패소했다.

북조선인 위안부 정옥순 씨의 증언은 유엔인권위원회 조사관이었던 쿠마라스와미 씨에게 북조선 정부가 서면으로 제출한 것이다. 하지만, 이 증언은 너무나 엉뚱한 내용이었으므로 일본 학계로부터 당초에 그 신빙성을 의심받았으며 이후에도 증언을 뒷받침하는 증거는 일절 나오지 않았다. 중국인 위안부 Yuan Zhulin 씨의 경우도 그 증언을 뒷받침할 증거는 없다.

결론

이상 11가지 사항에 대해 성명이 주장하는 사실관계의 오류를 구체적으로 지적했다. 다만 나는 오류가 많다는 이유로 성명 전체를 철회하라는 요구까지는 하지 않을 것이다. 성명의 기초자들과 학술토론을 요구하고자 한다. 그리고, 성명 기초인들과 동참자들에게 강력히 요구하는 것은 램자이어 교수 논문 철회 요구를 즉각 취하하라는 것이다. 학문의 자유 틀 속에서 위안부에 관한 학술적 논쟁을 크게 벌여보면 어떨까. 나의 이상의 성명 비판에 대해서도 꼭 재반론을 해주기 바란다.

[자료집] 한국 정보와 언론이 말하지 않는 위안부 문제의 진실
일본 아사히신문이 일으킨 한일 외교 참사, 위안부 문제

지은이 니시오카 쓰토무西岡力

1956년 일본 도쿄에서 태어나 자랐고. 국제기독교대학(国際基督教大学)과 쓰쿠바대학(筑波大学)에서 한국·북조선 지역에 대해 공부하고 연구했다. 1982년부터 1984년까지 일본 외무성 전문 조사원으로 주한 일본 대사관에 근무했으며, 1990년부터 2000년까지 「겐다이코리아(現代コリア)」 편집장을, 1991년부터 2017년까지 도쿄기독교대학(東京基督教大学) 조교수와 교수를 역임했다. 현 모라로지연구소(モラロジー研究所) 교수이자 역사연구실장, 레이타쿠대학(麗澤大学) 객원교수다. 납북자 가족회를 지원하는 '구출회(북조선에 납치된 일본인을 구출하기 위한 전국협의회)' 설립에 참여했고, '구출회' 회장, '역사인식문제연구회' 회장, '국가기본문제연구소'의 연구원과 기획위원으로도 활동 중이다. 저서로『일한 오해의 심연(日韓誤解の深淵)』(아키서방, 1992년), 『어둠에 도전한다! 납치·기아·위안부·반일을 어떻게 파악할까(闇に挑む！ 拉致·飢餓·慰安婦·反日をどう把握するか)』(도쿠마문고, 1998년), 『테러 국가 북조선에 속지 말라(テロ国家北朝鮮に騙されるな)』(PHP연구소, 2002년), 『납치 가족과의 6년 전쟁：적은 일본에도 있었다!(拉致家族との６年戦争： 敵は日本にもいた！)』(후소샤, 2002년), 『일한 '역사문제'의 진실(日韓「歴史問題」の真実)』(PHP연구소, 2005년), 『요코타 메구미와 납치 피해자들을 되돌려 받을 수 있는 것은 지금뿐(横田めぐみさんたちを取り戻すのは今しかない)』(PHP연구소, 2015년) 등 20여 권이 있다.

옮긴이 이우연李宇衍

성균관대학교에서 조선후기 이래 지금까지의 산림과 그 소유권의 변천에 대한 연구로 박사학위를 취득하였다. 하버드대학방문연구원, 규슈대학九州大学 객원교수를 역임하였으며, 현재는 낙성대경제연구소 연구위원이다. 『한국의 산림 소유제도와 정책의 역사, 1600~1987』(일조각, 2010년), 『Community, Commons and Natural Resource Management in Asia』(공저, Singapore National University Press, 2015년), 『반일 종족주의』(공저, 미래사, 2019년), 『반일 종족주의와의 투쟁』(공저, 미래사, 2020년) 등의 저서가 있다.

[자료집] 한국 정부가 말하지 않는 위안부 문제의 진실
일본 아사히신문이 일으킨 한일 외교 참사, 위안부 문제

2021년 4월 9일 초판 1쇄 찍음
2021년 4월 15일 초판 1쇄 펴냄

지은이 니시오카 쓰토무 外
옮긴이 이우연 外
엮은이 황의원

디자인 미디어워치 (미디어실크)
펴낸이 황의원
펴낸곳 미디어워치 (미디어실크)

ISBN 979-11-959158-9-7
　　　 979-11-959158-4-2 (세트)

주소 서울특별시 마포구 마포대로 4길 36, 2층
전화 02-720-8828
팩스 02-720-8838
이메일 mediasilkhj@gmail.com
홈페이지 www.mediawatch.kr

값 25,000원